INCLUSÃO SOCIAL E DIVERSIDADE

UMA RELAÇÃO NECESSÁRIA

INCLUSÃO SOCIAL E DIVERSIDADE

UMA RELAÇÃO NECESSÁRIA

Maria Lúcia Miranda Afonso
Ângela Mathylde Soares
ORGANIZADORAS

Artesã

Inclusão social e diversidade: uma relação necessária

DIRETOR
Alcebino Santana

DIREÇÃO DE ARTE
Tiago Rabello

COORDENAÇÃO EDITORIAL
Michelle Guimarães El Aouar

REVISÃO
Giovanna Marques Hailer Felipe

CAPA
Karol Oliveira

PROJETO GRÁFICO E DIAGRAMAÇÃO
Conrado Esteves

I37 Inclusão social e diversidade : uma relação necessária / organizadoras: Maria Lúcia Miranda Afonso, Ângela Mathylde Soares. – Belo Horizonte : Artesã, 2022.

480 p. ; 23 cm.

ISBN: 978-65-86140-91-0

1. Educação inclusiva. 2. Saúde. I. Afonso, Maria Lúcia Miranda, 1953-. II. Soares, Ângela Mathylde.

CDU 376

Catalogação: Aline M. Sima CRB-6/2645

IMPRESSO NO BRASIL
Printed in Brazil

(31)2511-2040 (31)99403-2227
www.artesaeditora.com.br
Rua Rio Pomba 455, Carlos Prates - Cep: 30720-290 | Belo Horizonte - MG
/artesaeditora

Sumário

APRESENTAÇÃO 11

Maria Lúcia Miranda Afonso
Ângela Mathylde Soares

PARTE I – INCLUSÃO SOCIAL E ACESSOS A POLÍTICAS DE REDISTRIBUIÇÃO

SEÇÃO 1 – ACESSO À SAÚDE

Diversidade e inclusão na promoção de saúde física e psicológica: protocolos de intervenção 37

Marcos Vieira-Silva
Maria Nivalda de Carvalho-Freitas
Andréa Carmen Guimarães

Educação em saúde como elemento significativo para o processo de empoderamento e inclusão social de diabéticos 57

Eva Vilma Muniz de Oliveira
Marcos Vieira-Silva

Inclusão social de pessoas com problemas decorrentes do consumo de álcool e outras drogas: o dentro-fora do CAPSad como desafio à rede de atenção psicossocial 77

Laís Ramos Sanches
Marcelo Dalla Vecchia

Experiências e vivências urbanas: notas a partir do trabalho com pessoas com sofrimento mental no Centro de Referência em Saúde Mental de Betim/MG 95
Luciana da Costa e Souza
Alexandra Nascimento

SEÇÃO 2 – ACESSO À EDUCAÇÃO

As contribuições do modelo Denver de intervenção precoce em crianças autistas no âmbito da inclusão social 117
Gislene Silva Dutra

O impacto das dificuldades em habilidades percepto-visomotoras na escrita manual em escolares com deficiência intelectual 135
Giseli Donadon Germano
Milena Sansone Duarte Maciel
Noemi Del Bianco
Catia Giaconi
Simone Aparecida Capellini

Educação em tempos de pandemia: os desafios dos alunos de escolas públicas da educação básica frente ao ensino remoto 153
Flávia dos Santos Pereira

O WhatsApp na escola: desafios do uso de TDICs na educação em tempos de pandemia de Covid 19 165
Caetano Bonfim Ferreira
Francisco André Silva Martins
Ana Cristina Azevedo Carneiro

Horizontes da inclusão educacional: notas sobre o Proeja e a meta 10 do PNE 179
Lucília Machado

Corpos ameaçados: análise de currículos de licenciaturas sobre gênero e diversidade sexual 195
Kaio Trindade Mineiro Vale
Cássia Beatriz Batista

O processo de ensino-aprendizado de música: entre a vulnerabilidade social e a promoção de potencialidades 211
Eliseu Martins de Barros

A sala de aula como grupo: o retrato de uma turma de Psicologia 225
Adriana Dias Gomide Araújo
Flávia Lemos Abade

SEÇÃO 3 – O ACESSO À ASSISTÊNCIA SOCIAL E A OUTRAS POLÍTICAS PÚBLICAS

O processo de escolarização no cumprimento de medidas socioeducativas – uma possibilidade para a inclusão social 239
Ana Cláudia Mateus
Silvia Maria Cintra da Silva

Do trabalho no tráfico de drogas ao ofício de florista: um estudo de psicologia do trabalho em situações marginais ... 259
Aiezha Flávia Pinto Martins

Acolhimento institucional: narrativas de in(ex)clusão 275
Eduardo Lewgoy Iochpe
Lílian Rodrigues da Cruz

A inclusão social da família: programa de guarda subsidiada como política de garantia de direitos para a manutenção dos vínculos familiares e comunitários 287
Caroline de Souza
Bárbara Claudiano

Incidências de poder em um programa de inclusão social 307
Frederico Azevedo Alvim Assis
Marília Novais da Mata Machado
Valéria Heloisa Kemp

A política de Assistência Social brasileira e os desafios para o trabalhador social 325
Ana Pereira dos Santos
Roberta Carvalho Romagnoli

PARTE II – INCLUSÃO SOCIAL E ACESSO A POLÍTICAS DE RECONHECIMENTO E IDENTIDADE SOCIAL

Sobre afetos e aprendizados mútuos: O partilhamento de saberes entre um professor universitário e uma estudante diagnosticada com o Transtorno do Espectro Autista 343
Maurício Guilherme Silva Jr.
Sophia Mendonça

Um olhar sobre o Transtorno do Espectro Autista no Adulto 359
Débora Corrêa Durão Branco
Luciana Schermann Azambuja

A sexualidade da pessoa com deficiência: intervenção psicossocial em uma Oficina de Cerâmica 373
Amanda de Fátima da Silva Nunes
Daniela Marras Dias de Souza
Victor Brando Coelho
Ricardo Dias de Castro

Interseccionalidade e Contra-Hegemonia nas Instituições de Ensino Superior: Educação na Interface de Raça 391
Camilla Gabrielle Gomes Vieira
Dannielle Starling

A noção de branquitude e a inclusão de brancos/as na luta antirracista 407
Eduardo Teixeira Rodrigues
Paulo Roberto da Silva Júnior

A experiência de trabalho intersetorial e educativo da Rede de Enfrentamento à Violência contra as Mulheres de Minas Gerais....427

Ana Pereira dos Santos
Isabella Vitral Pinto
Daniela de Oliveira Carvalho
Carla Bernava
Paula Dias Bevilacqua

Oficinas em Direitos Humanos: reflexões sobre fazer grupos com adolescentes.. 443

Eduardo Francisco de Oliveira

Mediação de Conflitos como instrumento efetivo de respeito à diversidade e à inclusão social.....................461

Silvana Cordeiro Felipetto
Adolfo Braga Neto

Posfácio..476

Donalda Baeta

APRESENTAÇÃO

Maria Lúcia Miranda Afonso[1]
Ângela Mathylde Soares[2]

Em meados de 2020, quando divulgamos uma chamada de artigos para este livro, escolhemos, como grande temática, a inclusão social em suas conexões com a diversidade humana, cultural e social. O livro deveria ter sido lançado no III Congresso Brain Connection Brasil, entretanto, o agravamento da Pandemia do Coronavírus nos obrigou a fazer adequações no planejamento de todos os nossos trabalhos, então, em andamento. O Congresso foi realizado em novembro, mas o livro teve que ser adiado.

1 Psicóloga Social e Psicanalista. Mestre e Doutora em Educação. Professora aposentada da UFMG. *E-mail*: luafonso@yahoo.com

2 Pedagoga, Psicopedagoga, Psicanalista, com titulação D.h.c. em Educação pela Emil Brunner World University – *Flórida USA*. Mestre e Doutora em estudos psicanalíticos (RJ). Doutora em Neurociências (EUA). Pós-doutora em Neurociências (EUA). Escritora. CEO da clínica Aprendizagem e Companhia-Saúde integral e Instituto. Conselheira Nacional da Associação Brasileira de Psicopedagogia (ABPP), Presidente do Congresso Internacional Brain Connection Brasil. Diretora do Grupo de Investigação Clínica em Saúde e Educação da União Europeia / G3TES. Vice-diretora acadêmica da Associação Mineira de Psicanálise (AMAP). Professora da PUC MINAS do curso de especialização em Neurociências. Escritora da editora Pearson, Artesã, WAK. Autora de artigos e textos científicos em diversas revistas. Laureada com Profissional de Expressão e de destaque Nacional de 2009 até 2019. Reconhecimento Europeu PROFI CONCEPT – Professora Honorária, Projeto Erasmus + (Cap Sur L'ecole Inclusive en Europe), Prémio Special Tribute International, Categoria Best Practices in Education Brazil-Europe. Boas Práticas em Educação para a Humanidade (o maior reconhecimento na área). Palestrante no Brasil e no exterior.

Uma ampla chamada por trabalhos foi feita, entre pesquisas, revisões e depoimentos que abordassem a inclusão social e a diversidade em suas múltiplas relações. Muito provavelmente, pelo fato de as organizadoras pertencerem ao campo da Psicologia Social, Psicanálise, Educação e Psicopedagogia, a maioria dos trabalhos veio dessas áreas. A proposta inicial tinha sido a de compor um livro com 15 artigos. Porém, em curto espaço de tempo, recebemos mais do que o dobro desse número de contribuições, e percebemos que a variação de questões ajudava a compor uma obra mais interessante diante do amplo escopo da temática.

A seleção dos artigos foi feita por meio de pareceres solicitados a doutores e mestres, seguindo a regra duplo-cego, em que pareceristas e autores não sabem quem avalia os artigos. Quando necessário, houve a solicitação de um terceiro parecer. Com a seleção feita, passamos a nos indagar sobre a ordem da disposição dos artigos no livro. Esse momento confirmou aquilo que já estava sendo previsto: a proposta inicial havia se multiplicado em uma complexidade de temas, uma teia de questões que nos desafiava a descobrir a sua lógica e, a partir daí, conseguir organizar um sumário.

Em nossa percepção, os artigos se agrupavam em torno de dois grandes eixos, muitas vezes entrelaçados, e com fronteiras pouco rígidas. Todos eles abordavam a questão da inclusão/exclusão social relacionada a algum aspecto da sociedade e seus atores sociais. Entretanto, em vez de se aterem à reflexão sobre a inclusão/exclusão social como uma temática delimitada, os artigos enfocavam particularidades que hoje podem imprimir maior densidade a essas questões na medida em que as relacionam à temática da redistribuição (distribuição igualitária de bens e riquezas na sociedade) e do reconhecimento (respeito e reconhecimento dos direitos dos grupos sociais, em sua ampla diversidade).

Instados a pensar a dialética entre inclusão/exclusão em suas relações com a diversidade, os artigos nos colocavam diante da necessidade de discutir como tais relações estão atravessadas pelas desigualdades de acessos a bens e serviços e desigualdades ligadas às relações políticas e socioculturais entre grupos diversos ao longo da história. Em última instância, estávamos sendo reenviados à questão da injustiça social, seus determinantes, variações e complexidades. Assim, sem a menor pretensão de fazer um mergulho teórico nas águas rasas de uma mera apresentação, optamos por dividir o livro em duas partes que, ao fim e ao cabo, estão interligadas.

A primeira parte contém estudos sobre a redistribuição, abordando o acesso diferencial aos bens e serviços públicos, por meio de políticas públicas, na saúde, educação, assistência social. Nesse conjunto, são tratadas dinâmicas de inclusão/exclusão, qualidade do atendimento, mobilização e participação social, postura dos trabalhadores das áreas, dentre outros aspectos.

A segunda parte reuniu artigos endereçados às questões do reconhecimento político, social e cultural da diversidade humana, englobando tanto atores sociais envolvidos em lutas históricas pelo reconhecimento político de sua cidadania, tais como mulheres, afro-brasileiros e transexuais, quanto àqueles que, por outras circunstâncias e condições de organização dessa mesma sociedade, escancaram novos desafios em torno do reconhecimento da pluralidade humana e de seu direito à cidadania, tais como as pessoas dentro do espectro do autismo e/ou dos transtornos mentais.

Com essa divisão do livro em duas partes, não estamos reiterando uma dicotomia entre redistribuição e reconhecimento. Pelo contrário, nos artigos nota-se que, muitas vezes, essas questões se interpenetram, interpelam e se entrelaçam em uma dialética histórica que indaga de onde vieram, como se constroem e para onde, talvez, prossigam.

Assim, nesta apresentação, fazemos, inicialmente, um breve apanhado do debate sobre exclusão/inclusão social e da sua releitura nos termos da dialética da redistribuição e do reconhecimento diante de um horizonte desejado de justiça social. Procuramos, então, apresentar os artigos em uma leitura interessada e instigante, buscando identificar aspectos relevantes e descobrir respostas e novas possíveis questões por eles sugeridas.

Exclusão/Inclusão Social: um binômio em um processo sócio-histórico

O termo *inclusão social* tem sido considerado mais como uma noção do que como um conceito teórico, aparecendo mais como indicação de um amplo conjunto de aspectos em uma diversidade de situações sociais. Mesmo nesse sentido, teve grande utilidade nas lutas por igualdade social. Por exemplo, para pensar a inclusão educacional das crianças e adolescentes com transtorno do desenvolvimento ou outras singularidades, como surdez, cegueira, etc., fez diferença no sentido de significar "o princípio da igualdade para que todos exerçam os seus direitos fundamentais assegurados no artigo III da Constituição Federal de 1988" (Oliveira, 2016, p. 131).

Nas lutas por educação inclusiva, foi enfatizada a diferença entre integração e inclusão. Conforme resume Lourenço (2012), a integração se limitou a propor a inserção dos indivíduos no espaço escolar, esperando que eles se adaptassem ao sistema, sem considerar as suas peculiaridades. Por outro lado, o conceito de inclusão requer uma proposta de pertencimento social, ou seja, que as necessidades diversas sejam trabalhadas e, além disso, que o próprio sistema passe por transformações, no sentido de ampliar tais possibilidades de pertencimento e promover, de fato, a igualdade de acesso à educação de qualidade.

Da garantia básica quantitativa de acesso à educação fundamental surge a necessidade de construir a qualidade da educação para todos. Mais ainda, a busca por qualidade exige que se repensem as práticas educativas – e as relações na instituição – diante da sua potencialidade para construir/desconstruir a inclusão educacional. O que está em jogo é amplo: as demandas de aprendizagem de cada criança em suas particularidades (por exemplo, a criança com Transtorno do Espectro Autista – TEA), sua cultura (por exemplo, crianças de diferentes etnias), relações interpessoais e valores éticos (como o combate ao *bullying* e a promoção da comunicação não violenta), e assim por diante. A inclusão educacional deve problematizar o acesso por meio de uma visão crítica e por práticas inovadoras que se desvinculam de conceitos rígidos de normalidades e anormalidades, buscando o desenvolvimento dos educandos e o respeito aos seus direitos e diferenças, quer remetam a aspectos de saúde, aprendizagem ou identidade.

Nesse compasso, é fundamental compreender que, do direito à educação, a discussão ampliou-se para todo um complexo conjunto de instituições, grupos e práticas sociais. Por exemplo, a inclusão de pessoas com deficiência visual na escola levantou questões para o ensino, mas também, para o mercado de trabalho, para a família, para a participação política, e assim por diante. Da mesma maneira, a inclusão da pessoa surda na escola e no mercado de trabalho passa a repensar a necessidade de vários setores sociais – se não de toda a sociedade – ser capaz de falar a língua de sinais, para que essa inclusão seja de fato social e não se restrinja a um gueto de pessoas surdas e correlacionadas.

Dessa forma, a inclusão social, especialmente para alguns setores da sociedade, tornou-se uma noção extremamente rica, pelo seu valor heurístico e que permitiu deflagrar e sustentar lutas por direitos. Entretanto, nem sempre essa noção foi suficiente para englobar outros aspectos, mais políticos e estruturais, das lutas por direitos e por cidadania.

Introduzida como contraponto ao conceito sociológico de exclusão social, a inclusão social, de fato, não poderia ser abordada de maneira isolada e muito menos absoluta. Concordamos com Sawaia (2001) ao afirmar que a noção de inclusão só passa a fazer sentido dentro de um binômio inclusão/exclusão social, colocando em jogo relações sociais que favorecem ou que combatem as relações de poder na sociedade. É na discussão sobre a exclusão que se inicia a reflexão sobre as dimensões e as contradições da inclusão. Ao revisar a literatura sobre sofrimento ético-político, Bertini (2014) compreende que o binômino inclusão/exclusão social permite problematizar a dialética das relações de poder, as estruturas sociais de dominação e os movimentos de resistência e de transformação, em contextos macro e microssociais.

Nesse sentido, o binômio inclusão/exclusão social: (1) Coloca-se como um processo, e não como algo definido e acabado; (2) É um processo dialético que se dá dentro de cada contexto sócio-histórico – pois aquilo que inclui/exclui pode sofrer variações com esses contextos; (3) Constitui-se por meio de valores, relações e práticas que seriam inclusivas e/ou excludentes; e (4) É um processo que, dentro das mesmas práticas sociais, pode envolver, tensionar e/ou mesclar as dimensões da inclusão e da exclusão social.

Em uma visão crítica, o binômio inclusão/exclusão social leva a pensar sobre acessos não apenas a bens e serviços, mas também a direitos de cidadania e direitos humanos, e não apenas para grupos específicos, mas para a sociedade como um todo.

A partir da cidadania: o que a diversidade instiga a pensar?

De fato, os direitos humanos podem ser compreendidos como uma construção histórica, a partir das lutas pela liberdade e pela dignidade humana, conceito que vai servindo de lume, mas também sofre transformações ao longo da história. Os direitos humanos são considerados fundamentais à dignidade da pessoa humana e constituem um conjunto de direitos universais, indivisíveis, interdependentes e interrelacionados (Afonso, 2010).

Assim, somos chamados a refletir, ao longo da história, como condições e situações da diversidade humana vieram a instigar a discussão sobre os direitos humanos de maneira cada vez mais complexa. Por exemplo, como garantir o direito à educação da pessoa com TEA, ou, então, da criança mal nutrida? São situações que exigem ações desde o campo educativo até as políticas sociais. Como prover o direito à educação dos adolescentes em situação de privação de liberdade? A privação da liberdade (como um direito) não implica em qualquer outra privação de direitos. Da mesma maneira que não se pode negar direitos a uma pessoa, argumentando sobre a sua constituição de saúde física ou mental, e assim por diante.

Essa discussão diz respeito não apenas aos direitos humanos, como um horizonte histórico e amplo, mas também, de maneira historicamente contextualizada, à cidadania, ou ao conjunto de direitos de cidadania previstos pelos ordenamentos jurídicos em uma nação. Como lemos em Medeiros (2006), a defesa da dignidade humana está correlacionada à dimensão política da sociedade que, para conquistar direitos, precisa lutar por suas reivindicações.

Ora, isso nos leva a considerar que não se pode pensar na conquista de direitos e na cidadania das pessoas nas mais diferentes situações e constituições como uma evolução meramente técnica. Ou seja, não é apenas porque a sociedade se conscientiza e mostra uma evolução científica que as crianças com diversas condições de saúde física e mental, ou outras condições, passam a ter o direito à educação. Existe, com certeza, uma dimensão política nesse movimento que diz respeito ao entendimento da dignidade humana e da cidadania para todos.

Como dissemos, nesta apresentação, não temos a pretensão de aprofundar noções e conceitos tão complexos quanto direitos humanos, cidadania, dentre outros. Porém, é importante lançar aqui essa discussão sobre como o acesso aos direitos de cidadania vêm a ser definidos, implementados, promovidos e, de fato, garantidos em uma sociedade tão desigual e violenta como a brasileira. Ademais, a maneira da sociedade se pensar e se compreender é altamente impactada pela (não) garantia desses acessos. Por exemplo, quando se reconhece a criança ou a pessoa com sofrimento mental ou a pessoa com TEA, dentre outros, como cidadãos, a sociedade precisa pensar sobre o que é a dignidade humana, o que é a humanidade, colocar em questão suas crenças sobre a normalidade e, quem sabe mesmo, adensar a discussão filosófica que nos vem de dentro dos séculos sobre o humanismo.

Lafer (1997, p. 58) nos conta que Hanna Arendt formulou o conceito de cidadania como *o direito a ter direitos*, o que implica no pertencimento a comunidades políticas que possam se implicar na definição e na conquista desses direitos. E Demo (1995) nos fez entender que existem diferentes estilos de cidadania, os quais podem se misturar, dependendo do contexto histórico: a cidadania tutelada (quando o Estado apenas oferece concessões e benefícios para salvaguardar os interesses do próprio Estado e dos grupos dominantes), a cidadania assistida (em que há uma assistência mínima a necessidades básicas, dependendo daquilo que o próprio Estado considera ser básico) e a cidadania emancipatória, em que a sociedade se mobiliza, reivindica e participa dessas definições e das políticas públicas – bem como de outras formas de organização social – que devem, ou deveriam, garantir esses direitos.

Não obstante às conquistas registradas na Constituição Federal de 1988, a desigualdade e a violência estruturais na sociedade brasileira ainda agem no sentido de frear e desmontar direitos adquiridos, além de contribuir para estancar o avanço da cidadania e dos direitos humanos. Assim, torna-se essencial compreender, em cada área da vida social, os acessos e as práticas existentes no sentido da inclusão/exclusão social, dentro de uma perspectiva de direitos. Para incluir, é preciso ter uma sociedade em que os processos de emancipação avancem – ou a inclusão não passará de uma forma disfarçada de alienação ou de tutela da dignidade humana.

O binômio inclusão/exclusão, na perspectiva da cidadania e dos direitos humanos, exige um aprofundamento da reflexão. Nesta apresentação, escolhemos comentar brevemente sobre a distribuição e o reconhecimento como dimensões interligadas de uma cidadania que se quer emancipatória.

Redistribuição e Reconhecimento: dimensões interligadas na cidadania

As lutas contra a injustiça, a desigualdade e a violência na sociedade têm sido discutidas a partir de duas perspectivas que, nessa rasa panorâmica, aprendemos que se encontram e desencontram nos contextos sociais e históricos. São elas as dimensões da redistribuição (da riqueza social) e do reconhecimento (da diversidade humana, em múltiplos aspectos, situações e identidades). Buscamos, aqui, perpassar essa discussão, com o simples propósito de estimular reflexões na leitura deste livro.

A questão é em que medida as lutas por redistribuição (contra a desigualdade de acessos) seriam distintas – e mesmo separadas – das lutas por reconhecimento (contra a desigualdade da valorização dos sujeitos e grupos sociais em sua singularidade). E, na outra face da questão, também em que medida elas se encontram, apoiam-se, complementam-se, enfim, podem ser historicamente articuladas. Como sintetizou Amadeo (2017), importa discutir a relação entre reconhecimento e redistribuição na sociedade capitalista, buscando uma visão mais pluralista dos conceitos de injustiça e opressão dentro dos diferentes contextos culturais e sociais.

Amadeo (2017) relata a preocupação de Honneth com as formas moralmente relevantes de sofrimento e privação social que levariam às lutas por reconhecimento. A crítica à injustiça social descortina a ausência do reconhecimento devido à integridade dos sujeitos sociais. A distribuição deveria vir como decorrência do reconhecimento, revelando a injustiça social como um todo e em suas profundas conexões.

Já Fraser (2006) entende que as lutas contra a desigualdade social não podem ser reduzidas à dimensão do reconhecimento e nem colocadas em um plano menos importante. Criou-se um *dilema entre redistribuição-reconhecimento* (Fraser, 2006, p. 233). Entretanto, a autora argumenta ser necessária uma teoria crítica que consiga articular e combinar as políticas de promoção da igualdade social e do reconhecimento identitário. Isso porque a reivindicação de igualdade (social, econômica) pode levar ao questionamento das diferenças (culturais, de gênero, etc.) que, por sua vez, poderia alimentar novas reivindicações por igualdade. Ainda que exista uma tensão entre essas duas lógicas, pode-se enxergar sua complementaridade e, também, suas contradições.

Fraser (2008) prossegue para diferenciar entre a afirmação (de uma identidade ou condição) e a transformação (das relações sociais). Pontua que há reivindicações que se limitam a corrigir desigualdades de direitos, enquanto outras exigem a transformação da estrutura que gera a desigualdade e a injustiça. O reconhecimento e o respeito à cultura afro-brasileira, por exemplo, não corrigem automaticamente o racismo estrutural, que deve ser combatido também do ponto de vista das relações sociais, de distribuição de bens e de poder. As transformações na estrutura social criariam novos ordenamentos que, por sua vez, trariam novas mudanças para os fenômenos identitários.

Fraser (2006, 2008) adverte que as transformações que reduzem a desigualdade social não devem criar estigmas sobre pessoas que, estando em alguma condição de vulnerabilidade, poderiam ser vistas como beneficiárias da generosidade dos outros (e não como sujeitos de direitos). Nesse caso, entendemos que a cidadania tutelada e assistida seriam insuficientes para respeitar a universalidade da dignidade humana.

Nessa perspectiva, o dilema redistribuição-reconhecimento leva a indagar como promover a justiça social junto aos grupos submetidos, ao mesmo tempo, aos dois tipos de injustiça? Há movimentos que enfatizam a redistribuição e outros que elegem o reconhecimento como foco, dependendo da realidade histórica e cultural dos grupos envolvidos. Por exemplo, os movimentos por igualdade no âmbito da sexualidade não dependem diretamente da redistribuição, e sim do enfrentamento de uma ordem social heteronormativa e sexista. Porém, também se reconhecem movimentos que, de alguma maneira, associam reivindicações tanto por reconhecimento quanto por redistribuição, mostrando a sua articulação no contexto sociocultural, tais como os movimentos de mulheres que reclamam ao mesmo tempo liberdade e igualdade no mercado de trabalho.

Percebe-se, então, que, quando se conquista distribuição, as contradições do reconhecimento ficam mais evidentes, e vice-versa, abrindo caminho para uma crítica mais aprofundada contra a exploração – e a injustiça.

Pinto (2008) discute que o reconhecimento deve existir também como autorreconhecimento, estando os grupos sociais implicados em sua emancipação, ou seja, a questão da identidade é fundamental, uma vez que esses não são conceitos estáticos. Entretanto, a desigualdade na sociedade brasileira, e as suas complexidades, também trazem dificuldades nessa área. Como exemplos cita, de um lado, o Movimento dos Sem Teto, que buscava superar a sua condição, sem construções identitárias, e o Movimento Negro que, mesmo se e quando conquista acessos (na educação, entre outros), mantém a sua reivindicação por reconhecimento, reiterando o valor de sua cultura e sua história. Entretanto, como argumentam Pizzio (2016) e Sobottka (2016), muitos grupos sociais submetidos a uma profunda estigmatização ou vulnerabilidade podem ter dificuldades para se mobilizar e exigir os seus direitos, tanto à distribuição quanto ao reconhecimento.

Quando as políticas de redistribuição e/ou de reconhecimento são lideradas por instâncias políticas como o Estado, Organizações Não Governamentais, Instituições internacionais, etc., o autorreconhecimento, a organização e a participação trazem novas complexidades. Entretanto, é preciso justamente tentar compreender essa dinâmica dentro da história. E a história pressupõe uma incorporação de lutas por direitos, de pluralidade de discursos em torno das questões de distribuição e reconhecimento (Pinto, 2008).

Correlações necessárias

Na organização deste livro, nos vimos às voltas com essas questões fundamentais: como falar de inclusão social sem enfrentar a questão da injustiça social, incluindo a redistribuição e o reconhecimento? Ao mesmo tempo, outras questões se desdobravam. Como pensar os acessos às políticas públicas e aos direitos fundamentais sem incluir considerações sobre a mobilização do público atendido e a sua participação nas ações? Como construir formas de inclusão social, por exemplo, na escola, sem trabalhar metodologias e estratégias de ensino-aprendizagem lado a lado da participação de todos os sujeitos envolvidos?

Albornoz (2011) chama a atenção para as profundas contribuições que estas questões trazem para a Psicologia Social e a Educação, abrindo frentes para pensar as relações intersubjetivas e sociais sobre o reconhecimento – e, poderíamos dizer, também, sobre a redistribuição – entre os mais diversos grupos sociais.

A ideia da diversidade se expressou no livro por meio de artigos que tocavam nas diferenças de acesso e nas diferenças identitárias. Essa difração de temáticas nos levava a indagar: em que medida a abertura para o reconhecimento da dignidade dos sujeitos, em toda a sua diversidade, conduz-nos para questões mais delicadas e complexas?

Se a questão da sexualidade ou dos conflitos em torno do racismo nos colocam diante dos meandros da identidade, que diferenças significativas devem ser consideradas quando o público é composto por pessoas com TEA ou esquizofrenia? Como pensar a participação, o cuidado, a ética envolvida na questão da justiça social? Que novos saberes seriam necessários? Que discursos estariam implicados e/ou deveriam ser revistos?

Em outras palavras, o que a diversidade, tomada em sua profunda e complexa expressão, traz como questionamento para os processos de inclusão/exclusão social, de lutas contra a injustiça, de políticas de distribuição e de reconhecimento? Certamente, aparecerão questões ligadas à desigualdade das condições de participação, os mecanismos para superar essas desigualdades, processos e formas de desenvolvimento de consciência de si e de autonomia, articulações já pensadas ou inéditas entre grupos sociais, e assim por diante.

Neste livro, procuramos reunir contribuições que, de alguma maneira, investigam, abrangem ou tangenciam essas questões. A seguir, fazemos uma breve apresentação de cada artigo.

Parte 1 – Inclusão social e acessos a políticas públicas

1.1 Acesso à Saúde

No artigo *Diversidade e inclusão na promoção de saúde física e psicológica*, Marcos Vieira-Silva, Maria Nivalda de Carvalho Freitas e Andréa Carmen Guimarães, criam e apresentam protocolos de intervenção física e psicológica que foram desenvolvidos em um programa de pesquisa-intervenção, buscando justamente articular a promoção de saúde com a inclusão e a diversidade social. Certamente, considerando a complexidade da questão da diversidade social, não se trata de tarefa fácil a criação de protocolos – na saúde ou em outras áreas. Seria um instrumento para facilitar a inclusão social e o acesso. Porém, também é preciso contemplar a diversidade. Os autores buscaram utilizar metodologias participativas e técnicas que permitem trabalhar com a diversidade, incluindo grupos sociais com vulnerabilidades diversas, cumprindo, ao mesmo tempo, a função de avaliação em saúde em um universo complexo.

O paradigma que marcou fortemente o Sistema Único de Saúde (SUS) e a concepção de direito à saúde e à qualidade de atendimento foi o paradigma biopsicossocial em contraposição ao reducionismo percebido em uma visão que restringia a saúde a um fenômeno apenas biológico.

É relevante como a questão referida anteriormente aparece no artigo de Eva Vilma Muniz de Oliveira e Marcos Vieira-Silva, intitulado *Educação em saúde como elemento significativo ao processo de empoderamento e inclusão social de diabéticos*, que tomou por base um trabalho com portadores de Diabetes Mellitus, em várias faixas etárias e condições sociais, no município de Tiradentes (MG). A educação em saúde foi a estratégia utilizada para empoderar os participantes, como sujeitos ativos em seu processo de tratamento, buscando maior qualidade em suas interações sociais. Novamente, a escolha pelas metodologias participativas estimulou a reflexão e o protagonismo dos participantes. O trabalho reitera o paradigma biopsicossocial para fortalecer a inclusão social de pessoas com doenças crônicas, no caso, a Diabetes.

É interessante notar, no fluxo de artigos, que as questões da saúde mental introduzem novas complexidades no próprio paradigma biopsicossocial e nas propostas de Educação em Saúde, trazendo desafios e impulsionando novos estudos. Assim, questionamentos surgem no artigo *Inclusão Social de Pessoas com Problemas Decorrentes do Consumo de Álcool e Outras Drogas: o Dentro-Fora do CAPSad como Desafio à Rede de Atenção Psicossocial*, de autoria de Laís Ramos Sanches e Marcelo Dalla Vecchia. Os autores apontam que, embora o cuidado à saúde dos usuários de drogas, nos CAPSad, faça-se por meio da reabilitação psicossocial, da reinserção social e da inclusão social, é difícil transformar esses eixos – teóricos – em atividades que concretizem essa proposta. Há controvérsias que devem ser discutidas e aprofundadas sobre como as práticas no CAPSad e no território podem ser desenvolvidas para garantir a inclusão social e a saúde. Ou seja, é necessário refletir mais sobre a dialética da exclusão/inclusão social diante das especificidades dos problemas e da diversidade dos públicos atendidos.

Nessa mesma direção, o artigo *Experiências e vivências urbanas: notas a partir do trabalho com pessoas com sofrimento mental no Centro de Referência em Saúde Mental de Betim/MG,* de Luciana Costa e Alexandra Nascimento, nos leva a refletir sobre como o acesso ao direito à cidade pode ser um fator importante no acesso à saúde mental, aliando a experiência de rompimento com a segregação espacial, de apropriação dos espaços urbanos, com a promoção da inclusão social, da qualidade de vida e cuidados em saúde dos usuários de um CERSAM em um centro urbano como Betim (MG).

1.2. Acesso à Educação

A diversidade do ser humano, suas especificidades e demandas, muitas vezes exigem a aproximação de áreas do conhecimento e, muitas vezes, as ações de intersetorialidade. Assim, das experiências de inclusão social na educação, algumas se interligam aos cuidados em saúde, como em *As contribuições do modelo Denver de intervenção precoce em crianças autistas no âmbito da inclusão social*, artigo de Gislene Silva Dutra. Diante da necessidade de promover a inclusão educacional de crianças com o Transtorno do Espectro Autista (TEA), a autora nos apresenta o Modelo Denver, o qual favorece a intervenção com essas crianças. Nesse caso, a escola se torna tanto um lugar de aprendizagem quanto de desenvolvimento e, portanto, de atenção à qualidade de vida do educando.

A preocupação em adaptar as práticas educativas às diferentes necessidades dos educandos, buscando concretizar o seu acesso ao direito à educação, ganha expressão no artigo *O impacto das dificuldades em habilidades percepto-visomotoras na escrita manual em escolares com deficiência intelectual*, de Giseli Donadon Germano, Milena Sansone Duarte Maciel, Ilaria D'Angelo, Noemi del Bianco, Catia Giaconi e Simone Aparecida Capellini.

Para efetivar a inclusão educacional, não basta inserir os alunos na escola. É preciso ser capaz de lhes prover uma educação de qualidade, dentro do máximo possível de suas capacidades. E quais seriam as suas capacidades? Ora, é interessante notar que não conhecemos essas capacidades antes de adotar metodologias capazes de identifica-las e desenvolvê-las. Mesmo naqueles casos em que os escolares apresentam algum diagnóstico de deficiência intelectual, de percepção visual, de disgrafia e outros, é importante buscar as maneiras como a escola poderá explorar as suas habilidades e lhes ensinar conteúdos, como, no caso do artigo, a escrita manual. Como dizem as autoras, aprender a escrever exige o domínio de várias habilidades. A reflexão sobre inclusão educacional e inclusão social exige que a escola se debruce sobre os seus diferentes estudantes, repense os seus métodos, reinvente suas pedagogias e ofereça cada vez mais o acesso real à educação, desenvolvendo capacidades e estendendo os limites encontrados nos indivíduos bem como os seus próprios.

Os limites encontrados para o acesso à educação variam em sua natureza, ora abrangendo capacidades ligadas ao desenvolvimento individual (cognição, percepção, etc.), ora se mesclando às próprias condições sociais e culturais nas quais essas capacidades se frustram ou se desenvolvem. Assim, falar em inclusão social exige repensar a cultura e a sociedade naquilo que oferecem para o desenvolvimento do conhecimento, da educação formal e informal e da própria criatividade humana.

Em seu artigo *Educação em tempos de pandemia,* Flávia dos Santos Pereira *explora* os desafios vividos por alunos de escolas públicas da educação básica frente ao ensino remoto. No caso, não se tratou de uma opção, mas de uma necessidade de sobrevivência durante a pandemia de COVID-19, um vírus da família coronavírus que provoca a Síndrome Respiratória Aguda Severa 2 e que pode levar a sérios agravos à saúde com altas taxas de mortalidade.

O artigo discute os impactos dessa pandemia para a educação dos alunos de escolas públicas, cujo acesso à internet é pouco e pobre. A pandemia escancarou uma realidade que já era conhecida, mas ainda não suficientemente enfrentada: a alta desigualdade do acesso à educação de qualidade na população brasileira. A repercussão negativa que a pandemia trouxe nos diferentes Sistemas Nacionais de

Educação exibiu, a céu aberto, que a desigualdade não está apenas no ensino remoto. Não se fala apenas de computador e celular, mas também de livros e recursos culturais diversos. O próprio ensino regular se vê às voltas com a necessidade de ampliar, fortalecer e consolidar o direito à educação de qualidade em um país com tamanhas desigualdades sociais.

Em uma perspectiva bastante aberta, sem medo da tecnologia, mas atentos à complexidade de seus múltiplos usos e acessos, Caetano Bonfim Ferreira, Francisco André Silva Martins e Ana Cristina Azevedo Carneiro escrevem o artigo *O WhatsApp na escola,* refletindo sobre o uso de tecnologias digitais na educação em tempos da pandemia de Covid-19. Reconhecendo que já havia grande interação social por *WhatsApp* entre o público adolescente, os autores se perguntam como essa comunicação vem ocorrendo durante a pandemia. Eles oferecem uma visão crítica das tecnologias digitais, mas também, apontam para a potencialidade educativa que se abre, por meio de atividades criativas e interativas. Eles sustentam que, se o uso mal planejado e inadequado da tecnologia pode aprofundar a desigualdade social, o seu uso bem planejado pode promover maior qualidade à educação e mesmo colaborar com o combate à desigualdade de acesso. E aqui não se trata apenas de ter ou não ter um celular, mas de ter um planejamento educativo que leva em conta os educandos e a relação de aprendizagem, permitindo um uso mais dinâmico da tecnologia e reduzindo, em parte, a dificuldade de acesso à educação de qualidade ainda não superada nos métodos tradicionais de ensino.

O acesso à educação tem sido persistentemente discutido como direito fundamental, previsto pela Constituição Federal de 1988, e também, como um direito universal, que se insere na categoria dos direitos humanos, resultando que a inclusão educacional de qualidade é parte da inclusão social. No artigo *Horizontes da inclusão educacional,* Lucília Machado discorre sobre o PROEJA (Programa Nacional de Integração da Educação Profissional à Educação Básica na Modalidade de Educação de Jovens e Adultos), criado pelo Governo Federal em 2006, e a Meta 10 do Plano Nacional de Educação, que prevê 25% de percentual mínimo de oferta de matrículas nos ensinos fundamental e médio da EJA na forma integrada à educação profissional, até 2024. A autora demonstra que, malgrado a sua relevância, existe um grande lapso entre o que foi planejado e aquilo de fato realizado. A partir dessa análise, ela propõe ações que possibilitem uma maior integração da EJA com a educação profissional e o Proeja, garantindo o Proeja como política pública de estado, considerando a diversidade do público atendido e a garantia do direito humano à Educação.

É necessário discutir, além do acesso, a qualidade do ensino e também a sua aproximação com uma visão emancipatória que possa embasar a cidadania tanto para aqueles diretamente envolvidos nos processos educacionais quanto para a sociedade como um todo.

O artigo *Corpos ameaçados: análise de currículos de licenciaturas sobre gênero e diversidade sexual,* de Kaio Trindade Mineiro Vale e Cássia Beatriz Batista, examina, no campo de formação de professoras e professores, a concepção de sujeito presente em propostas curriculares de cursos de licenciatura em uma universidade pública federal. O artigo questiona a ausência/presença, nessa formação, do reconhecimento da importância de questões de gênero e diversidade sexual. Nele evidencia-se que estas questões, fundamentais nas políticas de reconhecimento e identitárias, recebem apenas uma atenção tangencial nos projetos pedagógicos, permanecendo, em larga medida, silenciadas.

Escrevendo sobre *O processo de ensino-aprendizado de música,* Eliseu Martins de Barros busca compreender as suas potencialidades junto a crianças e adolescentes em situação de vulnerabilidade social. A partir da sua prática como educador musical, mostra como o ensino de música expande as experiências estéticas, colabora para a reflexão sobre as vivências culturais em um campo que mescla técnica, sensibilidade, experiência e interpretação. Nesse trabalho, a postura do educador tem importância fundamental no diálogo com os alunos em sua realidade social e cultural, valorizando-os como seres de cultura, com capacidade de expressão e criatividade.

É em busca dessa práxis educacional que Adriana Dias Gomide Araújo e Flávia Lemos Abade buscam refletir, no artigo *A sala de aula como grupo,* sobre as formas de interação social e auto-organização em uma turma de Psicologia, desvendando diferenças sociais e culturais em uma sala de aula do ensino superior. Contribuindo para a visibilidade da sala de aula como um grupo, as autoras relatam como essas diferenças puderam ser refletidas e vividas de maneira a fortalecer a inclusão social, a cooperação e a autonomia dos alunos.

1.3 Acesso à Assistência Social e a outras políticas públicas

Trata-se ainda do direito à educação quando inserido em contextos sociais distintos, como no caso dos adolescentes que estão cumprindo medidas socioeducativas. Até que ponto esse processo de escolarização oferece bases para a inclusão social? Essa é a pergunta central do artigo *O processo de escolarização no cumprimento de medidas socioeducativas*, de Ana Cláudia Mateus e Silvia Maria Cintra da Silva. As autoras refletem sobre a importância da educação para esse público e, entretanto, constatam a inconsistência da proposta educativa e da preparação dos educadores para atuar nesse contexto, em que o trabalho pedagógico é altamente comprometido pelas exigências de segurança. As autoras indagam sobre a construção de uma outra proposta pedagógica que ofereça uma educação emancipatória.

Também no terreno do trabalho com adolescentes em situação de alta vulnerabilidade, Aiezha Flávia Pinto Martins relata a saga de um adolescente que conquista sua trajetória indo, como expressa o título do artigo, *Do trabalho no tráfico de drogas ao ofício de florista*. A autora discute o trabalho infantil como violação de direitos humanos, incluindo a atuação no tráfico de drogas e até mesmo no cumprimento de uma medida socioeducativa. Ela reitera a necessidade de fortalecimento dos direitos de crianças e adolescentes que, ao mesmo tempo em que devem ser protegidos da exploração do trabalho, precisam ter, no horizonte de suas vidas adultas, o trabalho como direito em uma perspectiva cidadã.

A difícil dialética entre inclusão e exclusão social é discutida por Eduardo Lewgoy Iochpe e Lílian Rodrigues da Cruz em seu artigo sobre *Acolhimento institucional*. Considerando as diversas formas de organização, atual nas entidades de acolhimento, os autores problematizam essas práticas em seu potencial de produzir, ao mesmo tempo, aquilo que denominaram de paradoxos da inclusão social, quando também geram a exclusão. Buscam, assim, discutir novas práticas de inclusão que resultem em maior abertura à diversidade e aos diferentes modos de vida.

Caroline de Souza e Bárbara Claudiano discutem *A inclusão social da família*, por meio da pesquisa sobre um programa de guarda subsidiada de crianças e adolescentes para a manutenção de vínculos familiares e comunitários. Elas partem da análise dos pressupostos do Estatuto da Criança e do Adolescente para compreender as diferenças entre o acolhimento institucional e os programas de acolhimento em famílias ao se tratar de proteger os vínculos e evitar a sua ruptura no contexto de vulnerabilidade vivido por tantas famílias.

As *Incidências de poder em um programa de inclusão social* é justamente o tema do artigo de Frederico Azevedo Alvim Assis, Marília Novais da Mata Machado e Valéria Heloisa Kemp, que questionam o poder no cotidiano de um programa de inclusão social pelo trabalho, no qual adolescentes aprendem o ofício de artesãs. Os autores revelam paradoxais mecanismos de dominação presentes na proposta de superação da vulnerabilidade social.

Virando a lente para os operadores da política pública, em *A política de Assistência Social brasileira e os desafios para o trabalhador social,* Ana Pereira dos Santos e Roberta Carvalho Romagnoli mostram os desafios encontrados pelos trabalhadores para operar em uma política pública que ainda está eivada de grande negligência diante da miséria e da exclusão social. As contradições da política pública impactam a relação dos profissionais com o seu ofício, expondo fortes pontos de tensão, relações de poder e submissão.

Parte II – Políticas de reconhecimento vinculadas a identidades socioculturais

Em *Sobre afetos e aprendizados mútuos,* Maurício Guilherme Silva Jr. e Sophia Mendonça fazem o relato de uma experiência sobre o compartilhamento de saberes entre um professor universitário e uma estudante diagnosticada com o Transtorno do Espectro Autista (TEA). Já de saída, o autor e a autora definem o TEA como *uma condição neurodivergente,* com características persistentes ao longo da vida. Eles chamam atenção para o fato de que a inclusão social das pessoas com TEA vai muito além de questões médicas ou neurológicas. Eles buscam fundamentar esse relato em teorias e abordagens que permitam pensar a comunicação não violenta e a aprendizagem mútua, dentre outros aspectos, no processo de inclusão social.

Na sequência, Débora Corrêa Durão Branco e Luciana Schermann Azambuja nos oferecem o artigo *Um olhar sobre o Transtorno do Espectro Autista no Adulto*, em que sustentam a necessidade de expandir a compreensão sobre os adultos com TEA, dando ênfase à sua autonomia. Nesse processo, tornam-se também essenciais as ações que vão possibilitar a sua inserção no mundo do trabalho.

A sexualidade da pessoa com deficiência **é o tema que** Amanda de Fátima da Silva Nunes, Daniela Marras Dias de Souza, Victor Brando Coelho e Ricardo Dias de Castro abordam no relato de experiência de uma oficina de cerâmica da qual participaram homens com deficiência intelectual e com Transtorno do Espectro Autista (TEA). Foi identificada a demanda dos participantes de falarem sobre a sua sexualidade, parte importante da promoção de sua autonomia, na emancipação da relação com seus corpos perante a alteridade, colaborando com a sua inclusão social.

Camilla Gabrielle Gomes Vieira e Dannielle Starling, no artigo *Interseccionalidade e Contra-Hegemonia nas Instituições de Ensino Superior,* lançam um olhar crítico sobre o racismo estrutural na educação. Elas também refletem como a interseccionalidade permite se contrapor a essa hegemonia. Diante do aumento do acesso da população negra à educação superior, inclusive a partir das ações afirmativas, questiona-se como tem acontecido essa inclusão e se há de fato maior igualdade na produção e transmissão do conhecimento.

Eduardo Teixeira Rodrigues e Paulo Roberto da Silva Júnior, *em A noção de branquitude e a inclusão de brancos/as na luta antirracista*, refletem sobre a posição privilegiada das pessoas brancas quando engajadas na democratização das relações raciais. Na sociedade brasileira, a invisibilidade (ou o encobrimento ideológico) do racismo torna ainda mais difícil desconstruir estereótipos em um esforço de combater a mentalidade racista e construir uma sociedade antirracista. Os autores discutem a importância do envolvimento de todos, inclusive das pessoas brancas, como responsáveis pela construção de uma sociedade antirracista.

A experiência de trabalho intersetorial e educativo da Rede de Enfrentamento à Violência contra as Mulheres de Minas Gerais é o artigo de Ana Pereira dos Santos, Isabella Vitral Pinto, Daniela de Oliveira Carvalho, Carla Bernava e Paula Dias Bevilacqua. Utilizando relatos produzidos em observação, as autoras discutem a capacidade dos coletivos de produzirem coesão, aprendizagem e formação política diante de um cenário político-institucional desafiador para as políticas sociais, sobretudo para a proteção às mulheres em situação de violência.

O artigo *Oficinas em direitos humanos*, de Eduardo Francisco de Oliveira, apresenta uma intervenção psicossocial, por meio da metodologia participativa, que discutiu direitos humanos com um grupo de adolescentes em um projeto social, procurando articular a dimensão psicossocial, a dimensão clínica e a dimensão pedagógica. O autor ressalta a necessidade da construção de espaços grupais que favoreçam a contextualização e a análise crítica dos processos psicossociais e políticos e suas implicações nos processos de subjetivação dos sujeitos.

Silvana Cordeiro Felipetto e Adolfo Braga Neto, no artigo *Mediação de conflitos como instrumento efetivo de respeito à diversidade e à inclusão social*, apontam a importância desse procedimento de solução de conflitos, especialmente diante do desafio contemporâneo de oferecer mecanismos para o respeito à diversidade, possibilitando o diálogo e o fazer democrático.

Uma vez concluída esta apresentação, desejamos a todos e a todas uma boa leitura. Esperamos que este livro possa contribuir para aprofundar a compreensão dos temas nele tratados e provocar o surgimento de novas questões e propostas que ampliem os limites da temática da Inclusão Social e Diversidade, em suas diferentes dimensões.

Referências

AFONSO, Elza Maria Miranda. **Proposta para uma conversa sobre Direitos Humanos e interdisciplinaridade**. Texto apresentado no evento Direitos Humanos e Interdisciplinaridade, promovido pela Rede de Cidadania Mateus Afonso Medeiros (RECIMAM) e pelo Centro Universitário UNA. Belo Horizonte, 2010.

ALBORNOZ, Suzana Guerra. As esferas do reconhecimento: uma introdução a Axel Honneth. **Cadernos de Psicologia Social do Trabalho**, 2011, vol. 14, n. 1, pp. 127-143.

AMADEO, Javier. Identidade, Reconhecimento e Redistribuição: uma análise crítica do pensamento de Charles Taylor, Axel Honneth e Nancy Fraser. **Política & Sociedade**. Florianópolis, v. 16, n 35, Jan./Abr. de 2017.

BERTINI, Fatima Maria Araujo. Sofrimento ético-político: uma análise do estado da arte. **Psicol. Soc.** Belo Horizonte, v. 26, n. spe2, pág. 60-69, 2014.

CASTRO, Jorge Abrahão. Bem-estar social brasileiro no século XXI: da inclusão ao retorno da exclusão social. **Educ. Soc.**, Campinas, v. 40, e0222141, 2019.

DEMO, Pedro. **Cidadania tutelada e cidadania assistida**. Campinas: Autores Associados, 1995.

FRASER, Nancy. Da redistribuição ao reconhecimento? Dilemas da justiça numa era "pós-socialista" (Trad. Júlio Assis Simões). **Cadernos de campo**, São Paulo, n. 14/15, p. 1-382, 2006. P 231-239.

FONSECA, Zilma. Exclusão-inclusão: circularidade perversa no Brasil contemporâneo. **Trab. educ. saúde**, Ago 2014, vol. 12, n. 2, p. 231-252. ISSN 1981-7746.

KAMIMURA, A. L. M. Os princípios da inclusão e exclusão: uma relação sutil. **Interações**, v. 2, n. 2, p. 185-200, 11.

LAFER, Celso. A reconstrução dos direitos humanos: a contribuição de Hannah Arendt. **Estudos Avançados**, v. 11, n. 30, p. 55-65, maio-ago. 1997.

LOURENÇO, Érika. Educação inclusiva. In: DESLANDES, Keila; LOURENÇO, Érika (Orgs.). **Por uma cultura dos Direitos Humanos na Escola**: Princípios, meios e fins (pp.37-60). Belo Horizonte, Fino Traço, 2012.

MACIEL, Silvana Carneiro, et al. Exclusão social de pessoas com transtornos mentais: uma proposta de modelo explicativo. **Paidéia (Ribeirão Preto)**. Ribeirão Preto, v. 29, e2915, 2019.

MEDEIROS, Mateus Afonso. **Direitos humanos**: uma paixão refletida. Belo Horizonte: RECIMAM, 2006. Disponível em: <www.recimam.org>. Acesso em: 30 jun. 2009.

OLIVEIRA, Mário Alves. Nem claro nem escuro: a experiência de estar cego. In: CAMPOS, Regina Célia P. R. de (Org.). **Deficiência visual e inclusão escolar**: desfazendo rótulos. Curitiba: CRV, 2016. P. 129-148.

PINTO, Celi Regina Jardim. Nota sobre a controvérsia Fraser-Honneth informada pelo cenário brasileiro. **Lua Nova**, n. 74, pp. 35-78, 2008.

PIZZIO, Alex. Embates acerca da ideia de justiça social em relação a conflitos sociais e desigualdades. **Revista de Administração Pública – RAP**, vol. 50, núm. 3, mayo-junio, 2016. P. 355-375.

SANTOS, Boaventura de Sousa. Direitos Humanos: o desafio da interculturalidade. **Revista Direitos Humanos**, Brasília, n. 2, p. 10-18, jun. 2009.

SAWAIA, Bader (Org.). **As artimanhas da exclusão**: Análise psicossocial e ética da desigualdade social. 2 ed. Petrópolis: Vozes, 2001.

SAWAIA, Bader. O sofrimento ético-político como categoria de análise da dialética exclusão/inclusão. In: SAWAIA, Bader (Org.). **As artimanhas da exclusão**: Análise psicossocial e ética da desigualdade social, 2ª ed. Petrópolis, Vozes, 2001. p. 97-118.

SCHIEFER, Uyára. Sobre os direitos fundamentais da pessoa humana, 2004. Disponível em: <http://**www.revistapersona. com.ar**/Persona28/28Schiefer.htm>. Acesso em: 6 fev. 2012.

SILVA, J. P. da. Desigualdade no debate brasileiro contemporâneo: Entre cidadania e reconhecimento. **Civitas – Revista de Ciências Sociais**, 15(4), 703-722. https://doi.org/10.15448/1984-7289.2015.4.22370

SOBOTTKA, E. A. Desrespeito e luta por reconhecimento. **Civitas – Revista de Ciências Sociais**, v. 15, n. 4, p. 686-702, 2 mar. 2016.

ZIONI, Fabíola. Exclusão Social: noção ou conceito? **Saúde e Sociedade**, v. 15, n. 3, p.15-29, set-dez 2006.

PARTE I – INCLUSÃO SOCIAL E ACESSOS A POLÍTICAS DE REDISTRIBUIÇÃO

Seção 1 – Acesso à Saúde

Diversidade e inclusão na promoção de saúde física e psicológica: protocolos de intervenção

Marcos Vieira-Silva[1]
Maria Nivalda de Carvalho-Freitas[2]
Andréa Carmen Guimarães[3]

O trabalho apresentado e comentado no presente capítulo foi desenvolvido no LAPIP – Laboratório de Pesquisa e Intervenção Psicossocial do Departamento de Psicologia da UFSJ. Trata-se de um laboratório de pesquisa e extensão que conta com uma Sala de Atividades Físicas, onde são realizadas atividades com aparelhos adaptados para treinamento concorrente de idosos, hipertensos, diabéticos e pessoas com deficiência.

Entendemos a diversidade como um fenômeno psicossocial que contempla, simultaneamente, três processos: o processo cognitivo de categorização das pessoas em grupos com características semelhantes entre si e diferentes de outros grupos; o processo histórico-social de transformação das diferenças em posições distintas de poder, com consequências políticas, sociais e individuais (Carvalho-Freitas, et al., 2017); e processos subjetivos de permanência ou minimização do preconceito em relação às minorias (Crochik, 2011). Além disso, consideramos que o fenômeno da diversidade tem produzido, ao longo da história, consequências como a exclusão e a inclusão social.

1 Professor da UFSJ, mvsilva@ufsj.edu.br
2 Professora da UFSJ, nivalda@ufsj.edu.br
3 Professora da UFSJ, andreaguimaraes@ufsj.edu.br

Por exclusão social, compreendemos o processo material ou simbólico que se traduz em segregação, marginalização e discriminação nas relações interpessoais ou intergrupais (JODELET, 2008). Por inclusão, definimos o processo que se concretiza em três dimensões distintas e mutuamente dependentes: (1) na dimensão macrossocial, do Estado, quando o acesso a bens, serviços e direitos passa a ser efetivamente garantido; (2) na dimensão social quando a convivência com as diferenças passa a funcionar como um estruturador das relações intergrupais e espaciais; e (3) na dimensão das individualidades ao criarem-se possibilidades de experiência com o outro em que pessoas historicamente excluídas podem se sentir incluídas, isto é, sentir-se parte, podendo exercer sua singularidade e autenticidade, podendo ser autônomas.

Trabalhamos com a perspectiva da inclusão psicossocial, considerando que,

> Do ponto de vista da psicologia social, não pode nos bastar uma inclusão social ou socioeconômica. A maioria dos programas sociais ligados a políticas públicas atinge os indivíduos apenas até a inclusão socioeconômica, como vários programas de geração de renda. Nós queremos uma inclusão psicossocial, ou seja, uma inclusão que provoque/possibilite a transformação do indivíduo em sujeito. Não basta uma melhoria na condição socioeconômica, é preciso que ela seja acompanhada de melhoria nas condições de vida, saúde, habitação, inserção no meio ambiente, condições de trabalho e de vida digna, ou seja, condições de vida saudável e acesso à felicidade (Vasconcelos, 1985, *apud* Vieira-Silva, 2015).

Defendemos, assim, uma perspectiva de inclusão que possibilite às pessoas serem sujeitas do seu modo de ser. Esses processos de inclusão e exclusão se refletem em todas as esferas da sociedade, inclusive na saúde. A saúde pode ser definida de várias formas. Do ponto de vista psicológico, adotamos critérios oriundos da Psicologia Social (Quiroga, 1987) que concebe a saúde como adaptação ativa ou aprendizagem, isto é, considera-se um sujeito com saúde psíquica/mental quando ele é capaz de apreender a realidade por meio de uma articulação dialética com o meio, integrando suas necessidades e as relações que as determinam, e sendo capaz de mudar essa realidade, transformando-se numa perspectiva emancipatória. Considerando esses critérios formas específicas de interpretação da realidade, precisam ser consideradas como dificultadoras da relação dialética entre o sujeito e seu contexto, por exemplo, formas que favorecem a "naturalização do social, a eternização do histórico, a universalização do particular, fragmentando e dissociando o que se constitui como uma totalidade (Quiroga, 1987), culminando em emoções e sintomas geradores de sofrimento como a ansiedade e depressão, por exemplo, numa adaptação passiva à realidade.

Por outro lado, a saúde física está relacionada à assiduidade da prática de exercícios físicos, à participação na sociedade, ao reconhecimento social, à promoção de ganhos funcionais globais, propiciando ao organismo das pessoas mudanças nas condições fisiológicas efetivas como o combate à obesidade, o controle do diabetes, das doenças coronarianas, oportunizando melhoria na autonomia e na qualidade de vida, favorecendo a diminuição do estresse, da ansiedade, proporcionando a redução de medicamentos (Guimarães, 2012; Rocha, 2009, 2015; Silva, 2017). Concepção esta que se articula com a definição de saúde da Organização Mundial de Saúde, a qual considera: "saúde é um estado de completo bem-estar físico, mental e social e não apenas a mera ausência de doença ou enfermidade" (2006), implicando em acesso a condições dignas de vida, moradia e trabalho.

Considerando que a saúde é um fenômeno multifacetado e que aspectos relacionados à dimensão psicológica, à dimensão física e à inclusão social estão presentes, realizamos um conjunto de pesquisas-intervenções voltadas para grupos considerados mais vulneráveis socialmente e que teve como um de seus produtos a construção de protocolos de intervenção física e de intervenção psicológica com vistas à promoção de saúde de pessoas com deficiência, pessoas com diabetes, hipertensão arterial e pessoas idosas, buscando a manutenção da diversidade em processos de inclusão social. A proposição de protocolos foi decorrência da identificação de que determinadas formas de intervenção eram mais efetivas que outras nos diversos grupos. Nesse sentido, o objetivo do presente capítulo é relatar e comentar os pressupostos e as características básicas desses protocolos aplicados conjuntamente.

Método adotado para a construção e avaliação do Protocolo

Os protocolos foram construídos levando-se em consideração pesquisas e matrizes teóricas produzidas nos campos da Educação Física e da Psicologia Social que justificavam a escolha de determinados procedimentos. Esses procedimentos foram propostos e avaliados junto aos grupos, num processo dialógico em que teoria e empiria se retroalimentavam. Nesse sentido, foram feitas escolhas iniciais aplicadas e avaliadas junto aos grupos que traziam novos elementos, críticas, considerações e que culminaram na versão final apresentada a seguir. O processo de construção e avaliação dos protocolos durou quatro anos. Foram realizadas análise das demandas, com foco na promoção de saúde, planejamento flexível, intervenção, sistematização e avaliação do trabalho (Afonso, 2010). Serão apresentados no presente capítulo os protocolos que tiveram maior adesão dos participantes e cujos resultados indicaram impactos mais positivos em aspectos diversos de suas vidas.

Participantes das intervenções

Os grupos participantes foram formados por pessoas cuja renda familiar fosse de até dois salários mínimos, que tivessem alguma deficiência física, fossem idosas ou tivessem diabetes e/ou hipertensão arterial. Durante os quatro anos de desenvolvimento e avaliação dos protocolos, participaram da intervenção 225 pessoas: 37 pessoas com deficiência, 39 idosos, 63 idosos com hipertensão, 40 pessoas com diabetes, 38 adultos com hipertensão e 8 pessoas hipertensas e diabéticas.

Forma de organização dos grupos

Inicialmente, os grupos foram divididos de forma homogênea: grupos de pessoas com deficiência, pessoas idosas, pessoas com diabetes e pessoas com hipertensão arterial. Observamos durante o primeiro ano de intervenção que, embora essa forma de organização facilitasse as atividades físicas e a discussão dos direitos e necessidades mais específicas, elas tinham pouco impacto na compreensão crítica da diversidade e nas possibilidades de inclusão psicossocial das pessoas. Quando os grupos se encontravam havia um certo estranhamento, principalmente em relação a pessoas com deficiência.

Por esses motivos, e considerando que a promoção de saúde implica na adaptação ativa à realidade com possibilidades de transformação de si e da sociedade, reconfiguramos todos os grupos e passamos a trabalhar com grupos heterogêneos. A organização foi mais difícil, mas os resultados em termos de inclusão psicossocial, do sentido de ampliação das pertenças grupais foi se configurando. Nesse sentido, houve um deslocamento da individualização de questões que antes eram concebidas como naturais para aquele grupo, como questões mais amplas, e que denunciavam as formas de organização, e mesmo, os preconceitos da própria sociedade.

Protocolo de atividades psicológicas

Referencial teórico adotado

Para a construção do protocolo de atividades psicológicas foram utilizados dois referenciais teóricos predominantes: as Oficinas de Grupo (Afonso, 2010) e o Grupo Operativo (Pichon-Rivière, 1998, 1988a). Essas duas perspectivas foram utilizadas de forma complementar.

Adotamos a perspectiva da Oficina de Grupo, pois propusemos trabalhos estruturados com os grupos, tendo uma questão central como disparadora para os processos de discussão e elaboração. Esse processo de elaboração envolvia o pensamento, a emoção e a ação, tendo dois pilares: terapêutico, facilitando a ressignificação de questões subjetivas, interpessoais e sociais; e pedagógico, concretizando um processo de aprendizagem, a partir da reflexão sobre a experiência vivenciada (Afonso, 2010).

Embora a perspectiva de Afonso (2010) tenha um caráter que pode ser avaliado como mais estruturado que a abordagem de grupo operativo, Pichón-Rivière (1988) também se utiliza de situações específicas como tarefa explícita em sua proposta de estrutura de escola para a formação de psicólogos sociais, por exemplo. A contribuição de Pichón-Rivière utilizada em perspectiva complementar a de Afonso (2010), foi feita considerando que, sob a tarefa explícita (jogos, dinâmicas, troca de informações), existe uma tarefa implícita que diz respeito às dificuldades, aos medos e à ansiedade em empreender as mudanças em pautas de conduta estereotipadas.

Para Pichón-Rivière (1988), o grupo é um conjunto restrito de pessoas que se propõe de forma explícita ou implícita à realização de uma tarefa, compartilhando tempo, local e espaço para sua realização. Ao realizar essa tarefa, vai ocorrendo a mútua representação interna e diversos fenômenos ocorrem no grupo, tanto decorrentes da história individual de cada um de seus membros (verticalidade), quanto em função das articulações da trajetória de cada um com as histórias dos demais membros do grupo e da forma como o grupo se organiza para realizar a tarefa (horizontalidade).

Como a relação dos membros do grupo entre si e com a tarefa são elementos básicos para a compreensão e para o desenvolvimento do processo grupal, é necessário considerar dois aspectos: os momentos do grupo e as relações vinculares. Podemos identificar três momentos distintos nos grupos: pré-tarefa (predomínio dos medos básicos); tarefa propriamente dita (apropriação coletiva de novas formas de lidar com a saúde) e projeto (ampliação de autonomia e adoção de novas formas e estratégias de produção e conservação de saúde), sendo que a superação dos medos básicos não se dá de uma vez e para sempre. Os receios sempre aparecem ou reaparecem mediante a necessidade de novas mudanças. Por outro lado, a interação do indivíduo com o grupo ocorre de maneira dialética por meio de uma estrutura dinâmica que Pichón-Rivière (1988) denomina de vínculo. O vínculo se produz progressivamente, à medida que as representações internas de cada integrante e as táticas para o desenvolvimento do projeto comum se desenvolvem. Assim, é preciso identificar as fantasias – representações subjetivas internalizadas a partir das relações estabelecidas, já que para Pichón-Rivière (1988) a relação é sempre bicorporal e tripessoal, ou seja, acontece entre duas pessoas, mas é mediada pelas expectativas e fantasias que uma pessoa tem em relação à outra ou ao grupo (terceiro).

Pichón-Rivière (1988) assinala "como situação central do grupo operativo a *atitude ante a mudança*, que se modifica em termos de incremento ou resolução das ansiedades depressiva ou paranoide, de perda e de ataque, coexistentes e cooperantes em tempo e espaço" (p. 126, grifo do autor). Neste processo de aprendizagem, surgem as inseguranças que se apresentam por meio de dois medos básicos: o medo da perda da instabilidade já alcançada e o medo do ataque que a nova situação representa, visto que o participante se sente inseguro frente à situação desconhecida. Estes dois medos configuram a resistência à mudança presente nos grupos, resistência esta que tem impacto na comunicação entre os membros do grupo e nos processos de aprendizagem. Neste contexto, cabe ao coordenador do grupo o papel de cooperar para o esclarecimento destes medos e provocar o grupo a trabalhar coletivamente as questões apresentadas no aqui e agora.

Nesse sentido, ele considera que os conflitos, consubstanciais com a própria existência da vida e dos grupos, têm duas dimensões: uma dimensão psicológica e uma dimensão política. Em sua dimensão psicológica, é considerada a capacidade dos grupos de se adaptarem ativamente à realidade resolvendo ou relevando os conflitos conforme as possibilidades objetivas em que se apresentam. Em sua dimensão política, é considerada a capacidade do grupo em questionar seu cotidiano e as determinações históricas naturalizadas pela sociedade.

Sendo assim, é importante avaliar a dinâmica de cada grupo. Pichón-Rivière (1988) propõe alguns universais para analisar o processo grupal, denominados vetores do cone invertido. São eles:

- *Afiliação*: primeiro grau de identificação do grupo com a tarefa e os demais integrantes do grupo (relação eu-vocês).
- *Pertença*: maior nível de identificação dos integrantes tanto com a tarefa quanto com os demais integrantes (se nomeiam por nós).
- *Cooperação*: constitui-se na possibilidade de os integrantes assumirem e desempenharem papéis diferenciados no grupo, possibilitando uma complementaridade na tarefa a ser realizada.
- *Pertinência*: é o centramento na tarefa. O não se centrar na tarefa pode ser considerado uma impertinência, fruto de uma impostura ou de um sabotamento do grupo em relação ao que foi proposto realizar, sendo necessário trabalhar os aspectos implícitos que dificultam a execução ou o cumprimento da tarefa.

- *Comunicação*: possibilidade maior ou menor de compartilhamento de significados, opiniões, formas de ver o mundo, etc. Na comunicação, a mensagem é importante, mas também é fundamental a forma como ela é codificada e decodificada e a quem se dirige. A partir dos processos de comunicação e da pertinência com a tarefa, é possível identificar o quão fluidos ou fixados são os papéis assumidos no grupo (líder, sabotador, bode expiatório, etc.).
- *Aprendizagem*: constitui-se na adaptação ativa do grupo à realidade, isto é, na busca de soluções e alternativas às situações vivenciadas. É o inverso de estereotipia que consiste na repetição reiterada e persistente de um comportamento a despeito das exigências colocadas pela realidade. Implica criatividade e elaboração de ansiedade.
- *Tele*: é o clima grupal, isto é, a disposição positiva ou negativa do grupo para trabalhar a tarefa grupal.

Organização do processo

A partir dessas referências básicas, foi construída a proposta de intervenção para a promoção de saúde por meio de um Protocolo de 24 encontros com uma hora de duração, realizados com intervalo de uma semana entre eles. Foram realizados dois conjuntos de intervenções de 12 encontros cada, com intervalo de férias de um mês entre eles.

Havia dois papéis fixos: o de observador e o de coordenador do grupo. O observador anotava (ou digitava) as falas dos participantes dos grupos e os processos de interação identificados, visando a análise posterior junto ao coordenador e aos supervisores das intervenções. Além disso, ele produzia uma devolutiva lida no início de cada novo encontro, visando auxiliar o grupo a se apropriar coletivamente do desenvolvimento de seu processo grupal. Essas devolutivas tinham como principal objetivo indicar os avanços do grupo e a apropriação coletiva dos desafios que haviam sidos indicados no encontro anterior.

O coordenador tinha por objetivo convidar o grupo para as atividades a serem realizadas e fazer intervenções grupais que simultaneamente

(1) acolhessem a todos, de forma que as pessoas se sentissem seguras e não julgadas, além de distribuir a comunicação e, ao mesmo tempo, (2) estimulasse a ressignificação de suas pautas de conduta, por meio de intervenções que eram realizadas em forma de interrogação sobre comportamentos e interpretações da realidade que o grupo havia naturalizado ao longo da vida sem questionamento e que produziam sofrimento para as pessoas. As intervenções do coordenador eram sempre consideradas no contexto de suas produções como emergentes dos processos grupais (Quiroga, 1987).

Além disso, em cada encontro estava prevista, além das atividades relacionadas ao tema disparador, a leitura da devolutiva do encontro anterior e uma atividade de aquecimento ou de relaxamento, caso a atividade psicológica fosse realizada depois da atividade física. O trabalho com os grupos foi realizado por estudantes de psicologia sob a supervisão semanal de dois docentes com formação e experiência de trabalho com grupos.

Embora o protocolo básico tenha sido proposto com 24 encontros, ele é, por natureza, flexível, podendo se estender para além desse prazo, principalmente por que é necessário atender às demandas que são específicas dos grupos. Nesse sentido, os protocolos funcionam como um parâmetro em relação ao qual se desenvolvem ações que vão se organizando sob medida para cada grupo. Eles têm um caráter orientador, mas se caracterizam por sua flexibilidade, em função das demandas coletivas colocadas e refletidas em cada encontro/sessão.

Protocolo propriamente dito

Etapa 1

1. Primeiro, segundo e terceiro encontros

Tema disparador: Vínculo

Atividades propostas: apresentação das pessoas. Enquadre (sigilo, duração, local, etc.) Levantamento de temas a serem trabalhados. Utilização de dinâmicas, letras de músicas, poemas e atividades que contribuíssem para que as pessoas se conhecessem e compartilhassem suas expectativas em relação à promoção de saúde (busca de qualidade de vida e autonomia) com inclusão psicossocial.

Justificativa: trabalhar com os grupos os temas da apresentação e vínculo (definido como uma relação bi-corporal e tri-pessoal em que fantasias e expectativas em relação ao outro atuam como um terceiro elemento na relação (Pichon-Rivière, 1988)). O objetivo era construir um *setting* para que os medos básicos fossem minimizados e a tarefa do grupo que era a promoção de saúde por meio da melhoria da qualidade de vida e do aumento da autonomia fossem alcançadas.

2. Quarto, quinto e sexto encontros

Tema disparador: Direitos e deveres

Atividades propostas: leitura e discussão de cartilhas produzidas com informações sobre os direitos básicos dos idosos, das pessoas com deficiência e direitos de acesso à saúde (com informações sobre diabetes e hipertensão arterial).

Justificativa: articular a dimensão política, isto é, o questionamento do cotidiano e das determinações históricas naturalizadas pela sociedade, com a dimensão psicológica, por exemplo, de como as pessoas enfrentavam e resolviam situações em que seus direitos não eram assegurados ou, mais ainda, eram negados e quais seriam as possibilidades de mudanças possíveis (Pichon-Rivière, 1988).

3. Sétimo, oitavo e nono encontros

Tema disparador: Demandas do grupo, autoestima e autoconhecimento

Atividades propostas: dinâmicas de grupo, audição e discussão de músicas e de temas que o grupo considerasse relevante.

Justificativa: reavaliar junto com o grupo as formas específicas de interpretação da realidade, buscando problematizar a naturalização do social, a eternização do histórico e a fragmentação e dissociação entre aspectos positivos e negativos de si, das relações e da realidade, visando a ressignificação de processos que são dialéticos em sua natureza (Quiroga, 1987).

4. Décimo, décimo primeiro e décimo segundo encontros

Tema disparador: Projeto de Vida e encerramento da primeira etapa da intervenção

Atividades propostas: foi utilizada como recurso uma roda da vida que continha o trabalho, a saúde, a família, o dinheiro, os amigos e a atividade social, o amor e o parceiro, a vida espiritual e o lazer. Na décima segunda semana, foi realizado o fechamento da primeira etapa, cujo objetivo era fazer uma reflexão sobre os encontros e sobre como foi a experiência com o processo grupal.

Justificativa: estimular o grupo a pensar em aspectos que valorizam e que gostariam de verem como partes de suas vidas. Trabalhamos com o projeto de vida como desejos de transformar o cotidiano, levando em conta aspectos do passado e do presente da vida em busca de melhorias no futuro. Trata-se de ações que as pessoas apresentem como um desejo a realizar para o seu bem-estar ou conquista pessoal. A ideia de projetos vai ao encontro do desejo de realizar pequenas coisas possíveis, ou seja, o desejo de ir em busca de realização, caso haja uma movimentação para tal, levando em conta que esses projetos devem partir de um interesse de cada um, e não de outras pessoas, como seus familiares. (Pereira, 2018).

Etapa 2

5. Décimo terceiro encontro

Tema disparador: Vínculo, retomada dos encontros, história do grupo

Atividades propostas: roda de conversa sobre os vínculos estabelecidos entre eles, a retomada dos encontros e a história que o grupo já havia construído na primeira etapa.

Justificativa: facilitar as relações pela minimização de possíveis fantasias do grupo, considerando o conceito de vínculo proposto por Pichón-Rivière (1987).

6. Décimo quarto ao vigésimo encontros

Tema disparador: Demandas do grupo e resgate de memórias articulando-as com o contexto histórico

Atividades propostas: rodas de conversas sobre demandas específicas explicitadas pelo grupo e/ou resgate das memórias de infância, adolescência e suas relações com o contexto da época. Essas atividades eram realizadas com a participação ativa dos grupos que traziam músicas de suas lembranças de infância e adolescência, brinquedos, fotos, etc.

Justificativa: resgatar a história visando a minimização da fragmentação e dissociação entre aspectos positivos e negativos de si, das relações e da realidade, visando a ressignificação individual e coletiva de processos que são dialéticos em sua natureza (Quiroga, 1987).

7. Vigésimo primeiro ao vigésimo terceiro encontros

Tema disparador: Aspectos da vida cotidiana dos membros do grupo e projetos de vida, considerando o término próximo da intervenção

Atividades propostas: rodas de conversas, dinâmicas de grupo e atividades que o grupo sugerisse.

Justificativa: estimular os membros dos grupos a pensar sobre e reavaliar seus projetos de vida e a implicar na construção de novas possibilidades de organização do cotidiano que pudessem lhes trazer melhor qualidade de vida e maior autonomia.

8. Vigésimo quarto encontro

Tema disparador: Encerramento do grupo e confraternização

Atividades: roda de conversa sobre as intervenções como um todo e atividade de confraternização conduzida pelo grupo

Justificativa: promover o encerramento das atividades do grupo e a apropriação subjetiva e coletiva do processo grupal e de seus novos projetos de vida.

Protocolo de atividades físicas

O protocolo de atividades físicas desenvolvido, denominado de protocolo de atividades físicas adaptado, foi baseado no treinamento concorrente

(Cunha, et al., 2013) e consiste na combinação, em uma mesma sessão, de exercícios de força, treinamento aeróbio, alongamentos ativos e passivos com intervalo de 20 a 30 segundos entre os exercícios aliados a fatores motivacionais. Os exercícios cardiopulmonares, chamados aeróbicos, eram realizados no início do treinamento com 10 min de duração em esteira ergométrica Esteira R4 127V Movement®; após 30 segundos realizavam-se 3 exercícios de força, com 3 séries em cada um e com intervalo de 30 segundos entre as séries, sendo, então, submetidos novamente a 5 min de exercício aeróbico, até finalizar 60 min de intervenção, totalizando, portanto, 25 min de atividade cardiopulmonar e 45 min de força.

A intensidade das atividades era avaliada por meio de percepção subjetiva de esforço de Borg, para as atividades aeróbicas, e da escala de OMMI-RES para os exercícios de força. Para ambos os tipos de treinamento, foi mantida uma intensidade entre 7-8 nas duas escalas, consideradas, portanto, de moderada intensidade.

Etapa 1 - Primeira à Quarta semana

Proposta: Convite e Diagnóstico

Atividades: inicialmente foram realizadas reuniões nos Programas de Saúde da Família de alguns bairros da cidade em que houve conversas com as equipes e com os moradores para apresentação do projeto e divulgação para o possível público-alvo. As pessoas que se interessaram foram submetidas a avaliações da condição de saúde, visando a construção de um perfil de saúde física, sendo realizados hemogramas, glicemia e exames biofísicos (pressão arterial, peso, altura, índice de conicidade, autonomia funcional, flexibilidade).

Justificativa: compreender as características do público e verificar as individualidades biológicas para prescrição de exercícios físicos direcionados e individualizados.

Etapa 2 – Quinta a Vigésima Segunda Semana

Proposta: Intervenção – Discussão dos casos

Atividades: passada a fase de diagnóstico inicial, os participantes permaneceram por duas semanas numa fase de adaptação aos exercícios, teste de carga e familiarização com os aparelhos (quinta e sexta semana). Findada essa etapa, cada grupo teve três atendimentos semanais (3 momentos de atividade física com duração de 60 minutos cada), período chamado treinamento adaptado. O exercício físico adaptado foi baseado no treinamento concorrente (Cunha et al., 2013) e consiste na combinação em uma mesma sessão, de exercícios de força, treinamento aeróbio, alongamentos ativos e passivos com intervalo de 20 a 30 segundos entre os exercícios aliados a fatores motivacionais.

Semanalmente, eram realizadas discussões sobre a evolução de cada participante, bem como grupo de estudos com os estagiários de Educação Física.

Justificativa: o período de adaptação ao exercício torna-se necessário para um melhor desempenho e aproveitamento dos participantes. A prática do exercício físico adaptado e orientado permite uma melhor execução, com impacto benéfico sobre qualidade de vida e sobre os determinantes de saúde dos diversos grupos. As discussões de casos semanais tiveram como intuito verificar as potencialidades, a evolução e as dificuldades de cada participante.

Etapa 3 - Vigésima Terceira semana

Proposta: Avaliação

Atividades: foram realizadas avaliações da condição de saúde de cada grupo, com a análise das mesmas variáveis coletadas na fase de diagnóstico como hemogramas, glicemia e exames biofísicos (pressão arterial, peso, altura, índice de conicidade, autonomia funcional, flexibilidade).

Justificativa: comparar a condição de saúde física antes e pós-intervenção.

Etapa 4 - Vigésima Quarta Semana

Proposta: Encerramento do grupo e confraternização

Atividades: roda de conversa sobre a intervenção e a atividade de confraternização conduzida pelo grupo, com participação conjunta dos estagiários de Psicologia e de Educação Física.

Justificativa: promover o encerramento das atividades do grupo e a apropriação subjetiva do processo grupal e de seus novos projetos.

Resultados da utilização dos protocolos de atividades físicas e psicológicas

Foram publicados quatro artigos relatando os resultados da utilização do protocolo com grupos específicos. Embora o protocolo seja de aplicação para grupos heterogêneos, para a avaliação de critérios de saúde e de mudança percebida, os resultados foram apresentados considerando-se a análise de pessoas com a mesma etiologia relativa ao seu estado de saúde e desenvolvimento, ainda que tenham participado de grupos distintos, pois o protocolo adotado foi o mesmo em todos os grupos.

Os critérios de avaliação para os grupos foram distintos, pois estavam relacionados às demandas predominantes trazidas por eles. Por exemplo, do ponto de vista físico, a grande maioria de todos os grupos trazia demandas de maior independência física, diminuição do sedentarismo e da manutenção dos índices de saúde (pressão arterial e diabetes, por exemplo). Do ponto de vista psicológico, as demandas que atravessaram todos os grupos eram as de poder construir novas relações, sentirem-se incluídos e melhorar a qualidade de vida. No entanto, algumas demandas mais específicas também apareceram, tais como, o grupo de idosos apresentou uma demanda maior por qualidade de vida; as pessoas com deficiência tinham demandas por ampliar a rede de relacionamentos e se sentirem incluídas; as mulheres hipertensas apresentaram demandas relacionadas a sintomas de depressão; as pessoas com diabetes apresentaram demandas em relação à ansiedade. Todos os grupos foram avaliados pré e pós-intervenção, visando identificar suas demandas e avaliar suas demandas.

Em relação aos idosos, identificamos impacto das intervenções com atividades físicas e psicossociais na melhoria da qualidade de vida. Vinte e dois idosos de ambos os sexos participaram da intervenção com os protocolos de atividades físicas e psicológicas apresentados. As avaliações foram realizadas com os participantes antes e depois da intervenção. Já na primeira etapa da intervenção, foi identificada diferença significativa no fator de relações sociais do WHOQOL-Bref Quality of Life (Inventário da OMS). Além disso, os participantes relataram mudanças na qualidade de vida e na disposição e independência física (Pereira et al., 2018).

No caso de pessoas com deficiência, foram dezessete os participantes da intervenção com os dois protocolos apresentados (físico e psicológico). Foram identificadas mudanças por todos os participantes no que se refere aos relacionamentos no cotidiano, ao sentirem-se incluídos do ponto de vista psicossocial e no caso de progressos e melhoras na condição física. Esses resultados já começaram a aparecer no final da primeira etapa de intervenção (Carvalho-Freitas et al., 2016).

Quanto às mulheres hipertensas, participaram sete pessoas com os dois protocolos (físico e psicológico). No entanto, os grupos dos quais essas pessoas participaram tiveram um tempo maior de duração, pois houve fases com muitas faltas que impactavam as atividades físicas e também demandas de temas que elas traziam para discussão nos grupos com a Psicologia, o que implicou em sua ampliação. Os resultados indicaram diminuição significativa nos sintomas de depressão, além dos progressos gerais já apontados para os demais participantes (Vale et al., 2016).

No caso de pessoas com diabetes participaram seis mulheres. Nesses grupos os protocolos também foram estendidos, devido a faltas e demandas específicas de temas para discussões nos grupos da Psicologia. Os resultados indicaram, além de mudanças percebidas em relação às vivências cotidianas com os familiares, melhoras na saúde, de maneira geral, e maior envolvimento e planejamento de projetos de vida, diminuição significativa nos índices de ansiedade e melhoria no controle cotidiano dos índices glicêmicos (MOTA, et al., 2016).

Em todos os grupos houve identificação de diminuição do sobrepeso após análise do índice de massa corporal e, posteriormente ao treinamento concorrente, observou-se uma diminuição dessas variáveis além de redução da glicemia capilar. Em todos os grupos, as pessoas relataram alcance de maior independência para a realização de atividades cotidianas e maior disposição física, de maneira geral. Além disso, foi verificada a manutenção de melhores índices da pressão arterial e de glicemia.

As quatro intervenções apresentadas foram realizadas na própria universidade em salas de atividade física planejada e adaptada para ser acessível a todos e em salas de aula para as atividades da Psicologia. Além disso, também tivemos a aplicação e a avaliação dos protocolos em três bairros periféricos da cidade, em que tanto as atividades físicas como as atividades psicológicas eram realizadas respectivamente em um centro comunitário, pátio de uma escola e salão da Unidade Básica de Saúde. As intervenções iniciaram-se com frequência aproximada de 25 participantes (majoritariamente pessoas aposentadas e donas de casa) e encerraram-se com 8, 12 e 22 pessoas, respectivamente, considerando cada bairro. Os motivos alegados para a não continuidade foram proibição médica para realizar as atividades físicas, em alguns casos, dificuldades com os horários e um falecimento. Os resultados indicaram, além da percepção de melhoria na condição de saúde física e psicológica, uma implicação maior das pessoas nas questões sociopolíticas dos bairros, com diálogo com os gestores públicos, visando buscar uma maior atenção à juventude das comunidades e garantia dos serviços públicos. Além disso, questões como racismo, gênero e classe social foram discutidas e problematizadas em função do território que ocupavam, possibilitando a emergência de novas formas de implicações subjetivas e políticas.

Considerações finais

Os resultados obtidos indicam a potencialidade das intervenções interdisciplinares para o atendimento das demandas desse público e, além disso, enfatizam a importância do desenvolvimento de políticas públicas que articulem saúde com diversidade e inclusão social. A aliança entre a prática cotidiana de exercícios físicos e grupos de intervenção psicossocial mostrou-se efetiva tanto na análise dos resultados avaliados por meio de instrumentos de diagnóstico específicos dos campos do conhecimento, como na análise qualitativa das opiniões expressas pelos participantes ao relatarem, em diversos momentos, os impactos das intervenções no cotidiano de suas vidas.

A prática regular de atividades físicas vem se consolidando como um potente tratamento não medicamentoso, não somente para doenças crônicas não transmissíveis, como também para transtornos do humor e de ansiedade, com impacto direto sobre a qualidade de vida e a autonomia funcional. Uma vez desenvolvido o treinamento adaptado aliado ao acompanhamento psicológico, percebeu-se a identificação de aspectos importantes nos determinantes de saúde de pessoas idosas, diabéticos, hipertensos e pessoas com diversidades funcionais, o que demonstra o impacto positivo da interdisciplinaridade no desenvolvimento de programas públicos de atenção à saúde física e psicológica. Consideramos, ainda, a relevância do desenvolvimento, por parte das universidades, de projetos e programas de extensão universitária como parte integrante da formação de profissionais da área de saúde, o que possibilita a diplomação de profissionais com maiores possibilidades de acesso e atendimento de demandas de atenção psicossocial em saúde, produção e ressignificação de projetos de vida e educação em saúde.

Consideramos ser necessária a replicação dos protocolos desenvolvidos por nós em outros contextos, para que sejam ampliadas as avaliações de suas potencialidades, entendendo que esses protocolos são orientadores das ações, mas as demandas específicas dos grupos atendidos/trabalhados, principalmente as demandas de atenção psicossocial e a avaliação cotidiana dos impactos das necessidades físicas, devem ter supremacia sobre qualquer planejamento de atividades de atenção em saúde.

Referências

AFONSO, M. L. (Org.). *Oficinas em dinâmica de grupo*: um método de intervenção psicossocial. São Paulo: Casa do Psicólogo, 2010.

ARAÚJO, Willian Giovani et al. Aptidão cardiorrespiratória, composição corporal de escolares e estruturas física para prática de atividades física. *Revista Saúde Santa Maria*, v. 43, n. 2, p. 101-108, 2017.

ATALAIA-SILVA, Lilian et al. Velocidade de marcha, quedas e sua autoeficácia como modelos preditores de fragilidade. *Revista Hospital Universitário Pedro Ernesto*, v. 17, n. 2, p. 65-70, 2018.

CARVALHO-FREITAS, M. N. et al. Promoção de saúde física e psicológica: intervenções realizadas com pessoas com deficiência física. *Espaço para a Saúde (Online)*, v. 17, p. 246-251, 2016.

CARVALHO-FREITAS, M. N.; SILVA, O. A.; TETTE, R. P. G.; SILVA, C. V. Diversidade em contextos de trabalho: pluralismo teórico e questões conceituais. *E&G – Revista Economia e Gestão*, v. 17, p. 1-12, 2017.

CROCHIK, J. L. Preconceito e Inclusão. *WebMosaica Revista do Instituto Cultural Judaico Marc Chagall,* v. *3, n.* 1, p. 32-42, 2011.

JODELET, D. (2008). Os processos psicossociais da exclusão. In: Bader Sawaia (Org.). *As artimanhas da exclusão*, 8 ed. Petrópolis, Vozes. p. 53-66.

FREIRE, Hyanara Sâmea de Sousa, et al. Aplicação da Escala de Depressão Geriátrica de Yesavage em instituições de longa permanência. *Revista Nursing*, v. 21, n. 237, p. 2030-2035, 2018.

MOTA, J. M. S. et al. Redução de ansiedade com grupo de diabéticos: interfaces físicas e psicológicas de uma intervenção. Gerais: *Revista Interinstitucional de Psicologia*, v. 9, p. 312-323, 2016.

ORGANIZAÇÃO MUNDIAL DA SAÚDE. Constituição da Organização Mundial da Saúde. Documentos básicos, suplemento da 45ª edição, outubro de 2006. Disponível em espanhol em: <https://www.who.int/governance/eb/who_constitution_sp.pdf.>. Acesso em: 25 dez. 2021.

PEREIRA, F. N. *Participação em comunidades afetivas*: possibilidades para a construção e/ou ressignificação de projetos de vida de idosos. Dissertação de mestrado. Programa de Pós-Graduação em Psicologia da UFSJ, 2018.

PEREIRA, F. N., et al. Impactos de intervenções com atividades físicas e psicossociais na qualidade de vida de pessoas idosas. *Pesquisas e Práticas Psicossociais*, v. 13, p. 1-12, 2018.

PICHÓN-RIVIÈRE, E. *O processo grupal.* São Paulo: Martins Fontes, 1998.

PICHÓN-RIVIÈRE, E. *Teoria do Vínculo.* São Paulo: Martins Fontes, 1998(a).

QUIROGA, A. P. *Enfoques y perspectivas en Psicología Social: desarrollos a partir del pensamiento de Enrique Pichon-Rivière.* Buenos Aires: Ediciones Cinco, 1987.

VALE, C. A. et al. Mulheres hipertensas e depressão: relato sobre intervenção com grupo operativo e atividades físicas. *Espaço para a Saúde* (*On-line*), v. 17, p. 252-257, 2016.

VIEIRA-SILVA, Marcos. Práticas em psicologia comunitária e processos de mobilização social: provocações para um debate. *Pesquisas e Práticas Psicossociais*, v. 10(2), p. 292-300. São João del-Rei, julho/dezembro 2015

Educação em saúde como elemento significativo para o processo de empoderamento e inclusão social de diabéticos

Eva Vilma Muniz de Oliveira[1]
Marcos Vieira-Silva[2]

Introdução

O avanço tecnológico e a globalização, somados ao estilo de vida sedentário ao qual a maioria da população está exposta diariamente, têm trazido impactos significativos à saúde. Especialmente, observa-se o crescente aumento no número de casos de diversas doenças crônico--degenerativas. Entende-se que estas estão associadas a fatores de riscos relacionados a uma série de alterações metabólicas, tais como obesidade abdominal, hiperglicemia (aumento da glicose na corrente sanguínea), hipertensão (aumento da pressão arterial) e dislipidemia (aumento dos triglicerídeos e diminuição do colesterol HDL).

Em geral, as doenças crônicas estão relacionadas a causas múltiplas e são caracterizadas por início gradual de prognóstico usualmente incerto, com longa ou indefinida duração. Apresentam curso clínico que muda ao longo do tempo, com possíveis períodos de agudização, podendo gerar incapacidades. Requerem intervenções com o uso de

[1] Enfermeira. Mestre em Psicologia. Docente IF Sudeste MG – Campus São João Del Rei. *E-mail*: eva.oliveira@ifsudestemg.edu.br

[2] Doutor em Psicologia. Professor Associado IV do PPGPSI da UFSJ. Pesquisador do Laboratório de Pesquisa e Intervenção Psicossocial. *E-mail*: mvsilva@ufsj.edu.br

tecnologias, associadas a mudanças de estilo de vida em um processo de cuidado contínuo que nem sempre levam à cura (Brasil, 2013).

Portanto, as Doenças Crônicas não Transmissíveis (DCNT) estão aliadas a um conjunto de diversos fatores, sendo eles os fatores determinantes sociais e condicionantes, e os fatores de riscos individuais, que conduzem o sujeito à deterioração progressiva da saúde. De acordo com a Organização Pan-Americana da Saúde (2015), são consideradas as seguintes DCNT como de maior impacto mundial: doenças cardiovasculares, Diabetes, câncer e doenças respiratórias crônicas. Estimativas futuras apontam para um crescimento da incidência das DCNT's, com destaque para a Hipertensão Arterial Sistêmica e Diabetes *Mellitus* (DM) (Zanoni, 2014). Nesse sentido, os projetos tiveram como foco especificamente a DM.

Esta doença constitui um desafio para os portadores, suas famílias e profissionais de saúde, especialmente, ao se tratar da busca e obtenção de controle glicêmico e metabólico adequado, a fim de minimizar as complicações em médio e longo prazo. Nota-se que frente ao padrão biomédico de tratamento utilizado atualmente, é necessário buscar alternativas de empoderamento e inclusão do sujeito diabético. Tais aspectos podem ser alcançados por meio de ações, sejam elas de cunho individual ou coletivo/social.

Neste sentido, o presente trabalho visa analisar os impactos e as suas consequências produzidas no decorrer das diversas ações de educação e reflexão em saúde desenvolvidas na cidade de Tiradentes, MG, especificamente, com a população diabética do município, a qual esteve envolvida em projetos de extensão e pesquisa nos anos de 2015, 2017, 2018 e 2019. O foco deste trabalho segue a base do relato da experiência, bem como apresenta a perspectiva da educação em saúde, com suporte psicossocial como elemento importante para o processo de empoderamento e inclusão social de pessoas acometidas pela Diabetes.

Ao longo deste período, foram desenvolvidos três projetos de extensão, vinculados ao Instituto Federal do Sudeste de Minas Gerais – Campus São João del-Rei, e uma pesquisa vinculada ao Programa de Mestrado em Psicologia da Universidade Federal de São João del-Rei. Cada uma destas ações foi desenvolvida com um grupo específico de diabéticos no município de Tiradentes-MG. O público variou em faixa etária, tendo ocorrido ações específicas com crianças, adolescentes, jovens e adultos. Num total, os projetos envolveram mais de cinquenta diabéticos, os quais vivem em diferentes bairros da cidade.

No convívio com os diabéticos verifica-se, a partir de relatos e observações, uma relação antagônica entre a perspectiva médica e a perspectiva do diabético. O primeiro ente calcado na compreensão biomédica doença-cura, acredita que, por estar acometido pela doença, a adesão ao tratamento deve ocorrer de modo integral (Farias, et al., 2013). Por outro lado, o acometido pela doença, vivencia uma diversidade de sensações, sentimentos oscilantes e conflitos internos e externos advindos de sua relação com a Diabetes. Assim, encontra-se o sujeito diabético que tem suas vidas conturbadas pela descoberta do novo, pela cobrança social e familiar e por suas aspirações, seus desejos e suas angústias, além de suas questões subjetivas.

Logo, ampliar as possibilidades de suporte ao tratamento de diabéticos utilizando-se a concepção biopsicossocial deve ser uma premissa de apoio ao adoecimento, superando, assim, o foco quase que único e generalizado de tratamento calcado na perspectiva biomédica. Neste sentido, tem-se, o objetivo de avaliar o desenvolvimento de ações em projetos desenvolvidos na cidade de Tiradentes, MG, com o público diabético. Com intuito de conhecer sua realidade e caracterizar elementos relacionados à ressignificação, a partir da vivência desse público com a Oficina de Intervenção Psicossocial, caminhou-se com essas propostas tendo como foco a inclusão Psicossocial e emancipatória.

A Oficina tem dois pilares de ação: (a) a potencialidade terapêutica, já que facilita o *insight* e a elaboração sobre questões subjetivas, interpessoais e sociais; e (b) a potencialidade pedagógica, já que deslancha um processo de aprendizagem, a partir da reflexão sobre a experiência. Ela é capaz, portanto, de permitir ao sujeito elaborar o conhecimento sobre o mundo e sobre ser sujeito no mundo, ou seja, sobre si mesmo. A elaboração produzida na Oficina envolve, além de uma reflexão racional, os sujeitos de uma maneira geral, suas formas de pensar, sentir e agir (Afonso, 2006).

Esta perspectiva foi o foco central de todas as propostas desenvolvidas, haja vista que ajustes ou ações foram adaptados às diversas realidades vivenciadas em cada um destes projetos, ao se tratar de bairros distintos. Porém, o que foi possível constatar em todos os projetos foi que o apoio biopsicossocial é essencial para uma melhor convivência entre os acometidos e a doença. Podendo, ainda, ser observado que um processo reflexivo sobre a doença e o adoecer favorecem o autoconhecimento e subsidiam o empoderamento dos sujeitos diabéticos em suas vidas e em seu convívio social.

Aproximações necessárias entre a educação em saúde e a inclusão social

As crises e as transformações culturais vivenciadas na sociedade a partir da segunda metade do século passado produziram alterações na percepção e no modo de atuar no mundo. Este cenário se intensificou com a globalização que trouxe em suas diferentes vertentes, mudanças culturais, políticas, sociais e econômicas, conduzindo os diferentes atores sociais a reflexões e revisões de suas práticas cotidianas.

Segundo Gadotti (2000, p.3), essas profundas mudanças identificadas no mundo ocidental, a partir de meados do século XX, são de diferentes origens: "tanto no campo socioeconômico e político quanto no da cultura, da ciência e da tecnologia". Na visão deste autor, "ainda não se tem ideia clara do que deverá representar para todos nós, a globalização capitalista da economia, das comunicações e da cultura" (2000, p. 3), sendo este um caminho em aberto. Esse tempo de crises paradigmáticas e de mudanças pode ser descrito como resultado de amplos processos culturais em curso do chamado fenômeno da "pós-modernidade", um conceito temporal ainda em debate, todavia amplamente utilizado por alguns teóricos da educação e outras ciências para descrever o momento pelo qual passa o mundo ocidental.

Entre as mudanças e transformações constatadas no campo social e educacional neste período, encontra-se a abertura destes setores para adoção de uma visão mais ampla do Ser Humano; alterando os paradigmas até então existentes para uma concepção de mundo e das pessoas inclusiva e integradora da diversidade.

Ao longo da história, a "diferença" foi vista como algo desviante, negativo, pejorativo e/ou depreciativo. Vale lembrar aqui Goffman (1982, p. 11), para quem "a sociedade estabelece os meios de categorizar as pessoas e o total de atributos considerados como comuns e naturais para os membros de cada uma dessas categorias". Quem não se encaixava nesses atributos, ou não os possuía, era o diferente, o deficiente ou o diverso, e em vários períodos de nossa história era estigmatizado com maior ou menor ênfase, dependendo do contexto social em que achava inserido. O *status* de um acometido por uma doença crônica, como no caso da DM, nos dias de hoje, ainda pode ser percebido, em diversos casos, nesta perspectiva. A justificação da prática social do preconceito e da discriminação encontra seu acento nessa visão distorcida em relação à pessoa "diferente", em termos de suas condições de saúde.

Pessoas diferentes, diversas ou deficientes são, muitas vezes, vistas como estranhas, piores do que as pessoas vistas ou aceitas como normais. A perspectiva da inclusão assume importância cada vez maior ao se pensar na necessidade da aceitação social do diverso nessa perspectiva mais ampla de pensar sua diversidade, deficiência ou dificuldade em relação aos demais por convivência, como uma doença crônica, como uma diferença, e não como deficiência, ou seja, como algo que não impede sua vivência em sociedade, sua convivência com os demais, como algo a ser pensado mais como um desafio que a própria sociedade precisa enfrentar para que ele tenha condições plenas de vida cotidiana a acesso aos direitos humanos.

Vale assinalar que, nos últimos tempos, essa condição de "diversidade e/ou diferença" vem assumindo um aspecto positivo, como luta em favor dos direitos de pessoas e/ou setores excluídos, marginalizados socialmente. Políticas públicas de inclusão social vêm sendo desenvolvidas e empresas e organizações sociais diversas são incentivadas ou obrigadas por legislações específicas a criar ou ampliar vagas de trabalho e criar condições de acesso à saúde e/ou atenção psicossocial para pessoas em situação de diversidades ou necessidades psicossociais específicas.

Refletindo sobre o termo "inclusão", indica-se que este é um termo amplo, utilizado em diferentes contextos, em referência a questões sociais variadas. Todavia, de modo geral, corresponde à inserção social de pessoas que experimentam algum tipo de exclusão, seja da escola, mercado de trabalho e/ou qualquer outro espaço social, devido à sua condição socioeconômica, gênero, raça, não domínio de tecnologia ou por ter algum tipo de deficiência ou doença ou disfunção orgânica.

Especialmente, ao incluir a questão do processo de adoecimento, observa-se que, a perspectiva da dialética saúde e doença também pode ser percebida, em vários casos, como favorecedor da chancela de estigmas a diversas pessoas ou grupos, como os acometidos pela

Diabetes. Estes, em várias medidas e de variadas formas podem se sentir privados, excluídos ou estigmatizados pela doença e por suas consequências biológicas, psíquicas e sociais.

Ao se tratar da deficiência e de sua correlação com os termos "diversidade" e "inclusão", observa-se que estes termos fazem parte da longa trajetória de movimentos mundiais pela luta em favor da melhoria de condições, aceitação e integração social, educacional e psicossocial das pessoas com deficiências. Isto parece acontecer, pois, historicamente, os indivíduos considerados "diferentes" têm sido vítimas de processos excludentes cristalizados pela sociedade e os termos em questão, como indicado anteriormente, contemplam aspectos ligados a lutas emancipatórias e à integração das pessoas discriminadas.

Neste cenário, os diferentes ou vistos como fora dos padrões estabelecidos de "normalidade" encontram-se em uma situação de exclusão social, passando pelo processo de privação do acesso aos direitos sociais como um todo – direitos políticos, à saúde, à educação, ao emprego e à moradia, por exemplo. No caso específico dos acometidos por alguma doença, a exclusão pode se dar pela falta de acesso a tratamentos de qualidade, a remédios e a exames específicos e, ou a suporte adequado para o melhor convívio individual e social.

Neste sentido, com base na experiência vivenciada nos diversos projetos desenvolvidos na cidade de Tiradentes, MG, tendo com público, diabéticos de diversas idades e bairros distintos, foi possível observar que o suporte biopsicossocial por meio da educação para a saúde pode ser considerado uma importante estratégia de enfrentamento dos agravos da doença, como também deve ser percebido como elementos significativos para o fortalecimento psicossocial destes indivíduos e sua inserção em uma sociedade excludente.

Assim, a educação para a saúde é reconhecida como mecanismo eficaz na capacitação para o autocuidado, em que os pacientes são os autores no controle da afecção; essa estratégia, pensada no sentido freiriano, como um processo educativo em saúde, por permitir que os diabéticos assumam uma estratégia permanente de autocuidado a partir de se tornarem sujeitos do controle cotidiano de sua glicemia e das implicações de sua alteração para o seu quadro geral de saúde. É um processo definido como meio para o desenvolvimento da confiança do indivíduo nas suas próprias capacidades, como uma perspectiva de intervenção que visa maximizar os recursos disponíveis e fornecer aos pacientes o conhecimento, as habilidades e a responsabilidade de efetuar mudanças de atitudes para a promoção de sua saúde. As quatro bases principais desse processo são: 1) Dar poder ao indivíduo; 2) Liderança; 3) Motivação e 4) Desenvolvimento (educação e informação) (Torres, et al., 2013).

Nessa perspectiva, é imprescindível ao paciente diabético o conhecimento e a execução de tarefas de autocuidado, como: monitoramento cotidiano do índice glicêmico, adequação constante de sua alimentação, cuidado com os pés e a prática cotidiana de atividades físicas. O autocuidado engloba a autovigilância, a automedicação e a autogestão. Pennafort et al., (2014) menciona que diante dessa realidade, as ações dialógicas e emancipatórias, distintas das metodologias de tratamentos tradicionais, representam estratégias de apoio, aprendizado, independência e motivação para o autogerenciamento do cuidado.

Menezes e Avelino (2016) reforçam que é indispensável que os profissionais da saúde discutam e aprendam sobre os fenômenos grupais, pois a organização desses grupos como modalidade de atenção coletiva, é cada vez mais necessária ao Sistema Único de Saúde, principalmente como prática educativa e preventiva a ser desenvolvida permanentemente na Atenção Primária.

Com base nas observações e experiências vivenciadas na cidade de Tiradentes, e na vizinha São João del-Rei, pelas ações de extensão universitária do IF Sudeste, do Programa de Extensão Doce Vida, do Departamento de Psicologia da UFSJ e das próprias ações da Associação dos Diabéticos de Tiradentes, Associação dos Portadores de Diabetes de São João del-Rei, ações estas realizadas em parceria com as unidades de ESF dos municípios, defendemos que o desenvolvimento de ações de educação em saúde, utilizando-se de trabalhos estruturados por concepções biopsicossociais podem ser consideradas como significativas ao empoderamento e ao reposicionamento social dos acometidos pela Diabetes, sejam eles crianças, jovens, adultos ou idosos.

Sobre a convivência com a *Diabetes Mellitus*

Em função do que já dissemos, fica claro que a convivência cotidiana com a doença ou com a disfunção Diabetes, implica na necessidade cotidiana de atenção à alimentação, valendo lembrar que do ponto de vista de qualidade de vida a dieta do diabético é a melhor que existe, do uso cuidadoso dos medicamentos, sejam a insulina ou os hipoglicemiantes orais e da prática cotidiana de atividades físicas.

Dessa forma, é importante compreender a vivência da pessoa com Diabetes, bem como seus modos de lidar com a doença, buscando estabelecer estratégias de enfrentamento que conduzam o portador à maior fidelidade na adesão ao tratamento, a fim de propiciar a si próprio melhor qualidade de vida.

Nossas observações têm indicado que, uma vez diagnosticada com Diabetes, as emoções geradas na criança e no adolescente frente ao enfrentamento da doença crônica, geralmente, são semelhantes às emoções vivenciadas por qualquer faixa etária. Por exemplo, a negação, a minimização da doença, a raiva e a frustração pelas limitações impostas pela patologia, sintomas depressivos, culpa, procura de soluções das mais ortodoxas às mais inusitadas (Fragoso, et al., 2010).

Como já dissemos, em relação aos cuidados com a doença, sabe-se que estão calcados no tratamento voltado para o seguimento da tríade – dieta, atividade física e medicação (Muniz de Oliveira e Vieira-Silva, 2018). Neste interim, diversos elementos podem influenciar a forma de perceber e vivenciar a Diabetes. Cita-se, como principais aspectos recorrentes, o meio social em que o diabético está inserido, o apoio e a condução da família e/ou cuidadores no trato com a doença e o tipo de suporte ofertado pela rede de assistência pública ofertada pelo município.

Para que o acometido pela DM saia do lugar de ouvinte e de mero espectador do seu problema de saúde, torna-se necessário colocá-lo no lugar de autor, realizador e criador de ações para modificar seu estilo de vida e, nesse sentido, a participação em grupos e oficinas que abordem temas e assuntos de seu interesse se tornam de suma importância nesse processo (Muniz de Oliveira, et al., 2016).

De acordo com Afonso (2006), a formação de um grupo é o contexto em que se pode reconstruir e criar significados bem como revivenciar situações e relações traumáticas sob a luz das relações grupais. Portanto, o desenvolvimento de programas educativos que oportunizem a discussão e a busca coletiva de soluções para essas dificuldades, entre profissionais de saúde e os demais envolvidos são apontados como estratégias importantes para o manejo da doença.

Deste modo, a ideia de Oficina é uma proposta que contribui para incentivar a transformação das tradicionais práticas de educação em saúde e repensar novas práticas que garantam a superação das situações dos limites existentes, empecilhos para uma melhor qualidade de vida. (Muniz de Oliveira e Vieira-Silva, 2018, p. 254).

Os grupos auxiliam o desenvolvimento de capacidades e habilidades que estimulam a participação e o autogerenciamento de sua doença. Com a intervenção educativa e a dinâmica em grupo, tornou-se possível dispor de maior interação e troca entre os participantes, no manejo de hábitos saudáveis, enfrentamento e adaptação à situação de diabético e tratamento da doença, partilha que traz mudanças positivas acerca de mudanças nos hábitos (Silva, et al., 2015).

Afonso (2006) aponta que a Oficina proporciona uma maior compreensão de si e do outro, a reflexão sobre o contexto, visando o *insight* e a elaboração de questões relevantes nesse contexto que possam vir a fortalecer o movimento de produção de autonomia dos sujeitos.

O objetivo de uma Oficina é a elaboração que se busca e que não se restringe apenas a uma reflexão racional pelo fato de os sujeitos serem envolvidos de maneira integral. Portanto, em uma Oficina utiliza-se a informação e a reflexão. Esta característica lhe confere uma dimensão pedagógica e uma dimensão terapêutica. A dimensão pedagógica possibilita e incentiva o processo de aprendizagem a partir de sua experiência e de acordo com a demanda do grupo e, por sua vez, a dimensão terapêutica propicia o trabalho com significados afetivos e com a vivência (Afonso e Fadul, 2015).

Lévy (2001) aponta que a intervenção psicossocial assume o interesse pela mudança social e pelas escolhas dos sujeitos, como processos grupais e coletivos, com efeitos de e sobre a linguagem, sendo que o próprio discurso é um lugar de mudança. Essa mudança é do social e dos sujeitos e precisa estar associada aos seus processos de autonomia. Deste modo, a Oficina é um método de Intervenção Psicossocial que leva em consideração os aspectos subjetivos e individuais de cada participante e do grupo de uma forma geral (Abade e Lima, 2009). Nesse sentido, é construído um espaço destinado às partilhas e trocas, permeado por múltiplos saberes e diversos fazeres.

Discussões acerca da prática

Nesta seção, serão apresentadas as ações desenvolvidas ao longo desses anos, com variados projetos e públicos, tendo como baliza de atuação a adoção de uma perspectiva biopsicossocial junto aos acometidos pela Diabetes na cidade de Tiradentes – MG. O que é passível de percepção neste desenvolvimento é a capacidade de apoio ao suporte reflexivo dos participantes, o que, em diversas frentes, subsidiou um novo posicionamento dos diabéticos na comunidade, assegurando uma maior reivindicação de seus espaços, direitos e suportes.

O trabalho se iniciou com o desenvolvimento do Projeto de Extensão – "Monitorando a *Diabetes Mellitus* em contextos escolares", executado em 2015, o qual visou, basicamente, compreender a vivência dos adolescentes frente à doença ou a seus riscos (Muniz de Oliveira, et al., 2016).

Foi possível constatar e reafirmar a importância do grupo como meio de aprendizagem e troca de experiências, além de promover a reflexão sobre os hábitos de vida saudáveis, como alimentação e atividade física. Percebeu-se ao longo das Oficinas que os alunos, a princípio, mostraram-se inibidos e pouco participativos. Posteriormente, começaram a demonstrar maior interesse e descontração. Além disso, houve resistência dos participantes em falar de si mesmo para o grupo. Compreendeu-se, então, que, devido ao fato do grupo ainda ser precoce, ter um vínculo afetivo mais frágil em função de ser constituído por integrantes com idades distintas (entre 11 a 18 anos), isto pode ter contribuído para que seu caminhar fosse mais lento (Muniz de Oliveira, et al., 2016, p. 51).

Vale lembrar aqui uma citação de Afonso sobre afetividade, considerando posições de Pichón-Rivière e de Bernstein: "O grupo se põe como uma rede de relações com base em (a) vínculos entre cada componente e o grupo como um todo e (b) vínculos interpessoais entre os participantes. O grupo se une em torno de uma "tarefa" consciente, mas também pela dimensão do "afeto". Em todo grupo existem dois níveis de atividade mental. Um é racional, lógico e conectado com a tarefa, e outro é intensamente carregado de emoção e conectado com a dinâmica psíquica dos participantes – suas fantasias, medos e demandas" (Pichon, Bernstein, *in* Afonso, 2006).

A participação nessas Oficinas deixou claro que é necessário um trabalho educativo e contínuo de prevenção dos agravos da doença, não somente para o portador, mas principalmente para seus familiares (Muniz de Oliveira, et al., 2016).

Neste projeto, pode-se concluir que a Escola e a família tornam-se um suporte para o enfrentamento das dificuldades advindas da DM, mas ainda é necessário um trabalho contínuo acerca das emergências clínicas envolvidas na busca pelo conhecimento por alimentação saudável, pela escuta qualificada, pelo apoio e acompanhamento dos serviços de saúde de maneira adequada, além de se tornarem fundamentais o processo de conscientização sobre as implicações afetivo emocionais da DM e a necessidade da inserção de atividades físicas cotidianas na vida destes adolescentes (Muniz de Oliveira, et al., 2016, p. 55).

A segunda proposta desenvolvida junto aos diabéticos da cidade ocorreu por meio das atividades de pesquisa para o Curso de Mestrado em Psicologia na UFSJ, realizado pela autora sobre orientação do coautor deste texto. O público foco dessa investigação foi o diabético jovem. Dentre os principais elementos identificados nesta ação, percebeu-se que a participação em atividades de grupos favoreceu a criação de vínculos, identificações e reconhecimento de si mesmo no outro. Estes são aspectos fundamentais do processo grupal e que se tornam também fundamentais na produção da identidade do adolescente e do jovem com Diabetes (Muniz de Oliveira e Vieira-Silva, 2018, p. 250).

Nesse sentido, as ações de educação em saúde estimularam o adolescente e o jovem diabético a buscar auxílio perante as suas demandas, além de favorecer a aproximação com este público, pois, devem ser consideradas as particularidades de cada grupo, bem como o entorno social no qual estão inseridos (Muniz de Oliveira e Vieira-Silva, 2018, p. 252).

Neste estudo, os envolvidos demonstraram interesse na partilha de sua vivência com a doença para o grupo, bem como, sinalizaram novos posicionamentos frente à sua doença, frente ao seu processo de adoecer e de seu espaço social de diabético, especialmente, no interesse em participar de atividades de constituição de uma associação de diabéticos da cidade que, estava à época, em processo de mobilização (Muniz de Oliveira e Vieira-Silva, 2018, p. 252).

Sabe-se que as implicações da doença não são restritas somente ao contexto biológico, mas, devem ser consideradas a partir de uma perspectiva mais ampla e complexa, sendo privilegiada a concepção de um ser biopsicossocial. Isto, pois, além de sua morbimortalidade, verificam-se ainda os impactos que afetam a qualidade de vida dos diabéticos na adolescência e juventude. Assim, percebe-se que o suporte é efetivamente oferecido por vínculos fortalecidos que compõem sua rede social. Em geral, constituídos pelos familiares, os profissionais da saúde e os amigos, especialmente os colegas da escola (Silva, et al., 2015).

Sendo assim, para que a atenção em saúde seja integral e eficaz, os profissionais precisam ser uma fonte significativa de apoio social, desenvolvendo um trabalho com o objetivo de superar a fragmentação do cuidado e trazer para o foco das ações cotidianas as necessidades psicossociais dos diabéticos e de seus familiares (Silva, et al., 2015). Esses aspectos realçam a importância do trabalho em equipes interdisciplinares e a realização de atividades que contemplem as redes de vizinhança e os laços produzidos pelas vivências comunitárias nos territórios de vivência cotidiana e moradia.

Logo, a ampliação nas possibilidades de apoio e suporte ao diabético devem ser bem compreendidas e utilizadas em benefício de seus enfrentamentos e compreensão cotidiana da convivência com a doença e com suas implicações afetivo-emocionais. O fato de ser diabético e aceitar-se como indivíduo "doente" ou portador de uma disfunção permanente, diferente de seus pares é por si só penoso, pois implica em ser alguém vulnerável e socialmente desvalorizado. Logo, pelo caráter crônico da doença, necessita-se de um amplo processo reflexivo acerca de suas rotinas e projetos cotidianos.

Desta forma, atividades grupais podem ser positivas e trazer benefícios para as dificuldades advindas da doença, tais como, a vivência e conhecimento por meio da experiência partilhada com outros portadores da doença e familiares. Segundo Muniz de Oliveira et al., (2016), ao fazer parte de um grupo, os participantes desenvolvem vínculos e identificações que auxiliam a ressignificação de experiências.

O que se observou, de um modo geral, é que com a vivência em grupo com os adolescentes e jovens diabéticos, puderam-se fomentar aspectos que contribuíssem para a compreensão desta realidade no município estudado, além de ser possível constatar as dificuldades do acometimento da doença nesta fase da vida, além do papel da família e escola nesse contexto. Deste modo, percebe-se que as implicações advindas do acometimento se refletem em âmbito individual e social, com ênfase para o aspecto familiar. (Muniz de Oliveira e Vieira--Silva, 2018, p. 257).

Para tanto, a participação nos encontros da Oficina parece ter dado a oportunidade de se entender às diferentes formas de reação e convivência de cada sujeito com as implicações da Diabetes. Isto, na busca pela compreensão de suas expectativas sobre sua condição clínica e subjetiva, além dos enfrentamentos cotidianos gerados por este processo (Muniz de Oliveira e Vieira-Silva, 2018, p. 261). Elementos estes, essenciais ao processo de empoderamento e inclusão social desta população.

Percebeu-se, ainda, a importância em se preocupar com o contexto biopsicossocial dos sujeitos e seus familiares, uma vez que, ao trabalhar com as questões de educação em Diabetes, não buscou somente direcionar as atividades para mudanças de hábitos, atitudes e comportamentos, mas entender que se trata de um processo que precisa se direcionar para o sujeito e não para a Diabetes. Segundo o participante Joaquim: "*em Tiradentes até tem os grupos de PSF, mas você vai lá e eles só querem fazer sermão. Não te escutam direito*" (Muniz de Oliveira e Vieira-Silva, 2018, p. 261).

A partir da informação e da constatação da pouca eficiência do suporte ofertado pelos grupos de Equipes de Saúde da Família (ESF's), a participante Manuela comenta a existência de uma iniciativa no município para a criação de uma associação de diabéticos. Segundo ela, "*tem um grupo de pessoas com Diabetes que estão se reunindo para montar uma associação. Acho que vai ser uma coisa boa. Podemos participar!*" (Muniz de Oliveira e Vieira-Silva, 2018, p. 262).

Neste ínterim, constatou-se que existem elementos da vivência cotidiana dos diabéticos e de seus familiares que podem ter influenciado a forma de perceber e vivenciar a Diabetes e suas implicações afetivo-emocionais.

No terceiro projeto, em 2018, além da Oficina de Intervenção Psicossocial, optou-se também por encontros de Yogaterapia na mesma proposta, direcionados para diabéticos residentes nos bairros da área 2 de abrangência da ESF do município. Por meio da vivência junto ao grupo acompanhado, foi possível fomentar aspectos que contribuíssem para a compreensão da realidade vivenciada em seu cotidiano, considerando seus enfrentamentos e conquistas. Constatou-se mais uma vez que as dificuldades enfrentadas pelos diabéticos e seus familiares necessitam de ações educativas em um processo contínuo, não estanque, voltado para o apoio e para a educação continuada.

Verificou-se, ainda, a existência de elementos que podem ter influenciado a forma que os participantes percebem e vivenciam a Diabetes e suas implicações, tais como os aspectos culturais, sociais e emocionais, além do apoio que recebem da rede de assistência em saúde. Dessa forma, percebeu-se que a participação nas Oficinas de Intervenção Psicossocial e de Yogaterapia favoreceram tanto a partilha de informações técnicas, como de concepções afetivo-emocionais acerca do enfrentamento da doença, do autoconhecimento e do conhecimento acerca de seu próprio corpo, suas limitações e expansões, subsidiando, assim, uma nova forma de se perceber diante da doença (Muniz de Oliveira, et al., 2019, p.84).

As Oficinas possibilitaram momentos para demonstrar os sentimentos alocados nesse público, suas diversas maneiras de expressar histórias de vida, suas crenças, seus hábitos, sua rotina diária, suas reflexões e seus sentimentos, propiciando, dessa forma, um espaço de escuta, observação e aproximação entre pares (Muniz de Oliveira, et al., 2019, p. 92).

O espaço de escuta é um indício importante de um princípio de reposicionamento individual e social desta população, a qual, em diversos momentos, não parece ter um espaço de fala efetivado. Isso pode ser exemplificado na fala de Mariano (...) *em outros grupos que já passei chegava lá e não tinha isso, chegava lá e pensava 'vou lá pra quê se não tenho direito de voz...' aí, largava pra lá".* (Muniz de Oliveira, et al., 2019, p.94).

A partir das intervenções grupais realizadas, foi possível perceber que os diabéticos e seus familiares foram capazes de manifestar aspectos condizentes às reflexões grupais e individuais, bem como o favorecimento da constituição de vínculos, identificações e afirmações de si mesmos. Estes são aspectos elementares do processo grupal e que se tornaram também fundamentais na produção da identidade do diabético, já que o grupo funcionou como um importante meio de trabalhar as diversas reflexões advindas dessas vivências e dos ensinamentos advindos do outro. (Muniz de Oliveira, et al., 2019, p. 94).

O último projeto, desenvolvido em 2019, junto a um grupo de diabéticos residentes nos bairros da área 3 de abrangência da ESF do município, atendeu aos mesmos moldes do Projeto/2018. Destaca-se que nesta área está inserido o bairro mais carente da cidade que apresenta o número mais elevado de moradores acometidos pela Diabetes no município. Nesta ação, percebeu-se que o traçado da proposta, voltado para uma perspectiva de desenvolver o empoderamento e a autonomia do sujeito diabético, seguindo os planejamentos grupais, trouxe interação, diversão, curiosidades e um olhar para o novo, isto, no experienciar e vivenciar com estas práticas. No decorrer dos encontros, as conexões foram crescendo e o grupo se aproximando cada vez mais uns dos outros.

As percepções voltadas para o próprio corpo, para as suas sensações, e as mudanças que os indivíduos passaram a implementar no seu dia a dia indicaram uma busca por melhor qualidade de vida, bem como seu empoderamento diante de sua própria saúde.

Compreendeu-se que os participantes se sentiram valorizados e viram na equipe do projeto um fator importante de apoio, podendo com ela compartilhar seus anseios em relação à Diabetes, bem como refletir sobre sua condição de saúde. Assim, as percepções e observações advindas destes momentos semanais indicaram uma carência considerável de conhecimento sobre a Diabetes e seus cuidados diários, e ainda a necessidade de um suporte mais efetivo da rede de saúde do município.

Conclusões em construção

Chega-se ao final deste relato de experiência com a certeza de que os trabalhos desenvolvidos por meio da extensão universitária e da pesquisa, até o presente momento junto à população de diabéticos do município de Tiradentes – MG – devem ser continuados, sempre com possibilidade de novas ações e formatos. Contudo, sabe-se também que o trabalho grupal com foco na educação em saúde deve ser constante, pois tem se mostrado como um importante elemento propiciador de autoconhecimento, reflexão e empoderamento dos envolvidos.

Nas palavras de um dos participantes chamado Joaquim, "*se o diabético tá dentro do controle da glicemia ele é um ser humano igual a todos, ele tem restrições, mas pode ter qualidade de vida*" (Muniz de Oliveira e Vieira-Silva, 2018, p. 260).

Deste modo, com as diversas ações desenvolvidas junto aos diabéticos, notou-se a necessidade de significar e ressignificar seu processo de adoecimento continuamente, tendo, no espaço coletivo, a possibilidade para iniciar tal processo.

Assim, entende-se que os diversos enfrentamentos causados pela doença subsidiam o processo de ressignificação destes sujeitos, seja no posicionamento dos acometidos perante a sua doença e mesmo de seus pais e familiares; seja na busca por informações mais detalhadas com relação às novas formas de apoio ao tratamento; seja no convite à participação e continuidade do trabalho grupal, na constituição de uma associação de diabéticos, ou seja, na proposição de melhorias ao suporte em saúde. Estes e outros elementos indicaram a importância e a necessidade do sentido e da ressignificação da doença para os diabéticos e seus familiares estarem presentes nos diversos momentos dos encontros.

Portanto, acredita-se que, ainda que de modo incipiente, por meio de um processo de subjetivação, alguns participantes demonstraram se apropriar de sua doença, levando a um reordenamento de suas perspectivas frente à Diabetes. A participação parece ter influenciado ainda, na busca por melhorias frente ao suporte em saúde, seja no compartilhamento de problemas vivenciados, seja na reivindicação de elementos considerados faltosos ou problemáticos para os participantes, seja, ainda, na busca pela continuidade de um trabalho permanente de educação em saúde para os diabéticos e seus familiares na cidade (Muniz de Oliveira e Vieira-Silva, 2018, p. 263).

Compreende-se que esse é um caminho construtivo e longo para que o diabético obtenha um espaço de escuta que lhe oferte estímulo pelo conhecimento sobre a sua doença, apoio para sua aceitação e que forneça, cada vez mais, instrumentos para o autocuidado (Muniz de Oliveira, et al., 2016).

Para tanto, em uma cidade com menos de 10.000 habitantes, para além da manutenção do suporte básico de saúde, a realidade de vida dos diabéticos necessita, ainda, de programas para a educação continuada em Diabetes, no intuito de melhorar adesão ao tratamento e de promover a qualidade de vida. Sabe-se que os programas voltados para a educação continuada são capazes de desenvolver habilidades específicas naqueles e incorporar ferramentas necessárias para a eficiência e a eficácia no tratamento. Além disso, esses grupos se tornaram mais esclarecidos e orientados, fato que alivia a sobrecarga do sistema de saúde, advinda do mau controle do Diabetes.

Logo, o papel da Estratégia Saúde da Família é de fundamental importância, uma vez que, pode ser contínuo e próximo ao público, fortalecendo as bases já solidificadas nos projetos de extensão e expressadas nesses relatos, em que os sentimentos de desproteção e carência de aporte profissional estiveram fortemente presentes. (Muniz de Oliveira, et al., 2019, p.105).

Portanto, em se tratando do acompanhamento realizado aos diversos diabéticos e familiares participantes das ações de extensão e pesquisa do IF Sudeste MG e da Universidade Federal de São João del-Rei, pode-se observar que os mesmos proporcionaram o início de um processo autorreflexivo e de empoderamento que poderá trazer novas formas de reconhecimento de si, do outro e do espaço social em que estão inseridos, mesmo se sentindo excluídos, mas podendo, deste modo, almejar um novo lugar em suas e para suas vidas.

Referências

AFONSO, Maria L. M. (Org.). *Oficinas em dinâmica de grupo*: Um método de intervenção Psicossocial. São Paulo, Casa do Psicólogo, 2006.

AFONSO, M. L. M.; FADUL, F. M. O trabalho com grupos no PAIF: um diálogo interdisciplinar com a Oficina de Intervenção Psicossocial. *Pesqui. prát. psicossociais* [online]. 2015, vol. 10, n. 1, pp. 140-154. Disponível em: <www.pepsic.bvsalud.org/scielo.php?script=sci_abstract&pid...89082015000100012>. Acesso em: 12 ago. 2019.

BRASIL. Ministério da Saúde. *Estratégias para o cuidado da pessoa com doença crônica: Diabetes mellitus*. Brasília: Ministério da Saúde, 2013. (Cadernos de Atenção Básica, n. 36). Disponível em: <http://bvsms.saude.gov.br/bvs/publicacoes/estrategias_cuidado_pessoa_Diabetes_*mellitus*_cab36.pdf>. Acesso em: 26 dez. 2021.

FARIAS, H. T. G. et al. Fatores associados à adesão ao tratamento de pacientes com Diabetes *mellitus*. *Acta paulista de enfermagem* [online], 2013, vol. 26, n. 3, pp. 231-237. ISSN 1982-0194. http://dx.doi.org/10.1590/S0103-21002013000300005.

FRAGOSO L. V. C. et al. Vivências cotidianas de adolescentes com Diabetes mellitus tipo 1. *Texto Contexto Enferm,* Florianópolis, 2010 Jul-Set; 19(3): 443-51.

GADOTTI, M. *Perspectivas atuais da educação.* São Paulo Perspec. [online], 2000, vol.14, n. 2, pp. 03-11. ISSN 0102-8839.

GOFFMAN, Erving. *Estigma*: notas sobre a manipulação da identidade deteriorada, 4 ed. (Trad. Márcia Bandeira de Mello Leite Nunes). Rio de Janeiro: Zahar Editores, 1982.

GONZAGA, J. L. de M.; MUNIZ de OLIVEIRA, E. V.; PERRELLA, B. D. Oficina de Yogaterapia como ferramenta complementar no tratamento para acometidos com diabete mellittus: uma pratica interventiva na cidade de Tiradentes – MG. P. 235 – 248. In: *Saberes & fazeres*: coletânea de artigos de extensão, de pesquisa e de ensino do IF Sudeste MG – Campus São João del-Rei, volume IV / OLIVEIRA, A. L. de; VALE, J. de S. (Org.). – São João del-Rei: IF Sudeste MG Campus São João del-Rei, 2020. 265 p.: il. color.; 29 cm. ISBN: 978-65-86922-00-4 (Livro Digital).

MENEZES, K. K. P. de, AVELINO, P. R. Grupos operativos na Atenção Primária à Saúde como prática de discussão e educação: uma revisão. *Caderno de Saúde Coletiva, 2016,* Rio de Janeiro, 24 (1): 124-130. Disponível em: <http://www.scielo.br/pdf/cadsc/v24n1/1414-462X-cadsc-24-1-124.pdf>. Acesso em: 12 ago. 2020.

MUNIZ DE OLIVEIRA, E. V.; TITO, E. R.; FURTADO, A. L. F.; REZENDE, D. P., Compreendendo a Diabetes mellitus na adolescência: Ações de um trabalho grupal. In: OLIVEIRA, A. L.; RUFINO, J. A.; SILVA, M. C. *Saberes e Fazeres*: Coletânea de artigos de extensão e de pesquisa do IF Sudeste MG Campus São João Del Rei, Volume I, p. 43-57, 2016.

MUNIZ DE OLIVEIRA, E. V.; VIEIRA-SILVA, M. A participação em oficina de intervenção psicossocial: uma análise com adolescentes e jovens de diabéticos da cidade Tiradentes. *Salud & Sociedad, 9*(3), 250-265. doi: 10.22199/S07187475.2018.0003.00004

MUNIZ DE OLIVEIRA, E. V.; PERRELLA, B. D.; RESENDE, M. A.; GONZAGA, J. L. DE M. Integração entre oficina de yogaterapia e oficina de intervenção psicossocial como ferramentas de apoio ao portador de Diabetes mellitus em Tiradentes, Minas Gerais. *Revista Em Extensão*, v. 18, n. 1, p. 81-107, 18 set. 2019.

PENNAFORT, V. P. S.; SILVA A. N. S.; QUEIROZ M. V. O. Percepções de enfermeiras acerca da prática educativa no cuidado hospitalar a crianças com diabete. *Rev Gaúcha Enferm*. 2014 set; 35 (3): 130-136.

SILVA, A. B. et al. *Análise de situação de saúde*: município de Franco da Rocha (SP). Programa de Aprimoramento Profissional em Saúde Coletiva – Instituto de Saúde da Secretaria de Saúde do Estado de São Paulo, São Paulo.

TORRES HC; REIS IA; FARIA P; ROQUE C. Telephone-based monitoring: an educational strategy for Diabetes self-care at the primary health care level. *Cienc Enferm* 2013; 19:95-105.

ZANONI, T. P. *Diagnóstico do Diabetes Mellitus*: um desafio para a atenção primária. Florianópolis. UFSC. Disponível em: <https://repositorio.ufsc.br/xmlui/handle/123456789/172133>. Acesso em: 15 maio 2020.

Inclusão social de pessoas com problemas decorrentes do consumo de álcool e outras drogas: o dentro-fora do CAPSad como desafio à rede de atenção psicossocial[1]

Laís Ramos Sanches[2]
Marcelo Dalla Vecchia[3]

Introdução

O conceito de reinserção social de pessoas que fazem uso problemático de álcool e outras drogas, ainda que recorrente no jargão da área, é raramente mencionado na literatura, sendo localizado no Observatório Brasileiro de Informações sobre Drogas (OBID), vinculado ao atual Ministério da Cidadania, no qual, desde o ano 2019, relaciona a reinserção social com a inserção produtiva, tendo como operador o mercado de trabalho (Brasil, 2020).

Frazatto e Sawaia (2016) problematizam o conceito de reinserção social, sugerindo analisar criticamente essa inserção que, vinculada ao

1 O presente trabalho é um recorte da dissertação de mestrado intitulada *Reabilitação Psicossocial e Reinserção Social de Pessoas com Problemas Decorrentes do Uso de Drogas na Perspectiva de Profissionais do CAPSad*, defendida pela primeira autora, sob orientação do segundo autor, e desenvolvida no Programa de Pós-graduação em Psicologia da Universidade Federal de São João del-Rei.

2 Psicóloga. Mestre em Psicologia pela UFSJ. Professora do Centro Universitário Unifaminas, laisramossanches@gmail.com

3 Psicólogo. Doutor em Saúde Coletiva pela Unesp/Botucatu. Professor do Departamento de Psicologia da UFSJ, mdvecchia@ufsj.edu.br

mercado de trabalho, pode se tornar restrita aos empregos em condições de desproteção e ampliação de vulnerabilidade (Frazatto; Sawaia, 2016). Ainda nessa perspectiva, Paiva et al. (2014) problematizam a concepção de re(inserção) por estar vinculada à possibilidade de retorno daquele que estava fora. No entanto, em uma concepção dialética, essa reinserção deve ser pensada a partir do fortalecimento da autonomia e participação do usuário de drogas na sociedade.

Já a inclusão social pode ser pensada a partir da dialética da exclusão/inclusão postulada por Sawaia (2014). A exclusão trata de um processo sócio-histórico e complexo, referente à inclusão desigual ou perversa. Isto é, para a autora, todos estão incluídos na sociedade, e os ditos "excluídos", na realidade, estão incluídos de uma forma não digna ou marcados por privações e insuficiências, o que constitui a inclusão ilusória (Sawaia, 2014). Nesse mesmo sentido, Martins (1997) indica que não há exclusão em si, e sim vítimas de processos sociais, políticos e econômicos que são excludentes. Esse processo de exclusão, no que tange às pessoas que fazem uso problemático de álcool e outras drogas, é decorrente de um processo histórico de criminalização, estigmatização, violação dos direitos humanos e atribuição de periculosidade àquele que as consome.

Apesar de se constituírem como ações importantes no cuidado a essas pessoas, a revisão realizada por Sanches e Vecchia (2018) aponta que os conceitos de reinserção social, reabilitação social e inclusão social são frequentemente utilizados como sinônimos na literatura, com escassez de aportes teóricos que os diferenciem ou que direcionem práticas específicas conforme o âmbito operativo do respectivo conceito. Com efeito, é possível inferir que a usual indistinção conceitual entre os três processos anteriormente descritos (reabilitação psicossocial, reinserção social e inclusão social) a partir de uma análise orientada pela proposta da dialética da exclusão/inclusão revelaria, segundo Frazatto e Sawaia (2016), o engodo e a injustiça social inerentes ao modo de produção capitalista.

Assim, enfocar a relação sujeito-sociedade e suas diversas mediações, e nos processos de produção e reprodução de uma ordem social estruturalmente injusta e desigual, contribui para desatrelar a ideia que liga o processo de inclusão social à noção de adaptação e culpabilização individual e que o liga, assim fazendo, aos mecanismos de coação (Sawaia, 2014). À luz da noção de inclusão social, o debate terminológico revela a historicidade do fenômeno, os aspectos sociais, políticos e econômicos que impulsionam a compreensão do usuário de substâncias psicoativas como sujeito de direitos, envolvido em uma relação histórica de poder, no qual devem ser consideradas as especificidades de cada vivência singular, as histórias pessoais e os diversos modos de consumo de substâncias psicoativas.

Os termos reinserção social, reabilitação psicossocial e inclusão social são utilizados nos documentos normativos, legislações e orientações técnicas aos profissionais que atuam no campo das políticas sobre drogas de forma imprecisa e sobreposta, podendo impactar em práticas equivocadas que reforçam os processos de exclusão e segregação, criando obstáculos à superação do uso problemático de álcool e outras drogas. Diante das lacunas conceituais apresentadas teoricamente, foram investigadas as concepções de reabilitação psicossocial, reinserção social e inclusão social para os profissionais de um CAPSad, com vistas a contribuir ao debate teórico da inclusão social de sujeitos com problemas decorrentes do uso de álcool e outras drogas, visando as especificidades da prática profissional acerca de como operam esses conceitos no âmbito da atenção psicossocial.

Metodologia

O artigo ora apresentado é um recorte dos resultados decorrentes de uma investigação desenvolvida no Programa de Pós-graduação em Psicologia da Universidade Federal de São João del-Rei (PPGPSI-UFSJ), realizada em um CAPSad que funciona há mais de 10 anos, localizado em uma cidade no interior de Minas Gerais. A cidade em questão tem uma população estimada de cerca de 70 mil habitantes (Brasil, 2017) e sua economia gira em torno da atividade metalúrgica, da mineração e do turismo. Nesse recorte, enfatizamos, baseado na análise das concepções de reabilitação psicossocial, reinserção social e inclusão social para os profissionais de um CAPSad, um aspecto específico desse processo, qual seja, o recurso às atividades oferecidas internamente e externamente (extra-muros) ao CAPSad como parte do processo de inclusão social de pessoas com problemas decorrentes do uso de álcool e outras drogas.

Foram realizadas catorze entrevistas semiestruturadas com profissionais do CAPSad, sendo dois psicólogos, duas terapeutas ocupacionais, dois técnicos em enfermagem, uma assistente social, duas monitoras de oficinas terapêuticas (uma com nível superior e uma com nível médio), um médico psiquiatra, um médico clínico geral, uma recepcionista, um motorista e uma auxiliar de serviços gerais. Entrevistas semiestruturadas se caracterizam pela combinação de perguntas fechadas e abertas, permitindo ao entrevistador discorrer sobre o tema proposto sem se limitar apenas às perguntas formuladas (MINAYO, 2010).

As entrevistas individuais foram gravadas, transcritas pela pesquisadora e analisadas por meio de análise de conteúdo, e tomaram como base um roteiro que abordou, em linhas gerais, (a) atividades relacionadas à reabilitação psicossocial, reinserção social e inclusão social realizadas no ou pelo serviço, (b) entendimentos do profissional acerca dessas atividades e (c) desafios para execução de tais ações. De acordo com Bardin (1977), "a análise de conteúdo aparece como um conjunto de técnicas de análise das comunicações, que utiliza procedimentos sistemáticos e objetivos de descrição do conteúdo das mensagens" (p. 38). Assim, conforme essa autora, o pesquisador cria operações analíticas adaptadas à natureza do material e do problema pesquisado, tendendo a uma interpretação final fundamentada.

Dentre as modalidades de análise de conteúdo, recorreu-se à análise temática, sendo o tema uma unidade de significação que emerge do texto, possibilitando, então, recortar o texto em ideias e enunciados com significados isoláveis (BARDIN, 1977). Souza (2019) relata que a análise temática envolve a familiarização com os dados, a construção de códigos iniciais, a busca e a revisão dos temas, e definição dos mesmos e a produção do relatório. A análise temática permite a interação entre dados, estudos previamente publicados e experiência do pesquisador, contribuindo para a construção do texto de análise. As entrevistas com os participantes foram agendadas após a aprovação do Comitê de Ética em Pesquisa com Seres Humanos da UFSJ (CAAE68273517.1.0000.5545), e sua realização ocorreu após o consentimento livre e esclarecido por parte dos potenciais participantes.

Resultados e Discussão

Os participantes não referiram, mais imediatamente, a uma diferenciação entre os processos de reinserção social, reabilitação psicossocial e inclusão social, nem indicam em que momento de suas falas estariam se referindo a um ou a outro processo. Apenas duas entrevistadas pontuaram que a reabilitação psicossocial e a reinserção social se tratam de processos diferentes. Os conceitos, segundo elas, só poderiam ser diferenciados enquanto ações que ocorrem dentro e fora do CAPSad.

Para Luiza, os atendimentos individuais, grupais e as oficinas terapêuticas têm como objetivo a reabilitação psicossocial, uma vez que buscam resgatar a autoestima, potencializar a autonomia e resgatar a confiança. Quando esses aspectos já tiverem sido desenvolvidos pelo usuário, inicia-se a reinserção social, indicada pela entrevistada como um processo subsequente ao da reabilitação psicossocial. A entrevistada nos relata um exemplo para demonstrar essa diferenciação:

> (...) igual chegou um menino estes dias que (...) tinha sido preso por causa de drogas e tal, então, tipo assim, a mãe e o pai dele cortou o vínculo mesmo de confiança, sabe. Aí eu acho primeiro é isso, primeiro passo é resgatar este vínculo de confiança com os familiares, com eles mesmos, pra eles voltarem a confiar neles mesmo, ver que eles podem superar aquele problema, superar aquele vício, né, não no sentido de abstinência porque a gente trabalha com Redução de Danos, mas é conseguir manter aquilo ali mais para uma vivência harmoniosa, saudável (Monitora de Oficina Terapêutica).

A entrevistada menciona que o segundo passo é o retorno do sujeito a oportunidades de inserção produtiva no sentido do trabalho, escolarização, etc., e na reconstituição de laços familiares rompidos, identificado por ela como a reinserção social, que irá ocorrer após o desenvolvimento da confiança. Nessa perspectiva, pode-se supor que a entrevistada concebe as ações de reabilitação psicossocial como um processo de cunho individual a ser potencializado por meio de ações entre a equipe do serviço, o usuário e a família.

Dessa forma, infere-se que a concretização efetiva da reabilitação psicossocial apenas se daria em um momento posterior, condicionado ao que é entendido como a reinserção social, no qual o sujeito terá a oportunidade de generalizar as elaborações em torno do uso problemática de álcool e outras drogas junto da equipe, desenvolvendo no seu cotidiano familiar e social uma vivência com mais autonomia. A partir dessa fala, fica evidente a compreensão de que a reabilitação psicossocial é uma pré-condição para que a reinserção social ocorra.

Carla também indica em sua fala que se trata de processos diferentes no âmbito do cotidiano assistencial. Em certa passagem na entrevista, ela diz: *"e sobre a reabilitação, eu acho que só deles já tá aqui dentro, eles já não tão em uso, (...) passam o dia bacana aqui, eu acho que só de tá aqui (...)"*. Posteriormente, ela afirma: *"e a questão que a gente faz mesmo de levar eles pra fora pra conhecer coisas da cidade, eu acho que acaba sendo uma inserção (...)"* (Recepcionista). Nessas falas, é possível perceber que Carla compreende os conceitos como diferentes entre si, sendo a reabilitação psicossocial associada à permanência do usuário no serviço e à modificação de sua relação com o uso de substâncias. Já a (re)inserção social, na sua compreensão, está relacionada ao envolvimento dos usuários com aquilo que está para além dos muros do CAPSad.

Com relação às atividades que ocorrem dentro do CAPSad, entendida por meio das falas de Luiza e Carla como ações de reabilitação psicossocial, foram mencionadas diversas ações que caracterizam esta prática. As entrevistadas destacaram, assim, oficinas terapêuticas, atividades para elaboração de currículos, grupos de família, grupo de usuários que frequentam o serviço, comemoração de aniversários dos usuários e festas em datas comemorativas (Páscoa, Festa Junina, Carnaval, etc.). Os entrevistados atribuíram uma importância significativa às oficinas como espaços para o desenvolvimento de potenciais e habilidades, conforme menciona Marina:

> as oficinas (...) resgatam essa questão do ser humano, saber que ele pode descobrir um potencial ali.(...) Porque têm pessoas que têm habilidades de artesanato e que nunca descobriu. E através dessas oficinas eles descobrem algo que nem eles sabiam que eles tinham potencial (Psicóloga).

Carla também menciona as oficinas voltadas para a promoção da cidadania: *"algumas oficinas aqui, por exemplo (...) oficinas de cidadania (...) explicando questões trabalhistas, questões de documentação (...). Teve uma época que a gente começou a ajudar eles com currículo (...)"* (Recepcionista). Desse modo, para os entrevistados, as oficinas estão voltadas para o aprendizado de atividades de artesanato, para a convivência em grupo, para a possibilidade de aprender uma profissão, para o estímulo à criatividade e à construção de informações sobre cidadania e direitos.

Pinho et al. (2009) também verificaram que os profissionais de saúde associaram a reabilitação psicossocial com as oficinas terapêuticas, considerando-a tanto como atividade de entretenimento e lazer quanto em termos das atividades de geração de renda ou profissionalizantes. O recurso às oficinas como espaços privilegiados para a reabilitação psicossocial não se trata de uma peculiaridade do CAPSad pesquisado: visam à criação de meios para a superação de barreiras que os sujeitos encontram no âmbito social, evitando o isolamento, aumentando a autoestima, proporcionando interação entre os membros do grupo (Costa; Gabbay; Silva, 2008) e possibilitando a ampliação da rede de contratualidade do usuário e o resgate da singularidade e da cidadania (Guerra, 2008).

Ainda considerando a aludida contiguidade entre as ações de reabilitação psicossocial e reinserção social, Clara acrescenta o que ela entende ser outra particularidade da reabilitação psocissocial no CAPSad: são *"(...) como se fosse um pequeno treino pra lá fora (...)"* (Terapeuta Ocupacional). Dessa mesma forma, Maria afirma que

> (...) tem muita coisa que a gente faz aqui que a gente tenta espelhar um pouco a vivência deles em casa né. Então, assim, tem disciplina, tem rotina, tem horário né (...). Então eu acho que a gente tenta reproduzir um modelo do que eles estariam vivendo lá fora (...) (Assistente Social).

Nessa perspectiva, pode-se supor que as entrevistadas estão considerando a existência de dois momentos: o primeiro que se assemelha a um treinamento e o segundo que se trata da "vida real", quando o usuário se encontra junto de sua família e de seu cotidiano. Com base nessa distinção, presume-se que esse treinamento esteja relacionado à reabilitação psicossocial, e a concretização de toda a aprendizagem obtida nessa preparação constitua a reinserção social, sendo esta um indicativo de que aquela se concretizou.

Clara e Maria, assim, parecem relacionar a reabilitação psicossocial com ações funcionais do cotidiano, que visam à organização do tempo e do espaço, uma vez que há menção aos aspectos de rotina, horários e disciplina. A reinserção social, como momento posterior de saída dos muros da instituição, torna-se a concretização desta possibilidade de ajustamento aos espaços sociais. Com essa compreensão, presume-se que se trata de um distanciamento da concepção de sujeito e uma aproximação da noção de adaptação do sujeito à sociedade e à sua família, entre outros espaços. Sobre essa concepção de que as pessoas com problemas decorrentes do uso de álcool e outras drogas demandam uma adaptação para depois a retomada das atividades sociais e comunitárias acontecerem, Paiva et al. (2014) problematizam "que o usuário de drogas em nenhum momento esteve ausente da estrutura social e política na qual a temática do uso e abuso de drogas deve ser compreendida e enfrentada" (p. 705). Sobre isso, Pedro, outro entrevistado para a pesquisa, problematiza:

> (...) as pessoas, eu acho que elas confundem muito reinserção com adaptação. (...) Então as pessoas ficam sempre esperando o sujeito sair daqui adaptado ao mundo da forma que ele é dado. E, na verdade, a reinserção é a possibilidade da pessoa trabalhar com o potencial dela (...). Então eu acho importante (...) a gente marcar com a sociedade essa questão de que (...) reinserir não é adaptar... Não é normatizar o sujeito, não é enquadrá-lo, não é fazer dele, como diria Foucault, mais um corpo dócil (Psicólogo).

Essa noção de adaptação e de distanciamento de uma concepção de sujeito passivo e dócil aparece na literatura no próprio processo de reabilitação por meio do trabalho. No século XX, houve iniciativas localizadas nos Estados Unidos que promoviam a capacitação de pacientes para o trabalho, nas quais a reabilitação tornou-se um instrumento de adaptação ao mercado (LEAL, 2008). Porém, considera-se que apenas esse treinamento para uma possível adaptação não é suficiente, pois a inclusão nos espaços produtivos e na sociedade precisa ser acompanhada, assim como o espaço de trabalho precisa ser questionado. Quanto à necessidade de adaptação, ela é enfatizada como foco das ações, em uma conjuntura em que a inserção no trabalho se manifesta como problemática, e isso se distancia dos processos emancipatórios e de reconhecimento da diversidade, adotando uma concepção de normalidade que desconsidera a subjetividade que pode ser constituída nos espaços sociais.

Com base nesta concepção dos profissionais acerca das atividades de reabilitação que ocorrem dentro do CAPSad, foram expostas pelos entrevistados diferentes ações que podem ser, recorrendo-se às oficinas terapêuticas, às oficinas de geração de renda e às ações de convivência nos espaços cotidianos. Tais ações envolveriam a participação social por meio de cooperativas de geração de trabalho e renda, empoderamento por meio de participação em espaços de constituição da cidadania, como a luta antimanicomial e o exercício da contratualidade, entendidos como vias para a busca de garantia de direitos. No que tange as ações fora do dispositivo, entendidas aqui como a reinserção social, Clara menciona:

> quando a gente vê na cidade alguma coisa... uma exposição... a gente recebe muitos convites de parceiros como [o museu], a [fundação de arte]. Então, a gente sempre leva eles pra conhecer, pra visitar as exposições, e eu acho que esse é um grande marco assim, porque sai do CAPS né (Terapeuta Ocupacional).

Segundo Clara, esses momentos são importantes porque os usuários se encontram "*(...) abertos à sociedade, eles são vistos, eles ocupam espaços, eles ocupam funções (...)*" (Terapeuta Ocupacional). Júlia também menciona as atividades que ocorrem fora do serviço: "*(...) essas que a gente sai do serviço são bem mais interessantes, né... A gente vai num parque, por exemplo, e lá vem um monte de memórias, e eles vão interagindo com a comunidade de uma forma diferente, sem o uso da droga*" (Terapeuta Ocupacional).

O desenvolvimento de atividades no território é uma das diretrizes dos serviços que compõem a RAPS (Brasil, 2011), sendo o CAPSad um desses dispositivos. As concepções de território e rede são preconizadas também na Política do Ministério da Saúde para Atenção Integral de Usuários de Álcool e outras Drogas, que menciona a necessidade de desenvolver ações no território articuladas tanto com as redes de cuidado em álcool e drogas e saúde mental, bem como com as redes de apoio social. Considera-se que o modelo comunitário na atenção psicossocial deve proporcionar a organização de serviços visando "atender às múltiplas necessidades dos usuários de serviços, com ênfase na reabilitação e reinserção social dos mesmos" (Brasil, 2004, p. 43). Felipe sugere a relevância das ações nos espaços da comunidade e complementa afirmando a importância da rede de cuidados nesse território:

> (...) essas atividades que são estabelecidas fora do serviço, no território de vida da pessoa na comunidade, o que a gente vai construindo com outros parceiros, o que a gente poderia chamar rede intersetorial e rede de saúde, é que elas vão permitindo que cada um deles ache um certo lugarzinho (...), estar construindo o seu jeito de se ressocializar (...) (Médico Psiquiatra).

Freitas e Monteiro (2006) entendem que a rede é uma estrutura social em que se fazem presentes diversas trocas: serviços, objetos e modos de fazer, dentre outros, permitindo que as pessoas encontrem apoio e recursos. A rede é considerada a expressão mais evidente das relações sociais coletivamente constituídas e, assim como todo fenômeno humano, é complexa, mas detém o potencial de desenvolvimento da cidadania.

Essa possibilidade de construção e fortalecimento de uma rede no território de vida e de relações dos usuários, abrangendo tanto as parcerias com outras instituições quanto os demais serviços da rede, visa tanto o desenvolvimento do sentimento de pertencimento aos espaços sociais quanto uma efetiva inclusão neles, frequentemente mencionados pelos entrevistados. Nesse sentido, Pedro afirma que "*(...) essa questão do pertencimento na sociedade é fundamental para que ele retome sua vida lá fora, seja sua vida familiar, sua vida no trabalho, seja reconhecer os espaços de cultura, os espaços públicos como dele também*" (Psicólogo). Trino, Machado e Rodrigues (2015) discutem a ideia de pertencimento considerando que esse sentimento se consolida quando os indivíduos pensam em si como parte de uma coletividade, construindo uma comunidade de sentido em que podem intervir nos costumes, rotinas e rumos desse lugar. O sentimento de pertencimento faz com que os sujeitos experimentem a sensação tanto de se sentirem pertencentes ao lugar ao mesmo tempo em que experimentam a sensação de que determinado lugar pertence a ele.

Quanto aos impasses da inclusão social, os entrevistados mencionam a dependência dos usuários ao serviço. Este elemento foi relatado pelos entrevistados de modo recorrente, fazendo supor que se trata de uma barreira à reinserção social. Marina afirma: "*tem muitos usuários que se sentem institucionalizados, que é aquele usuário que ele já acostumou com a rotina daqui e ele já tem até aquele certo medo e receio de sair daqui*" (Psicóloga). Carla também comenta: "*(...) eles se apegam muito à gente. Igual... A gente visita com eles um museu, eles acham ótimo. Mas se for pra alguns ir sozinho, não vai. (...) Eles apegam muito ao CAPS"* (Recepcionista).

Esse tipo de dependência institucional relatada pode ser refletida a partir da discussão acerca da desinstitucionalização. Isso porque o CAPSad, enquanto dispositivo da RAPS, e juntamente com outros serviços da rede de atenção à saúde são fundamentais para consolidar a desinstitucionalização proposta pela Reforma Psiquiátrica. Para Rotelli et al. (1990), a desinstitucionalização visa a um processo de transformação do modo como as pessoas são tratadas, buscando repensar as estratégias de cuidado e ampliando-as para a possibilidade de produção de sentido, de sociabilidade, de relações, de garantia de direitos civis e utilização dos espaços coletivos para convivência dos usuários. Esse processo não apenas se opõe ao asilamento em hospitais psiquiátricos na direção da desospitalização, como busca também a modificação de uma lógica que se reproduz nas relações entre médicos, enfermeiros, usuários, familiares e sociedade como um todo (Carvalho, 2010).

No debate sobre a loucura, Pelbart (1990) postula que não basta destruir manicômios nem acolher os ditos loucos na sociedade se mantivermos um manicômio mental. A loucura, que pode ser entendida como a desrazão, traz consigo um caráter de estranheza, de transgressão e de ameaça à cultura. Portanto, não basta acolher o louco na sociedade se mantivermos o confinamento da desrazão enraizado na sociedade. Dessa maneira, pode-se ampliar esta discussão e pensar na desconstrução de lógicas instituídas no cuidado de pessoas com problemas decorrentes do uso de susbtâncias, uma vez que não basta implantar serviços no território, substituindo os hospitais psiquiátricos, sem modificar as relações ou o modo de lidar com a questão.

O termo inclusão social foi mencionado com frequência nas falas dos entrevistados como sinônimo dos processos mencionados no primeiro tópico: reabilitação psicossocial e reinserção social. Assim como a conceituação desses termos é inexistente nos documentos normativos pesquisados acerca das políticas sobre drogas, a inclusão social também é mencionada como um dos objetivos dos serviços, porém observa-se se tratar de uma ideia ainda pouco delimitada pelos entrevistados. Luiza refere-se à inclusão social da seguinte forma:

> E aí depois é o passo de inserção mesmo, de inclusão social tipo assim, então agora... Você tá mais confiante... Já trabalhou isto um pouco em você (...). E aí depois que eles conseguem trabalhar um pouco nisso, desenvolver um pouco né, essa autonomia, a gente trabalha essa inclusão social, que... É ele voltar pra sociedade, voltar pra família dele (...) (Monitora de Oficina Terapêutica).

Para Luiza, inclusão social é sinônimo de reinserção social, considerando-o como um processo que ocorre fora do serviço, junto das relações sociais e familiares, tendo como base a autonomia desenvolvida em um momento anterior. Considerando, por sua vez, que o debate sobre a inclusão demanda considerar também a exclusão social, a fala de Felipe opõe exclusão e liberdade:

> Então, a gente está continuamente buscando implicar os usuários no serviço, na construção dessa política, na mudança desse lugar social, assim, de que dá um lugar pronto pra eles, nessa tendência, assim, de excluí-lo da convivência. Então, a gente busca sempre o tratamento em liberdade né... Na comunidade (...) (Médico Psiquiatra).

No entanto, ainda para Felipe, não é o uso da droga que causa a exclusão em si, havendo, ao invés disso, o acúmulo de experiências e de um repertório de exclusão:

> (...) Quando você vai estudar o usuário do crack, o que que você... Com o álcool também não é muito diferente disso não... Você vê que é um sujeito que não teve acesso à educação formal (...) Ele é precariamente educado né... É um sujeito negro... Tem muito poucas oportunidades no mercado de trabalho ou já está desempregado (...) Eu acho que é um somatório (Médico Psiquiatra).

Pedro também se refere a essa questão:

> E muitas vezes é uma inserção, é mais do que uma reinserção, é uma possibilidade de ver um mundo que até então ele nem tinha possibilidade de ver. (...) A questão que vários deles, eles nunca tiveram inserção nesse mundo que a maioria das pessoas

tem, que é o mundo da cultura, da educação, da possibilidade, das portas abertas, das ofertas (Psicólogo).

A partir dessas falas, pode-se inferir que Felipe e Pedro consideram que os usuários em tratamento no CAPSad, de fato, não logaram um efetivo processo de inclusão e sempre estiveram à margem da sociedade, apartados de oportunidades de participação na vida social, educacional, cultural e profissional. Pode-se supor que, para o entrevistado, nunca houve concretamente inclusão, sendo necessário oportunizar acesso a direitos básicos. Em contraposição, Sawaia (2014) discute que a exclusão abarca uma contradição constitutiva, pois contém em si sua negação, e não existe sem ela. Ou seja, a exclusão é polo oposto constitutivo da inclusão, ou seja, inclusão perversa: a sociedade exclui para incluir, o que demanda uma abordagem crítica da inclusão.

Ainda sobre esse debate, é notório que a exclusão atinge parcelas majoritárias da população mundial e se constitui em um processo no qual os sujeitos são apartados de forma física, geográfica ou material não apenas do circuito econômico, do mercado e de suas trocas, mas de todas as apropriações espirituais, de valores e culturais (Wanderley, 2014). Segundo Martins (1997), a exclusão se traduz em privação de empregos, de liberdade, de direitos e de bem-estar; privação de meios para participar do mercado de consumo. Trata-se, também, de uma privação que também atinge uma dimensão moral, uma privação de ser reconhecido como sujeito (Martins, 1997).

Nesse sentido, para Martins (1997), a inclusão no plano econômico por si só não é suficiente para incluir o sujeito nos processos de circulação do capital. Isso porque há dificuldade de uma inclusão no plano moral, baseado em uma moralidade clássica, em certo tipo de ordem estabelecida. Um exemplo disso são as atividades relacionadas ao tráfico de drogas. Isto é, o sujeito pode ter dinheiro, mas continua estando à margem, considerado cidadão de segunda classe. Torna-se problemática essa inclusão, uma vez que há em jogo uma ocupação que lhe dá meios para se sustentar, porém compromete sua dignidade e sua condição de pessoa moralmente aceita.

Refletindo as perspectivas dos profissionais sobre as ações de reabilitação psicossocial e reinserção social, o debate sobre o dentro e o fora das ações de reabilitação e reinserção pode ser pontuado a partir da crítica de Benetton (2016), que questiona a utilização do prefixo "re", já que ele indica o retorno a uma condição anterior ao que foi colocado como o "problema". Trata-se de um prefixo que diz de algo novo, mas que tem uma relação como antigo. De modo semelhante, Frazatto e Sawaia (2016) também questionam o prefixo "re", utilizado em diferentes conceitos, como reinserção, reabilitação, reintegração e ressocialização, porque sugere algo perdido e que precisa ser recuperado e, no caso da reinserção, como se o sujeito estivesse fora e precisasse ser recolocado junto à sociedade. Nesse sentido, pode indicar que a situação do sujeito é exclusivamente individual, sendo necessário um novo ajustamento antes de retomar o convívio na comunidade. Assim, a reinserção social passa a ser entendida não como um direito do indivíduo, mas como uma forma de manter uma ordem social (Frazatto; Sawaia, 2016).

A partir dessa concepção de exclusão, as políticas econômicas buscam incluir os sujeitos que se encontram "fora". Trata-se de incluí-los em processos econômicos que abrangem a produção e a circulação de bens e serviços, o que muitas vezes implica uma inclusão marginal, instável ou precária, pois é conveniente, eficiente e de baixo custo para a reprodução do capital (Martins, 1997). Por conta disso, é necessário colocar em debate o espaço social em que os usuários de drogas estão sendo incluídos (ou reabilitados e reinseridos) de modo a evitar que esses sujeitos retornem para uma condição de privação que culminou no seu processo de exclusão. Martins (1997) aponta que, a partir disso, a sociedade tem se organizado e se ajustado de acordo com as conveniências do capital, mas precisa revolucionar suas relações arcaicas e começar a se ajustar a partir das necessidades do ser humano. Esse é o desafio para pensar em alternativas includentes que recusem os processos de exclusão da sociedade.

Considerando, então, que não há exclusão em si, mas vítimas de processos sociais excludentes, a exclusão é inexistente porque esses processos não ocorrem fora dos sistemas econômicos e dos sistemas de poder que regulam a sociedade. Pelo contrário, fazem parte dele. Os processos excludentes deixam a impressão de que os fracos e pobres são retirados da sociedade e privados dos direitos que dão sentido às relações sociais. Ao contrário, esse processo coloca os sujeitos "dentro" de uma condição subalterna como uma forma de manter o sistema econômico.

O problema não está na exclusão em si, mas sim nas formas pelas quais os sujeitos encontram-se incluídos (Martins, 1997).

Considerações finais

Os profissionais do CAPSad pesquisado comunicam uma diversidade de concepções sobre a reabilitação psicossocial. Esse processo foi relacionado às atividades individuais e de treinamento para a vivência fora do serviço, bem como esteve associado às atividades grupais como as oficinas terapêuticas que ocorrem no cotidiano do CAPSad. Por outro lado, pode-se perceber que a realização de atividades fora do CAPSad é indicada pelos profissionais como uma das estratégias de reinserção social. Para que essa estratégia seja efetiva, os entrevistados apresentam uma série de ações que precisam ocorrer conjuntamente, como a articulação dos serviços e instituições parceiras da rede e o desenvolvimento do sentimento de pertença ao território.

Apesar dessa divisão, é crucial ressaltar que ainda falta consenso na literatura no que se refere às especificidades de cada conceito. Por isso, é necessário cautela ao afirmar que as atividades de reabilitação psicossocial se restringem apenas às ações dentro do serviço e às atividades de reinserção social que ocorrem fora do serviço. A ausência de uma definição conceitual dos termos na literatura acarreta a imprecisão dos limites de cada processo, não sendo possível delimitar com precisão onde termina a reabilitação psicossocial e onde inicia a reinserção social. Não obstante, é possível questionar se há realmente um limite demarcado entre os conceitos ou mesmo se essa demarcação é conveniente. Pode-se inferir que as ações de reabilitação psicossocial estão sempre atravessadas pelas ações de reinserção social e vice-versa, e ambas terão características em comum por se tratarem de processos eventualmente paralelos e complementares.

Além disso, as ações de reabilitação psicossocial e reinserção social abarcam reflexões que devem ser analisadas com base nas lógicas de exclusão que acometem as pessoas com problemas decorrentes do uso de drogas. A partir dessa consideração, os usuários de drogas não estão excluídos da sociedade, uma vez que todos estão incluídos de alguma forma, porém nem sempre essa inclusão é digna e decente. A exclusão não é uma "falha" do sistema, nem algo que deve ser combatido por perturbar a ordem social, mas ao contrário, é um produto e um processo posto em marcha como componente do modo de produção capitalista.

No que se refere às possibilidades de reformulação dos conceitos utilizados nas políticas sobre drogas de forma a intervir efetivamente na realidade dos usuários de drogas que estão sendo acolhidos pela RAPS, em especial pelo CAPSad, é preciso que as concepções de reabilitação psicossocial e reinserção social sejam repensadas, levando-se em conta os processos de exclusão/inclusão. Torna-se fundamental refletir sobre as condições de vida e saúde dos sujeitos ditos "excluídos", a fim de que o contexto que produziu circunstâncias de vulnerabilização não seja, então, o contexto em que eles serão "incluídos". Na perspectiva de Martins (2002), é necessário um discurso que não seja marcado pela militância em favor das relações sociais existentes e que se tornaram inacessíveis a uma parte da sociedade.

Referências

BARDIN, L. *Análise de Conteúdo*. Lisboa: Edições 70, 1977.

BENETTON, M. J. Terapia Ocupacional e reabilitação psicossocial: Uma relação possível? In: PITTA, A. M. F, (Org.). *Reabilitação Psicossocial no Brasil*. São Paulo: Hucitec, 2016. P. 183-191.

BRASIL. Ministério da Saúde. *A Política do Ministério da Saúde para atenção integral a usuários de álcool e outras drogas,* 2. ed. Brasília, DF, 2004.

BRASIL. Ministério da Saúde. *Portaria nº 3.088, de 23 de dezembro de 2011.* Institui a Rede de Atenção Psicossocial. Brasília, DF, 2011. Disponível em: <https://goo.gl/GYB5t8>. Acesso em: 7 set. 2020.

BRASIL. Ministério da Cidadania. *Observatório Brasileiro de Informações sobre drogas*. Brasília, DF, 2020. Disponível em: <http://mds.gov.br/assuntos/progredir>. Acesso em: 7 set. 2020.

BRASIL. Ministério do Planejamento, Orçamento e Gestão. *Instituto Brasileiro de Geografia e Estatística (IBGE)*. Disponível em: <https://cidades.ibge.gov.br/>. Acesso em: 12 dez. 2017.

CARVALHO, A. B. *Processos de desinstitucionalização em CAPSad*. 132 f. Dissertação (Mestrado em Psicologia Social) Universidade Federal do Sergipe, 2010.

COSTA, C. M.; GABBAY, R.; SILVA, M. A. B. Oficinas: Um fazer/conviver terapêutico. In: COSTA, C. M.; FIGUEIREDO, A. C. (Orgs.). *Oficinas terapêuticas em saúde mental*: sujeito, produção e cidadania. Rio de Janeiro: Contra Capa, 2008. p. 261-282.

FRAZATTO, C. F.; SAWAIA, B. B. A critical view of the "social reinsertion" concept and its implications for the practice of psychologists in the area of mental health in the Brazilian Unified Health System (Sistema Único de Saúde). *Journal of Health Psychology*, v. 21 n. 3, p. 409-418, mar. 2016.

FREITAS, M. G.; MONTERO, M. Las redes comunitarias. In: MONTERO, M. (Org.). *Teoría y práctica de la psicologia comunitária*: La tensión entre comunidad y sociedad. Buenos Aires: Paidós, 2006. p. 173-201.

GUERRA, A. M. C. Oficinas em saúde mental: Percurso de uma história, fundamentos de uma prática. In: COSTA, C. M.; FIGUEIREDO, A. C. (Orgs.). *Oficinas terapêuticas em saúde mental*: sujeito, produção e cidadania. Rio de Janeiro: ContraCapa, 2008. p. 23-58.

KINOSHITA, R. T. Contratualidade e Reabilitação Psicossocial. In: PITTA A. M. F. (Org.). *Reabilitação Psicossocial no Brasil*. São Paulo: Hucitec, 2016. p. 69-74.

LEAL, E. M. Trabalho e reabilitação psiquiátrica fora do contexto hospitalar. In: COSTA, C. M.; FIGUEIREDO, A. C. (Orgs.). *Oficinas terapêuticas em saúde mental*: sujeito, produção e cidadania. Rio de Janeiro: ContraCapa, 2008. p. 11-22.

MARTINS, J. S. *Exclusão social e a nova desigualdade*. São Paulo: Paulus, 1997.

MARTINS, J. S.. Reflexão crítica sobre o tema da "exclusão social". In: MARTINS, J. S. *A sociedade vista do abismo*: Novos estudos sobre pobreza, exclusão e classes sociais. Petrópolis: Vozes, 2002. p. 25-47.

MINAYO, M. C. S. Técnicas de pesquisa. In: M. C. S. Minayo. *O desafio do conhecimento*: Pesquisa qualitativa em saúde. São Paulo, SP: Hucitec, 2010. p. 261-927.

PAIVA, F. S. et al. A percepção profissional e comunitária sobre a reinserção social deusuários de drogas. *Psicologia e Sociedade,* v. 26, n. 3, p. 696-706, set/dez. 2014.

PARANHOS-PASSOS, F.; & AIRES, S. Reinserção social de portadores de sofrimento psíquico: O olhar de usuários de um Centro de Atenção Psicossocial. *Physis Revista de Saúde Coletiva*, v. 23 n.1, p. 13-31. 2013.

PELBART P. P. Manicômio mental: A outra face da clausura. In: LANCETTI, A. (Org.). *SaúdeLoucura.* São Paulo: Hucitec, 1990. p. 131-138.

PINHO, P. H. et al. Reabilitação Psicossocial de usuários de álcool e outras drogas: A concepção de profissionais de saúde. *Revista da Escola de Enfermagem da USP,* v. 4 n. 2, p. 1261-1266. 2009.

ROTELLI, F.; LEONARDIS, O.; MAURI, D. Desinstitucionalização, uma outra via. In: ROTELLI, F.; LEONARDIS, O.; MAURI, D. (Orgs.). *Desinstitucionalização.* São Paulo: Hucitec, 1990. p. 17-59.

SANCHES, L. R.; VECCHIA, M. D. Reabilitação Psicossocial e Reinserção Social de usuários de drogas: revisão da literatura. *Psicologia & Sociedade,* v. 30, p. 1-10. 2018.

SAWAIA, B. B. Introdução: Exclusão ou inclusão perversa? In: SAWAIA, B. B. (Org.). *As artimanhas da exclusão*: análise psicossocial e ética da desigualdade social. Petrópolis, RJ: Editora Vozes, 2014. p. 7-13.

SOUZA, L. K. Pesquisa com análise qualitativa de dados: conhecendo a Análise Temática. *Rev. Arq. Bras. Psicol.*, v. 71 n. 2 2019. p. 51-67.

TRINO, A. T.; MACHADO, M. P. M.; RODRIGUES, R. B. Conceitos norteadores do cuidado junto à população em situação de rua. In: TEIXEIRA, M.; FONSECA. Z. (Orgs.). *Saberes e práticas na atenção primária à saúde*: Cuidado à população em situação de rua e usuários de álcool, crack e outras drogas. São Paulo: Hucitec, 2015. p. 27-45.

WANDERLEY, M. B. Refletindo sobre a noção de exclusão. In: SAWAIA, B. B. (Org.). As artimanhas da exclusão: análise psicossocial e ética da desigualdade social. Petrópolis, RJ: Editora Vozes, 2014. p. 17-27.

Experiências e vivências urbanas: notas a partir do trabalho com pessoas com sofrimento mental no Centro de Referência em Saúde Mental de Betim/MG

Luciana da Costa e Souza[1]
Alexandra Nascimento[2]

Introdução

As relações que os habitantes estabelecem no espaço da cidade de Betim, mais detidamente na regional Citrolândia, são constituídas por meio de memórias e histórias permeadas por experiências de segregação e discriminação vivenciada pelos habitantes deste lugar e que ainda repercutem em suas relações (Souza, 2019).

A essa vivência de discriminação se conjuga uma "existência-sofrimento" (Rotelli et al., 2001, p. 1) dos sujeitos que são acompanhados em um serviço substitutivo de saúde mental daquele território, resultando em um complexo de vulnerabilidades que demandam um conjunto multifacetado de práticas de cuidado em saúde.

Dentre estas práticas, constitui-se a atividade em grupo realizada por uma das pesquisadoras cujo objetivo principal é possibilitar o acesso a outros espaços da cidade, viabilizando o encontro com *o outro*, diverso daquele que é discriminado. Essa atividade desenvolve-se com vistas a

1 Assistente social. Mestre em Gestão Social, Educação e Desenvolvimento Local, Centro Universitário UNA. *E-mail*: alexandranascimento@uol.com.br

2 Arquiteta e urbanista, Historiadora. Doutora em Ciências Sociais pela PUC Minas. *E-mail*: lucianacs@gmail.com

contemplar as diferenças no processo de inclusão deste grupo particular nos vários âmbitos da experiência urbana que a cidade proporciona.

Desta maneira, buscou-se discutir as múltiplas discriminações vivenciadas por este grupo de sujeitos, seja no modo como as relações foram/são estabelecidas entre os habitantes da Citrolândia e a cidade de Betim; seja pela forma como as pessoas com sofrimento mental participam de processos de inclusão/exclusão na sociedade.

Aspectos da formação e consolidação da Citrolândia e os elos com a cidade de Betim

Os motivos que levaram à ocupação e expansão deste espaço, que hoje é conhecido como Citrolândia, divergem da narrativa hegemônica sobre a produção do espaço urbano de Betim que identifica como sua marca a presença massiva de indústrias (Rugani, 2001) e estão relacionados à implantação de uma cidadela chamada Colônia Santa Isabel.

A construção do hospital-colônia durou quase 10 anos, inaugurado em 23 de dezembro de 1931, quando passou a receber pessoas que tinham hanseníase (Lana, 1997). A "prática estatal de intervenção na realidade social, através da segregação e exclusão de determinados grupos sociais" (Souza, 2009, p. 134) era legitimada não só pelo poder público como era defendida e executada por parte da comunidade científica daqueles tempos.

Tais medidas tiveram respaldo de parte da sociedade e permitem perceber como as distinções são construídas, materializando-se na intensificação de relações espaço/temporais/sociais hierárquicas e desiguais, campo propício para os fenômenos da segregação e da discriminação.

Segundo Negri (2010, p. 130): "desde a antiguidade, a sociedade já conhecia formas urbanas de segregação socioespacial. Cidades gregas, romanas, chinesas possuíam divisões definidas social, política ou economicamente". Após certo período, assiste-se a uma transformação de leprosários em manicômios ou hospícios, num processo discursivo de torná-los um espaço de controle, conforme reflexões de Foucault (2010) desenvolvidas no livro *História da Loucura*. O autor ressalta, desde já, o caráter disciplinador e as formas de exercício de poder que deixam de enfocar o leproso e passam a se dirigir aos loucos, desviantes e indesejáveis da época.

O recurso à estratégia segregacionista nas políticas de saúde vigorou por muitos anos no Brasil e ainda é presente nos discursos morais e políticos de posição mais conservadora, sendo perceptível na lógica de internação de pessoas com uso abusivo de drogas em comunidades terapêuticas, promovendo a segregação como política pública sob nova roupagem.

Se a prática da segregação era internalizada por diversos grupos sociais, para as famílias que tinham seus membros afetados pela doença resultava em inúmeros conflitos, sofrimento e perdas. A opção estatal pela segregação e isolamento compulsório teve outras motivações que não eram apenas de cunho médico, visto que foi:

> a produção de conhecimento científico e sua apropriação são atos intrinsecamente políticos, pois que todo conhecimento é ação social / ato político, já que realizado, como não poderia deixar de ser, por homens e mulheres, em um determinado contexto social e histórico (Souza, 2009, p. 134).

As práticas de isolamento tinham suas diferenciações e não eram iguais para todos os sujeitos que foram atingidos pela hanseníase. Nesse sentido, já havia uma distinção decorrente da classe social a qual pertencia a pessoa com hanseníase, sendo o tipo domiciliar adotado para aqueles casos em que "as condições financeiras do doente admitissem a adoção das medidas profiláticas consideradas necessárias, de acordo com as autoridades sanitárias" (Cunha, 2005, p. 48), restando aos demais o tipo nosocomial em "colônias-agrícolas, admitindo-se sanatórios, hospitais, asilos, quando as condições locais o permitissem, ou quando o reduzido número de leprosos não exigisse o estabelecimento de uma colônia" (Cunha, 2005, p. 48).

Grande parte dos sujeitos internados compulsoriamente na Colônia eram os únicos provedores dentro do grupo familiar, consequentemente os demais familiares, impedidos de permanecerem junto deles naquele espaço por não portarem a doença, buscavam manter proximidade permanecendo nos arredores de Santa Isabel (Betim, 2010).

> Porque várias pessoas, da família, ou algumas pessoas da família tinha a hanseníase e não poderia deixar o restante da família

> *pra* trás, então eles vinham junto com a pessoa que tinha hanseníase e essa pessoa era separada do restante da família e aí foi formando o Citrolândia. Tinha vez deles chamarem Limas, tinha vez que falavam isto, depois veio o Alto dos Limas e aí veio crescendo, foi criando os outros bairros de Citrolândia (C) (Entrevista realizada em abril de 2019) (Souza, 2019, p. 82).

A impossibilidade de se manterem sem o responsável pelo sustento do grupo familiar e a discriminação sofrida no domicílio de origem pela vizinhança amedrontada com a possibilidade de contrair a hanseníase se encontram entre os fatores que contribuíam para a ocupação do espaço no entorno da Colônia Santa Isabel.

> Tinha a doença. Lá, lá *pra* lá mesmo é que não podia ficar, né? Porque teve, eles tiveram que largar tudo também. Largar tudo *pra* lá e vir embora porque eles eram discriminados pelos sadios lá. Então teve que vir. E como eu penso que, como Limas bem próximo da Colônia, aqui eles podiam ficar! Não tinha discriminação, né? (M) (Entrevista realizada em julho de 2019) (Souza, 2019, p. 83).

Igualmente, a proibição das famílias de continuarem junto aos seus filhos, uma vez que, na Colônia, os bebês eram encaminhados para preventórios/educandários/pupileiras logo ao nascer, a fim de evitar o contágio, está entre as razões para a formação e o estabelecimento de Limas/Citrolândia.

> Aqui em Citrolândia é o seguinte [...] como é que fala?... as pessoas antigas, elas não esquecem uma da outra. Todo mundo tem uma consideração com outro. E isso eu consigo ver, assim, é [...] Era dessa forma. Um ajudava o outro e Citrolândia até hoje tem muita solidariedade. Um exemplo: o meu marido, a minha sogra contava, a Dona Zulmira que, conseguiram sair primeiro da Colônia [...] o meu marido, por exemplo, ele nasceu na cama da Dona Zulmira e do Primo. É uma ajuda, por quê? *Pra* não nascer lá na Colônia, porque ia pro orfanato. E não sabia o que que podia acontecer... Ia ser separado. Então nasceu aqui. Aqui já tinha uma família que cuidou, então assim, eu acho que meu marido não chegou a ser cuidado por outra família não, mas as irmãs dele chegaram a ser cuidadas por outra família,

> né? Então, assim, era essa a ajuda! Um contava com o outro e podia contar com o outro (F) (Entrevista realizada em julho de 2019) (Souza, 2019, p. 95).

E é nessa perspectiva de solidariedade entre desconhecidos que resistiam ao controle perpetrado pelo Estado, representada pelo confinamento na Colônia Santa Isabel de seus corpos e de seus filhos, associado à necessidade de garantirem meios de sobrevivência aos processos de exclusão enfrentados, que os habitantes foram se aglutinando enquanto comunidade formando o povoado de Limas, que mais tarde será conhecido como Citrolândia.

Tentativas de remoção dos grupos que ali permaneciam foram executadas pelo governo federal de diferentes maneiras. Inicialmente foi destacado um médico que por meio de uma suposta "campanha educativa[3]" junto ao grupo de pessoas que ali ocupava negociando a compra dos imóveis e encaminhando-os para outras partes do estado de Minas Gerais (Lana, 1997). Posteriormente, foram realizadas desapropriações que não obtiveram o efeito esperado, pois a população mantinha-se resistente e se recusava a sair.

> Outras providências, também de resultados negativos, foram tomadas pelo Departamento de Lepra, tais como solicitação ao Departamento de Estradas de Rodagem para que a Rodovia Fernão Dias, em construção, passasse pela Colônia Santa Izabel sem passar por Limas, impedindo assim o trânsito de veículos; construção de três casas de vigia nos limites da Colônia com o arraial a fim de estreitar a vigilância e impedir que continue a atual situação em que enfermos e sadios penetrem livremente no aludido estabelecimento [...] numa última apelação ao Governo Estadual, o Diretor do Departamento de Lepra, Dr. Orestes Diniz, chegou a propor a distribuição de terras, em outros pontos do Estado, às famílias de doentes, afastando-as assim da aglomeração em Limas (Lana, 1997, p. 150-151).

[3] A opção pelas aspas foi uma iniciativa das autoras com vistas a ressaltar o caráter de violação de direitos dos habitantes de Limas que resistiam às ações do Estado, que demonstra incapacidade de atender minimamente às necessidades sociais deste grupo social.

A população residente em Limas/Citrolândia manteve-se relativamente estável até a década de 1980, quando o processo de produção daquele espaço passou por mudanças que impactaram na sociabilidade do lugar: a implementação de conjuntos habitacionais. O conjunto São Salvador II foi construído nessa época.

Em 1997, o movimento dos sem-teto começou a ocupar as terras que originaram o bairro Alto Boa Vista. Nesse período, áreas rurais da Colônia também foram ocupadas por "[...] egressos de outras áreas periféricas da região metropolitana de Belo Horizonte [...]" (Betim, 2010, p. 38).

> Pessoas de outros lugares que vieram *pra* cá, quando foi construído aquele bairro ali em cima, o Alto Boa Vista, foi na época da Maria do Carmo, né. Infelizmente, eu tenho que falar de política, *né*?! (risos) Então, ela proporcionou a vinda de moradores aqui pro Alto Boa Vista, não foi? Então, o que que acontece: tinha pessoas morando embaixo de lona, vieram muitas pessoas, é, tem gente pobre. Eu também sou pobre, mas as pessoas muito pobres de instrução, de conhecimento né, de cultura, então, elas acabam... bagunçando um pouco o local! [...] Como se diz, *né*?... (G) (Entrevista realizada em maio de 2019) (Souza, 2019 p. 120).

Tal expansão populacional não foi acompanhada por políticas sociais, sendo que essas áreas são precariamente providas de uma infraestrutura urbana mínima ainda pontuando como áreas de menor IDH (Índice de Desenvolvimento Humano) em Betim. Segundo a análise do Índice de Desenvolvimento Humano trabalhado no Atlas Brasil (IPEA/ FJP/ PNUD, 2014) o território do Citrolândia conta com a seguinte configuração: população de 16.870 habitantes, renda per capita média de R$ 376,43 e IDH da área de educação em 0,575 no ano de 2010. Tais valores colocam esta área em nível abaixo dos índices verificados para Betim. O município apresenta população total de 378.089 habitantes, renda per capita média de R$ 660,56 e IDH de educação em 0,687 no ano de 2010 (IPEA/ FJP/ PNUD, 2014).

A escolha pela construção de conjuntos habitacionais no Citrolândia mantém-se e no ano de 2007 o conjunto habitacional Dicalino Cabral foi erguido com trezentas e cinquenta moradias. Em 2014, há um maior incremento populacional com o programa Minha Casa Minha Vida, sendo construídas na região aproximadamente novecentos e vinte e três unidades habitacionais (Conjunto São Marcos I e II e Waldir Franco)[4].

> É, tem um banquinho ali, às vezes nós sentava [...] Os vizinhos aqui, nós sentava ali, pedia Coca-Cola, pizza, sentava naquele banquinho... É! Ficava contando caso! Sento não! Depois dos predinhos não sento mais não. Nós não senta mais não [...] Nem sei quantos anos. Não sei quanto tempo tem... tem pouco tempo. Ah menina, é... sei lá, pessoas que você não conhece. Também tinha muita bagunça, muita morte aí. Agora não... maneirou... agora maneirou (A) (Entrevista realizada em julho de 2019) (Souza, 2019 p. 119).

É possível apontar um reforço por parte do poder municipal no processo de segregação deste território, já que, ao escolher tal região para implantação de conjuntos habitacionais, há uma reiteração do baixo valor dos terrenos, agregando maior lucro para as empresas que ali investem e, conforme Rolnik et al. (2015, p.131), mantém-se "a reprodução do padrão periférico da moradia da população de baixa renda no país".

Entre as possíveis razões para o menor valor dessas terras indicam-se: a precária articulação/integração com a cidade, decorrente do processo singular de ocupação de Citrolândia, que esteve ligado primordialmente ao espaço da Colônia Santa Isabel e não à Betim, intensificada pela distância geográfica da área central da cidade.

Ora, se anteriormente a condução da segregação ocorria numa intrincada relação entre a esfera estatal e o mercado, em que a discriminação endossada pelo imaginário de que os grupos que ali viviam portavam a doença que atingia a população de origem (Colônia Santa Isabel), hoje aponta-se como muito provável que seja o mercado articulado ao Estado os agentes que dão a direção e garantem a manutenção da segregação.

[4] Estes dados constam de notícia divulgada no *site* eletrônico da Prefeitura Municipal de Betim, disponível em: <http://www.betim.mg.gov.br/noticias/41822;54929;06;6986;90409.asp>. Acesso em: 15 nov. 2018.

Considera-se que a continuidade da dominação desse espaço é, de certo modo, admitida pelo poder público, o qual investe de maneira inversamente proporcional nos equipamentos e serviços públicos do local, além de autorizar a implementação de estruturas que geram maior desvalorização do preço da terra na região como os presídios de São Joaquim de Bicas localizados na fronteira com a Colônia Santa Isabel.

Segundo Souza (2019, p. 41): explicita-se uma "falta de cidade" na regional Citrolândia como um direito ao espaço de reunião da diferença (Lefebvre, 2001). Ou ainda como explicita Rolnik et al (2015) ao apontar "os embaraços existentes em combinar a política pública e a lógica do mercado que contemple "uma cidade para todos" (2015, p. 149).

Quando Lefebvre (2001) fala da experiência urbana ele aponta a impossibilidade de uma vida urbana que não permita o encontro e o confronto das diferenças, "de conhecimentos e reconhecimentos recíprocos (inclusive no confronto ideológico e político) dos modos de viver, dos 'padrões' que coexistem na Cidade" (Lefebvre, 2001 p. 22).

Isso significa que na dinâmica das relações socioespaciais da/na cidade podem se manifestar práticas que absorvem e incorporam os atributos dos espaços segregados. Práticas que têm na dimensão da cultura um ponto central nas relações sociais (PERALTA, 2007).

Embora as análises realizadas por Lefebvre datem do século XX e se dirijam à realidade europeia e norte-americana, há autores no Brasil como Rolnik et al. (2015) que buscaram ressignificá-las ao contexto brasileiro contemporâneo associando-a ao ideário do "direito à cidade", que pode ser compreendido:

> como forma superior dos direitos: direito à liberdade, à individualização na socialização, ao habitat e ao habitar. O direito à obra (à atividade participante) e o direito à apropriação (bem distinto do direito à propriedade) estão implicados no direito à cidade (Lefebvre, 2001, p. 134).

Assim, o direito à cidade exige o direito a um espaço/tempo que reúna os cidadãos/citadinos e possibilite a construção de relações sociais que estabeleçam trocas de vivência de várias experiências "no espaço urbano diferentemente produzido e diferencialmente apropriado" (Mondardo, 2010, p. 199).

É a partir de tal ideia, de um direito à cidade, que só se legitima quando rompe com a segregação e a discriminação, que se constitui a experiência relatada a seguir, de uma prática de cuidados em saúde para pessoa com sofrimento mental que busca possibilitar outros modos de apropriação do espaço urbano, suscitando novas sociabilidades.

Organização das práticas em saúde mental no Citrolândia, Betim/MG

Se as práticas discriminatórias portadoras de processos de exclusão já estavam presentes desde o processo de territorialização do espaço hoje conhecido como Citrolândia, transformando-o em um lugar singular de Betim, observa-se na assistência em saúde mental outro campo de distinção na sociedade percebido negativamente do ponto de vista social e histórico. É no entrecruzamento destas duas imagens deterioradas: a de morador de Citrolândia e a de pessoa com sofrimento mental que apresenta este relato de experiência.

As práticas sociais dirigidas ao fenômeno da loucura no Brasil, até meados dos anos 1980, eram marcadas pela inserção nos "espaços morais de exclusão", modo como Foucault (2010) se referiu à prática da institucionalização, do asilamento das pessoas nos manicômios. A partir da década de 1970, surgiram no Brasil, movimentos inspirados e influenciados pelo modelo italiano baseado nas ideias de Franco Basaglia e Franco Rotelli, os quais propunham a pensar a assistência à pessoa com sofrimento mental de modo a produzir experiências de cidadania para os sujeitos que, até então, eram objeto de tutela por parte do Estado.

Após vários anos de luta destes movimentos sociais, em 2001, foi aprovada a Lei nº 10.216 que dispõe sobre a proteção e os direitos das pessoas com transtornos mentais reformulando o modelo assistencial em saúde mental, destacando que a assistência deve ocorrer em liberdade e próximo da moradia dos sujeitos.

A desinstitucionalização como elemento central das práticas da Reforma Psiquiátrica e do movimento Antimanicomial pressupõe a desconstrução de todo o aparato material e simbólico, de maneira a interromper a reprodução de saberes anteriormente construídos, ou seja, envolve também desconstruir a clínica até então utilizada sob a forma de isolamento terapêutico ou tratamento moral.

Nesse sentido, a Reforma Psiquiátrica deve ser compreendida como um movimento social, ético e político: "como um processo complexo que suscita conflitos, crises e transformações dentro da rede mais ampla das estruturas institucionais (inclusive aquelas relativas a poderes e competências)" (Correia, 2006, p. 90), que produziu inovações "nas características e nas formas de participação dos atores, nos conteúdos e modo de conflitos" (Correia, 2006, p. 90).

Apesar dos indícios de um processo de retrocessos[5]em andamento na política de saúde mental e mais amplamente das políticas sociais, em função do perfil conservador e privatizante dos últimos anos (Silva, 2019), cabe destacar a importância de espaços que compõe a rede de atenção psicossocial, que são os serviços substitutivos ao manicômio, os CAPS (Centros de Atenção Psicossocial) e os CERSAM (Centros de Referência em Saúde Mental). Esses serviços surgem na década de 1980 (o primeiro foi aberto em 1986, em São Paulo/SP) a partir da iniciativa de profissionais envolvidos com o movimento antimanicomial. Por demonstrar efetividade na assistência prestada à população com sofrimento mental, o modelo foi adotado pelo governo federal que transformou esta estratégia de cuidado em saúde como política pública de abrangência nacional a partir da Portaria GM 224/92, reformulada em 2002 pela Portaria nº 336/GM (Brasil, 2004).

Atribui-se aos CAPS o direcionamento local das políticas e dos programas de saúde mental, por meio do desenvolvimento de projetos terapêuticos e comunitários, do encaminhamento e acompanhamento dos usuários dos Serviços Residenciais Terapêuticos e do assessoramento às equipes de Saúde da Família (Brasil, 2004). O CAPS integra, portanto, a rede de atenção psicossocial (RAPS) instituída pela política nacional de saúde mental brasileira. Trata-se de

[5] Segundo Onocko-Campos (2019 p. 3), o "grande capítulo dos retrocessos galgou um importante passo com a *Portaria nº 3.588*[9], de 21 de dezembro de 2017 [...] publicada no apagar da luz de 2017, durante o ilegítimo governo Temer, foi reintroduzida na Rede de Assistência Psicossocial (RAPS) a figura do Hospital Dia, que fora superado pela instauração dos CAPS e que resgata e valoriza as intervenções biomédicas por sobre as práticas psicossociais e de *recovery*".

> um serviço de saúde aberto e comunitário do Sistema Único de Saúde (SUS). Ele é um lugar de referência e tratamento para pessoas que sofrem com transtornos mentais, psicoses, neuroses graves e demais quadros, cuja severidade e/ou persistência justifiquem sua permanência num dispositivo de cuidado intensivo, comunitário, personalizado e promotor de vida (Brasil, 2004, p. 13).

Esses espaços são constituídos nos territórios e se articulam em conjunto com a rede intersetorial de serviços públicos e de organizações sociais de base local. A implantação dos CAPS reflete as transformações da política nacional de saúde mental, que incorpora o ideário dos movimentos Antimanicomial e da Reforma Psiquiátrica, propondo a desinstitucionalização do fenômeno da loucura, em contraposição ao modelo anterior, que previa o asilamento dos indivíduos.

Do ponto de vista histórico, a cidade de Betim pode ser considerada uma das precursoras na implantação de serviços de saúde mental[6] em espaços localizados fora de hospitais no estado de Minas Gerais, pois a primeira equipe composta por um psiquiatra e uma assistente social que atuaria junto à esse público se constituiu em 1985 (Rivelli, 1985 apud Pinto et al., 2019). O Sistema Único de Saúde (SUS) ainda não existia formalmente e a assistência à pessoa com sofrimento mental se restringia à internação em manicômios.

Em 1987, formaram-se as primeiras equipes mínimas de saúde mental (psiquiatra, psicólogo e assistente social) para atendimento na policlínica Alcides Brás e em seu anexo: o Posto de Saúde Betim Central, localizado na região central daquela cidade (REZENDE, Rivelli, 1989 apud Pinto et al., 2019). Foram também lotados psicólogos e assistentes sociais no bairro Citrolândia.

Essas equipes ainda prestavam uma assistência pautada pela internação nos hospitais psiquiátricos, ocorrendo mudanças substanciais a partir da realização de concurso público em 1992, quando há maior profissionalização desse campo no município repercutindo na criação,

[6] Tendo em vista que até aquele momento os cuidados prestados eram centrados na lógica da Psiquiatria, sendo a compreensão ampliada de saúde como um direito social um ideal em construção.

em 1993, do CERSAM Betim Central que foi o primeiro serviço substitutivo com funcionamento 24 horas do Brasil (Pinto et al., 2019).

No Citrolândia, a despeito do funcionamento da equipe mínima no formato de atendimento ambulatorial desde 1987, o CERSAM como um espaço de referência para saúde mental do território só será implementado em 29 de setembro de 2006. Atualmente, o trabalho no CERSAM Citrolândia ocorre de modo multidisciplinar com a equipe composta por uma assistente social, três psicólogas, duas terapeutas ocupacionais, três enfermeiras, cinco técnicos de enfermagem, dois psiquiatras e duas médicas em processo de formação na psiquiatria.

Como o serviço funciona apenas em dias úteis e pelo período de 10 horas diárias não há hospitalidade noturna, sendo realizado o referenciamento de casos a partir de atendimentos que podem ocorrer de modo individual, em grupo, com a família, no espaço da permanência-dia, com visitas domiciliares e matriciamento e discussão de casos de maneira intersetorial.

As atividades em grupo, como as oficinas de costura, de culinária bem como as atividades externas como a prática de futebol na quadra da escola municipal e o "Citrô em movimento", o objeto deste relato de experiência, estão suspensas temporiamente. O "Citrô em movimento" foi idealizado por uma das autoras, a partir de uma experiência *já existente* no município[7], com vistas a efetivar o cuidado sob o paradigma da desinstitucionalização por meio da apropriação dos espaços nos quais novas trocas se tornam possíveis. Essas novas sociabilidades permitem "enriquecer a existência global, complexa, e concreta dos pacientes, de tal forma que eles, mais ou menos 'doentes', sejam sujeitos ativos e não objetos na relação com a instituição" (Rotelli, F. et al., 2001, p. 36).

O "Citrô em movimento" *é composto por* uma dupla de profissionais sendo um de nível superior (uma das autoras) e outro de nível médio (técnico de enfermagem) que realiza junto com um grupo heterogêneo de oito a doze adultos atendidos no CERSAM apresentando certa

[7] Inspirado no projeto *Circulando pela Cidade*, de autoria de Valéria Lima Bontempo, realizado no CERSAMI (Centro de Referência em Saúde Mental Infanto-juvenil), objetiva contribuir para a inclusão social.

regularidade[8] em sua execução, entre os anos de 2012 e início de 2020, com frequência semanal às quartas-feiras à tarde, com duração de 50 minutos. Com o risco de contágio decorrente da pandemia da Covid 19 e com a implementação de medidas de distanciamento social e isolamento domiciliar pelas autoridades sanitárias, optou-se pela interrupção de atendimentos que pudessem gerar aglomeração ou algum tipo de contato físico.

Metodologia

Trata-se de uma pesquisa qualitativa, de cunho descritivo, visando relatar a experiência realizada com os usuários em um CAPS do tipo I[9] localizado no Citrolândia, em Betim/MG, entre os anos de 2012 e início de 2020. O método qualitativo de pesquisa é aquele que se ocupa do nível subjetivo e relacional da realidade social e é tratado por meio da história, do universo, dos significados, dos motivos, das crenças, dos valores e das atitudes dos atores sociais (Minayo, 2013).

As pesquisas qualitativas descritivas consistem em investigações de pesquisa empírica, cuja principal finalidade é o delineamento ou análise das características de fatos ou fenômenos. O relato de experiência foi elaborado a partir de entrevistas realizadas em 2019, articuladas à observação e aos registros escritos, produzidos durante a execução das atividades juntos ao grupo dos usuários que participavam do "Citrô em movimento".

Possibilidades de outros modos de viver a/na cidade

Ao questionar os modos e as formas de apropriação da cidade pelos habitantes do Citrolândia na perspectiva lefebvriana do direito

8 Algumas interrupções ocorreram por motivos diversos como: falta de transporte do serviço para deslocamento pela cidade; equipe reduzida no plantão do dia, inviabilizando a saída da dupla de profissionais para a atividade; férias da profissional de nível superior que acompanhava os usuários, não havendo profissional de substituição.

9 Classificação do Ministério da Saúde que contempla a capacidade de atendimento do CAPS, sendo, nesse caso, um serviço que presta atendimento a um grupo populacional entre 20.000 e 70.000 habitantes, com horário de funcionamento de dez horas, de segunda a sexta-feira (BRASIL, 2004).

à cidade e a despeito do encerramento do isolamento e da segregação compulsória na Colônia Santa Isabel, encontram-se evidências da permanência de registros simbólicos negativos nas memórias dos habitantes do Citrolândia, espaço localizado na vizinhança e com o qual mantém relações de interdependência.

Essa conexão impactou o modo como foram construídas as relações que os habitantes estabelecem entre si, com a Colônia e com a cidade, suscitando e sustentando novos arranjos nos processos de segregação socioespacial. Indica-se, daí, que a concentração de conjuntos habitacionais na regional Citrolândia contribui para a manutenção e intensificação da segregação socioespacial, tornando-se um lócus de habitação destinado às camadas mais pobres da população.

Diante de um contexto tão complexo e multifacetado propõe-se, no CERSAM, a realização da atividade em grupo denominada "Citrô em movimento". Considera-se que a busca pela apropriação do espaço urbano por meio de práticas da vida cotidiana como o lazer constituem-se como uma possibilidade de cuidado de si, viabilizando um cuidado em saúde mental que se efetiva de maneira relacional a partir do encontro com o outro e que também é uma ação política, como:

> uma forma de resistência às formas de dominação, de exploração e ao poder que liga o sujeito a si mesmo e o submete aos outros. Essa ação política tem como foco a insistência nos encontros com o outro, fazendo circular no cotidiano as nossas invenções e percepções que emergem dessa experiência" (Franco, Van Stralen, 2012, p. 414).

O "Citrô em movimento" iniciou-se em 2012, perdurando até o princípio de 2020, reunindo semanalmente às quartas-feiras à tarde um grupo de usuários com oito e doze pessoas. O perfil do grupo retratado é de uma maioria do sexo masculino, adultos jovens (18 a 30 anos de idade) e de meia-idade (31 a 59 anos de idade) que tenham condições de vida que apresentam risco de piora ou intensificação do sofrimento psíquico.

Cabe considerar que isso implica uma perspectiva de compreensão que busca romper com a ideia clássica e dicotômica de patologia *versus* normalidade. A realização do "Citrô em movimento" orienta-se pela lógica de que:

> o sofrimento psíquico se constitui em objeto da intervenção em saúde mental na medida em que o bem-estar se torna o fim por excelência das ações médicas, sobrepondo, então, a preocupação com a doença e sua terapêutica. Com efeito, todo sofrimento passa a ser digno de cuidados médicos, digam respeito aos quadros psicopatológicos específicos ou às experiências humanas cotidianas geradoras de infelicidade. Desde os tipos clínicos clássicos, como histeria, esquizofrenia, neurose obsessiva, melancolia, dentre outras, até os estados indefinidos de mal-estar ou situações existenciais complexas, como envelhecimento, separações conjugais, dificuldades no trabalho, perda de entes queridos, fracassos escolares, etc. (Pinheiro, Albuquerque, 2014, p. 11).

Ou ainda como definido, de modo atemporal:

> o objeto sempre foi a "existência-sofrimento dos pacientes e sua relação com o corpo social. O mal obscuro da Psiquiatria está em haver constituído instituições sobre a separação de um objeto fictício – a doença – da existência global, complexa e concreta do paciente e do corpo da sociedade [...] A questão "terapêutica" é parte da questão social, assim como a reconhecida ambivalência do corpo individual é a abertura ao corpo social (Rotelli, 1990, p. 1).

Se o processo de reconhecimento do sujeito que se encontra numa "existência-sofrimento" (Rotelli, 1990, p. 1) deve considerar as relações que este constrói nada mais evidente que pensar uma proposta que releve tais relações, operando propostas que viabilizem a produção e a reprodução social desses sujeitos. Deste modo, materializou-se a atividade em grupo realizada semanalmente às quartas-feiras, objetivando a apropriação de espaços da/na cidade que não eram acessíveis ou sequer conhecidos pelos usuários do CERSAM.

As atividades são pautadas pela ocupação de diversos espaços da cidade por meio de práticas de lazer com visitas a museus, Casa de Cultura, parque municipal, *shoppings*, Centro de Convivência, Horto e Clube do Servidor municipal. No decorrer das atividades, os usuários participam a todo momento: escolhem o local a ser visitado, planejam e organizam o lanche que é compartilhado entre eles e avaliam a atividade, expondo as dificuldades da atividade em si bem como nas relações entre eles e os demais.

Boa parte dos usuários antes de se envolver com a atividade relatava não conhecer a cidade, uns por não terem oportunidade de sair da região, seja por questões associadas *à* ausência de companhia/ acompanhante, seja por precariedade financeira. Outros afirmavam não se interessar em sair de casa, e também havia aqueles que reproduziam os *hábitos* familiares e também não tinham o costume de passear. Quando houve o passeio em que o grupo sentou-se para lanchar em uma tábua de petiscos na praça de alimentação do *shopping*[10], vários deles afirmaram que jamais haviam feito isso e registraram com várias fotos tal momento.

As idas ao clube para acessar a piscina ou apenas para ficarem deitados ou sentados na grama e ainda jogarem bola no campo, também se revelam como um instante importante para os sujeitos que se referem à ocasião como algo incomum e extraordinário no cotidiano deles. Betim não tem piscinas públicas, sendo tal passeio resultado de muita articulação entre a Secretaria de Esportes e a administração e recursos humanos da prefeitura, pois o acesso regular ao local é pago.

Tais ações são desenvolvidas sob a perspectiva ampliada e abrangente de saúde, em que esta não é um fim em si mesma, nem se refere apenas ao modelo biológico hegemônico em que a sua experiência torna-se um processo de dicotomias associadas pelo senso comum: normal/patológico, corpo/mente, indivíduo/sociedade, urbano/ natureza:

> para que experiências de lazer possam constituir experiências de saúde, pensamos ser importante que se configurem como alternativas ao entorpecimento do corpo e da alma, que sejam, ao contrário, potencializadoras dos sentidos, formadoras de subjetividades plurais e encorajadoras da reflexão e do reconhecimento da realidade. Ou seja, que participem da construção de sujeitos saudáveis, como condição para o pensar e o agir autonomamente sobre si, sobre o outro e sobre o mundo (Werle, 2018, p. 30).

10 Esse passeio ganhou destaque porque geralmente as idas ao *shopping* se resumem a caminhar nos corredores, observar o movimento e, às vezes, ao final, tomar um sorvete.

Além disso, diante do contexto histórico de territorialização do Citrolândia e das formas de apropriação da cidade por parte de seus habitante, o "Citrô em movimento" pode "contribuir para a construção de uma identidade mais plural da pessoa com transtorno mental, com a sua inserção em outros lugares sociais propiciando trocas e novo reconhecimento social" (Rosa, Lustosa, 2012, p. 47), tornando-se mais um elemento no leque de estratégias de enfrentamento ao estigma e à discriminação, vivenciado de tantas maneiras pelas pessoas com sofrimento mental que habitam o Citrolândia.

Considerações finais

A discriminação e a segregação históricas como elementos primordiais no processo de formação e consolidação do espaço de Limas/Citrolândia ainda repercute na sociabilidade de seus habitantes. Os usuários do CERSAM, além de habitarem esse lugar diferenciado, negativamente, pela/da cidade de Betim, também experienciam o estigma construído na sociedade em geral acerca do sofrimento mental.

Os CERSAMs apresentam enorme potencialidade como equipamento público construído sob as premissas do movimento da desinstitucionalização cuidando dos sujeitos em liberdade. Todavia, tal movimento encontra-se à prova, atualmente, com a (re) valorização e divulgação de práticas discriminatórias no contexto político e social brasileiro.

Acabar com os manicômios não implica em rompimento com as práticas manicomiais que são insistentemente revigoradas nas propostas da política de saúde e podem permanecer, ainda, nos serviços abertos e territorializados como: posturas rígidas e autoritárias na prestação do cuidado, propostas de acompanhamento pautadas na busca da cura percebendo apenas a doença e não o sujeito, entre outras permanências. Não basta a apropriação dos espaços da cidade, é primordial a ruptura com saberes e práticas do modelo anterior, visando a construção de outras formas sociais que possibilitem a inovação no processo de produção e invenção da saúde.

O "Citrô em movimento" ao objetivar o livre trânsito dos usuários pelos diversos espaços da/na cidade vem demonstrando a potencialidade de ressignificar o lugar destes na cidade e em suas vidas, pela presença e pela troca que busca engendrar nas relações sociais deste grupo.

O acompanhamento dos usuários permite inferir que o "Citrô em movimento" tem propiciado outros modos de sociabilidade entre os participantes do grupo favorecendo o enfrentamento do estigma e da discriminação. Grande parte dos usuários questiona sobre a retomada das atividades, o que indica não somente a relação estabelecida com o grupo, como também o interesse por fruir espaços que anteriormente desconheciam. Nesse sentido, as experiências permitem a esses sujeitos vivenciarem a cidade e se perceberem parte dela por meio das apropriações dos seus espaços.

Referências

BETIM, Prefeitura Municipal. *Cadernos da Memória*: patrimônio cultural da Regional Citrolândia. Betim: Paulinelli, 2010. p. 100.

BRASIL. Ministério da Saúde. Secretaria de Atenção à Saúde. Departamento de Ações Programáticas Estratégicas. *Saúde mental no SUS*: os centros de atenção psicossocial / Ministério da Saúde, Secretaria de Atenção à Saúde, Departamento de Ações Programáticas Estratégicas. – Brasília: Ministério da Saúde, 2004.

CORREIA, L. C. O movimento antimanicomial: movimento social de luta. *Prim Facie*, João Pessoa, v. 5, n. 8, p. 83-97, jan/jun. 2006.

CUNHA, V. da S. *O isolamento compulsório em questão*. Políticas de combate à lepra no Brasil (1920-1941). 2005. 151 f. Dissertação (Mestrado em História das Ciências e da Saúde) – Fundação Oswaldo Cruz, Rio de Janeiro. 2005.

FRANCO, R. F.; VAN STRALEN, C. J. O espaço de habitação e sua importância para a produção de subjetividade. *Psicol. rev.*, Belo Horizonte, v. 18, n. 3, p. 402-419, dez. 2012.

FOUCAULT, Michel. *História da Loucura*: na Idade Clássica. Tradução de José Teixeira Coelho. São Paulo: Perspectiva, 2010. p. 551.

IPEA/ FJP/ PNUD – Instituto de Pesquisa Econômica Aplicada/ Fundação João Pinheiro/ Programa das Nações Unidas para o

Desenvolvimento. *Atlas do desenvolvimento humano no Brasil.* IPEA/ FJP/ PNUD: Brasília, 2014.

LANA, F. C. F. *Políticas sanitárias em hanseníase:* história social e cidadania, 1997. 308 f. Tese (Doutorado em Enfermagem) – Universidade de São Paulo. Ribeirão Preto, 1997.

LEFEBVRE, H. *O direito à cidade.* Tradução de Rubens Eduardo Frias. São Paulo: Centauro, 2001. p. 43.

MARCONI, Marina de Andrade; LAKATOS, Eva Maria. *Técnicas de pesquisa.* São Paulo: Atlas, 2018.

MINAYO, M. C. S. *O desafio do conhecimento*: Pesquisa qualitativa em saúde. São Paulo: Hucitec, 2013.

MONDARDO, M. L. Resenha de: LEFEBVRE, H. Espaço e Política. Belo Horizonte: Ed. da UFMG, 2008. p. 192. *Boletim Goiano de Geografia,* Goiânia, v. 30, n. 1, p. 195-200, jan./jun. 2010.

NEGRI, S. M. Segregação socioespacial: alguns conceitos e análises. *Coletâneas do Nosso Tempo,* Rondonópolis, v. 8, n. 8, 2010.

ONOCKO-CAMPOS, R. T. Saúde mental no Brasil: avanços, retrocessos e desafios. *Cad. Saúde Pública,* Rio de Janeiro, v. 35, n. 11, p. 1-5, 2019.

PERALTA, E. Abordagens teóricas ao estudo da memória social: uma resenha crítica. *Arquivos da memória,* n. 2, p. 4-23, 2007.

PINHEIRO, C. V. de Q., ALBUQUERQUE, K. M. de. Psicopatologia e saúde mental: questões sobre os critérios que orientam a percepção clínica. *Rev. Subj.*, Fortaleza, v. 14, n. 1, p. 9-16, abr. 2014.

PINTO, C. A. P. et al. Vinte anos de história do curso de psicologia da PUC Betim: enlaces entre a reforma psiquiátrica e a cidadania. *Pretextos* – Revista da Graduação em Psicologia da PUC Minas, Belo Horizonte, v. 4, n. 7, p. 224-236, jul. 2019.

ROLNIK, R. et al. O Programa Minha Casa Minha Vida nas regiões metropolitanas de São Paulo e Campinas: aspectos socioespaciais e segregação. *Cadernos Metrópole,* São Paulo, v. 17, n. 33, p.127-154, maio 2015.

ROSA, L C; LUSTOSA, A F. M. Afinal, o que faz o Serviço Social na saúde mental? *Serviço Social e Saúde,* Campinas, v. 11, n.1, p. 27-50, jan./ jun. 2012.

ROTELLI, F. A instituição inventada. *"Per la salute mentale/ For mental health" 1/88 – do "Centro Studi e Ricerche per la,* v. 88, n.1, 1990.

ROTELLI, F. et al. *Desinstitucionalização*. 2. ed. São Paulo: Hucitec, 2001. p. 114.

RUGANI, J. M. *Betim, no caminho que vai das Minas à industrialização*: a lógica da organização do espaço dos centros industriais metropolitanos. 2001. 210 f. Dissertação (Mestrado em Arquitetura) – Universidade Federal de Minas Gerais. Belo Horizonte. 2001.

SILVA, M. D. *O processo de contrarreforma na política de saúde mental*: análise das tendências no governo Michel Temer. 2019. 104 f. Dissertação (Mestrado em Serviço Social) – Universidade Estadual da Paraíba. Campina Grande, 2019.

SOUZA, L. P. A de. *Sentidos de um "país tropical"*: a lepra e a Chaulmoogra brasileira, 2009. 167 f. Dissertação (Mestrado em História das Ciências e da Saúde) – Fundação Oswaldo Cruz. Rio de Janeiro, 2009.

SOUZA, L. da C. e. *Memórias e histórias da terra de Limas*: um lugar singular de Betim/MG, 2019. 148 f. Dissertação (Mestrado em Gestão Social, Educação e Desenvolvimento Local) – Centro Universitário UNA. Belo Horizonte, 2019.

WERLE, V. Relações entre lazer e saúde em tempos de cultura somática. *Revista Brasileira de Estudos do Lazer,* Belo Horizonte, v. 5, n. 2, pp. 20-32, mai./ago. 2018.

Seção 2 – Acesso à Educação

As contribuições do modelo Denver de intervenção precoce em crianças autistas no âmbito da inclusão social

Gislene Silva Dutra[1]

Introdução

O Transtorno do Espectro Autista (TEA) é considerado um transtorno do neurodesenvolvimento, cujas características principais são déficits significativos e persistentes na comunicação e na interação social, associados a padrões comportamentais restritos e repetitivos (APA, 2013).

O presente artigo tem por objetivo discutir as contribuições do Modelo Denver de Intervenção Precoce (ESDM) em crianças autistas, tendo em vista sua inclusão social.

A primeira parte desse estudo apresenta uma discussão a respeito de questionamentos mais recorrentes acerca do TEA, tais como: O que é o autismo? Quais são suas causas? Quando e como ocorre o seu diagnóstico? Quais são as possibilidades de tratamento e intervenção?

A segunda parte aborda o Modelo Denver de Intervenção Precoce (ESDM), buscando ressaltar os aspectos centrais de sua aplicação, tomando como referência o livro *Intervenção Precoce em crianças com autismo: modelo Denver para a promoção da linguagem, da aprendizagem e*

[1] Pedagoga. Especialista em Inclusão Escolar, Inspeção Escolar e Psicopedagogia Clínica e Institucional. Mestre em Gestão Social, Educação e Desenvolvimento Local. Doutoranda em Educação pela Universidad Internacional Iberoamericana (UNINI).

da socialização, que apresenta a descrição desse método na intervenção em crianças com TEA.

A terceira e última parte do artigo discute uma proposta de intervenção para a prevenção e extinção de comportamentos inadequados, com vistas à potencialização dos comportamentos funcionais, visando a uma melhor qualidade de vida e inclusão social das crianças com TEA.

O procedimento metodológico adotado trata-se de uma pesquisa descritiva e bibliográfica que tomou como referência as publicações de pesquisas recentes, com base em evidências científicas sobre o TEA e o Modelo Denver.

Transtorno do Espectro Autista (TEA)

Conceito e causas

O TEA pode ser definido como uma condição comportamental em que a criança apresenta prejuízos na cognição ou alterações básicas no comportamento e na interação social, dificuldade de comunicação e presença de comportamentos repetitivos ou estereotipados (Gaiato, Teixeira, 2018).

Muito se tem discutido acerca das causas do TEA, e estas não estão completamente esclarecidas, mas o que já se sabe é que "a relação é multifatorial. É uma combinação genética de cada indivíduo que determina o quadro clínico" (Gaiato, 2018, p. 61).

A genética é a principal causa responsável por 97% dos casos de TEA, desses 81% são hereditários, o que significa que ocorrem alterações no código genético do feto em desenvolvimento no útero da mãe, o que acarreta uma série de reações químicas que modificam a qualidade, a produção, a forma e a organização de células, o que altera a expressão química dos neurônios. Vale dizer que não se sabe ao certo quais são os genes afetados na ocorrência do TEA, mas sabe-se que são vários (Gaiato, 2018).

Os fatores ambientais também podem participar da origem do TEA (1 a 3% dos casos). Vale dizer que se entende por esses fatores os insultos provocados ao cérebro fetal em desenvolvimento durante o período gestacional, por exemplo: rubéola, meningite, uso de drogas, medicamento tóxico, prematuridade, etc. (Teixeira, 2016).

Diagnóstico do TEA

O diagnóstico de TEA é clínico, ou seja, não há exames laboratoriais que identifiquem o espectro, estando, portanto, em dependência de uma avaliação comportamental da criança e da entrevista com os pais/educadores. Durante essa avaliação, o médico faz um rastreamento do desenvolvimento infantil, buscando perceber se ocorrem atrasos nas habilidades básicas referentes à fala, à linguagem corporal, ao comportamento social e à cognição (Gaiato, Teixeira, 2018).

As crianças que apresentam sintomas mais graves são facilmente diagnosticadas e encaminhadas para tratamento. Porém, muitas delas têm apenas alguns traços do espectro, o que torna a avaliação mais complexa. O que se tem hoje no Brasil são crianças com TEA diagnosticadas mais tarde que o ideal, que seria antes dos 2 anos de idade (Teixeira, 2016).

Para nortear esse diagnóstico, os médicos utilizam o *Manual de Diagnóstico Estatístico de Transtornos Mentais* (DSM) que padroniza o conhecimento atualizado dos diagnósticos psiquiátricos para os profissionais da área da saúde. A Figura 1 apresenta a evolução do diagnóstico de TEA ao longo das edições do DSM.

Figura 1 – Mudanças do autismo nos DSMs

O DSM V, que está em vigência desde junho de 2013, dividiu o critério diagnóstico de TEA em dois grupos, a saber:

Tabela 1 – Diagnóstico de autismo – DSM 5

Grupo 1: Déficits persistentes na comunicação e interações sociais	Grupo 2: Restrição ou repetição de comportamentos, interesses e atividades
Não há reciprocidade, não imita	Estereotipia motora
Integrações fragmentadas	Ecolalia
Contato visual fraco	Repetição de sons monótonos
Gestos pobres (apontar, dar *tchau*)	Comportamento metódico
Falta de interesse em outras crianças	Apego intenso e persistente a objetos incomuns
Ausência de atenção compartilhada	Hipo ou hipersensibilidade a estímulos sensoriais

Fonte: DSM 5 (2014).

O difícil no diagnóstico é que o comportamento é variável e altamente subjetivo. Assim, pessoas diferentes podem ter análises diferentes a respeito do comportamento de uma mesma criança. Por isso, é importante considerar qual é o profissional mais indicado para realizar essa avaliação.

Testes e escalas para diagnóstico do TEA

No Brasil, existem vários instrumentos validados que podem auxiliar no diagnóstico, a partir da identificação de comportamentos ou sintomas de TEA em crianças. Muitos deles são de fácil aplicação e acesso para pais, cuidadores e profissionais (Gaiato, 2018).

A seguir serão apresentadas as escalas diagnósticas mais usuais no Brasil:

M-CHAT: instrumento de delineamento precoce que visa identificar indícios do TEA em crianças entre 18 e 24 meses. Pode ser aplicado por qualquer pessoa (pais, cuidadores, professores), pois sua organização é bem simples (Teixeira, 2016).

CARS: utilizado na distinção de casos de TEA leve, moderado e grave, além de discriminar crianças autistas daquelas com deficiência intelectual. Trata-se de uma escala com quinze categorias de comportamento tipicamente autista, que auxilia na identificação de criança com TEA e a distingue de crianças com prejuízos do desenvolvimento sem TEA. Indicado para crianças acima de dois anos de idade (Teixeira, 2016).

Checklist Curriculum: escala extraída do Modelo Denver de Intervenção Precoce para crianças pequenas com TEA, é uma escala utilizada para definir a maioria das competências comportamentais já adquiridas pela criança, as que estão em apropriação e as que não estão no repertório da criança.

O uso desses instrumentos pode ser importante para o delineamento dos sintomas, mas não é suficiente para o diagnóstico. Essas escalas não substituem a observação qualitativa do médico especialista, que vai fazer uma análise individual e funcional dos comportamentos da criança avaliada (Gaiato, 2018).

Vale ressaltar que, no que diz respeito aos níveis de gravidade dos sintomas de TEA, Gaiato princípio eram utilizados os termos leve, moderado e grave. Depois do DSM V, o TEA está dividido entre os níveis 1, 2 e 3, tomando como referência os níveis de apoio e de intervenção que a pessoa com TEA precisa receber (DSM 5, 2014).

Tratamentos e intervenções

Já é um consenso entre muitos estudiosos do TEA que a intervenção deve se iniciar o quanto antes possível da maneira mais precoce possível (Silva; Gaiato e Reveles, 2012), sendo indicado por especialistas a partir da suspeita do TEA.

A intervenção do TEA ocorre com uma avaliação inicial que tem por objetivo classificar o repertório comportamental da criança, por meio de escalas e *checklists* que contemplam os marcadores de desenvolvimento infantil, de forma a rastrear tudo o que a criança faz com aquilo que é esperado para a sua idade. Nessa avaliação inicial, a participação da família, dos cuidadores e da escola é fundamental para a qualidade das informações (Gaiato, 2018).

A terapia deve ser realizada na clínica, na casa e na escola. Para que o tratamento alcance os objetivos esperados, a estimulação ideal para a criança é de 15 a 40 horas semanais dessas atividades, por isso é fundamental que todos os envolvidos com a criança sejam orientados a dar continuidade ao tratamento em casa e na escola (Silva; Gaiato e Reveles, 2012).

No âmbito da intervenção, já se sabe que as terapias baseadas em tratamentos comportamentais funcionam efetivamente na melhora do quadro dos autistas, no sentido de extinguir comportamentos inadequados e potencializar comportamentos funcionais Teixeira (2016). Nos próximos tópicos apresentam-se algumas terapias mais usuais no Brasil no tratamento do TEA:

- **Análise Aplicada do Comportamento (ABA)**: trata-se de uma ciência com um conjunto de princípios que incluem habilidades de comportamento social, funcional, visual, acadêmico, além de toda a preocupação em desenvolver habilidades diárias. A redução de comportamentos inadequados também faz parte dessa terapia. Durante todo o tratamento, o ensino individualizado e intensivo de todas as habilidades necessárias é prioridade, ou seja, cada criança tem seu programa personalizado, visando a sua independência e autonomia (Teixeira, 2016).
- **Tratamento e Educação de Crianças Autistas e com desvantagens da comunicação (TEACCH)**: programa que utiliza apoios, principalmente visuais, para ensinar comportamentos.
- **Sistema de Comunicação por Trocas de Figuras (PECS)**: método para ensinar pessoas com distúrbio de comunicação e/ou com TEA a se comunicarem de forma funcional, por intermédio de troca de figuras (Teixeira, 2016).
- **Modelo Denver de Intervenção Precoce (ESDM)**: baseado na Análise Aplicada do Comportamento (ABA), prioriza a construção das interações sociais da criança, a espontaneidade e a habilidade de engajamento com o outro. Essa intervenção tem o objetivo de ajudar a criança a aprender em todos os momentos, pois explora de forma ativa as oportunidades de aprendizagem em ambiente natural. Por isso, ela é conhecida como uma intervenção naturalista e indicada para crianças de até 5 anos de idade (Gaiato, 2018).

No próximo item, aprofundaremos na discussão acerca das contribuições do Modelo Denver na intervenção precoce em crianças com TEA.

Modelo Denver de Intervenção Precoce (ESDM)

A abordagem denominada Modelo Denver de Intervenção Precoce (ESDM – Early Start Denver Model) se propõe a preparar, apoiar, recompensar e aumentar as iniciativas da criança com autismo, ajudando no seu desenvolvimento em todos os domínios (Rogers; Dawson, 2014).

O modelo Denver é direcionado às crianças com TEA entre 12 e 60 meses de idade, com enfoque nos seguintes domínios: comunicação receptiva e expressiva, competências sensoriais, competências de jogo, competências motoras finas, coordenação motora grossa e comportamento adaptativo. A aplicabilidade dessa intervenção pode ocorrer em vários ambientes: na escola, em casa ou no contexto clínico (Rogers; Dawson, 2014).

A implementação do Denver começa com a avaliação, na qual são levantadas as competências atuais da criança, tomando por base o *Checklist Curriculum*, que é aplicado diretamente pelo terapeuta com a criança com suspeita de TEA. Além de utilizar a informação obtida a partir dos pais ou outros profissionais que acompanham as crianças. Nessa fase, o objetivo é formar uma imagem precisa da competência atual da criança. (Rogers; Dawson, 2014)

O *Checklist Curriculum* está organizado em quatro níveis, que correspondem aproximadamente aos períodos de desenvolvimento das idades de 12-18 meses (nível 1), 18-24 meses (nível 2), 24-36 meses (nível 3) e 36-48 meses (nível 4) (Rogers; Dawson, 2014).

Após o fechamento da avaliação, realiza-se um comparativo entre o que a criança faz e o que ela deveria fazer, de acordo com a sua idade, buscando identificar as áreas que têm lacunas. Com base nessa análise, organiza-se um programa individual e personalizado para a criança, indicando o que precisa ser estimulado em cada criança na aplicação do programa de intervenção.

O programa de intervenção proposto no Modelo Denver é naturalista e faz uso de duas atividades em sua aplicação: o uso de brincadeiras no chão com os objetos e as brincadeiras sociais, chamadas de rotina social sensorial. Ambas serão descritas nos próximos tópicos.

Brincadeiras no chão com os objetos

Na aplicação dos programas, essa atividade se divide em duas etapas:

1. Tornar-se parceiro de jogo.
2. Cumprir demandas.

O objetivo da primeira etapa é tornar-se parceiro de jogo, ou seja, conseguir brincar com a criança, seguindo a sua liderança. Para fins didáticos, esse processo foi estruturado em sete passos, apresentados na Figura 2. É importante esclarecer que na etapa de "tornar-se parceiro de jogo", o terapeuta não deve dar nenhuma demanda para (ESDM – Early Start Denver Model) a criança, apenas seguir a sua liderança no brincar (Rogers; Dawson, 2014).

Figura 2 – Tornar-se parceiro de jogo

- Identificar o verdadeiro objetivo da criança com o brinquedo.
- Ajustar o posicionamento frente à criança.
- Manter uma distância confortável para a criança.
- Eliminar a competição: ir eliminando os brinquedos e objetos que a criança não está usando.
- Narrar o que a criança está fazendo, sempre intercalando com sons vocais lúdicos.
- Imitar o que a criança faz, inclusive os sons.
- Oferecer ajuda para a atingir o objetivo da criança.

O 1º passo de tornar-se parceiro de jogo é identificar o verdadeiro objetivo da criança com o brinquedo. Nesse passo, é importante observar e compreender qual uso a criança está fazendo do brinquedo, mesmo que esse uso não seja funcional.

O 2º passo é ajustar o posicionamento. Para tanto, é essencial estar na frente da criança, pois, dessa forma, ela terá maior chance de focar no rosto do terapeuta e manter-se mais concentrada. Nesse processo, quem se ajusta (ou muda de lugar para ficar na frente da criança) é o terapeuta.

O 3º passo é manter uma distância confortável. Identificar a zona de conforto da criança é fundamental, visto que cada criança tem distintas reações à proximidade física. É necessário, também, observar a distância em que ela pareça estar mais confortável, garantindo proximidade o suficiente para tocar nela e nos materiais.

O 4º passo é eliminar a competição. O ambiente físico pode ser poderoso para a atenção da criança, e os objetos podem competir com o terapeuta. Por isso, é necessário observar o foco de distração da criança e controlá-lo, de modo a ter menos concorrência.

O 5º passo é narrar o que a criança está fazendo. Enquanto observa a criança brincar, acrescentam-se palavras simples para descrever o que ela está fazendo. Deve utilizar linguagem simples para ajudá-la a escutar palavras individuais e associá-las aos objetos e à atividade. Nesse processo de narrar, é importante usar a regra do mais um: se a criança não é verbal, narre com uma única palavra. Se ela usa duas palavras na fala, narre utilizando três, e assim sucessivamente. Para preencher os espaços entre as palavras ditas, é relevante utilizar sons vocais lúdicos.

O 6º passo é imitar o que a criança está fazendo ou seguir a sua liderança. Em vez de tentar dirigir a atenção dela para outra coisa, deve-se seguir o foco de atenção da criança e juntar-se a ela na atividade, narrando o que ela está fazendo.

O 7º passo é oferecer ajuda. Esse é o momento de se tornar útil para auxiliar a criança a alcançar seus objetivos na brincadeira. Pode-se, por exemplo, estender-lhe as peças de que precisa ou apanhar algo que caiu, sempre dizendo o nome dos objetos, enquanto os entrega a ela.

Demanda dada é demanda cumprida!

Depois de cumprir a primeira etapa de se tornar parceiro de jogo, inicia-se o momento de dar demandas para que a criança as cumpra. Antes de descrever essa etapa, é importante compreender, de forma bem simplificada, a forma pela qual nosso cérebro aprende.

Nosso cérebro tem a capacidade de criar e remodelar suas redes neurais de acordo com os estímulos que recebe, e isso é possível graças à plasticidade cerebral. Por meio de estímulos adequados, nosso cérebro cria novas ligações entre neurônios e modifica a rede de conexões, ou seja, cria caminhos diferentes e complementares. Esse aspecto é fundamental na intervenção com autistas (Gaiato, 2018).

Quando damos direcionamentos, comportamentos e aprendizagens funcionais para a criança autista, e as fortalecemos de maneira adequada, ela é capaz de aprender e adotar comportamentos funcionais.

A aprendizagem pode, aqui, ser entendida como "a capacidade de adquirir informações novas, padrões de comportamento ou habilidades que sejam duradouros e que modifiquem comportamentos" (Gaiato, 2018, p. 78).

Nesse processo de aprendizagem, a memória é muito importante. Pesquisas mostram que muitas áreas do cérebro estão envolvidas em aprendizagem e memorização, inclusive as áreas motoras. Portanto, durante a intervenção com os autistas, utilizam-se bastantes ações motoras associadas ao brincar, o que é baseado num modelo naturalista (Gaiato, 2018, p. 78).

Para aprender, o nosso cérebro precisa sair de seu padrão habitual, ou seja, a criança precisa deixar de executar apenas o que já sabe. É por isso que na intervenção com autistas são feitas novas demandas, ou seja, desafia-se a criança a executar algo que não está acostumada a fazer.

Gaiato (2018) alerta que uma boa intervenção para autistas deve oferecer estímulos de uma maneira que não desregule a criança, que seja capaz de retirá-la de sua zona de conforto, mas que não a sobrecarregue. Observe como ocorre esse processo na Figura 3.

Figura 3 – Zonas e estímulos

Zona de Desregulação	Zona de Estimulação	Zona de Conforto
• Ocorre quando a criança se desorganiza, fica numa situação de estresse. Nesse momento, não há aprendizagem.	• Ocorre quando conseguimos ensinar coisas às crianças e ampliar seu repertório social, verbal ou outros. Para atingir essa zona, a criança precisa deixar a zona de conforto.	• Ocorre quando a criança está brincando ou fazendo algo do seu próprio jeito, sozinha. Geralmente, assim elas ficam tranquilas, podem fazer o que querem, sem demandas nem interferência.

Fonte: elaborado pela autora a partir de GAIATO (2018).

Depois de compreender os aspectos envolvidos na aprendizagem, retomaremos ao momento de dar demandas, ou seja, pedir coisas para as crianças ou retirá-las com cuidado da zona de conforto.

Para as demandas que envolvem ações motoras, utilizam-se os suportes (verbal, gestual, parcial e físico) como uma maneira de fazer com que a criança cumpra a demanda solicitada pelo terapeuta (Rogers; Dawson, 2014).

No momento da estimulação, demanda dada é demanda cumprida! Para tanto, deve-se fazer uso dos suportes, iniciando pelo verbal e, se não executado pela criança, passa-se para o gestual, parcial e, em último caso, o físico (Rogers; Dawson, 2014).

Para melhor compreensão, apresenta-se uma explanação sobre como funciona cada tipo de suporte:

- **Suporte verbal**: o terapeuta oferta dois modelos e pede (verbalmente) para que a criança faça igual.
- **Suporte gestual**: o terapeuta aponta para o local e pede (verbal e gestualmente) para que a criança faça igual.
- **Suporte parcial**: o terapeuta dá um "toquinho" ou encosta de leve na mão ou no braço da criança para estimulá-la a cumprir a demanda.
- **Suporte físico**: o terapeuta pega a mão da criança e executa a demanda.
- Já para as demandas de orientação social (olhar), devem-se estimular as crianças considerando os seguintes aspectos:
- **Acertar o posicionamento**: colocar-se de frente para a criança. Por exemplo: se ela é orientada a olhar a imagem de um livro, ele deve ser colocado na frente da linha de olhar da criança. Inicia-se com o suporte verbal, dizendo, como exemplo: — "Olha, o gato!".

Se a criança não olhar, passa-se para o suporte gestual. Aponta-se para a página do livro, por exemplo, dizendo: — "Olha, o gato!".

Caso a criança esteja olhando para outro ponto ou objeto, deve-se pegar esse objeto (foco do olhar) e colocá-lo na frente de onde quer que a criança olhe (no caso do exemplo, a página do livro).

No caso de ela estar olhando para algo que não seja possível mover, bloqueia-se com a mão esse objeto (colocando a mão na frente do que ela está olhando), e coloca-se a página do livro no lugar do objeto que ela observava.

De acordo com Rogers e Dawson (2014), para as demandas de incitação da fala deve-se considerar o seguinte protocolo:

1. Mostra-se um objeto e pergunta-se: Você quer?
2. Aguarda-se a fala ou a incitação da criança (gesto, movimento da boca, qualquer indicação de que deseja falar).
3. Mediante qualquer tentativa de fala, entrega-se o objeto.

Rotinas Sociais Sensoriais

Na estimulação de Denver, além do uso das brincadeiras no chão com os objetos, utilizam-se também as rotinas sociais sensoriais, que são jogos concebidos para serem divertidos e agradáveis para as crianças. Estes envolvem estimular experiências sensoriais e sociais com outras pessoas (Rogers; Dawson, 2014).

O objetivo das Rotinas Sociais Sensoriais dessa tarefa é encontrar o sorriso, ou seja, realizar uma atividade em que a criança se sinta feliz em estar com o outro. Esta pode ser: cócegas, caretas, efeitos sonoros, levantar para o alto, jogar no pufe (Rogers; Dawson, 2014).

As Rotinas Sociais Sensoriais ensinam que os corpos e os rostos falam, são fontes de comunicação, além de ajudar a regular emoções, energias e os níveis de excitação da criança, para que ela esteja alerta e atenta para poder aprender (Rogers; Dawson, 2014).

De acordo com Rogers e Dawson (2014), a aplicação dessas rotinas deve considerar estas etapas:

1. Iniciar a rotina com uma atividade que não envolva brinquedo ou outro objeto.
2. Fazer algo convidativo para que a criança volte a atenção para o terapeuta.
3. Iniciar a rotina quando a criança não estiver envolvida em outra atividade.
4. Iniciar o jogo quando estiver face a face com a criança.
5. Repetir o jogo uma ou duas vezes.
6. Fazer uma pausa e aguardar, observar algum indício e então dar continuidade ao jogo.

7. Fazer uma pausa antes do grande acontecimento da brincadeira. Depois, rir, soltar gargalhadas para marcar esse momento.
8. Olhar para a criança no final do grande acontecimento da brincadeira, posicionar suas mãos e corpo como se fosse voltar a fazê-lo. Aguardar por um movimento ou som da criança e recomeçar.
9. Prosseguir com o jogo até que a energia comece a diminuir.
10. Quando um dos dois (terapeuta ou criança) começar a perder o interesse, diga "chega de brincar de (diz o nome da brincadeira)".

Assim como nas atividades de brincar com objetos, as rotinas sensoriais também exigem repetição, pois quanto mais um jogo social se transforma em rotina, mais a criança participa de forma plena, e maior será o seu aprendizado.

Extinção de comportamentos inadequados: uma estratégia que favorece a inclusão social do autista

As pesquisas mostram que 90% das crianças autistas apresentam algum tipo de comportamento inadequado, como agressividade (com o outro ou autoagressão), jogar objetos, cuspir no chão, fugas de interação, colocar objetos na boca, chorar, gritar (Gaiato, 2018). Tais comportamentos geram menos aprendizagem e qualidade de vida tanto para a criança quanto para o familiar. Por isso, estes precisam ser eliminados para que se possa criar possibilidades de melhor aprendizado e inclusão social dessa criança (Teixeira, 2016).

Sempre que possível, deve-se evitar que esse comportamento ocorra, observando o que vem antes dele (na busca por compreender o que causou o acontecimento) e o que acontece imediatamente após (o reforço recebido) (Modeira, M; Medeiros, 2009). Veja um exemplo na Figura 4.

Figura 4 – Tríade do comportamento

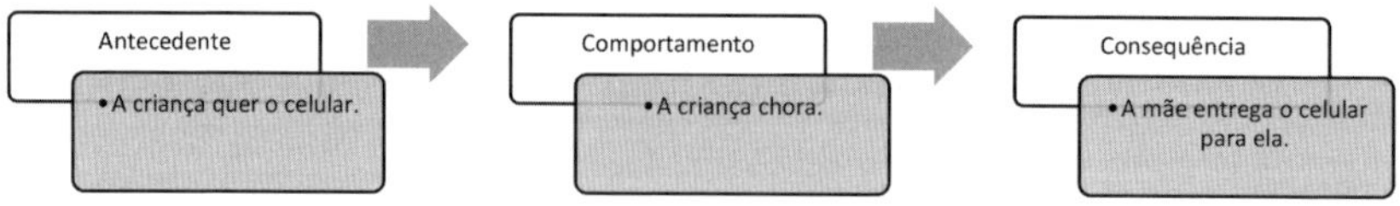

De modo muito simplificado, pode-se dizer que para um comportamento entrar em extinção não pode reforçá-lo, dar-lhe consequências. Não significa que deva castigar a criança; basta não lhe dar retorno. No exemplo apresentado na Figura 4, a criança recebeu um reforço positivo que validou o choro como uma estratégia para conseguir o que queria (Modeira; Medeiros, 2009).

Depois de instaurado, eliminar um comportamento inadequado envolve retirar a consequência reforçadora, o que não é tão simples, pois a criança insistirá muito. Isso ocorre porque o cérebro da criança não entende rapidamente que as coisas mudam, e leva um tempo para se adaptar (Gaiato, 2018).

Para extinguir comportamentos inadequados, o terapeuta precisa compreender a função desse comportamento para a criança. Na análise do comportamento, considera-se que algumas funções estão presentes na causa da maioria dos comportamentos inadequados, tais como: controle, fuga e evitamento, desejo por um objeto e desejo e atenção (Gaiato, 2018).

Na função de controle, a criança faz somente o que ela quer. Um comportamento muito comum nesse aspecto é monopolizar brincadeiras, ou ditar regras, como não abrir a janela, acender a luz ou impedir que outra pessoa segure seus objetos pessoais.

Na fuga e evitamento, a criança demonstra que não quer entrar numa experiência de aprendizagem, por isso foge: anda de um lado para o outro, vira-se de costas, esconde-se, tapa os ouvidos.

Na função do desejo de obtenção de um objeto, a criança demonstra querer algo e tenta pegá-lo de qualquer forma, escalando, puxando, arranhando ou mesmo olhando fixamente para esse objeto.

O desejo de atenção também é uma função de muitos comportamentos inadequados. Ocorre quando a criança busca chamar a atenção de alguém. Algumas ações podem nos ajudar a perceber isso. São elas: tentar ser vista, observar o local em busca de alguém que a esteja olhando.

Depois que o terapeuta identifica a função do comportamento, é hora de intervir, ou seja, retirar esse reforço (ou o que acontece de agradável depois que a criança se comporta de tal forma). Porém, como proceder para não alimentar a frequência do comportamento inadequado? A Tabela 2 apresenta uma orientação para a intervenção em casos de comportamentos inadequados.

Tabela 2 – Proposta de Prevenção e Extinção de Comportamento Inadequado

Função do comportamento inadequado	**Ação do terapeuta**
Controle	Permita que a criança faça um pouco do que ela quer. Introduza uma pequena variação no que ela está fazendo. Volte a fazer o que ela quer. Introduza novamente a variação.
Fuga e evitamento	Diante de uma demanda, se a criança sair andando, o terapeuta deverá ir atrás dela e completar a demanda, mesmo que com suporte físico. Se a criança quer sair o tempo todo, impeça a fuga e sente-a. Valorize algo que a criança faça para demonstrar que ela não quer (uso do não, balanceio de cabeça ou do dedo indicador). Não permita que a criança evite sistematicamente a interação com o outro.
Desejo por algum objeto	Nunca entregue um objeto enquanto ela estiver pedindo de forma inadequada (chorando, fazendo birra, agredindo). Tire o objeto do campo de visão da criança. Diante de qualquer percepção de diminuição da crise, entregue o objeto.

Função do comportamento inadequado	Ação do terapeuta
Desejo de atenção	Não olhe diretamente para a criança na hora da birra. Não dê atenção (adular ou xingar), vire o rosto, fique de costas ou saia do ambiente. Em caso de agressão a si ou ao outro, segure o braço da criança junto ao corpo, olhe para o lado, mantenha expressão neutra e, com voz rígida, diga: "bater, não!".

Durante o processo de extinção desse tipo de comportamento, a criança resiste e busca alternativas para mantê-lo. Isso gera um efeito chamado "pico de extinção", no qual a criança vai intensificar o comportamento ao máximo para ver se ele volta a funcionar. O importante, nesse caso, é não ceder. Somente quando a criança se acalmar (mesmo que isso dure horas) é que ela receberá algum reforçador.

Considerações finais

Foi possível compreender que o Modelo Denver de Intervenção Precoce (ESDM) em crianças autistas apresenta-se como uma alternativa eficaz no estímulo do desenvolvimento das crianças autistas. Sua aplicação é naturalista e ocorre por meio do brincar no chão com objetos e por meio das brincadeiras sociais, partindo do pressuposto de que por meio do brincar funcional a criança aprende a observar o ambiente, a imitar e a buscar interação com o outro.

Conforme discutido neste artigo, as crianças autistas têm potencial para aprender e ter uma melhor qualidade de vida. Para tanto, faz-se necessário que elas tenham, de forma mais cedo possível, acesso aos estímulos adequados.

A partir da suspeita de TEA (mesmo antes do diagnóstico), é importante que a criança inicie o tratamento fonoaudiológico, a terapia ocupacional e a terapia comportamental. Desse modo, poderá receber estimulações que favoreçam sua aprendizagem e inclusão social numa fase de maior plasticidade cerebral.

A presença de comportamentos inadequados pode ser considerada como um obstáculo para a aprendizagem, além de impactar a integração social, visto que muitos indivíduos sofrem exclusões e isolamento em ambientes sociais devido aos comportamentos disruptivos.

Torna-se relevante se apropriar de conhecimentos e técnicas com base no ABA para prevenir e extinguir comportamentos inadequados, visando uma melhor qualidade de vida e a inclusão social das crianças com TEA.

Referências

AMERICAN PSYCHIATRIC ASSOCIATION (APA). *Diagnostic and Statistical Manual of Mental Disorders (5th ed.).* Arlington, VA: American Psychiatric Publishing, 2013.

ASSOCIAÇÃO AMERICANA DE PSIQUIATRIA. *Manual Diagnóstico e Estatístico de Transtornos Mentais.* 5 ed. Porto Alegre, 2014.

GAIATO, Mayra. *S.O.S Autismo*: Guia completo para entender o transtorno do Espectro Autista. São Paulo: Nversos, 2018.

GAIATO, Mayra; TEIXEIRA, Gustavo. *O Reizinho Autista*: Guia para lidar com comportamentos difíceis. São Paulo: Nversos, 2018.

GUIMARÃES, Mariane Sarmento da Silva et al. Treino de Cuidadores para manejo de Comportamentos Inadequados de Crianças com Transtorno do Espectro Autista. *Revista Brasileira de Terapia Comportamental e Cognitiva.* Vol. XX, n. 3, p. 40-53.

MODEIRA, M; MEDEIROS, S. *Princípios Básicos da Análise do Comportamento.* Porto Alegre: Artemed, 2009.

ROGERS, S.J.; DAWSON, G. *Intervenção Precoce em Crianças com Autismo*: Modelo Denver para promoção da linguagem, da aprendizagem e da socialização. Lisboa: Lidel Edições Técnicas, 2014.

SILVA, A.; GAIATO M.; REVELES, L. *Mundo Singular.* Rio de Janeiro: Objetiva, 2012.

TEIXEIRA, G. *Manual do Autismo.* Rio de Janeiro: BestSeller, 2016.

O impacto das dificuldades em habilidades percepto-visomotoras na escrita manual em escolares com deficiência intelectual

Giseli Donadon Germano[1]
Milena Sansone Duarte Maciel[2]
Ilaria D'Angelo[3]
Noemi Del Bianco[4]
Catia Giaconi[5]
Simone Aparecida Capellini[6]

[1] Doutora em Educação pela Faculdade de Filosofia e Ciências "Júlio de Mesquita Filho" da Universidade Estadual Paulista Júlio de Mesquita Filho (FFC/UNESP – Marília/ SP). Docente do Departamento de Educação e Desenvolvimento Humano da Faculdade de Filosofia e Ciências da Universidade Estadual Paulista Júlio de Mesquita Filho (FFC/UNESP – Marília/ SP). *E-mail*: giseliger@yahoo.com.br

[2] Terapeuta Ocupacional. Mestranda do Programa de Pós-graduação em Fonoaudiologia da Faculdade de Filosofia e Ciências "Júlio de Mesquita Filho" da Universidade Estadual Paulista Júlio de Mesquita Filho (FFC/UNESP – Marília/ SP). *E-mail*: misansone23@gmail.com

[3] Pedagoga. Doutoranda no Programa de Pós-Graduação em Ciências Humanas da Universita degli Studi di Macerata (UNIMC), em Macerata – Itália. E-mail: ilariadng3@gmail.com

[4] Pedagoga. Doutoranda no Programa de Pós-graduação em Ciências Humanas da *Universita degli Studi di Macerata (UNIMC)*, em Macerata – Itália. *E-mail*: noemi.delbianco@gmail.com

[5] Pedagoga. Professora Titular do Dipartamento di Scienze dela Formazione, dei Beni Culturali e del Turismo *Universita degli Studi di Macerata (UNIMC)*, em Macerata – Itália. *E-mail*: catia.giaconi@unimc.it

[6] Fonoaudióloga. Livre-Docente em Linguagem Escrita do Departamento de Fonoaudiologia da FFC/UNESP-Marília-SP. Coordenadora do Laboratório LIDA/FFC/UNESP-Marília-SP. Bolsista de Produtividade em Pesquisa do CNPq. *E-mail*: sacap@uol.com.br

Introdução

A deficiência intelectual (DI) é caracterizada por limitações significativas tanto no funcionamento intelectual (aprendizado, raciocínio, solução de problemas) quanto no comportamento adaptativo (habilidades conceituais, sociais e práticas que são aprendidas e desempenhadas pelas pessoas em suas vidas diárias), que interferirem nas habilidades sociais e práticas do dia a dia (American Association on Intellectual and Developmental Disabilities [Aaidd], 2011; American Psychiatric Association [APA], 2013).

Conforme descrito por Lyon et al. (2001), DI não é uma deficiência única, mas uma categoria geral composta de deficiências em apenas um ou uma combinação de sete domínios de habilidades, como ouvir, falar, leitura, compreensão de leitura, cálculo aritmético, raciocínio matemático e expressão escrita. As deficiências nessas áreas frequentemente ocorrem juntas e também podem ser acompanhadas por deficiências emocionais, sociais e comportamentais, e problemas envolvendo orientação espacial e habilidades motoras (Hammill, 1990).

Em relação à sua classificação, a DI pode ser classificada em diferentes níveis de comprometimento, sendo leve, moderada, grave e profunda. Neste estudo, iremos abordar escolares com DI do tipo leve, os quais não são identificados na fase pré-escolar, chamando a atenção somente durante a idade escolar, quando ficam mais evidentes as dificuldades de aprendizagem acadêmica, evidenciadas como o baixo rendimento em leitura, escrita e matemática e pela necessidade de apoio em uma ou mais áreas para o alcance das expectativas associadas à idade (APA, 2013).

Dentre estes comprometimentos, o escolar com DI pode presentar dificuldades quanto à aprendizagem e ao desenvolvimento da escrita. De acordo com a Base Nacional Comum Curricular (BNCC, BRASIL, 2018), as competências específicas da língua portuguesa para o ensino fundamental se referem à linguagem escrita como a apropriação e o reconhecimento da forma de interação nos diferentes campos de atuação da vida social e utilizando-a para ampliar suas possibilidades de participar da cultura letrada, de construir conhecimentos (inclusive escolares) e de se envolver com maior autonomia e protagonismo na vida social.

Deste modo, como escrita, apresenta importante papel social e comunicativo para um bom trabalho educativo, faz-se necessário o entendimento do perfil de escrita e de seus componentes, para que seja pensando na escola a possibilidade de ofertar estratégias para o desenvolvimento do aluno, considerando que um novo e particular tipo de desenvolvimento vai sendo criado. Deste modo, os educadores devem ir além das limitações impostas pelo diagnóstico, proporcionando novos desafios, exigências sociais, minimizando o isolamento (Rossato; Leonardo, 2011).

Aprender a escrever é considerado um comportamento complexo, pois requer habilidades de nível superior (habilidades cognitivo-linguísticas e de percepção visual) e inferior (planejamento e execução motora) (Kandel; Perret, 2015a, 2015b; Germano; Capellini, 2019). Assim, a capacidade de escrever fluentemente deve ser vista além do simples ato mecânico de escrita, pois o domínio da habilidade motora de escrita manual indica que o escolar conseguiu concretizar uma memória ortográfica de longa duração e a memória procedimental motora (planos motores).

Destarte, durante o processo de aquisição da escrita, o escolar utiliza a memória operacional para recuperar e manipular as informações ortográficas (conversão fonema-grafema) que foram armazenadas na memória ortográfica de longo prazo, enquanto, em paralelo, realiza o ato motor da produção da escrita (Kandel; Perret, 2015a, 2015b; Germano; Capellini, 2019). Assim, ao observar a produção de escrita de um escolar, estamos observando uma sequência de processos que foram iniciados em nível superior, iniciando-se a partir da intenção de escrever, ativando e acessando as memórias ortográficas e motoras. Falhas em quaisquer níveis destes processos podem acarretar escrita com erros ortográficos ou com escrita ilegível (Graham; Harris; Fink, 2000).

Entretanto, como alguns estudos apontam (Braun, 2012; Pletsch, 2010), os escolares com DI se apropriam da linguagem escrita, podendo chegar a níveis alfabéticos. Porém, são escassos os estudos que relacionem a escrita manual e seus componentes. Desta forma, como DIs apresentam manifestações persistentes ao longo da vida (Hammill, 1990; Lyon et al., 2001; APA, 2013; Cortiella; Horowitz, 2014), isso reforça a necessidade de continuidade da investigação do perfil de DI, especificamente no que se refere à escrita manual, à percepção visomotora e ao desempenho de habilidades motoras finas, as quais fornecem a base para o bom desempenho em atividades que requerem a escrita.

A habilidade de integração visomotora é importante para as atividades escolares, pois requer a junção da percepção visual com o ato motor, sendo que é por meio dela que os escolares podem copiar, produzir e reproduzir letras e números isolados e em sequência, escrever palavras e textos com rapidez e eficácia (Brown; Unsworth; Lyons, 2009). Com o desenvolvimento acadêmico e as práticas de leitura e escrita, as informações percepto-viso-motoras são armazenadas na memória de longo prazo. Assim, os escolares passam a realizar a escrita com menos controle sensorial e menos demanda cognitiva (Meulenbroek; Van Galen, 1988). Falhas em integração visomotora leva à escrita lenta e ilegível, impactando diretamente no desempenho acadêmico (Crawford; Dewey, 2008; Martin et al., 2010).

O controle de movimento passa a ser aprimorado para que os gestos de escrita se tornem rápidos, precisos e automáticos. A automatização está, portanto, ligada à aprendizagem motora implícita resultante de complexas associações sensório-motoras (Halsband; Lange, 2006). Desta forma, um bom controle motor ocorre a partir da internalização da integração percepção-viso-motora e das experiências aprendidas (Thibon; Gerber; Kandel, 2018).

Tais aspectos são importantes para os escolares, pois, a partir do momento em que a escrita manual se torna automática, o escritor não precisa mais se concentrar conscientemente nos movimentos das letras e palavras e, consequentemente, libera recursos de sua memória operacional para o processo de escrita de alto nível (como ortografia ou revisão do texto escrito), garantindo, assim, uma melhor produção do texto escrito (Thibon; Gerber; Kandel, 2018; Germano; Capellini, 2019). Assim, a eficácia da velocidade de programação ocorre à medida que a informação tátil-perceptual se ajusta à informação visual, sendo necessário também a integridade das estruturas corticais (Feder; Majnemer, 2007; Khayat; Pooresmaeili; Roelfsema, 2009; Rosenblum; Aloni; Josman, 2010; Huberle; Driver; Karnath, 2010).

Estudos (Rosenblum, 2008; Germano; Gaiconi; Capellini, 2016), relatam que escolares com dificuldades de aprendizagem específicas (como dislexia) e Déficit de Atenção e Hiperatividade (TDAH) têm falhas na coordenação motora fina e alterações na percepção visomotora, resultando em dificuldades acadêmicas.

No entanto, estudos com perfil viso-motor e de escrita manual de DI leve ainda são escassos. Visto que esses escolares tendem a ter manifestações persistentes, com impactos acadêmicos e sociais, uma investigação interdisciplinar pode contribuir para uma melhor compreensão das habilidades de escrita manual e seus componentes subjacentes, além de auxiliar o trabalho de pedagogos, familiares e demais profissionais da educação. Assim, este capítulo tem por objetivo explorar o desempenho das habilidades perceptivo-visuais-motoras e a impacto na escrita manual em escolares com deficiência intelectual.

Material e Método

Este estudo foi submetido e aprovado pelo Comitê de Ética em Pesquisa da Universidade sob o protocolo número 2.670.114. Todos os participantes apresentaram Termo de Consentimento Livre e Esclarecido assinado.

Participaram deste estudo cinquenta e seis escolares, sendo uma amostra de conveniência, de ambos os sexos, com idades entre 8 anos e 0 meses a 11 anos e 11 meses (idade média 8:0 anos), do 3º ao 5º ano do Ensino Fundamental I, que cursavam salas regulares da rede municipal de ensino da cidade de Marília (estado de São Paulo, Brasil). Os escolares foram divididos em Grupo GI, composto por vinte e oito escolares diagnosticados e atendidos em laboratório de investigação interdisciplinar, sendo vinte do sexo masculino e oito do sexo feminino.

Os participantes receberam o diagnóstico de Deficiência Intelectual leve com base em critérios padrões descritos na literatura (APA, 2013). Os escolares tiveram desempenho inferior em relação ao ano escolar e idade cronológica para leitura, escrita, aritmética do Teste de Desempenho Escolar (TDE – Stein, 1994) e classificação do coeficiente intelectual de grau leve (WISC-IV – Wechsler, 2013).

O Grupo II foi pareado com Grupo GI, composto por vinte e oito escolares com bom desempenho acadêmico, em relação à idade cronológica e ao sexo. Os escolares do grupo GII foram indicados pelos professores por apresentarem bom desempenho, constando desempenho satisfatório em duas avaliações bimestrais consecutivas, além de apresentarem desempenho médio e superior em relação ao ano escolar e à idade para leitura, escrita e aritmética do Teste de Desempenho Escolar (TDE – Stein, 1994).

Os escolares foram avaliados individualmente, em 3 a 4 sessões, com duração máxima de 50 minutos. Todos foram submetidos aos procedimentos descritos a seguir:

- **Escala de Disgrafia** (Lorenzini, 1993): foi solicitado aos escolares a cópia de um bilhete, utilizando um lápis 2B e folha sem linhas e margens. A escrita foi realizada em letras maiúsculas, pois os escolares de GI não conseguiam executar a letra cursiva. O mesmo procedimento foi adotado para GII. Deste modo, dentre os dez itens previstos pela autora, foram analisados somente aqueles que não dependem da análise de escrita cursiva, sendo linhas flutuantes; linhas ascendentes / descendentes; letras retocadas; irregularidade de dimensões; más formas. A pontuação foi realizada pela soma do número de erros cometidos.
- **Teste de desenvolvimento de percepção visual III** – DTVP III (Hammill; PEARSON; VORESS, 2014). O procedimento é validado para escolares de 4 anos a 12 anos e 11 meses. O protocolo consiste em uma bateria de cinco subtestes sendo Coordenação Olho-Mão (COM), Cópia (CO), Figura-Fundo (FF), Fechamento Visual (FV), Constância de Forma (CF). O escore composto gerado permite a classificação em relação à Percepção Visual Geral (PVG, composto pela soma de todos os subtestes), Percepção Visual Motora Reduzida (PVMR – composto pelos subtestes especificamente visuais, sendo Figura-Fundo, Fechamento Visual e Constância de Forma) e Integração Visual-Motora (IVM, composto pelos subtestes Cópia e Coordenação Olho-Mão). Os escolares foram classificados de acordo com os escores compostos, sendo "muito ruim" (1), "ruim" (2), "abaixo da média" (3), "média" (4), "acima da média" (5), "superior" (6) e "muito superior" (7).
- **Avaliação de proficiência motora de Bruininks-Oseretsky** (BOT-2, Bruininks; Bruininks, 2005). O procedimento consiste em um conjunto de testes que avalia áreas motoras.

Apenas a parte de avaliação motora fina foi utilizada neste estudo, o qual consiste nos subtestes Controle Manual Fino (CMF), resultante da somatória dos subtestes de Precisão Motora Fina (PMF) e de Integração Motora Fina (IMF). A tarefa de Precisão Motor Fina (PMF) consiste em atividades que requerem controle preciso dos dedos e do movimento da mão. Ela contém tarefas de desenho, com preenchimento de formas, desenho de linhas por caminhos, conexão de pontos e dobradura de papel em limite especificado. A tarefa de Integração Motora Fina (IMF) consiste em reproduzir desenhos de várias formas geométricas que variam em complexidade (desde a reprodução de um círculo a figuras de lápis sobrepostos). Requer recursos visuais ou orientações viso-espaciais. Os escolares foram classificados em relação às pontuações compostas, estando "bem abaixo da média" (pontuação 0), "abaixo da média" (1), "média" (2), "acima da média" (3), "muito acima da média" (4).

Resultados

A Tabela 1 mostra a comparação entre o desempenho dos escolares entre GI e GII no Teste de Desenvolvimento de Percepção Visual III – DTVP III (Hammill; Pearson; Voress, 2014), a partir da aplicação do Teste de Mann-Whitney.

Tabela 1 – Média, desvio padrão (DP) e valor de p na comparação entre os grupos GI e GII para o Teste de desenvolvimento de percepção visual (DTVP-3)

	GI		GII		
	Média	DP	Média	DP	Valor de p
COM	138.96	28.626	164.11	14.127	< 0.001*
CO	25.39	11.070	36.07	10.051	< 0.001*
FF	36.36	12.996	43.64	12.720	0.064
FV	10.93	3.868	16.07	4.109	< 0.001*
CF	24.32	12.858	25.57	14.188	0.588
CL_COM	1.89	1.257	2.36	0.951	0.196
CL_CO	2.68	1.362	4.43	1.597	< 0.001*
CL_FF	1.75	1.323	2.43	1.230	0.100
CL_FV	2.25	1.005	2.89	1.227	0.014*
CL_CF	1.93	1.412	1.71	1.272	0.636
CL_VMI	2.04	1.232	3.46	1.374	< 0.001*
CL_MRVP	1.54	1.374	2.39	1.423	0.034*
CL_GVP	1.64	1.283	2.75	1.295	0.003*

Legenda: COM: Coordenação Olho-Mão; CO: Cópia; FF: Figura-Fundo; FV: Fechamento Visual; CF: Constância de Forma; PVG: Percepção Visual Geral; PVMR: Percepção Visual Motora Reduzida; IVM: Integração Visual-Motora. CL: Classificação.

Teste de Mann-Whitney ($p < 0.05$ *).

Pôde-se observar na Tabela 1 que houve diferença significativa entre GI e GII para os subtestes de coordenação Olho-Mão, Cópia, Fechamento Visual e suas respectivas classificações de desempenhos. Houve diferença significativa entre GI e GII para a classificação do escore composto de integração visomotora, percepção visomotora reduzida e percepção visual geral. Os escolares de GI tiveram desempenho inferior em relação ao GII, sugerindo que o comprometimento cognitivo-linguístico de GI pode influenciar seu desempenho viso-motor.

A Tabela 2 apresenta a comparação entre o desempenho dos escolares entre GI e GII para Controle Manual Fino (FMC), composta pelos subtestes Precisão Motora Fina (FMP) e Integração Motora Fina (FMI) da Avaliação Motora (BOT-2) (Bruininks; Bruininks, 2005).

Tabela 2 – Média, desvio padrão e p-valor na comparação entre GI e GII para Avaliação Motora de Bruininks-Oseretsky (BOT-2)

	GI		GII		
	Média	DP	Média	Média	DP
FMP	31.96	5.997	37.43	3.072	< 0.001*
FMI	31.54	6.489	34.68	3.632	0.093
FMC	21.86	6.632	31.25	6.398	< 0.001*
CL_FMP	1.39	0.629	2.32	0.905	< 0.001*
FMI_CL	1.39	0.567	1.89	0.916	0.015*
FMC_CL	1.25	0.799	2.14	0.525	< 0.001*

Legenda: CMF: Controle Manual Fino; PMF: Precisão Motora Fina; IMF: Integração Motora Fina CL: Classificação.

Teste de Mann-Whitney ($p < 0.05$ *).

Foi possível observar na Tabela 2 que houve diferença significativa entre GI e GII nos testes de Precisão do Motor Fino e Controle Manual Fino e na classificação de desempenho para Precisão do Motor Fino, Integração do Motor Fino e Controle Manual Fino. Os escolares de GI apresentaram média inferior quando comparadas ao GII, indicando dificuldades de precisão e controle manual fino. Embora não tenha sido observada a diferença significativa para o subteste integração motora fina, houve diferença para sua classificação. Esse resultado sugere que o controle manual fino dos escolares de GI foi influenciado por aspectos visuais (Tabela 1) e motores (Tabela 2). A Tabela 3 mostra a comparação entre o desempenho dos escolares entre GI e GII para a escala de Disgrafia (Lorenzini, 1993), a partir da aplicação do teste de Mann-Whitney.

Tabela 3 – Média, desvio padrão (DP) e valor de p na comparação entre GI e GII para a escala de disgrafia

	GI		GII		
	Média	DP	Média	Média	DP
LF	1.00	0.667	0.79	0.738	0.238
LAD	0.875	0.2591	0.411	0.3614	< 0.001*
LR	1.61	0.786	1.32	0.819	0.102
ID	1.929	0.2623	1.114	0.9083	< 0.001*
MF	0.857	0.3293	0.482	0.4808	0.002*
T	10.500	3.8754	6.429	3.7236	< 0.001*

Legenda: LF: linhas flutuantes; LAD: linhas ascendentes / descendentes; LR: letras retocadas; ID: irregularidade de dimensões; MF: más formas; T: total. Teste de Mann-Whitney ($p < 0.05$ *).

A Tabela 3 mostra que houve diferença significativa entre os grupos para os subtestes linhas ascendentes / descendentes, irregularidade da dimensão, más formas e pontuação total dos itens avaliados. Os escolares de GI tiveram dificuldades em manter uma linha reta (falha em linhas ascendentes / descendentes) e apresentaram dificuldades quanto à legibilidade (irregularidade de dimensões e formas pobres) que podem ter sido causadas por déficits de integração visomotora (coordenação Olho-Mão, Cópia), de percepção visual (Fechamento Visual) e de função motora fina (Precisão de Movimentos). Como esta escala é pontuada considerando os erros do escolar, os escolares de GI apresentaram maior média de erros quando comparadas ao GII, sugerindo que escolares com DI podem apresentar dificuldades na legibilidade de escrita devido ao comprometimento nas habilidades visomotoras, conforme demonstrado nas Tabelas 1 e 2. Assim, podemos inferir que falhas na percepção do fechamento visual podem levar ao déficit nas habilidades de precisão, relacionado a dificuldades no planejamento e na execução do movimento da escrita, especificamente quanto à legibilidade, conforme observado nos subtestes da escala de disgrafia.

Discussão

Os resultados apresentados neste estudo indicam que escolares com DI leve podem manifestar comprometimento visomotor significativo e falhas na legibilidade e na qualidade da escrita. Tais compromissos estão relacionados às falhas de controle de precisão e ao controle manual fino, além de dificuldades relacionadas aos aspectos visomotores.

O fechamento visual, uma das habilidades de percepção visual, está relacionado à capacidade de identificar formas ou objetos apresentados de forma incompleta, o que permite ao escolar reconhecer rapidamente objetos, formas e formas, seja completando mentalmente a imagem ou combinando-a com informações previamente armazenadas na memória (Visser et al., 2012). Nossos resultados indicam que escolares com DI leve falharam nas habilidades de fechamento visual e, por consequência, tiveram dificuldades em realizar o traçado de letras corretamente e em manter sua escrita em linha reta. Em outras palavras, o baixo desempenho da escrita manual pode estar relacionado a falhas no desenvolvimento da integração visomotora, colaborando com outros achados de pesquisas (Crawford; Dewey, 2008; Germano; Giaconi; Capellini, 2016).

Além disso, os escolares do GI apresentaram dificuldades nas habilidades de integração visualmotora, como copiar e habilidades de coordenação visomotora. Essas habilidades compreendem a organização de pequenos movimentos musculares da mão e dos dedos e também possui um processamento de estímulos visuais. Portanto, no que diz respeito ao processo de desenvolvimento das habilidades de percepção visual e motora, os escolares devem ter o acréscimo de atenção voluntária para programar e reprogramar movimentos que possibilitem a atividade motora, o que não pôde ser observado em escolares do GI (Halsband; Lange, 2006; Feder; Majnemer, 2007; Brown; Unsworth; Lyons, 2009).

Longcamp et al. (2016) descreveram que a forma geral de uma palavra traçada em um pedaço de papel implica a existência de um traço de memória da sequência de gestos necessários para produzir cada letra (os chamados programas motores generalizados). Quando essa memória fica desorganizada, a formatação das letras torna-se difícil, pois escritores pobres sobrecarregam o sistema visual, como observado com os escolares com DI leve deste estudo.

Os resultados também indicaram que escolares com DI leve apresentaram dificuldades com precisão e controle manual fino. Foi possível observar que as dificuldades observadas na integração motora fina foram decorrentes de falhas nas habilidades visuais (fechamento visual) e nas habilidades motoras (precisão). Corroborando Martin et al. (2010), o desenvolvimento da precisão é realizado principalmente pelos músculos intrínsecos e extrínsecos da mão que juntos realizam diferentes atividades que requerem habilidades mais refinadas como a escrita. Dito isso, estudos relatam que a Integração Motora Fina se torna efetiva a medida em que a percepção visual, juntamente com os movimentos dos dedos e das mãos estão bem coordenados, tornando essa habilidade um componente essencial para o aprendizado e refinamento das habilidades práxicas (Graham; Harris; Fink, 2000; Rosenblum, 2008; Rosenblum; Aloni; Josman, 2010). Assim, os resultados deste estudo sugerem que a dificuldade de percepção visual pode impactar na programação e utilização desses pequenos músculos da mão, causando uma escrita ilegível.

Além disso, os achados deste estudo indicam que escolares com DI leve podem sofrer déficits nas atividades acadêmicas e também nas atividades diárias, tão comuns que envolvam a escrita, como produzir um texto acadêmico ou simplesmente escrever uma nota. Skjaerven, Kristoffersen e Gard (2008) relataram que o bom desempenho do movimento reflete a interação entre as experiências de aprendizagem, os diferentes níveis de dificuldade da tarefa e os fatores ambientais. Além disso, a qualidade da escrita manual (legibilidade) reflete como esses movimentos são controlados e coordenados. Dessa forma, com as práticas acadêmicas de leitura e escrita, amplia-se a capacidade de adquirir novos movimentos, podendo ser percebidos por meio de mudanças qualitativas (legibilidade das letras, alinhamento da escrita) e quantitativas (número de palavras escritas).

Outro achado importante deste estudo refere-se à qualidade da escrita manual, com base na escala disgráfica. Os escolares de GI apresentaram dificuldades com a precisão do movimento, como falhas na execução e programação dos movimentos em linha reta, indicadas no item Linhas Ascendentes / Descendentes. Apresentaram também déficit de legibilidade, apresentando Irregularidade de Dimensões e más formas de letras, decorrentes de déficits nas habilidades de coordenação Olho-Mão, Cópia, Fechamento Visual e Integração Visomotora.

Assim, devido às suas dificuldades, os escolares com DI leve deste estudo realizaram a escrita com letras maiúsculas, sugerindo falhas em obedecer às restrições espaciais, devido a falhas na percepção visual, inviabilizando o processo de automatização visomotora. Estudos (SMITS-ENGELSMAN; VAN GALEN, 1997; VINTER; CHARTREL, 2010) corroboram nossos resultados. Erros de grafia foram relatados em escolares com DI, como curvas excessivamente acentuadas, letras desalinhadas, quebradas ou espaçadas irregularmente entre eles. Assim, tais déficits podem estar relacionados a uma maior vulnerabilidade do trabalho neural que é responsável pela integração sensório-motora da informação (SMITS-ENGELSMAN et al., 2003). Portanto, na presença de DI, as funções práxicas e gnósticas têm maior probabilidade de serem alteradas, comprometendo a destreza manual e a organização espacial e temporal, dificultando ainda mais o aprendizado da escrita e de tarefas funcionais que requeiram maior destreza manual (SUMMERS; LARKIN; DEWEY, 2008; MARTIN et al., 2010).

Os resultados obtidos neste estudo concordam com os achados (SHEVELL et al., 2005; KIM et al., 2016), que indicam que escolares com DI apresentam um atraso predominante na aquisição de habilidades cognitivas, motoras, linguísticas e/ou sociais , tendo um impacto significativo e contínuo no desenvolvimento de um escolar. Lyon et al. (2001) também destacou que a DI apresenta déficit de aprendizagem de caráter intrínseco (neurobiológico), mas que pode ser agravado pelo componente extrínseco (por exemplo, ambiental ou instrucional).

Em concordância, Datchuk (2015) referiu que escolares com DI podem apresentar problemas persistentes com a escrita manual e necessitar de suporte continuado ou de programas de remediação que enfoquem o treinamento de aspectos visuais ou coordenação motora fina. De fato, Case-Smith (2002) enfatizou que a intervenção com dificuldades motoras finas e de percepção visual pode contribuir para a melhoria destas habilidades, ou seja, pode proporcionar uma melhor legibilidade de escrita.

Estes resultados também corroboram Rossato e Leonardo (2011). Os autores destacam que a manutenção destas falhas acadêmicas sugere falha de exploração no estabelecimento de estratégias de compensação desses escolares, que acabam sendo excluídos da vida acadêmica por conta de suas dificuldades. Os autores ainda enfatizam que associadas à deficiência, existem as possibilidades compensatórias para superar as limitações, e que essas possibilidades devem ser exploradas no processo educativo. Uma precarização de oportunidades contribui para inviabilizar o seu processo de ensino-aprendizagem.

Deste modo, a escrita deve ser oportunizada para escolar de diferentes modos. O currículo e o planejamento propostos ao escolar com DI devem levar em consideração as características peculiares de cada aluno, já que o quadro da deficiência intelectual pode variar de aspectos e intensidade. Além disso, deve-se considerar as possibilidades de experiências em um ambiente enriquecido, que possibilite interações sociais enriquecidas e o uso de recursos diversos a fim de incentivar a produção e a evolução da escrita (por exemplo, canetas coloridas, folhas de papel – reduzidas gradativamente de tamanho – pincéis durante as atividades de pintura, etc.). As atividades com a escrita devem ser organizadas, considerando que a escrita está presente e é necessária no dia a dia (Santos, 2012). Então, a possibilidade de participação efetiva na sociedade está relacionada com as oportunidades conferidas aos homens e, consequentemente, com a sociedade econômico-cultural em que eles vivem (Rossato; Leonardo, 2011). Como limitação deste estudo, destaca-se a falta de um estudo relacional para verificar o impacto entre as variáveis visuo-motoras e a qualidade da escrita na população deste estudo.

Conclusão

Concluiu-se que escolares com Deficiência Intelectual leve deste estudo apresentam dificuldades na habilidade de fechamento visual, dificuldades na função motora fina e de legibilidade de escrita. Tais dificuldades podem ser justificadas por déficits intrínsecos à sua condição, como a não formação de memória de longo prazo a partir da informação visual e o estabelecimento de mapas sensório-motores para a produção da forma e direcionalidade da letra que impactam negativamente o desenvolvimento da escrita manual.

Consequentemente, como essas falhas tendem a ser persistentes, adaptações curriculares devem ser necessárias, uma vez que essas dificuldades podem ser identificadas rapidamente no contexto acadêmico e, desta forma, podem impactar nas atividades cotidianas, desde o desempenho na infância até a idade adulta. Destaca-se, assim, a necessidade de intervenções interdisciplinares com diferentes profissionais das áreas da fonoaudiologia, terapia ocupacional, pedagogos, entre outros, que possam contribuir para a melhor adequação desses escolares em sala de aula.

Referência

AAIDD AD HOC COMMITTEE ON TERMINOLOGY AND CLASSIFICATION. Intellectual disability. *Definition, classification, and system of supports* (11th ed.). Maryland: AAIDD. 2010

AMERICAN PSYCHIATRIC ASSOCIATION. *Diagnostic and statistical manual of mental disorders (DSM-5®).* American Psychiatric Pub. 2013.

BASE NACIONAL COMUM CURRICULAR (BNCC). *Educação é a Base.* Brasília, MEC/CONSED/UNDIME. 2018.

BRAUN, P. *Uma intervenção colaborativa sobre os processos de ensino e aprendizagem do aluno com deficiência intelectual.* 2012. 324f. Tese (Tese de Doutorado) – Universidade do Estado do Rio de Janeiro, Rio de Janeiro, 2012.

BROWN, T.; UNSWORTH, C.; LYONS, C. Factor structure of four visual–motor instruments commonly used to evaluate school-age children. *American Journal of Occupational Therapy*, v. 63, n. 6, p. 710-723, 2009.

BRUININKS, R. H.; BRUININKS, B. D. *Bruininks-Oseretsky Test of Motor Proficiency* [with Student Booklet]. Pearson, Incorporated. Second edition (BOT-2). Minnesota: Pearson.

CASE-SMITH, J. Effectiveness of school-based occupational therapy intervention on handwriting. *American Journal of Occupational Therapy*, v. 56, n. 1, p. 17-25, 2000.

CORTIELLA, C.; HOROWITZ, S. H. The state of learning disabilities: Facts, trends and emerging issues. *New York: National center for learning disabilities.* 25, p. 2-45. 2014.

CRAWFORD, S. G.; DEWEY, D. Co-occurring disorders: a possible key to visual perceptual deficits in children with developmental coordination disorder? *Human movement science*, v. 27, n. 1, p. 154-169, 2008.

DATCHUK, S. Teaching handwriting to elementary students with learning disabilities: A problem-solving approach. *Teaching exceptional children*, v. 48, n. 1, p. 19-27, 2015.

FEDER, K. P.; MAJNEMER, A. Handwriting development, competency, and intervention. *Developmental Medicine & Child Neurology*, v. 49, n. 4, p. 312-317, 2007.

GERMANO, G. D.; CAPELLINI, S. A. Use of technological tools to evaluate handwriting production of the alphabet and pseudocharacters by Brazilian students. *Clinics*, v. 74, 2019. GERMANO, G. D.; GIACONI, C.; CAPELLINI, S. A. Characterization of brazilians students with dyslexia in Handwriting Proficiency Screening Questionnaire and Handwriting Scale. *Psychology Research*, v. 6, n. 10, p. 590-597, 2016.

GERMANO, G. D. et al. The phonological and visual basis of developmental dyslexia in Brazilian Portuguese reading children. *Frontiers in psychology*, v. 5, p. 1169, 2014.

GRAHAM, S.; HARRIS, K. R.; FINK, B. Is handwriting causally related to learning to write? Treatment of handwriting problems in beginning writers. *Journal of educational psychology*, v. 92, n. 4, p. 620-633, 2012

HALSBAND, U.; LANGE, R. K. Motor learning in man: a review of functional and clinical studies. *Journal of Physiology-Paris*, v. 99, n. 4-6, p. 414-424, 2006.

HAMMILL, D. D. On defining learning disabilities: An emerging consensus. *Journal of learning disabilities*, v. 23, n. 2, p. 74-84, 1990.

HAMMILL, D. D.; PEARSON, N.A.; Voress, J. K. *Developmental Test of Visual Perception* (3rd Ed.) Manual (DTVP-3). Austin, Texas: Pro-Ed, 2014

HUBERLE, E.; DRIVER, J.; KARMATH, H. O. Retinal versus physical stimulus size as determinants of visual perception in simultanagnosia. *Neuropsychologia*, v. 48, n. 6, p. 1677-1682, 2010.

KANDEL, S.; PERRET, C. How do movements to produce letters become automatic during writing acquisition? Investigating the development of motor anticipation. *International Journal of Behavioral Development*, v. 39, p. 113–120, 2015a.

KANDEL, S.; PERRET, C. How does the interaction between spelling and motor processes build up during writing acquisition? *Cognition*, v.136, p. 325–336, 2015b.

KHAYAT, P. S.; POORESMAEILI, A.; ROELFSEMA, P. R. Time course of attentional modulation in the frontal eye field during curve tracing. *Journal of neurophysiology*, v. 101, n. 4, p. 1813-1822, 2009.

KIM, H. et al. Relations among motor, social, and cognitive skills in pre-kindergarten children with developmental disabilities. *Research in developmental disabilities*, v. 53, p. 43-60, 2016.

LONGCAMP, M. et al. Neuroanatomy of handwriting and related reading and writing skills in adults and children with and without learning disabilities: French-American connections. *Pratiques [Online]*, p.171-172. 2016.

LORENZINI, V.L. *Uma escala para detectar a disgrafia baseada na escala de Ajuriaguerra*. 1993. 145f. Dissertação (Mestrado em Educação Especial) – Universidade Federal de São Carlos, São Carlos, 1993.

LYON, G. R. et al. *Rethinking special education for a new century*. Washington, p. 259-287, 2001.

MARTIN, N. C., PIEK, J., BAYNAM, G., LEVY, F., & HAY, D. An examination of the relationship between movement problems and four common developmental disorders. *Human movement science*, Perth, v. 29, n. 5, p. 799-808, 2010.

MEULENBROEK, R. G.; VAN GALEN, G. P. Foreperiod duration and the analysis of motor stages in a line-drawing task. *Acta psychologica*, v. 69, n. 1, p.19-34, 1988.

PLETSCH, M.D. Repensando a inclusão escolar: diretrizes políticas, práticas curriculares e deficiência intelectual. Rio de Janeiro: NAU/ EDUR. 2010.

ROSEBLUM, S.; ALONI, T.; JOSMAN, N. Relationships between handwriting performance and organizational abilities among children with and without dysgraphia: A preliminary study. *Research in developmental disabilities*, v. 31, n. 2, p. 502-509, 2010.

ROSENBLUM, S. Development, reliability, and validity of the Handwriting Proficiency Screening Questionnaire (HPSQ). *American Journal of Occupational Therapy*, v. 62, n. 3, p. 298-307, 2008.

ROSSATO, S. P. M.; LEONARDO, N. S. T. A deficiência intelectual na concepção de educadores da educação especial: contribuições da psicologia histórico cultural. *Revista Brasileira de Educação Especial*, v. 17, n. 1, p. 71-86, 2011.

SANTOS, D. C. O. D. Potenciais dificuldades e facilidades na educação de alunos com deficiência intelectual. *Educação e pesquisa*, v. 38, n. 4, p. 935-948, 2012.

SHEVELL, M. et al. Developmental and functional outcomes at school age of preschool children with global developmental delay. *Journal of child neurology*, v. 20, n. 8, p. 648-654, 2005

SKJAERVEN, L. H.; KRISTOFFERSEN, K.; Gard, G. An eye for movement quality: a phenomenological study of movement quality reflecting a group of physiotherapists' understanding of the phenomenon. *Physiotherapy theory and practice*, v. 24, n. 1, p. 13-27, 2008.

SMITS-ENGELSMAN, B. C. M. et al. Fine motor deficiencies in children with developmental coordination disorder and learning disabilities: An underlying open-loop control deficit. *Human movement science*, v. 22, n. (4-5), p. 495-513, 2003.

SMITS-ENGELSMAN, B. C.; VAN GALEN, G. P. Dysgraphia in children: Lasting psychomotor deficiency or transient developmental delay? *Journal of experimental child psychology*, v. 7, n. 2, p. 164-184, 1997.

STEIN, L. M. TDE – *Teste de Desempenho Escolar*: manual para aplicação e interpretação. São Paulo, SP: Casa do Psicólogo, 1994.

SUMMERS, J.; LARKIN, D.; DEWEY, D. Activities of daily living in children with developmental coordination disorder: dressing, personal hygiene, and eating skills. *Human movement science*, v. 27, n. 2, p. 215-229, 2008.

THIBON, L. S.; GERBER, S.; KANDE, S. The elaboration of motor programs for the automation of letter production. *Acta psychologica*, v. 182, p. 200-211, 2018.

VINTER, A.; CHARTREL, E. Effects of different types of learning on handwriting movements in young children. *Learning and Instruction*, v. 20, n. 6, p. 476-486, 2010.

VISSER, M., et al. The DTVP-2 visual closure subtest: a closer look. *South African Journal of Occupational Therapy*, v. 42, n. 2, p. 21-25, 2012.

WECHSLER, D. *Escala Wechsler de Inteligência para crianças*: (WISC-IV): manual de instruções para aplicação e avaliação. Tradução do manual original de Maria de Lourdes Duprat, 4 ed. São Paulo: Casa do Psicólogo, 2013.

Educação em tempos de pandemia: os desafios dos alunos de escolas públicas da educação básica frente ao ensino remoto

Flávia dos Santos Pereira[1]

Introdução

No final do ano de 2019 para o ano de 2020, inicialmente na China, e logo após no mundo, houve a chegada do que já se nomeia como "a maior pandemia do último século", a partir do vírus denominado Sars-CoV-2, que causa a doença nominada de "Covid-19" (Oliveira, 2020). Pesquisadores como Liu et al., 2020; Wang et al., 2020; Zhu et al., 2020 vêm realizando os primeiros estudos dos impactos deste vírus e, igualmente, evidenciando a necessidade da tomada de medidas de contenção da propagação do vírus, uma vez que ainda não há vacina ou medicamento disponível.

Os impactos da pandemia da Covid-19 geram um efeito cascata em uma série de atividades humanas frente às respostas de isolamento social vertical e horizontal implementadas pelos diferentes países. Esses efeitos negativos que a pandemia vem causando nas pessoas pelo mundo

[1] Mestre em Gestão Social, Educação e Desenvolvimento Local (UNA). Aluna especial do Doutorado – CEFET – Programa de Pós-graduação *Stricto Sensu* em Estudos de Linguagens – *Posling* na Disciplina: Leitura literária, ensino-aprendizagem e tecnologia. Especialista em Concepções e Planejamentos de Educação a Distância pela (PUC-MG). Especialista em Psicopedagogia Clínica e Institucional com ênfase em Educação Inclusiva (ISEIB-BH). Graduada em Pedagogia (UNIFEMM-MG). *E-mail*: dsflaviapereira@gmail.com

trouxe também muitas dúvidas, medo, insegurança, incertezas, etc. Situação que obrigou as autoridades governamentais a tomar medidas que fossem eficazes para que houvesse um possível controle da disseminação da doença. Entre uma das medidas apresentadas, corresponde-se ao distanciamento social (JHU, 2020).

O isolamento social sob orientação dos órgãos públicos de saúde possibilita que os indivíduos permaneçam em seus domicílios, evadindo-se apenas em casos realmente necessários. Essa medida repercutiu, logo, no fechamento da indústria, do comércio, além de interromper atividades de lazer, esportivas, *shows*, etc. E ainda, "unidades escolares, entre elas, creches, escolas, escolas preparatórias e universidades, o que demandou formas alternativas de continuidade ao processo de ensino aprendizagem" (Senhoras, 2020, p. 130).

> Dentre estes problemas, o sistema educacional merece destaque, uma vez que, em função dessa pandemia, o ensino presencial foi abruptamente privado dos estudantes em seus mais diversos níveis de ensino, pois assim como toda a sociedade, a efeito das políticas públicas de saúde adotadas no país, estão em período de isolamento social, evitando qualquer tipo de aglomeração, como principal medida para reduzir o contágio pelo vírus (Marques, 2020, p. 32).

Nesta perspectiva, o sistema educacional, assim como todos os demais segmentos da sociedade, buscam alternativas para se adaptar a esta nova realidade, com alternativas que possam atender a demanda de todos os envolvidos, "uma vez que ainda não é possível definir quando essa crise será estabilizada e, com isso, a vida da população brasileira poderá seguir o seu fluxo, digamos, normal" (Oliveira; Souza, 2020, p. 16).

Frente a este contexto, o presente artigo tem por objetivo fazer apontamentos acerca dos impactos da pandemia da Covid-19 para a educação, e como os alunos oriundos das escolas públicas estão encarando o ensino remoto, uma vez que é sabido que o Brasil ainda enfrenta grandes desafios no que diz respeito ao acesso disseminado da internet, principalmente para o público majoritário das escolas públicas brasileiras.

A metodologia utilizada para alcançar o objetivo proposto por este estudo, fundamenta-se em uma abordagem qualitativa e parte do procedimento de levantamento de dados de revisão bibliográfica.

Almeja-se, a partir deste estudo, compreender os limites e desafios do ensino remoto para os alunos de escolas públicas em tempos de pandemia e como garantir que esses alunos não sejam excluídos dessa nova dinâmica educacional.

Breve apanhado sobre o cenário educacional no país

A atual estrutura e funcionamento da educação brasileira decorrem da aprovação da Lei de Diretrizes e Bases da Educação, Lei n. 9.394/96 que, por sua vez, vincula-se às diretrizes gerais da Constituição Federal de 1988, bem como às respectivas Emendas Constitucionais em vigor. Desse modo, a educação no Brasil está dividida em dois níveis: básico e superior, sendo a Educação básica dividida em Educação Infantil, creches de 0 a 3 anos, e pré-escolas, de 4 e 5 anos, gratuitas, mas não obrigatórias, de competência dos municípios.

O Ensino Fundamental, anos iniciais (do 1º ao 5º ano) e anos finais (do 6º ao 9º ano), é obrigatório e gratuito. A Lei de Diretrizes e Base da Educação Nacional (LDBEN) estabelece que, gradativamente, os municípios serão os responsáveis por todo o ensino fundamental, mas, atualmente, na prática, os municípios estão atendendo os anos iniciais e os Estados os anos finais.

Já o Ensino Médio, antigo 2º grau (do 1º ao 3º ano), é de responsabilidade dos Estados, podendo ser técnico profissionalizante ou não. A Educação para Jovens e Adultos (EJA) também é de responsabilidade do Estado e ainda tem a Educação Especial[2], oferecida, preferencialmente, na rede regular de ensino para educandos com necessidades especiais.

[2] Educação Especial é a nomenclatura utilizada pelo Ministério da Educação conforme pode ser visto no Art. 58 da LEI Nº 9.394 de 20 de dezembro de 1996: Entende-se por educação especial, para os efeitos desta Lei, a modalidade de educação escolar, oferecida preferencialmente na rede regular de ensino, para educandos portadores de necessidades especiais. Disponível em: <http://portal.mec.gov.br/seesp/arquivos/pdf/lei9394_ldb n2.pdf>. Acesso em: 29 set. 2018.

No Ensino Superior, têm-se as Graduações e as Pós-graduações categorizadas como *Lato/Stricto*, Doutorado e Pós-doutorado, que são de competência da União, podendo ser oferecido por Estados e Municípios, desde que esses já tenham atendido os níveis pelos quais é responsável em sua totalidade. Cabe à União autorizar e fiscalizar as instituições privadas de ensino superior.

Pensar educação de qualidade, na atualidade, não pode estar desvinculado dos processos de produção do conhecimento e de construção da cidadania. O vínculo com os processos de construção do conhecimento se dá pelo fato de que eles requerem pensamentos, reflexões, diálogos e ações. Ao ser pensado, refletido e dialogado por sujeitos sociais, o conhecimento passa a ser incorporado ao cotidiano desses sujeitos ou comunidades, tornando-se significativos a eles, estabelecendo um conjunto de saberes que estes utilizam para viver e se relacionar, provocando o contínuo movimento e transformações desses contextos.

A educação brasileira enfrenta, cotidianamente, desafios associados tanto no que se diz respeito às adequações de legislações e parâmetros curriculares quanto aos desafios sociais e estruturais, o que reflete diretamente na qualidade do ensino-aprendizagem dos alunos.

A formação continuada dos professores é sempre um assunto em voga, quando mencionados os desafios associados à qualidade da educação, pois, nos últimos anos em que os problemas político-econômicos estão aliados a um ritmo frenético da evolução científica e tecnológica, mudanças são perceptíveis nas formas de ser e viver em todos os níveis, desconcertando a quem tem a profissão de ensinar/formar crianças e adolescentes.

É notório que a sociedade tenha uma expectativa de que a educação no Brasil resolva, sozinha, os problemas sociais do país. No entanto, são muitos os obstáculos que podem impedir uma educação efetivamente de qualidade para seus alunos.

Metodologias de Ensino Remoto EAD na Educação Básica

A pandemia da Covid-19 vem trazendo imensos desafios para todos os setores, no Brasil e no mundo. Na tentativa de reduzir a ampla disseminação do novo Coronavírus, medidas de distanciamento social têm sido adotadas pelos países, e ainda não se sabe exatamente quando deixarão de ser necessárias.

Na Educação, tais medidas significam, em linha geral, o fechamento de escolas públicas e particulares, com interrupção de aulas presenciais. Já são 91% do total de alunos do mundo e mais de 95% da América Latina que estão temporariamente fora da escola devido à Covid-19 (UNESCO, 2020).

Buscando minimizar os impactos da pandemia na educação básica, o Ministério da Educação (MEC, 2020) e o Movimento "Todos pela Educação" elaboraram um material chamado – *Nota Técnica: Ensino à Distância na Educação Básica Frente a Pandemia da Covid-19.*

Diante desse novo contexto, o presente esforço busca recorrer aos dados e às evidências existentes para iluminar os desafios e as limitações do ensino remoto, e também, as estratégias que são mais adequadas ao se optar por lançar mão dessa alternativa (MEC; TODOS PELA EDUCAÇÃO, 2020).

Assim, o documento estabelece quatro principais diretrizes que orientam atualmente o debate público educacional (MEC; TODOS PELA EDUCAÇÃO, 2020).

1 - Frente ao atual momento, soluções de ensino remoto podem contribuir e devem ser implementadas. Mas, considerando seu efeito limitado, é preciso cuidadosa normatização e, desde já, atenção ao planejamento de volta às aulas. Estratégias de ensino a distância deverão cumprir papel importante para a redução dos efeitos negativos do distanciamento temporário, mas as evidências indicam que lacunas de diversas naturezas serão criadas. Com isso, normatizações sobre sua equivalência para fins de cumprimento do ano letivo precisam ser objeto de atenção dos órgãos reguladores e, desde já, redes de ensino precisam começar a planejar um conjunto robusto de ações para o retorno às aulas.

2- Uma estratégia consistente para o ensino remoto é aquela que busca mitigar as condições heterogêneas de acesso e os diferentes efeitos de soluções a distância em função do desempenho prévio dos estudantes. Para enfrentar o risco da ampliação de desigualdades, ao lançar mão de estratégias de ensino a distância, é preciso entender que a disposição de recursos tecnológicos é heterogênea entre os alunos e que aqueles que já têm desempenho acadêmico melhor tendem a se beneficiar mais das soluções tecnológicas.

3- Ensino remoto não é sinônimo de aula *on-line*. Há diferentes maneiras de estimular a aprendizagem a distância e, se bem estruturadas, atividades educacionais podem cumprir mais do que uma função puramente acadêmica. O ensino remoto não deve se resumir a plataformas de aulas *on-line*, apenas com vídeos, apresentações e materiais de leitura. É possível (e fundamental) diversificar as experiências de aprendizagem, que podem, inclusive, apoiar na criação de uma rotina positiva que oferece a crianças e jovens alguma estabilidade frente ao cenário de muitas mudanças. Envolvimento das famílias também é chave, já que poderão ser importantes aliados agora e no pós-crise.

4- Mesmo à distância, a atuação dos professores é central. Pesquisas apontam que, quando o assunto é ensino a distância, o trabalho dos professores tem papel significativo no sentido de assegurar uma boa experiência, independentemente da solução utilizada. Diante do cenário atual, em que são igualmente impactados pela pandemia, apoiá-los pessoal e profissionalmente é medida absolutamente fundamental.

Conforme disposto no referido documento, as quatro diretrizes apresentadas buscaram sintetizar, a partir das mais recentes evidências e do contexto atual, importantes questões a respeito do ensino remoto nos Ensinos Fundamental e Médio, uma vez que esta estratégia, mesmo com limitações, torna-se absolutamente relevante em um cenário de distanciamento social e fechamento provisório de escolas (MEC; Todos pela Educação, 2020).

A pandemia e as evidências da desigualdade

De acordo com dados disponibilizados pela plataforma de notícias Agência Brasil (2020), no país, cerca de 4,8 milhões de crianças e adolescentes, na faixa entre 9 a 17 anos, não têm acesso à internet em casa. Este público corresponde a 17% de todos os brasileiros nessa faixa etária. Os dados foram divulgados pelo Fundo das Nações Unidas para a Infância (Unicef) e fazem parte da pesquisa *TIC Kids Online 2019*, lançada recentemente (Agência Brasil, 2020).

Ainda segundo a Agência, o levantamento foi feito pelo Centro Regional de Estudos para o Desenvolvimento da Sociedade da Informação (Cetic.br) do Núcleo de Informação e Coordenação do Ponto BR (NIC.br). Os dados foram solicitados pelo Unicef para medir, em meio à pandemia da Covid-19, quantas crianças e adolescentes estão sem acesso a aulas *on-line* e a outros conteúdos da internet que garantam a continuidade do aprendizado.

A esse respeito, Itálo Silva, chefe dos assuntos educacionais da Unicef, ressalta ser este um momento de crise, uma crise aguda em função da pandemia, que terá impacto na vida das crianças e dos adolescentes como um todo. "*Do ponto de vista da educação, a gente está com uma questão séria: o que é preciso fazer para que essas crianças e adolescentes tenham acesso a algum tipo de aprendizagem?*".

Na educação, e em especial, nas instituições de ensino básico, a forma de ensinar mudou de maneira abrupta com a implantação do ensino remoto, impondo aos alunos e professores um novo modelo de ensino até então não conhecido e nunca antes utilizado por docentes e nem praticado pelos alunos do ensino básico regular (Martins, 2020).

Nessa situação, a pandemia revelou o quanto é evidente a fragilidade por parte das instituições de ensino, sejam elas públicas ou privadas, demandando uma reflexão crítica sobre a inclusão dos discentes e a formação dos professores, uma vez que, o ensinar e aprender é uma tarefa complexa (Martins, 2020; Romanowski, 2007).

Para Giraffa (2020), a realidade exposta pela pandemia deixa claro também que nem sempre o que ocorre é algum tipo de resistência docente. Muitas vezes, e em especial na rede pública, há grande dificuldade de acesso dos alunos a alguma tecnologia na educação. Falta também formação de professores para que encontrem maneiras adequadas de aplicá-las em sala de aula, em lições *online*, nas diferentes formas possíveis de promover o conhecimento.

Pesquisas recentes demonstraram ainda, que entre aqueles que não têm acesso à internet em casa, alguns conseguem acessar a rede em outros locais, como escolas, telecentros ou em outros espaços. Isso antes da adoção de medidas de isolamento social no país. Já aqueles que não acessam a internet de nenhuma forma, no entanto, chegam a 11% da população na faixa etária entre 9 a 17 anos. A exclusão é maior entre crianças e adolescentes que vivem em áreas rurais, onde a porcentagem daqueles que não acessam a rede chega a 25% (Agência Brasil, 2020).

Pedrosa (2020) afirma ser necessário que a tecnologia na educação não seja vista como apenas um objeto ou uma ferramenta auxiliar no processo de ensino, mas como um instrumento de intervenção na construção de uma sociedade igualitariamente democrática, capaz de produzir pensamentos críticos e intervir em certos determinantes. (Santos Joaquim; Pesce, 2016).

No entanto, tamanho impacto transformador somente poderá ser observado caso haja políticas públicas eficazes para a sua implementação com equidade, igualdade, responsabilidade e planejamento. Porém, apesar do ensino remoto estar sendo a viabilidade possível no momento, várias questões precisam ser consideradas para que essa alternativa seja efetiva para todos os estudantes, o que é um desafio enorme, especialmente considerando que muitos desses estudantes não têm acesso a computadores, celulares ou à internet de qualidade nesse contexto de isolamento social (Oliveira; Souza, 2020, p. 20). Dessa forma, é importante ressaltar que as questões sociais, econômicas e culturais dos alunos também influenciam diretamente nos resultados da aprendizagem.

Alternativas para a superação dos problemas

Conforme bem ressaltou Senhoras (2020), os impactos intertemporais da pandemia da Covid-19 sobre a educação são preocupantes, pois reproduzem de modo ampliado desigualdades previamente existentes nas sociedades, de modo que os atores econômicos privilegiados e com amplo acesso ao ensino privado e às Tecnologias de Informação e Comunicação (TICs) conseguem minimizar os efeitos pandêmicos no curto prazo por meio da continuidade educacional via EaD em contraposição a atores econômicos mais vulneráveis.

> Neste sentido, as famílias com maior escolarização e melhores condições econômicas têm acesso e dão continuidade aos estudos

> por meio de plataformas estáveis e conteúdos de qualidade em contraposição às famílias com menor escolarização e piores condições econômicas, as quais são estruturalmente ou individualmente limitadas ao acesso ao EaD, e, portanto comprometendo a própria continuidade dos estudos durante (curto prazo) e após a pandemia (médio prazo) (Senhoras, 2020, p. 134).

Aragón (2020), enfatiza que um dos vários desafios para o enfrentamento dos problemas na área educacional frente a pandemia já é, e será, pensar como tornar a escola um ambiente mais favorável ao desenvolvimento das capacidades reflexiva, argumentativa, comunicativa, artística, etc. Pensar pedagogias que ajudem os alunos a lidar com incertezas e problemas para os quais ainda não há respostas.

Ainda segundo a autora, o uso das tecnologias digitais (TDICs) deverá receber maior atenção no futuro próximo, e a educação a distância deve ganhar mais adeptos nas universidades, já que muitos professores se entusiasmaram com o uso de ambientes virtuais nas suas aulas. Porém, há riscos de simplificar a modalidade, e é preciso investir na formação dos professores para o uso de arquiteturas pedagógicas apropriadas (Aragón, 2020, n/p.).

> No Ensino Básico, após superado esse período de uso das TDICs sem planejamento e metodologias adequadas, as experiências deverão ser avaliadas buscando boas práticas para sua integração aos currículos. Não se trata de contrapor estudo presencial e a distância, mas sim coordená-los para compor novos ecossistemas pedagógicos com a inclusão das TDICs.

Dessa forma, é necessário investimento, sobretudo, de políticas públicas que garantam o acesso aos recursos necessários para professores e alunos, provendo o mínimo para a possibilidade de adoção de práticas que foram devidamente comprovadas como eficazes no processo de educação. Caso contrário, se não forem adotadas medidas essenciais para a continuidade dos estudos, seja em momentos adversos, ou não, permanecerá a existência de barreiras educativas que irão provocar o afastamento e assim a marginalização de uma sociedade (Cunha; Henriques; Araújo, 2016).

Considerações finais

Não eram esperado tantos impactos causados por uma pandemia e com tamanha intensidade como ocorrido com a vinda da Covid-19, a qual se manifestou nos últimos meses no Brasil e no mundo. Como reflexo dessa nova realidade, praticamente segmento nenhum estava preparado para lidar com as consequências naturais impostas pelo distanciamento e isolamento social.

No campo educacional, ficaram evidenciadas as fragilidades que impactam a educação de um país, e estes resultados precisam ser cuidadosamente atentados para que impossibilite ainda mais os processos de exclusões sociais.

Outro problema evidenciado nessa discussão, que já é um problema antigo na realidade dos alunos de escolas públicas brasileiras e foi escancarado pela pandemia da Covid-19 na educação, é a desigualdade social e de acesso a tecnologias, que causa um abismo entre aqueles que podem dar continuidade ao seu processo de aprendizagem e outros que sequer têm um dispositivo eletrônico com conexão à internet dentro de casa.

Neste momento, o uso das tecnologias tem sido a principal solução para a situação que estamos vivenciando e, por meio dela, ocorreram mudanças significativas na maneira como ensinamos crianças e jovens. Porém, infelizmente, a realidade brasileira está distante de ser igualitária.

Conclui-se que a pandemia da Covid-19 criou repercussões negativas nos diferentes Sistemas Nacionais de Educação, e que um dos principais desafios para as redes de ensino será a avaliação e os ajustes no Projeto Político Pedagógico escolar, com base nas emergentes demandas que surgiram nesse momento de crise. A partir de agora será preciso delinear estratégias que minimizem as desigualdades sociais, contribuindo de fato com uma educação emancipatória, transformadora e que dê autonomia aos envolvidos.

Referências

AGÊNCIA BRASIL. Brasil tem 48 milhões de crianças e adolescentes sem internet em casa. *Agência Brasil*, 2020. Disponível em: <https://agenciabrasil.ebc.com.br/educacao/noticia/2020-05/brasil-tem-48-mi-

lhoes-de-criancas-e-adolescentes-sem-internet-em-casa>. Acesso em: 10 ago. 2020.

ARAGÓN, Rosane. Educação pós-coronavírus: mais tecnologias digitais e novos ecossistemas pedagógicos. *Timelime Gaúcha*, 2020. Disponível em: <https://gauchazh.clicrbs.com.br/comportamento/noticia/2020/04/educacao-pos-coronavirus-mais-tecnologias-digitais-e-novos-ecossistemas-pedagogicos-ck9d76jx6004n017n2unxog1q.html>. Acesso em: 10 ago. 2020.

BRASIL, Lei de Diretrizes e Lei De Diretrizes. Bases da educação Nacional. *Lei nº 9394 (1996): 96*. Disponível em: <http://www.planalto.gov.br/ccivil_03/leis/l9394.htm>. Aceso em: 10 jun. 2018.

BRASIL. Ministério da Educação. MOVIMENTO TODOS PELA EDUCAÇÃO. *Nota Técnica*: Ensino a Distância na Educação Básica Frente a Pandemia da Covid-19. Disponível em: <https://www.todospelaeducacao.org.br/_uploads/_posts/425.pdf?1730332266=&utm_source=conteudo-nota&utm_medium=hiperlink-download>. Aceso em: 10 jun. 2020.

CUNHA, M. B; HENRIQUES, A. G; ARAUJO, P. S. R. Metodologia para fiscalização de programas de inclusão digital com foco na avaliação independente de seus resultados. *Communication Policy Research Latin America*, vol. 10, 2016.

GIRAFFA, Lúcia. Um novo ensino desponta: quais as lições do período de pandemia para o futuro da educação. *Timelime Gaúcha*, 2020. Disponível em: <https://gauchazh.clicrbs.com.br/educacao-e-emprego/noticia/2020/07/um-novo-ensino-desponta-quais-as-licoes-do-periodo-de-pandemia-para-o-futuro-da-educacao-ckcgdo1z8005e013gd8sjkftx.html>. Acesso em: 10 ago. 2020.

JHU – John Hopkins University. Center for Systems Science and Engineering. COVID-19 Dashboard. *John Hopkins University Website* 2020. Disponível em: <https://coronavirus.jhu.edu/map.html>. Acesso em: 10 de agosto de 2020.

MARTINS, José Geovânio. Buenos Aires: Formação e profissionalização docente. *Caderno Intersaberes*, vol. 9, n. 17, 2020. Disponível em: <https://www.uninter.com/cadernosuninter/index.php/intersaberes/article/view/870>. Acesso em: 10 ago. 2020.

OLIVEIRA, Victor Hugo Nedel. O antes o agora e o depois: alguns desafios para a educação básica frente à pandemia de COVID-19. *Boletim de Conjuntura (BOCA)*, vol. 3, n. 9, 2020. Disponível em: <https://revista.ufrr.br/boca/article/view/NedelOliveira>. Acesso em: 10 ago. 2020.

OLIVEIRA, H. V; SOUZA, F. S. Do conteúdo programático ao sistema de avaliação: reflexões educacionais em tempos de pandemia (COVID-19). *Boletim de Conjuntura (BOCA)*, vol. 2, n. 5, 2020. Disponível em: <https://revista.ufrr.br/boca/article/view/OliveiraSouza>. Acesso em: 10 ago. 2020.

ROMANOWSKI, Joana Paulin. *Formação e profissionalização docente*, 3 ed. Curitiba: Ibpex, 2007.

SANTOS JOAQUIM, B.; PESCE, L. As Tecnologias Digitais da Informação e da Comunicação nos Contextos da Educação de Jovens e Adultos: Uma Revisão de Literatura (2007-2014). *Olhares*, vol. 4, n. 1, 2016.

SENHORAS, Elói Martins. "Coronavírus e Educação: Análise dos Impactos Assimétricos". *Boletim de Conjuntura (BOCA)*, vol. 2, n. 5, 2020. Disponível em: <https://revista.ufrr.br/boca/article/view/Covid-19Educacao>. Acesso em: 10 ago. 2020.

UNESCO – Organização das Nações Unidas para a Educação, a Ciência e a Cultura. *Disrupção educacional e resposta COVID-19*. Paris: UNESCO, 2020.

O WhatsApp na escola: desafios do uso de TDICs na educação em tempos de pandemia de Covid 19

Caetano Bonfim Ferreira[1]
Francisco André Silva Martins[2]
Ana Cristina Azevedo Carneiro[3]

Introdução

O desenvolvimento da informática acelerou exponencialmente o processo de informação entre as pessoas e o uso de suas ferramentas alastrou-se pelas escolas, atestando a teoria de Castells (2003) sobre a sociedade em rede. O WhatsApp ganhou grande número de adeptos no Brasil por ser um aplicativo de comunicação instantâneo e de fácil acesso, trazendo à tona uma discussão em torno da sua utilização no processo de ensino-aprendizagem:

> A internet é o tecido de nossas vidas. Se a tecnologia da informação é hoje o que a eletricidade foi na Era Industrial, em nossa época, a internet poderia ser equiparada tanto a uma rede elétrica quanto ao motor elétrico em razão de sua capacidade

[1] Mestre. Professor da educação básica. *E-mail*: caetanohistoria@hotmail.com

[2] 2. Professor Doutor do PPGE Mestrado em Educação FAE/UEMG. *E-mail*: francisco.martins@uemg.br

[3] Pedagoga. Supervisora da educação básica. MBA em Gestão de Pessoas. Psicopedagoga. *E-mail*: anacac17@gmail.com

> de distribuir a força da informação por todo o domínio da atividade humana. Ademais, à medida que novas tecnologias de geração e distribuição de energia tornaram possível a fábrica e a grande corporação como os fundamentos organizacionais da sociedade industrial, a Internet passou a ser a base tecnológica para a forma organizacional da Era da Informação: a rede (Castells, 2003, p. 7).

A popularização da internet, não obstante à necessidade de aprofundamento das discussões que tratem da sua efetiva democratização e da qualidade necessária para a vivência do processo educativo, levantou um debate importante em relação ao uso de Tecnologias Digitais de Comunicação e informação no ambiente escolar, pois possibilitou um estreitamento de relações entre pessoas formando redes sociais consistentes, estreitando laços de convivência entre alunos e professores. Atualmente, no Brasil, existem, aproximadamente, 150 milhões de usuários de internet, segundo o portal Datareportal, Digital Brazil (2020), um quantitativo de pessoas que vai reverberar diretamente na realidade escolar e no seu fazer educativo.

Usar Tecnologias Digitais de Informação e Comunicação na educação é um desafio, e esse desafio só aumenta, principalmente ao tratarmos de um período de isolamento social e interrupção de aulas presenciais, trazendo à tona a necessidade de uma rápida adaptação da escola em atendimentos não presenciais e na garantia do acesso irrestrito dos seus estudantes. Dessa maneira, foi necessária uma inevitável e apresada reforma nas estruturas curriculares das escolas de todo o país, de forma a atenderem as imediatas necessidades de manutenção e reorganização dos processos de ensino-aprendizagem.

Uma seara possível encontra-se nas tecnologias digitais de informação e comunicação, que possibilitam a dinamização da comunicação e oportunizam maior autonomia do estudante em busca de informações.

Os jovens e as crianças em idade escolar compõem importante parcela de usuários de internet no país. De acordo com pesquisa realizada pelo TIC Kids on line, em 2018, os *smartphones* já eram apontados como a maior ferramenta para o uso da internet no país, como apresentado no Gráfico 1 a seguir:

Gráfico 1 – Pesquisa TIC Kids online (2018)

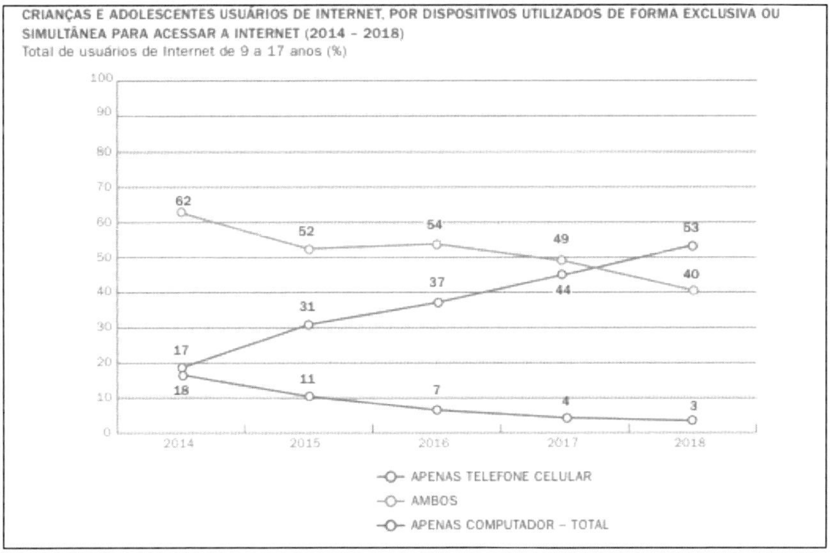

Ensinar com o uso das tecnologias é um grande passo no sentido de nos estimular a superar potenciais dificuldades e, de acordo com Perrenoud (2000), a escola não pode ignorar as evoluções tecnológicas que se passam no mundo. As novas Tecnologias Digitais da Informação e Comunicação transformam não só as maneiras de comunicar, mas também de estudar, de pesquisar, de divertir, de trabalhar, de decidir e de pensar. Uma transformação que muda o mundo, e a escola como parte componente desse mundo também se vê compelida a mudar. O professor do século XXI deve estar preparado para utilizá-las, a fim de atender às necessidades dos exigentes alunos criados utilizando esses aparatos tecnológicos:

> O mundo desses jovens sempre foi habitado por Internet, celular, *e-mail* e, de certa forma, são convocados e incitados por novidades a todo o momento. É uma geração que prescinde de informações e estímulos, mesmo que se tornem obsoletos minutos depois. Essa nova leva de jovens chama a atenção dos educadores no século XXI já que estão prestes a ingressar nas universidades e vem demonstrando um comportamento distinto das outras gerações no que diz respeito às formas de

aprendizagem e aos modos de circulação do conhecimento (Bortolazzo, 2012, p. 6).

O aplicativo WhatsApp é utilizado principalmente em aparelhos *smartphones* e, no Brasil, tem um número expressivo de usuários devido à facilidade de troca de informações, como textos, áudios, imagens e vídeos, de forma rápida e barata, visto que o uso desse aplicativo é gratuito, ao contrário das alternativas disponibilizadas pelas operadoras de telefonia móvel, que são cobradas:

> O WhatsApp foi criado em 2009 e, pouco tempo depois, foi transformado em um aplicativo de mensagens pelo *smartphone*. Uma das prioridades dos desenvolvedores da tecnologia era que o aplicativo fosse limpo, objetivo e sem anúncios: "Nós queríamos saber o mínimo possível sobre nossos usuários. Nós não éramos direcionados pela propaganda, então não precisávamos de dados pessoais" (Canaltech, 2012).

Entre os usuários adolescentes e jovens, o WhatsApp é a ferramenta de comunicação mais utilizada e, juntamente com *sites* de pesquisas como Google, com finalidade de realização de pesquisas para a elaboração de trabalhos escolares, ocupam posição de destaque de acessos à internet por esse público, conforme visto no Gráfico 2 a seguir:

Gráfico 2 – Pesquisa TIC Kids online (2015)

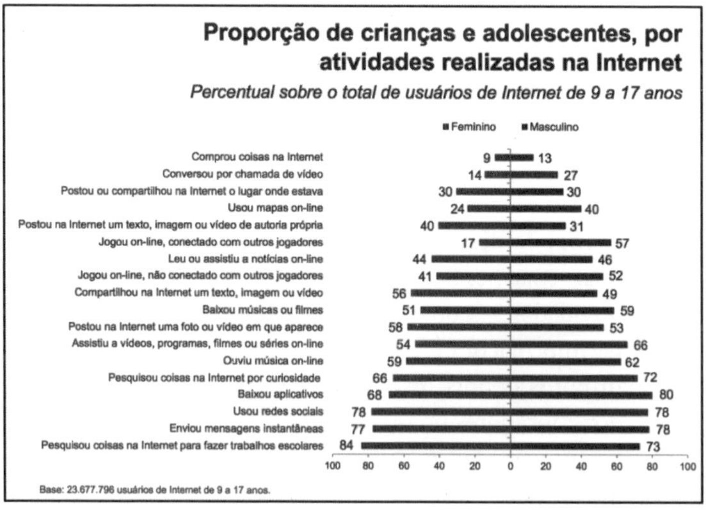

De acordo com o Digital Brasil (2020), o Brasil conta com cerca de 140 milhões de usuários de mídias sociais, dentre elas uma das mais populares é o aplicativo de troca instantânea de mídias WhatsApp. Percebe-se que atualmente as pessoas utilizam cada vez menos as ligações telefônicas e recorrem ao WhatsApp para a comunicação.

O uso regular dessa ferramenta traz alterações importantes no modo de relacionamento entre as pessoas, recriando a maneira tradicional de relacionamento social. Na escola, essa alteração é ainda mais visível, pois os adolescentes como parcela considerável de usuários das tecnologias digitais, fazem dessa tecnologia um espaço de encontro, formam grupos da turma, grupos de estudo, de troca de informações, de orientações para trabalhos coletivos, diante disso, o uso desses recursos deve ser repensado em uma perspectiva crítica e inovadora.

Durante o período de pandemia da Covid 19 e com a interrupção das aulas presenciais, o WhatsApp mostrou-se uma importante ferramenta de comunicação e suporte do funcionamento da troca de informações entre professores e alunos, entre professores e direção/coordenação, entre as escolas e os pais, em muitas instituições escolares espalhadas pelo país.

Para a escrita deste artigo foi realizado um levantamento bibliográfico, de natureza temática, utilizando os *sites* SciELO e Google Acadêmico dos quais foram levantados artigos contendo as palavras chaves: WhatsApp, educação, escola, tecnologia. Foi feita uma seleção por meio da leitura dos resumos e, ao final, foram trabalhados quinze artigos. Buscou-se apresentar as potencialidades e os obstáculos da utilização do WhatsApp no processo de ensino-aprendizagem. Foi aplicado um questionário para professores da educação básica da Região Metropolitana de Belo Horizonte com o objetivo de subsidiar as discussões empreendidas no diálogo com a bibliografia sobre o tema. Neste artigo, o objetivo foi traçar um panorama inicial sobre o uso do WhatsApp durante a pandemia da Covid 19.

Os desafios da incorporação do WhatsApp na escola

Os adolescentes em idade escolar têm enorme facilidade em lidar com a tecnologia, pois nasceram em uma época em que os aparelhos eletrônicos já estavam popularizados, e mostram grande habilidade na utilização desses recursos digitais, pois foram formados como sujeitos sociais com o acesso a essas ferramentas, como algo quase que naturalizado. Nesse sentido, esses sujeitos não vivenciam as tecnologias na condição de estrangeiros, como ocorre com os adultos, que apesar de vivenciarem o processo de construção dessas tecnologias, têm que se adaptar compulsoriamente a algo que, na maioria das vezes, foge-lhes do domínio. Na escola não é diferente, os alunos usam aparelhos eletrônicos e ferramentas digitais com maior facilidade do que seus professores. Com um simples toque na tela eles têm acesso a um oceano de informações e notícias, que vão de questões relacionadas ao comportamento e à moda, perpassam questões políticas e sociais e podem desembocar, inclusive, nos debates das disciplinas escolares.

Tal situação traz um certo desconforto para o docente que, tradicionalmente, está acostumado a monopolizar a detenção do saber na construção do conhecimento, o que proporciona um certo medo de perder o controle do processo de ensino ou simplesmente de ser ridicularizado por não saber usar tais recursos tecnológicos. A pesquisadora francesa Geneviève Jacquinot-Delaunay (2009) enumera algumas observações relevantes sobre os jovens alunos e a escola:

- Pela primeira vez na história, assiste-se a uma inversão da transmissão intergeracional dos saberes e serviços ligados ao computador. São hoje os jovens que transmitem esses saberes aos mais velhos.
- Os saberes e as habilidades associados ao computador são adquiridos pelos jovens, frequentemente entre os seus pares, numa transmissão horizontal – na escola ou fora dela, de modo informal, mais que estruturada ou estruturante.
- Não obstante as variações entre países, regiões e níveis socioculturais, a verdade é que a "exclusão informática reduz progressivamente, sobretudo graças à diminuição dos custos e à simplificação dos procedimentos de acesso (...)".
- Há uma grande disparidade nos usos, na quantidade e na natureza entre as práticas domésticas e escolares, que é a causa das divergências pedagógicas.

- Em todo o mundo, para os jovens, as relações sociais passam pela Web (Jacquinot-Delaunay, 2009).

Não obstante os apontamentos mencionados anteriormente nesse artigo, há que considerar que esse recurso das tecnologias pode e deve ser utilizado como aliado no processo de ensino-aprendizagem. A escola, ainda marcada por práticas tradicionais, durante o período de pandemia da Covid 19, viu-se obrigada a se adaptar a novos modelos pedagógicos, utilizando os recursos trazidos pela evolução tecnológica, mesmo não passando por um processo paulatino de adaptação. A escola necessita desenvolver a capacidade de adaptação de uso das novas tecnologias e cumprir seu papel de formação de pessoas como afirma Luciano Sathler (2008):

> Ser escola pressupõe a capacidade de gerar novos conhecimentos permanentemente, fazer sentido para a comunidade com a qual se relaciona e inspirar segurança de que a informação difundida pela instituição é confiável e de boa qualidade para a formação das pessoas. Isso implica em ir além do autodidata, exatamente pela relação que se estabelece entre professor-aluno e aluno-aluno. (Sathler, 2008, p. 63-64).

Ainda, segundo Schneider (2013), a escola tradicional apresenta uma enorme dificuldade em utilizar-se das Tecnologias de Comunicação e Informação:

> A escola, na sua configuração tradicional, tem dificuldades de desenvolver essas competências nos aprendizes, devido, principalmente, ao modelo pedagógico vigente, o qual se baseia na transmissão do saber e no individualismo. Enquanto a máxima atualmente é colaborar para competir com qualidade no mercado globalizado, a educação ainda prima por ensinar a competir por competir, numa lógica ganhar e perder, quando deveria ser ganhar-ganhar, ou seja, um sistema onde só faça sentido quando todos ganham (Schneider, 2013, p. 91).

Contudo, algumas reflexões se fazem necessárias para avançarmos no debate sobre o tema: como utilizar este recurso de forma favorável? Quais as perspectivas dos alunos em relação à sua formação? Esses são alguns dos desafios propostos para a educação do século XXI, como discute Elizabete Cruz:

> Trata-se de desafios que, considerando as questões levantadas pelos alunos, requerem um compromisso mais lúcido e crítico dos profissionais responsáveis pela sua formação acadêmica. Exigem, nomeadamente, maior coordenação no uso de tecnologias em todas as disciplinas escolares, maior qualidade na sua utilização ao serviço da aprendizagem, maior abertura à participação ativa dos alunos nas atividades pedagógicas, maior equilíbrio entre a promoção da autonomia do aluno e a necessidade de prestar um apoio mais individualizado, mais incentivos à criação de dinâmicas de tutoria entre alunos, mais apoio à organização dos trabalhos escolares e maior atenção e respeito pelas dúvidas e questionamentos colocados pelos alunos. Embora as reivindicações recaiam sobretudo na esfera de ação dos professores, constata-se que a experiência vivenciada pelos alunos também contribuiu para que estes tomassem maior consciência da importância do seu papel em direção a uma prática educativa transformadora, reconhecendo a necessidade de mudarem o comportamento/atitudes em sala de aula, realizarem os trabalhos solicitados de forma mais empenhada e melhorarem a autoestima em relação à aprendizagem (Cruz, 2018).

A sala de aula tradicional propõe uma limitação de tempo e espaço para o processo de ensino-aprendizagem. A utilização de ferramentas como o WhatsApp dinamiza as aulas e propõe novos desafios tanto para os professores quanto para os alunos que têm mais tempo e mais espaço para suas descobertas; a dimensão espaço e tempo não estarão circunscritas às paredes físicas da sala de aula, tornando os sujeitos mais atuantes nos processo de aprendizagem. Como afirma Santaella: "Processos de aprendizagem abertos significam processos espontâneos e assistemáticos e mesmo caóticos, utilizados ao sabor das circunstâncias e de curiosidades contingentes e que são possíveis porque o acesso à informação é livre e contínuo, a qualquer hora do dia ou da noite" (Santaella, 2010).

A formação livre, contínua e participativa aguça no aluno a vontade de aprender, dando-lhe mais autonomia e criatividade. É nesse contexto que se desenvolve o ensino híbrido, uma abordagem pedagógica que combina atividades presenciais e atividades realizadas por meio das tecnologias digitais de informação e comunicação (Valente, 2015).

Nesse contexto, o professor também faz progressos em sua tarefa de ensinar, se pensarmos com Bernard Charlot, que elucida o papel do professor e as suas responsabilidades para o sucesso escolar de seu aluno: "O professor tem de pensar ao mesmo tempo no "global" e no "local". Há de preparar seus alunos para uma sociedade globalizada, e também, de "ligar a escola à comunidade" (Charlot, 2013, p. 100). O estreitamento de relações que o professor estabelece com seu aluno influencia no objetivo de prepará-lo para "ganhar o mundo", isto é, tornar-se um sujeito social consciente de seu lugar na sociedade, bem como buscar se estabelecer no que tange ao mercado de trabalho, após sua formação.

As tecnologias digitais dão ao professor uma diversidade de possibilidades de trabalhos e pesquisas com os alunos:

> [...] podemos falar da diversidade de estratégias que os professores podem utilizar na estruturação das intenções educacionais com seus alunos. Desde uma posição de intermediário entre o aluno e a cultura, a atenção à diversidade dos alunos e das situações necessitará, às vezes, desafiar; às vezes dirigir; outras vezes propor, comparar (Zabala,1998, p. 90).

O WhatsApp, por sua vez, encaixa-se nesta afirmação, pois permite ao professor a aplicabilidade de tarefas mais simples, como dinamizar a comunicação com o grupo e até intermediar debates e propostas, resolver conflitos e enviar informações.

De acordo com as respostas do questionário aplicado em setembro de 2020 a professores da educação Básica de escolas públicas estaduais da região metropolitana de Belo Horizonte, podemos considerar que o WhatsApp tornou-se uma importante ferramenta de comunicação entre professores e alunos, superando em resultados satisfatórios outras ferramentas como Google Meet, o Zoom e, em especial para a rede estadual de educação de Minas Gerais, o aplicativo Conexão Escola, como demonstrado no Gráfico 3.

Gráfico 3 – Ferramentas de comunicação mais utilizadas

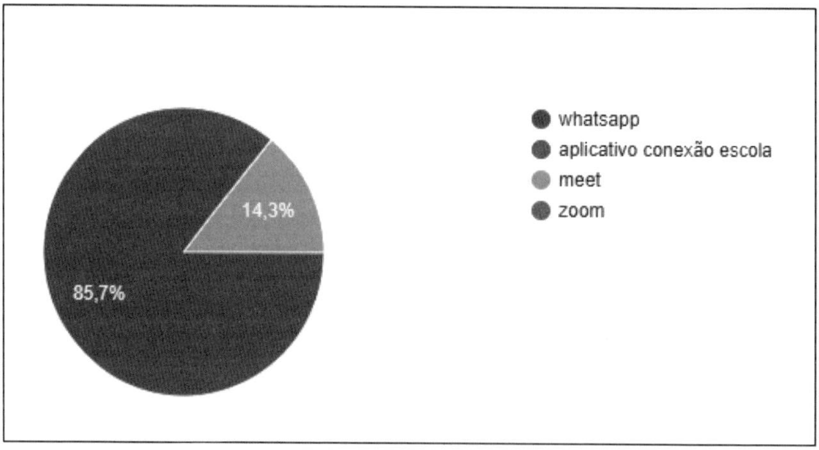

Ao serem perguntados sobre a ferramenta mais eficiente e funcional para a transmissão de material didático e saneamento de dúvidas, novamente o WhatsApp apresentou destaque, conforme apresentado no Gráfico 4.

Gráfico 4 – Ferramentas mais eficientes e funcionais para transmissão de estudo

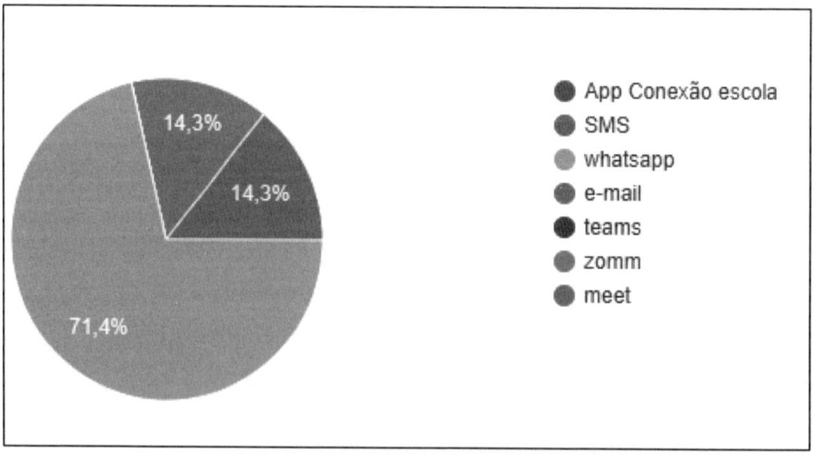

Dessa forma, os alunos são capazes de construir experiências de aprendizagem coletivas e colaborativas, potencialmente reformulando

espaços e tempos escolares e ampliando o papel do professor como mediador de conhecimento (Lima; Rosendo, 2014).

> Contudo o uso excessivo das ferramentas digitais pode trazer alguns danos ao processo de ensino aprendizagem, por exemplo o uso muito frequente do WhatsApp pode gerar uma deficiência nas habilidades de leitura, interpretação e escrita, pela informalidade da escrita de textos nessa ferramenta ou pelas outras opções de transmissões de informações que nela são ofertadas. Nesse contexto Charlot (2010) propõe uma discussão acerca do fracasso escolar: (Charlot, 2010) [...] esse não passa de um nome genérico, um modo cômodo para designar um conjunto de fenômenos que têm, ao que parece, algum parentesco. [...] afirmar que o "fracasso escolar" não existe, é recusar esse modo de pensar sob o qual insinuamse as ideias de doença, tara congênita, contágio, evento fatal. [...] o "fracasso escolar" não é um monstro escondido no fundo das escolas e que se joga sobre as crianças mais frágeis, um monstro que a pesquisa deveria desemboscar, domesticar, abater. O "fracasso escolar" não existe; o que existe são alunos fracassados, situações de fracasso, histórias escolares que terminam mal (Charlot, 2000, p. 16).

Para Perrenoud (2000), os professores devem conhecer os perigos que as novidades tecnológicas apresentam, além dos limites em que devem ser usadas, pois a má gestão da utilização dessas ferramentas pode torná-las prejudiciais, corrompendo-lhes o objetivo de auxílio no processo ensino-aprendizagem.

Outros problemas apontados pela utilização demasiada do WhatsApp são os problemas de saúde, como os problemas oftálmicos, causados por longas horas de visualização de uma minúscula tela com enorme frequência. Outro exemplo é a whatsappinite[4] que tem se tornado um problema crescente, muito preocupante que atinge os jovens, podendo limitá-los nos estudos e em outras atividades, devido aos longos períodos de digitação nos aparelhos *smartphones* que não foram projetados para

[4] Whatsappinite: termo apresentado pela revista *The Lancet* no ano de 2014 para definir tendinite, tenossinovite e osteoartrite nos dedos, mãos e punhos pelo uso excessivo de aparelhos *smartphones*.

tal finalidade, com afirma a revista britânica The Lancet publicada no ano de 2014, pela pesquisadora Inés M Fernandez-Guerrero.

Outro grande desafio encontrado pelos professores da rede pública estadual está relacionado ao acesso às tecnologias de informação e principalmente a utilização dessas tecnologias, mesmo apontando os benefícios e facilidades do uso da ferramenta Whatsapp, a participação dos alunos nas atividades remotas é muito baixa, devido às condições financeiras das famílias. De acordo com o formulário preenchido pelos professores cerca de 60% dos alunos deixam de realizar as atividades remotas por falta de conexão com a internet ou planos de dados celulares móveis limitados.

A utilização do WhatsApp trouxe uma melhora na comunicação entre escola e alunos, contudo, não conseguiu atingir as demandas necessárias de qualificação das metodologias apresentadas pelos governos de acordo com suas expectativas das políticas educacionais para o período abarcado pela pandemia da Covid 19.

Considerações finais

Caminhando para o fechamento desse trabalho, reforçamos que não há respostas prontas, principalmente no que tange a problemas ainda tão em voga na realidade social. Todavia, trazemos apontamentos que acreditamos poder colaborar com o entendimento dos problemas que na atual conjuntura permeiam a realidade de nossas escolas, mesmo que a distância.

Em linhas gerais, podemos dizer que o uso das tecnologias digitais de informação e comunicação dinamizou o processo de informação e comunicação entre as pessoas e a escola durante o período afetado pela pandemia da COVID 19, período esse em que parte das escolas manteve-se ativa por meio de aulas remotas e atividades não presenciais. Torna-se necessário avaliar o uso pedagógico do WhatsApp como meio de expandir o tempo formal das aulas, além de fomentar a interação entre professores e alunos e aumentar a possibilidade de tornar a aula mais dinâmica e atrativa para o adolescente.

Entendemos que isso deve ser feito de uma maneira pela qual o professor assuma uma postura de interlocutor, para que possa intermediar debates, pesquisas, discussões ou, simplesmente, propor trabalhos de pesquisa e comunicação com seus alunos, garantindo uma educação crítica, criativa e democrática, em que o aluno participe ativamente do processo de ensino-aprendizagem. Observa-se também a necessidade de avaliar os riscos de utilização dessa tecnologia, criando estratégias para minimizar os problemas que, por ventura, possam ser causados pelo seu uso inadequado. Não se trata de pensar que as tecnologias são a resolução de todos os problemas, mas saber fazer seu bom uso de forma responsável, e isso somente se dá de maneira processual, paulatina.

Referências

BORTOLAZZO, Sandro Faccin. *Nascidos na era digital*: outros sujeitos, outra geração. XVI ENDIPE – Encontro Nacional de Didática e Práticas de Ensino/UNICAMP. Campinas: Junqueira & Marin, 2012.

CASTELLS. M. *Sociedade em Rede*. Tradução de Roneide Venâncio Majer, 6 ed. São Paulo: Paz e Terra, 2003.

CHARLOT, Bernard. *Desafios da educação na contemporaneidade*: reflexões de um pesquisador – Entrevista com Bernard Charlot. Educ. Pesqui., São Paulo, v. 36, n. spe, p. 133-143, abr. 2010 .

CHARLOT, Bernard. *Da relação com o saber às práticas educativas*. São Paulo: Cortez editora, 2013.

CHARLOT, Bernard. *Da Relação com o saber*: elementos para uma teoria. Porto Alegre: Artes Médicas Sul, 2000.

CHARLOT, Bernard. *Os jovens e o Saber*: Perspectivas Mundiais. Porto Alegre: Artimed editora, 2001.

CHARLOT, Bernard. O professor na Sociedade Contemporânea: Um Trabalhador em Contradição. *Revista da FAEEBA - Eduação e contemporaneidade*, Salvador, v. 17, n. 30, p. 17-31, jul./dez. 2008.

CANALTECH.COM. *Conheça a trajetória de Jan Koum, criador do WhatsApp*, 2017. Disponível em: <https://corporate.canaltech.com.br/materia/personalidades/conheca-a-trajetoria-de-jankoum-criador-do-whatsapp-93972/>. Acesso em: 27 dez. 2021.

CRUZ, Elisabete. Representaçõ*es de alunos sobre a integração curricular das TIC no ensino básico*. Educ. Pesqui., São Paulo, v. 44, e157951, 2018.

DIGITAL 2020: Brazil – Datareportal – Global Digital Insights.

JACQUINOT-DELAUNAY, Geneviève. *Algumas observações sobre os nativos digitais e a escola*. Curitiba: Intercon, p. 167-182, Marialva Barbosa et al., 2009.

LIMA, Ana Lúcia D'Império; ROSENDO, Rosi. Séries finais do ensino fundamental: o papel das TIC na etapa mais desafiadora do ensino básico. In: CETIC. BR. *Pesquisa sobre o uso das Tecnologias de Informação e Comunicação nas escolas brasileiras – TIC Educação 2013*. São Paulo: Comitê Gestor da Internet no Brasil, 2014.

PLANA, Mar Gutiérrez et al. *Improving learners' reading skills through instant short messages*: A sample study using WhatsApp. 4th World CALL Conference, Glasgow, 10-13 julho, 2013.

MUDLIAR, Preeti; RANGASWAMY, Nimmi. *Offline Strangers, Online Friends*: Bridging Classroom Gender Segregation with WhatsApp. 33rd Annual ACM Conference on Human Factors in Computing Systems, Seoul, Páginas 3799-3808, 2015.

SANTAELLA, Lucia. *A aprendizagem ubíqua substitui a educação formal*? ReCet PUC-SP, São Paulo, Volume II, n. 1, p. 17-22, 2010.

SANTAELLA, Lucia. Da cultura das Mídias à cibercultura: o advento do pós-humano. *Revista FAMECOS*. Porto Alegre, n. 22, dezembro de 2003.

THE LANCET (2014, 22 de março). WhatsAppitis. *THE LANCET*. Volume 383, n. 9922, p. 1040, 22. Disponível em: <http://www.thelancet.com/journals/lancet/article/PIIS0140- 6736(14)60519-5/fulltext>. Acesso em: 26 dez. 2021.

SATHLER, Luciano. Educação e Tecnologia: espaço de fortalecimento da atuação docente. In: SATHLER, Luciano; JOSGRILBERG, Fábio; AZEVEDO, Adriana Barroso de (Orgs). *Educação a distância*: uma trajetória colaborativa. São Bernardo do Campo: Universidade Metodista de São Paulo, 2008.

SCHNEIDER. Henrique Nou. A educação na contemporaneidade: Flexibilidade, comunicação e colaboração. In: *Int. J. Knowl. Eng. Manage*, Florianópolis, v. 2, n. 2, p. 86-104, mar./maio, 2013.

VALENTE, José Armando. O ensino híbrido veio para ficar. In: BACICH, L.; TANZI NETO, A.; TREVISANI, F. D. M. *Ensino Híbrido*: personalização e tecnologia na educação. Porto Alegre: Penso, 2015.

ZABALA, Antonio. *A prática educativa*: como ensinar. Porto Alegre: ArtMed, 1998.

Horizontes da inclusão educacional: notas sobre o Proeja e a meta 10 do PNE

Lucília Machado[1]

Introdução

Em 2006, uma importante política pública de inclusão educacional foi instituída pelo Decreto nº 5.840: o Programa Nacional de Integração da Educação Profissional à Educação Básica na Modalidade de Educação de Jovens e Adultos – Proeja. (BRASIL, 2006). De forma inédita, propunha a oferta unificada de cursos de educação profissional, tanto de formação inicial e continuada quanto técnicos, com a educação de jovens e adultos em nível fundamental ou médio.

A associação da educação profissional com o ensino fundamental trouxe a perspectiva de favorecer a elevação do nível de escolaridade de trabalhadores. De forma integrada ou concomitante, cursos técnicos poderiam ser desenvolvidos articuladamente com a EJA no ensino médio. Em todos os casos, o horizonte buscado era completar a educação básica e oferecer preparo para o trabalho, fundamentais ao enriquecimento da cidadania, ao acesso às atividades produtivas, à continuidade dos estudos e ao desenvolvimento pessoal.

O Proeja foi pensado, inicialmente, para ser desenvolvido pela Rede Federal de Educação Profissional, Científica e Tecnológica, mas foi estendido aos sistemas de ensino estaduais e municipais e

[1] Professora titular aposentada da Faculdade de Educação da UFMG. *E-mail*: luciliamachado2014@gmail.com

às instituições profissionalizantes do Sistema S: Senai, Senac, Senar, Sescoop e Senat.

Trata-se de uma oferta desafiante com respeito ao desenvolvimento curricular, pois como prevê o § 4º do art. 1º desse decreto, "Os cursos e programas do Proeja deverão ser oferecidos, em qualquer caso, a partir da construção prévia de projeto pedagógico integrado único, inclusive quando envolver articulações interinstitucionais ou intergovernamentais".

Nesse texto, pretende-se abordar, primeiramente, o significado desse programa voltado aos jovens e adultos, tendo em vista sua inclusão educacional e social e o que foi previsto para a Meta 10 do Plano Nacional de Educação: "Oferecer, no mínimo, 25% das matrículas de educação de jovens e adultos, nos ensinos fundamental e médio, na forma integrada à educação profissional" (BRASIL, 2014). Num segundo momento, serão apresentados dados estatísticos nacionais sobre movimentos escolares na EJA, especialmente quando essa é oferecida de forma associada com a educação profissional. Por último, serão abordadas algumas ações para o avanço da EJA profissionalizante e do Proeja.

O significado do Proeja para a inclusão social e educacional

A Lei de Diretrizes e Bases da Educação Nacional, Lei nº 9.394/96 (Brasil, 1996) incorporou mudanças e alargamentos conceituais vindos dos finais da década de 1980, ao assumir o termo Educação de Jovens e Adultos para designar as ações anteriormente designadas e conhecidas como Ensino Supletivo.

A ampliação conceitual significou reconhecer a complexidade desse campo educacional por ele incluir diversas dimensões não passíveis de tradução e resumo pela palavra ensino. Além das questões específicas ao trabalho escolar, ele é atravessado por questões sociais, econômicas, políticas, culturais, por um conjunto de problemas que afeta grande parte da população do país e os direitos de cidadania.

Em 2000, o Parecer CNE/CEB n. 11 (Brasil, 2000) já havia atribuído à EJA três importantes funções. A primeira, reparadora por incorporar o resgate de direitos civis pela restauração de um direito negado, já que os termos suplência e supletivo não levavam à compreensão do que a negação deste direito representa. A segunda função da EJA seria a de equalização ao reivindicar cobertura adequada para a reentrada no sistema educacional, assegurando condições efetivas de acesso e permanência a todos e a tantos com escolaridade interrompida por conta de repetências ou evasões, das desiguais oportunidades de continuidade dos estudos ou de outras condições adversas. E, por fim, a terceira função, a qualificadora, entendida como a essencial e permanente dessa modalidade educacional, qual seja a de garantir educação contínua e ao longo da vida a todos. Esse seria, portanto, o sentido próprio e a função da EJA, já que as duas funções anteriores decorrem, na verdade, de distorções sociais distributivas e de limitações das concepções e no desenvolvimento das políticas e práticas educacionais.

O Proeja, portanto, ao ser instituído em 2006, encontra-se nesse contexto de mudança paradigmática e de busca de universalização da educação básica, de ampliação das oportunidades de qualificação profissional e de perspectivas de continuidade de estudos, de ampliação das chances de melhor inserção na vida social e no mundo do trabalho.

Para tanto, o Decreto nº 5.840/2006 determinou às instituições federais de educação profissional e tecnológica disponibilizar a esse programa, já em 2006, no mínimo, dez por cento do total das vagas de ingresso na instituição, tomando como referência o quantitativo de matrículas do ano anterior, e ainda, a ampliação dessa oferta a partir do ano de 2007, fazendo, assim, ajustes no seu plano de desenvolvimento institucional.

O significado da educação para a inclusão social é enfatizado por todos os que consideram ser urgente responder às necessidades educacionais dos jovens e adultos. Assim, argumenta-se a importância crescente da educação básica nos processos de recrutamento e seleção das empresas e seus requerimentos de habilidades necessárias à resolução de problemas, à atualização permanente, à aquisição de novos conhecimentos, e à crítica na reconstrução criadora de conceitos e práticas.

Cresce a convicção de que toda e qualquer qualificação é algo provisório, móvel, flexível e constante, e de que a volta periódica aos bancos escolares se associa ao convencimento de que a noção de fluxo deve substituir a outra antes prevalente, a de estoques de conhecimentos.

A falta de qualificação da força de trabalho, especialmente de educação básica, constitui, de fato, um limite à inclusão social. Não é um fator único e nem é o primário, mas afeta o acesso à renda, ao emprego e tem repercussões importantes na qualidade de vida.

Assim, a educação brasileira, em razão de seus índices de baixo atendimento e produtividade, tem se configurado como um dos empecilhos ao desenvolvimento do país. Logo, a ampliação e a diversificação dos serviços educacionais não podem estar ausentes dos programas e projetos que busquem viabilizá-lo.

O desenvolvimento vertiginoso e o avanço das aplicações da tecnologia e das descobertas das ciências dependem, em larga medida, da disponibilidade de pessoas com bons níveis de escolaridade. Mas a educação tem significado social e político ainda mais ampliado quando se pensa na necessidade de todos terem acesso à qualidade de vida e ao bem-estar em todos os seus sentidos.

No Brasil, o ensino fundamental tem apresentado um significativo aumento do número de vagas e uma grande diversificação do alunado. Porém, ainda permanecem as condições de oferta estimuladoras da reprovação, da repetência, da evasão e da distorção idade/série. Em média, os alunos do ensino fundamental ainda investem onze anos de suas vidas para completá-lo.

Em 2002, antes do lançamento do Proeja, o IBGE, por meio da publicação *Síntese de Indicadores Sociais*, já havia revelado que, no caso do ensino médio público, mais da metade (53,3%) das matrículas indicava distorção idade-série (IBGE, 2002). Esse problema é um dos fatores que explica o grande crescimento das matrículas no ensino médio na modalidade educação de jovens e adultos. Os dados do Censo da Educação Básica (Brasil, 2003; Brasil, 2004) tinham mostrado um aumento de apenas 1% das matrículas no ensino médio regular entre 2003 e 2004. Em contraposição, no ensino médio na modalidade EJA, elas haviam crescido 18% nesse período.

Em alguns estados, essa ampliação tinha sido exponencial. Por exemplo, no Estado de São Paulo, que entre 1995 e 2004 havia registrado uma elevação de 1.490% nas matrículas no ensino médio na modalidade EJA, passando de 29.944 para 466 mil alunos (Brasil, 2004).

O regresso de jovens e adultos ao ensino médio é, sem dúvida, muito positivo. Antes disso, muitos deles são penalizados pela ausência de medidas de promoção da qualidade da educação regular, fundamental e média, e de políticas econômicas de correção das distorções distributivas, endêmicas à realidade social brasileira. Essa volta à escola é animadora com respeito ao aumento do potencial dessas pessoas de fazer escolhas e traçar alternativas para sua educação continuada.

O Censo do IBGE de 2000 havia revelado a dimensão do problema: dos 119,5 milhões de brasileiros de 15 anos, ou mais, cerca de 65,9 milhões não haviam concluído o ensino fundamental; 30% dos jovens de 17 anos estavam fora da escola, e de cada 100 alunos do ensino fundamental, apenas 31 chegavam ao ensino médio (IBGE, 2000).

Não surpreende, portanto, a informação da PNAD de 2003 (IBGE, 2003) de que apenas 23 milhões de pessoas tinham 11 anos de estudo (educação média completa), no Brasil, ou seja, somente 13% do total da população do país à época.

Nem tão pouco a informação do Registro Anual de Informações Sociais (RAIS), de 2002, de que apenas 5.388.869 de jovens entre 18 e 24 anos (23,3% do total dessa faixa etária) tinham emprego no mercado de trabalho formal (Brasil, 2002).

Políticas que assegurem o direito à educação, no sentido de oportunidade de apropriação do conhecimento, ao desenvolvimento humano e ampliação da cidadania precisam ser incentivadas e materializadas. Em junho de 1993, em Viena, na Conferência da ONU sobre Direitos Humanos, o desenvolvimento humano foi reconhecido como direito de todos (ONU, 1993).

A elevação da escolarização e a educação profissional e tecnológica precisam também estar associadas aos recursos mobilizáveis para o desenvolvimento local, integrado e sustentável, como estratégia de um projeto soberano e autônomo de país. O Decreto nº 5.840/06, no parágrafo único do seu art. 5º, determinou, assim, que as áreas profissionais escolhidas para a estruturação dos cursos do Proeja deveriam, preferencialmente, ser as que guardassem maior sintonia com as demandas de nível local e regional, de forma a contribuir com o fortalecimento do desenvolvimento socioeconômico e cultural das pessoas concernidas.

Havia, à época da instituição do Proeja, evidências do interesse do Governo Federal, gestão do Presidente Luiz Inácio Lula da Silva, de se responsabilizar pela ampliação e fortalecimento da oferta de EJA e da educação profissional. Empresas com seus projetos de responsabilidade social, sindicatos, organizações não governamentais, movimentos sociais, culturais e religiosos, de algum modo, mostravam-se igualmente dispostos a participar desses desafios.

Instituições internacionais como a Unesco e a Organização Internacional do Trabalho e as articulações com o Mercosul, dentre outras, também se mostravam interessadas em incentivar e apoiar as iniciativas de educação geral e profissional orientadas a jovens e adultos.

As ações de interesse comum do Estado e da sociedade civil nesses campos fizeram, então, surgir uma nova institucionalidade levando à criação, em todos os Estados da Federação, de fóruns e de instâncias participativas. Os fóruns de EJA, por exemplo, tinham se constituído como espaços de encontro permanente e de ações em parceria entre diversos segmentos envolvidos com essa modalidade educacional. Inúmeros encontros se desenvolveram nesses espaços visando à troca de experiências entre as diversas iniciativas públicas e privadas, criando, aos poucos, um movimento nacional com o objetivo de estabelecer uma interlocução com os organismos governamentais a fim de intervir na elaboração dessas políticas.

Crescia, portanto, a consciência social sobre a importância dessas ofertas educacionais e, com elas, das oportunidades para todos os que trabalham ou pretendam expandir sua atuação nesse campo. Uma abordagem mais profissional e socialmente comprometida estava se forjando no país. Essa era também uma das razões pelas quais os sistemas de ensino, profissionais da educação e instituições educacionais se sentiam incentivados a contribuir.

Instituições educacionais, fossem públicas ou privadas, sentiam o desafio da importância de desenvolver estratégias que possibilitassem manter seus alunos para além do encerramento de um curso ou de uma etapa de escolarização, abrindo-lhes oportunidades de continuar seus estudos em nível superior ou em cursos de formação ao longo da vida.

Todos esses elementos são indicadores de como o Estado e a sociedade civil tinham compreendido o significado social da ampliação da oferta da educação básica e profissional e demonstrado maior sensibilidade para com as necessidades educacionais dos jovens e adultos e seus direitos à educação.

Devido ao seu significado amplo de política de inclusão educacional e social, era fundamental que o Proeja fosse desenvolvido não por iniciativas institucionais isoladas, mas por ações integradas que valorizassem as interfaces e estimulassem estratégias complementares.

Assim, o Decreto nº 5.840/06, no seu art. 9º, determinou que o acompanhamento e o controle social do desenvolvimento nacional desse programa fossem exercidos por comitê nacional, com função consultiva. O parágrafo único desse artigo estipulou, ainda, que a composição, as atribuições e o regimento desse comitê fossem definidos conjuntamente pelos Ministérios da Educação e do Trabalho e Emprego.

No final do primeiro governo da Presidente Dilma Roussef, o Plano Nacional de Educação para o período de 2014-2024 foi aprovado (Lei n. 13.005/2014), documento para todos os níveis de governo referente à política educacional brasileira, contendo diagnóstico, princípios, diretrizes, prioridades, metas e estratégias de ação para o enfrentamento dos problemas educacionais do país. Dentre as suas 20 metas, encontra-se a 10ª com a diretriz sobre os 25% de percentual mínimo de oferta de matrículas nos ensinos fundamental e médio de educação de jovens e adultos na forma integrada à educação profissional. (Brasil, 2014).

Dados importantes para um balanço crítico

A plataforma <*https://www.observatoriodopne.org.br/observatorio*>, do Observatório do PNE (OPNE), disponibiliza indicadores de monitoramento das 20 metas e 254 estratégias desse Plano a qualquer usuário interessado.

Os dados por ela fornecidos se mostram com grande distância em face do previsto como Meta 10 para 2024: a oferta de um mínimo de 25% das matrículas de educação de jovens e adultos – no ensino fundamental e médio – na forma integrada à educação profissional.

Porém, essa oferta não teria passado de 3,1% em 2017. Na EJA do ensino fundamental com educação profissional integrada, chegou a apenas 0,5%. Na EJA do ensino médio, também integrada à educação profissional, esse número atingiu somente a casa dos 3%. Valores que indicam chance baixíssima de cumprimento da Meta 10.

Os dados de 2019, oferecidos pelo Anuário Brasileiro da Educação Básica (Todos pela Educação, 2019), produzidos a partir da fonte Microdados do Censo Escolar – MEC/Inep/DEED, são menos animadores ainda. Eles contabilizam 47,9 mil alunos na modalidade Educação de Jovens e Adultos integrada à Educação Profissional, sendo que 5,7 mil correspondiam à matrícula no nível fundamental e 42,2 mil no nível médio. Tais quantitativos indicam que essa modalidade de integração da EJA com a educação profissional se efetivou, em 2019, em apenas 0,3% do conjunto das matrículas gerais no ensino fundamental da EJA. Com respeito ao percentual das matrículas na EJA do ensino médio integrado com a educação profissional, o percentual foi um pouco maior, 2,9%, mas em ambos os casos muito aquém dos 25% previstos pela Meta 10 do PNE.

Os números da redução das matrículas na EJA profissionalizante foram registrados por Leite & Campos (2017, p. 6). Com base em dados do Inep, as autoras informam que a redução em 2013 foi de 2,77%; em 2014, de 4,05%; em 2015, houve uma expansão de 4,66%; porém, em 2016, uma nova queda, essa de 10,05%. Nota-se, assim, o caráter continuado da inobservância das estratégias estipuladas pelo Plano Nacional de Educação para o cumprimento da Meta 10.

O Anuário Brasileiro da Educação Básica (Todos pela Educação, 2019), informa que, em 2018, em relação ao ano de 2017, a queda no número de matrículas na EJA de Ensino Fundamental, na modalidade integrada à Educação Profissional, foi de 51,3%, atingindo o menor patamar desde 2009. Já na EJA de Ensino Médio integrado à Educação Profissional, a queda no número de matrículas nesses últimos dois anos foi menor, ficando em 1,4%.

O alunado da EJA no Brasil, considerando todas as formas de oferta, com ou sem educação profissional, contabilizou, em 2019, 3.273.668 pessoas. Esse número foi inferior ao do ano anterior em 7,7% (INEP, 2019b). Em 2018, era de 3,5 milhões de matrículas (INEP, 2019a).

Essa tendência de queda das matrículas globais do alunado da EJA estaria ocorrendo desde 2014. Entre esse ano e o de 2019, a redução foi de 2,9%. É preciso, contudo, fazer uma distinção: na EJA do ensino fundamental, o conjunto das matrículas se reduziu em 10,1%, mas na EJA do ensino médio o comportamento delas seguiu caminho oposto, cresceram 9,8% nesse período.

Vale ressaltar que o alunado global da EJA é relativamente jovem: em 2019, 62,2% tinha menos de 30 anos de idade (INEP, 2019b).

Pretos e pardos formam expressiva maioria: 75,8% dos alunos da EJA ensino fundamental e 67,8% dos matriculados na EJA ensino médio (INEP, 2019b). Brancos são, portanto, a parcela menor: 22,2% dos matriculados na EJA ensino fundamental e 31% do alunado da EJA ensino médio (INEP, 2019b).

O Proeja, assim como iniciativas semelhantes, estão, assim, diante de uma tarefa de grandes proporções, considerando-se as determinações do Plano Nacional de Educação na sua Meta 10 e as incertezas de que o Governo Bolsonaro trouxe para a Educação de Jovens e Adultos. Logo no seu início, determinou a extinção da Secretaria de Educação Continuada, Alfabetização, Diversidade e Inclusão (Secadi), órgão que era responsável por essa modalidade educacional no Ministério da Educação.

Essa decisão também atingiu outras modalidades como a Educação do Campo e a Educação nas Prisões, que também têm estudantes da EJA. Cabe ressaltar que nenhuma instância específica foi criada no Ministério da Educação para tratar da educação de jovens e adultos.

Vale lembrar a decisão do Governo Bolsonaro de extinguir a Comissão Nacional de Alfabetização e Educação de Jovens e Adultos (CNAEJA). Também o Projovem foi extinto e os programas para o campo têm sido descontinuados. Com isso, observa-se o fechamento de turmas de EJA em todo Brasil, pois governos estaduais e municipais também não se sentem obrigados a oferecê-las.

Ações para o avanço da EJA integrada com a educação profissional e do Proeja

Em primeiro lugar, é imprescindível que haja vontade política por parte de governos e sociedade no sentido de reconhecer a EJA como direito, não como favor ou caridade. Direito ao uso efetivo da leitura e da escrita, ao acesso à tecnologia, aos conhecimentos científicos, culturais, sociais necessários à compreensão da própria vida e das questões que afetam o território em que se vive.

Nesse sentido, é fundamental que os projetos pedagógicos abandonem a perspectiva assistencialista e compensatória, como decorrência do suposto de que essa modalidade educacional integra um sistema de ensino paralelo, independente e inferior ao sistema regular. Esse viés contribui para a reprodução da seletividade, da exclusão, do autoritarismo e do ensino precário, do mnemônico, centrado na subordinação do educando como objeto passivo.

Em segundo lugar, é preciso garantir a manutenção do Proeja como política pública de estado. Embora criado como programa, ele subsiste para além governos. Isso se deve, sem dúvida, ao profissionalismo e às definições claras dos que a ele se dedicam, superando o voluntarismo, improvisações e soluções emergenciais.

Em terceiro lugar, coloca-se a questão do financiamento inclusive dos recursos para a assistência social, financeira e de apoio psicopedagógico aos estudantes, a aquisição de equipamentos e laboratórios e melhoria da rede física de escolas públicas que atuam na educação de jovens e adultos integrada à educação profissional. Ou seja, investimentos em condições de infraestrutura (salas de aula, biblioteca, laboratórios, etc.) são requisitos básicos que devem ser criteriosamente observados, bem como a composição do corpo docente e técnico-administrativo. Com isso, estados e municípios passam a ter mais incentivos para ofertar a EJA articulada com a educação profissional.

A quarta linha de ações se refere à consideração das diversidades das características do público da educação de jovens e adultos: populações itinerantes, do campo, das comunidades indígenas, quilombolas, idosos, trabalhadores urbanos, jovens em liberdade assistida, encarcerados e outros excluídos da escola. Ou seja, essa modalidade educacional lida com diferentes estilos cognitivos e de aprendizagens, universos sócio-cognitivos diversos, com deficiências de aprendizagem. É preciso, portanto, conhecer os diferentes segmentos de jovens e adultos para os quais a ação educativa se dirige; suas histórias de vida, suas expectativas e necessidades, seus processos operatórios de aprendizagem. Nesse sentido, considerar toda e qualquer bagagem anterior à escola – os valores e os conhecimentos prévios adquiridos por esses públicos em suas culturas de origem e em seus ambientes de trabalho, reconhecendo suas trajetórias sociais e escolares não como processos truncados, mas como caminhos diferentes de formação mental, ética, identitária, cultural, social e política.

Com isso, coloca-se como necessária a atenção à contextualização dos processos de ensino-aprendizagem na vida pessoal e na realidade local, na configuração das experiências e dos interesses dos alunos. É fundamental desenvolver atividades que incentivem a aprendizagem dos alunos com os próprios pares e em equipe; considerem os tempos e espaços de formação dos sujeitos da aprendizagem; realizem práticas inter e transdisciplinares e de interculturalidade e respeitosas com relação à diversidade.

Do que se disse anteriormente depreende-se ser fundamental desenvolver estratégias de melhoria do processo educativo, incorporando o desenho e o desenvolvimento curriculares inovadores. Três campos de conhecimentos pedagógicos estão envolvidos na EJA articulada à educação profissional: os relativos à educação básica (ensino fundamental e médio), os pertinentes à educação profissional (formação inicial e continuada e formação técnica) e os próprios da educação de jovens e adultos. Ou seja, o desafio da melhoria do processo educativo tem caráter multidimensional.

Além do desenvolvimento de currículos e metodologias específicas e inovadoras, é preciso investir na produção de material didático, uma linha de atuação de fundamental importância tendo em vista a necessidade de sua adequação às faixas etárias dos alunos, ao seu perfil sociocultural e às necessidades de uma educação profissional de qualidade. Assim, inovações na forma de tratamento e no próprio conteúdo programático devem ser previstas, sem, contudo, dispensar ferramentas já disponíveis (vídeos, laboratórios, equipamentos, etc.).

É importante não esquecer atividades complementares de desenvolvimento cultural e científico; de apoio psicopedagógico; de motivação, orientação e acompanhamento do desenvolvimento profissional e de integração, bem como um adequado acompanhamento dos estágios, quando este for exigência curricular.

A política de certificação profissional precisa ser contemplada bem como o emprego de estratégias intersetoriais que possam promover a permanência dos estudantes e o combate à evasão escolar. Esse é um desafio que precisa contar com a participação da sociedade como um todo. Na relação com os alunos, deve ser dada especial atenção às razões mais profundas e menos evidentes do fenômeno da evasão. Não pode subestimar o esforço que representa a volta à escola para os segmentos socioeconômicos mais desfavorecidos e o sentido de ambiguidade que o estudo e a escola lhes despertam.

Para os alunos da EJA, nem sempre a aprendizagem e a escola guardam uma relação de sentido. Isso se deve a fatores subjetivos e às condições sociais, econômicas e culturais, sem dúvida. Há, entretanto, motivos intraescolares para tanto, pois esses jovens e adultos não tiveram sempre uma relação positiva com o aprendizado e o conhecimento, em decorrência, por exemplo, da forma como a escola se estrutura e funciona.

A experiência escolar precisa, assim, ganhar significância, partir de problemas cotidianos e se orientar por mediações pedagógicas estimulantes, tais como conteúdo e materiais didáticos que promovam a contextualização no processo ensino-aprendizagem, que permita exercer as faculdades de atribuir ou captar os sentidos e os significados dos enunciados ou dos conteúdos curriculares mediante o relacionamento desses com os eventos, coisas ou pressupostos, que estão em suas origens ou nas suas aplicações práticas, tendo em vista tornar o processo de conhecimento ou de ensino-aprendizagem significativo ou interessante e expressivo para professores e alunos. Explorar, com efeito, o potencial educativo da relação entre educação profissional e educação geral e básica.

Pelo tudo o que se disse acima, infere-se ser necessária uma política de formação para os profissionais envolvidos na EJA articulada com a educação profissional, inclusive em nível de pós-graduação *stricto sensu*. É assim buscar a maior atenção e o interesse das faculdades e centros de Educação que ministram cursos de Pedagogia e de Licenciaturas na formação de profissionais para atuar nesse campo e na produção de conhecimentos, uma vez que não se encontram com facilidade materiais conceituais e didáticos aplicáveis aos desenhos curriculares com a especificidade requerida pela EJA articulada com a educação profissional.

Por fim, coloca-se a necessidade do estímulo ao desenvolvimento de pesquisas nesse campo de atuação educacional, pois é preciso avançar na produção de conhecimentos que subsidiem a formação e a atuação dos educadores no desenvolvimento dos projetos pedagógicos com as características e requisitos já mencionados. Dentre as pesquisas, cabe também mencionar aquelas que têm a finalidade de subsidiar o monitoramento (acompanhamento e avaliação) das experiências desenvolvidas, para que efetivamente o Proeja se consagre como política pública consistente e duradoura.

Considerações finais

Para que o Proeja cumpra os significados discutidos neste texto – o de inclusão educacional e o de construção curricular inovadora, é fundamental que os profissionais e os responsáveis pelos cursos que se desenvolvem e desenvolverão no seu âmbito tenham um verdadeiro compromisso com os processos de ensino-aprendizagem.

Para tanto, eles precisam se pautar pela visão de totalidade, por práticas pedagógicas globalmente compreensivas do ser humano em sua integralidade, por abordagens integradas e integradoras do processo pedagógico e da teoria com a prática, pela interdisciplinaridade, contextualização e pertinência dos conteúdos, pelo estímulo à criatividade e pela relevância social e ética.

Esse trabalho pedagógico, fundamentado no trabalho como princípio educativo, vai muito além do que preparar para o trabalho, pois tem a ver com a própria constituição do ser humano como sujeito de sua vida.

É uma aposta no contexto de outras que vêm acontecendo e fazendo a mobilização social e educacional no país. Experiências concretas desenvolvidas têm dado evidências de que a proposta educacional da articulação da EJA com a educação profissional pode ser exitosa. Para isso, é preciso ter ciência das dificuldades que precisam ser superadas, da clareza quanto aos objetivos visados e, sobretudo, dos meios tornados disponíveis e dos esforços que devem ser feitos.

Elementos de ciência, cultura, tecnologia e do mundo do trabalho formam o caldo de referências para a construção de currículos inovadores e estrategicamente orientados à aprendizagem significativa, ao desenvolvimento integrado e sustentável, às necessidades, às aspirações e expectativas dos alunos e à transformação da realidade em que vivem.

Para tanto, é preciso que as alternativas didáticas de integração, no âmbito desse Programa ou de outros que tenham a mesma finalidade, sejam planejadas, acompanhadas e avaliadas; que os esforços visando à integração sejam contínuos e participativos e que as experiências sejam sistematizadas, registradas, avaliadas e seus bons resultados socializados.

Referências

BRASIL. Ministério da Educação. Instituto Nacional de Estudos e Pesquisas Educacionais Anísio Teixeira. *Censo da Educação Básica.* Brasília: INEP, 2003.

BRASIL. Ministério da Educação. Instituto Nacional de Estudos e Pesquisas Educacionais Anísio Teixeira. *Censo da Educação Básica.* Brasília: INEP, 2004.

BRASIL. Ministério da Educação. Instituto Nacional de Estudos e Pesquisas Educacionais Anísio Teixeira. *Censo da Educação Básica.* Brasília: INEP, 2005.

BRASIL. Ministério da Educação. Instituto Nacional de Estudos e Pesquisas Educacionais Anísio Teixeira. *Resumo Técnico*: Censo da Educação Básica 2018 [recurso eletrônico]. – Brasília: Instituto Nacional de Estudos e Pesquisas Educacionais Anísio Teixeira, 2019a. p. 66.

BRASIL. Ministério da Educação. Instituto Nacional de Estudos e Pesquisas Educacionais Anísio Teixeira. *Matrículas na educação de jovens e adultos caem; 3,3 milhões de estudantes na EJA em 2019.* 2019b. Disponível em: <http://inep.gov.br/artigo/-/asset_publisher/B4AQV9zFY7Bv/content/matriculas-na-educacao-de-jovens-e-adultos-cai-3-3-milhoes-de-estudantes-na-eja-em-2019/21206>. Acesso em: 29 set. 2020.

BRASIL. Ministério do Trabalho e Emprego. *Registro Anual de Informações Sociais (RAIS).* Brasília: MTE, 2002.

BRASIL. Presidência da República. *Lei n. 9.394, de 20 de dezembro de 1996. Estabelece as Diretrizes e Bases da Educação Nacional.* Diário Oficial da União, Poder Legislativo, Brasília, DF, 23 dez 1996. p. 27833.

BRASIL. Presidência da República. *Decreto n. 5.840, de 13 de julho de 2006. Institui, no âmbito federal, o Programa Nacional de Integração da Educação Profissional com a Educação Básica na Modalidade de Educação de Jovens e Adultos – Proeja, e dá outras providências.* Diário Oficial [da] República Federativa do Brasil, Brasília, DF, 14 jul. 2006. Seção 1.

BRASIL. Presidência da República. *Lei n. 13.005, de 25 de junho de 2014. Aprova o Plano Nacional de Educação (PNE) e dá outras providências.* Brasília: Diário Oficial [da] República Federativa do Brasil, Brasília, DF, 26 jun. 2014. Seção 1, p. 1, Ed. Extra.

BRASIL. *Parecer CNE/CEB n. 11/2000, de 10 de maio de 2000. Dispõe sobre as Diretrizes Curriculares Nacionais para a Educação de Jovens e Adultos.*

Brasília: Ministério da Educação/ Conselho Nacional de Educação/Câmara de Educação Básica, 2000.

IBGE. *Censo Demográfico 2000*. Rio de Janeiro: IBGE, 2000.

IBGE. *Síntese de Indicadores Sociais*. Rio de Janeiro: IBGE, 2002.

IBGE. *PNAD 2003*. Rio de Janeiro: IBGE, 2003.

LEITE, G.; CAMPOS, J. Mapeamento das matrículas no Brasil em relação à Educação Profissional, à Educação de Jovens e Adultos e à Educação Especial: possibilidades e perspectivas. *Revista EJA em Debate*, ano 6. n. 10, 2017, p. 1-13. Disponível em: <https://periodicos.ifsc.edu.br/index.php/EJA/article/view/2329>. Acesso em: 20 ago. 2020.

OBSERVATÓRIO DO PLANO NACIONAL DE EDUCAÇÃO. Disponível em: <https://www.observatoriodopne.org.br/indicadores/metas/10-eja-integrada-a-educacao-profissional/indicadores/porcentagem-de-matriculas-de-educacao-de-jovens-e-adultos-no-ensino-medio-integradas-a-educacao-profissional/>. Acesso em: 29 set. 2020.

ONU. *Declaração final e plano de ação*. Conferência Mundial sobre Direitos Humanos. Viena: 1993.

TODOS PELA EDUCAÇÃO. Anuário Brasileiro da Educação Básica, 2019. Disponível em: <https://www.todospelaeducacao.org.br/_uploads/_posts/302.pdf>. Acesso em: 29 set. 2020.

Corpos ameaçados: análise de currículos de licenciaturas sobre gênero e diversidade sexual[1]

Kaio Trindade Mineiro Vale[2]
Cássia Beatriz Batista[3]

Diversidade sexual: vida reconhecida na educação?

Persiste um silenciamento diante de um quadro sombrio de vidas atormentadas e retiradas por não se encaixarem em molduras que determinam quais vidas merecem ser reconhecidas e, portanto, dignas de serem enlutadas, e quais devem ser silenciadas e eliminadas sem comoção alguma. Nesse sentido, Butler (2018, p. 28), ao problematizar as molduras tomadas pela sociedade como decisivas para o reconhecimento ou não de uma vida como viva, como passível de luto, nos apresenta o conceito de enquadramentos, que, segundo a autora, "decidem quais vidas serão reconhecíveis como vidas e quais não o serão". Nessa perspectiva, existem instâncias que investem expressivamente na produção dessas molduras de reconhecimento, como a família, a igreja, a mídia, a medicina, a lei e a escola. Instâncias que

[1] Este artigo compõe um estudo mais amplo em andamento no Programa de Pós-graduação em Educação (PPEDU) da Universidade Federal de São João del-Rei (UFSJ).

[2] Graduado em Matemática. Mestre em Educação/PPEDU-UFSJ. *E-mail*: kaio-prados@hotmail.com

[3] Doutora em Psicologia. Professora adjunta do Departamento de Psicologia da UFSJ. *E-mail*: cassiabeatrizb@ufsj.edu.br

poderiam oferecer condições possibilitadoras para que uma vida não reconhecida se torne uma vida vivível (Butler, 2018), entram em um jogo de poder visando ao controle dos corpos, maximizando a insegurança e a precariedade para umas e minimizando-as para outras.

No campo do gênero e da sexualidade, esse movimento não acontece de forma diferente. Hoje, o Brasil lidera o *ranking* mundial de assassinato de indivíduos LGBTQI+. O Grupo Gay da Bahia (GGB) realiza, anualmente, um relatório de mortes violentas de indivíduos LGBTQI+ no País desde o ano de 1980. A pesquisa é feita com base em notícias publicadas em veículos de imprensa, uma vez que não há estatísticas governamentais sobre tais crimes de ódio, o que faz desse número apenas a ponta de um *iceberg* de violência (Mott; Michels; Paulinho, 2017). Em 2019, o número de mortes violentas de sujeitos LGBTQI+ foi de 329, ocasionando uma redução de casos em comparação aos anos de 2017 e 2018. O número de casos e vítimas no ano de 2017 deixou a marca de 445 mortes.

Como, então, fazer do campo educacional um espaço de contribuição para a criação e o fortalecimento de condições necessárias para o reconhecimento de corpos subalternizados? Criar condições para que uma vida seja reconhecível e reconhecida como viva não consiste em moldar o sujeito até encontrá-lo em determinada condição de reconhecimento, como acontece por meio de investimentos complexos de instâncias que determinam o que falar, o que silenciar, o que mostrar, o que esconder, quem pode falar e quem deve ser silenciado (LOURO, 2018). Dessa forma, são estabelecidos ideais normativos como condição, que determinará se uma vida deve ou não ser reconhecida. "Trata-se, contudo, de saber como essas normas operam para tornar certos sujeitos pessoas 'reconhecíveis' e tornar outros decididamente mais difíceis de reconhecer" (Butler, 2018, p. 20).

Recorreremos a outro conceito discutido por Butler (2018), que nos auxiliará na continuidade e discussão de situações e fatos problematizados a seguir: precariedade. Conceber uma vida como precária é afirmar que a possibilidade de sua manutenção depende de condições sociais e políticas. Isso nos permite afirmar que toda vida se encontra em condições precárias, levando em conta a existência de uma interdependência entre os sujeitos. Entretanto, existem algumas vidas mais precárias do que outras. Cabe a nós, assumir

> compromissos positivos no sentido de oferecer os suportes básicos que buscam minimizar a precariedade de maneira igualitária: alimentação, abrigo, trabalho, cuidados médicos, **educação**, direito de ir e vir e **direito de expressão, proteção contra maus-tratos e a opressão**. [...] O propósito dessas obrigações é minimizar a precariedade e sua distribuição desigual (Butler, 2018, p. 41, grifos nossos).

Nesse contexto, assumir o compromisso de enfretamento à LGBTQIfobia implica tentativas de criação de condições para a minimização da precariedade de vidas LGBTQI+. Deparamo-nos, pois, com um obstáculo: cientes da precariedade que nos cerca, para não sermos desamparados, são estabelecidas relações de poder onde "cada corpo se encontra potencialmente ameaçado por outros corpos que são, por definição, igualmente precários" (Butler, 2018, p. 53). São criados enquadramentos que determinam sob quais molduras os sujeitos devem estar submetidos para serem reconhecidos. Sobre os que não se encontram de acordo com essas molduras:

> Essas populações são "**perdíveis**", ou **podem ser sacrificadas**, precisamente porque **foram enquadradas como já tendo sido perdidas** ou sacrificadas; **são consideradas como ameaças à vida humana** como a conhecemos, e não como populações vivas que necessitam de proteção contra a violência ilegítima do Estado, a fome e as pandemias. [...] a perda dessas populações é necessária para proteger a vida dos "vivos" (Butler, 2018, p. 53, grifos nossos).

As relações de poder que surgem diante de tentativas de manter o reconhecimento de algumas vidas como únicas possibilidades de vidas "vivíveis", dificultam o empenho para o reconhecimento de outras vidas, assim como vidas de indivíduos LGBTQI+ (principalmente quando cientes do fato de que essas vidas "não vivíveis" estão nas mãos de vidas que já são reconhecidas). Dessa forma, "o que poderia ser feito para produzir um conjunto de condições mais igualitário da condição de ser reconhecido?" (Butler, 2018, p. 20). Podemos, assim, como possibilidade de criação de condições favoráveis para o reconhecimento de vidas LGBTQI+, pensar em ideais de representatividade que, aqui, concebemos como a qualidade de um sujeito, um grupo, uma instituição ou um sindicato que, alicerçada no coletivo, permite que estes exprimam, legitimamente, em seu nome. O ato de exprimir verdadeiramente em seu nome pode se tornar um caminho inicial para o reconhecimento, contribuindo para o rompimento necessário de determinados enquadramentos a fim de que vidas apagadas se tornem vistas e consideradas.

A escola apresenta potencial, a fim de conceber condições favoráveis para o reconhecimento de vidas LGBTQI+ e, consequentemente, minimizar a exclusão, a opressão e a violência contra essa população. É nela que, como nos propõe Corrigan, os corpos são coagidos e disciplinados (Louro, 2018) à medida que são submetidos a uma estrutura heterossexual e seus reflexos machistas, sexistas e LGBTQIfóbicos.

Acreditamos que questões, as quais constituem os sujeitos no âmbito do gênero e da sexualidade, apresentam-se, muitas vezes, como tabus na prática educativa. Compreender para desestabilizar determinadas realidades naturalizadas é um passo importante para um movimento em direção a uma sociedade mais inclusiva.

Como a escola é, na maioria das vezes, território de destino dos cursos de licenciaturas, propomos uma investigação, com o objetivo de compreender como são indicadas e reconhecidas questões de gênero e sexualidade nos documentos curriculares de cursos de licenciatura em uma universidade pública federal e como isso pode refletir na postura docente e no tratamento de questões referentes à temática na prática educativa.

Os corpos retratados nas Diretrizes Nacionais na formação de professores

As Diretrizes Curriculares Nacionais (DCN) para os cursos de formação de professores e professoras, definidas em julho de 2015, consideram, dentre outras razões, que o respeito à liberdade e o apreço à tolerância constituem princípios indispensáveis para a melhoria e democratização da gestão e do ensino (Brasil, 2015).

As orientações previstas nas Diretrizes devem orientar e serem tomadas como base para a elaboração ou reestruturação de documentos curriculares de cursos de licenciaturas, como os Projetos Pedagógicos de Cursos (PPC). Tendo em vista princípios, como os de igualdade, pluralismo de ideias, respeito às diferenças, liberdade e valorização da diversidade, as novas Diretrizes definem "princípios e fundamentos, dinâmica formativa e procedimentos a serem observados nas políticas, na gestão e nos programas e cursos de formação" (BRASIL, 2015, p. 2) inicial e continuada de professoras e professores.

O percurso metodológico para o alcance dos resultados aqui apresentados e discutidos inicia-se com uma análise crítica dos textos das DCN (BRASIL, 2015) e, posteriormente, dos PPC das licenciaturas oferecidos por uma universidade pública federal. Orientado pelos estudos de Gil (2008), o processo analítico teve duas fases: (1) organização e (2) exploração. A primeira foi marcada pelos primeiros contatos dos pesquisadores com os documentos, caracterizada pela leitura inicial acompanhada de uma busca textual de palavras e termos, na tentativa de encontrar sinalizações ou indicações do tratamento de questões ligadas a gênero e sexualidade em seus textos. Com os direcionamentos possibilitados pela primeira fase, na segunda ocorreu a exploração do material direcionada às passagens para recorte em meio aos textos dos documentos.

A partir das DCN (2015) para os cursos de formação de professoras e professores, no intuito de localizar indícios que sirvam como possibilitadores da melhoria de condições para o reconhecimento de sujeitos no âmbito da diversidade sexual e das relações de gênero, levantamos cinco termos correlatos para nos aproximarmos do retrato da realidade de formação de professoras e professores a partir do documento central de orientação desta. Partimos, inicialmente, da expressão "diversidade sexual" e do termo "gênero". Ainda, agregamos duas derivações da palavra "sexual", a saber: "sexualidade" e "sexo". Já o termo "diversidade" nos levou ao debate da formação ampla, da escola democrática e da sociedade justa ao respeito às diferenças, que nos trouxe à expressão "direitos humanos" e ao termo "discriminação". A busca pelos termos nos aponta os modos como são incorporadas ou compreendidas as questões dos sujeitos, da vida e de seus corpos no documento de referência para a formação da população brasileira. Com isso, estes foram os termos e as expressões norteadoras de nossa leitura e análise: direitos humanos, discriminação/preconceito, diversidade, gênero e sexual/sexualidade/sexo.

O termo "diversidade" aparece em, pelo menos, duas perspectivas identificadas: uma, de superação da violência contra grupos de minorias, reconhecimento de sujeitos e respeito às diferenças; e, outra, sem relação com o estudo aqui proposto, indicando a ideia de quantidades ou de variedades, que não diz respeito a indivíduos, grupos minoritários ou condições e modos de vida.

Há, explicitamente, o compromisso com a formação de professoras e professores na questão das diversidades de gênero, sexual, religiosa, geracional e étnico-racial garantidas em conteúdos curriculares:

> § 2º Os cursos de formação deverão garantir nos currículos conteúdos específicos da respectiva área de conhecimento ou interdisciplinares, seus fundamentos e metodologias, bem como conteúdos relacionados aos fundamentos da educação, formação na área de políticas públicas e gestão da educação, seus fundamentos e metodologias, direitos humanos, **diversidades** étnico-racial, **de gênero, sexual**, religiosa, de faixa geracional, Língua Brasileira de Sinais (Libras), educação especial e direitos educacionais de adolescentes e jovens em cumprimento de medidas socioeducativas (Brasil, 2015, grifos nossos).

O respeito à diversidade – sexual e de gênero – aparece como princípio fundamental para a melhoria e democratização da educação escolar como uma maneira de ir contra toda forma de discriminação, como contribuição no processo emancipatório do indivíduo e como habilidade esperada do egresso da formação inicial. As palavras sexual/sexualidade/sexo e gênero aparecem sempre englobadas nos mesmos enunciados, referenciando a expressão diversidade sexual e de gênero, numa perspectiva de respeito às diferenças, superação de exclusões e reconhecimento. Segundo o documento: "VI – as questões socioambientais, éticas, estéticas e relativas à **diversidade** étnico-racial, **de gênero, sexual**, religiosa, de faixa geracional e sociocultural como princípios de equidade" (Brasil, 2015, grifos nossos).

Além das DCN (Brasil, 2015), os projetos pedagógicos da última década foram reorientados também pelas Diretrizes Nacionais para a Educação em Direitos Humanos (Brasil, 2012), reconhecendo que a educação em direitos humanos é uma necessidade estratégica no processo de formação de professoras e professores e na ação educativa. A dimensão dos direitos humanos entra na escola imbuída do fortalecimento da democracia e do Estado brasileiro e nos apresenta uma compreensão de sujeito aprendiz numa perspectiva mais ampla, diversa e cidadã. Uma educação baseada nessa dimensão é voltada para a mudança, visando à promoção e vivência dos valores da liberdade, da justiça e da igualdade (Benevides, 2003). Uma mudança que questiona e desestabiliza verdades enraizadas na sociedade, muitas vezes marcadas pela desigualdade e pela não aceitação da diferença.

Nos documentos analisados, a expressão "direitos humanos" é citada como garantia de conteúdo nos currículos em áreas de conhecimentos e/ou interdisciplinar nos cursos junto a outras expressões como diversidade sexual, de gênero, étnico-racial, religiosa e de faixa geracional.

Em uma perspectiva de superação de exclusões, a palavra "discriminação" aparece, em um único parágrafo no documento, como um princípio de Formação de Profissionais do Magistério da Educação Básica, visando a contribuir para uma sociedade inclusiva e democrática, a qual reconheça as diferenças, conforme consta no Art. 3º, parágrafo 5º, da Resolução CNE/CP, nº 2 (Brasil, 2015):

> II. a formação dos profissionais do magistério (formadores e estudantes) como compromisso com o projeto social, político e ético, que contribua para a consolidação de uma nação soberana, democrática, justa, inclusiva e que promova a emancipação dos indivíduos e grupos sociais, atenta ao reconhecimento e à valorização da diversidade e, portanto, contrária a toda forma de discriminação.

Na tentativa de responder à questão "O que poderia ser feito para produzir um conjunto de condições mais igualitário da condição de ser reconhecido?" (Butler, 2018, p. 20), vale considerarmos a possibilidade de flexibilização dos documentos curriculares de cursos de licenciatura. Como proposto por Gesser e Ranghetti (2011) e assegurados pelas DCN, é possível oferecer uma formação no âmbito da diversidade de qualidade contribuindo para a criação de condições para que o reconhecimento de mais sujeitos aconteça.

Observa-se que as DCN (Brasil, 2015) sinalizam que os cursos de formação de professoras e professores, mediante suas propostas curriculares, contribuam para a superação de exclusões no âmbito do gênero e da sexualidade por meio da promoção de direitos e do respeito às diferenças. Espera-se, então, que os cursos de formação docente incluam, em suas propostas curriculares, o debate da temática em questão, com conteúdos em suas unidades curriculares, que possibilite o desenvolvimento de competências e habilidades não só referente a área específica de cada uma, mas também como as sinalizadas pelas Diretrizes, uma formação ampla e cidadã.

Os termos presentes nas DCN (Brasil, 2015) analisados aqui são sinalizações da luta por uma educação e sociedade menos excludentes, desiguais e opressoras. Ao analisarmos a Resolução CNE/CP nº 1 (Brasil, 2002), vigente anteriormente à definição das DCN de 2015, há um silenciamento quanto a temáticas como as de gênero e sexualidade. A única citação diz: "acolhimento e trato da diversidade".

A análise das DCN (Brasil, 2015) para as licenciaturas nos levou à análise da Resolução, que define as Diretrizes Nacionais para a Educação em Direitos Humanos (Brasil, 2012), também a serem observadas. Tais Diretrizes devem ser consideradas pelos sistemas de ensino e suas instituições na construção dos PPC na perspectiva de uma transformação social pautada nos sujeitos de direitos. Nessa direção, destacamos, do Art. 3º da Resolução, os princípios de dignidade humana, igualdade de direitos, reconhecimento e valorização das diferenças e da diversidade, laicidade do Estado e democracia na Educação. O modo de os conhecimentos se inserirem na educação básica e superior, também, é sugerido pelo documento na organização dos currículos de três formas: transversal, conteúdo específico de uma disciplina ou mista. O documento, ainda, expressa a obrigatoriedade do tratamento da temática dos direitos humanos no processo de formação de profissionais da educação de maneira contínua (Brasil, 2012).

As normativas nacionais, que orientam a formação de professoras e professores na universidade, retratam pouco os corpos presentes na relação educativa, em destaque o corpo-aprendiz. Os documentos acabam indicando um corpo universal praticamente assexuado, abstrato e a-histórico, ainda que traga de forma abrangente a questão da diferença e diversidade como princípios a serem reconhecidos e valorizados. Como efeito, tal movimento acaba naturalizando posições hierárquicas em relação a corpos permitidos e corpos subalternizados.

Gênero, diversidade sexual e os cursos de licenciatura em uma Universidade Pública Federal

Partindo das orientações das DCN (Brasil, 2015), buscamos conhecer como estas são reproduzidas nos PPC das licenciaturas em uma Universidade Pública Federal. Atualmente, a instituição estudada oferece 13 cursos presenciais de licenciatura e tem suas aulas ministradas em três *campi*, sendo a maioria cursos noturnos. Os mesmos termos identificados nas DCN (Brasil, 2015) foram investigados nos PPC das licenciaturas oferecidas pela instituição. Percebemos que, na maioria dos cursos de licenciatura, o documento passou por uma reelaboração e publicação em data posterior ao ano de publicação das DCN. Na data da análise de tais documentos, apenas os cursos de Ciências Biológicas e Pedagogia não tiveram seus PPC reestruturados após a definição das Diretrizes (Brasil, 2015).

Os termos "gênero" e "sexualidade" são bastante citados nos quatro cursos de Artes e Letras, a saber as licenciaturas de Letras (Língua Inglesa e Língua Portuguesa), Música e Teatro. As orientações no campo do gênero e da sexualidade presentes nos PPC desses cursos aparecem de modo a garantir o debate de tais questões no âmbito da formação num movimento de apropriação deste, refletida em ementas, objetivos e bibliografias direcionados para uma educação comprometida com a sociedade mais justa, democrática e plural. Os cursos de Artes e Letras parecem se aproximar em seus currículos de sujeitos concretos ao abordarem os corpos ameaçados e marginalizados, possivelmente reflexo da própria área de conhecimento e de prática, permitindo emergir e ganhar espaço, no processo de formação, e outros possíveis modos de existir.

Estes três cursos – Letras, Música e Teatro –, junto com Educação Física, ao citarem os termos "gênero" e/ou "sexualidade" em seus projetos pedagógicos, coloca-os no debate de superações de exclusões, promoção de direitos, respeito às diferenças ou acolhimento da diversidade. Nos documentos curriculares desses cursos, os termos "sexualidade" ou "sexual" – ao se referirem à diversidade sexual – são indicados como conhecimentos necessários no campo das competências e habilidades a serem desenvolvidas, ainda que não tenha indicações nas referências bibliográficas em determinadas unidades curriculares.

Nos PPC de Ciências Biológicas, Educação Física, Geografia, História, Matemática, Pedagogia e Química, o termo "sexualidade" é inexistente ou ocorre apenas uma aparição. A sexualidade, enquanto dimensão constitutiva dos sujeitos, é concebida, ainda, como um tabu e, consequentemente, negligenciada ou preterida nos projetos de educação e nas propostas curriculares. Pode acontecer que, ao se propor uma discussão sobre gênero, a sexualidade entre em pauta. Nesse aspecto, Louro (2011) sinaliza que, mesmo fortemente articulados, gênero e sexualidade são dimensões da vida distintas e que, quando tratadas juntas, podem resultar em misturas embaralhadas e confusas.

O PPC do curso de Teatro, ao reconhecer que ensinar não é simplesmente transferir conhecimento, traz, em sua metodologia de ensino, a rejeição à discriminação. Além de oferecer conteúdos de promoção de direitos, diversidade e inclusão abordados em disciplinas obrigatórias, também o oferece de forma transversal em diversas disciplinas, como em *História do Espetáculo: Teatro e diversidade de gênero e sexual.*-

Com exceção dos PPC dos cursos de Ciências Biológicas e Pedagogia, todos os outros cursos foram revistos depois das DCN (Brasil, 2015) e indicam como base legal, para sua elaboração, a Resolução CNE/CP nº 1 (Brasil, 2012), que estabelece as Diretrizes Nacionais para a Educação em Direitos Humanos. Desse modo, a articulação entre as DCN (Brasil, 2015) e as Diretrizes Nacionais para a Educação em Direitos Humanos (Brasil, 2012) visam a orientar os cursos de licenciatura para uma educação mais justa e para todos e todas, independentemente de qualquer condição – seja ela de raça, sexo, gênero, etnia, religião, etc.

A Declaração Universal dos Direitos Humanos consta como bibliografia complementar em duas unidades curriculares no curso de Teatro: *História da educação* e *Políticas públicas em educação e cultura*. Já no curso de Matemática, a Declaração aparece como bibliografia complementar da unidade curricular de *Seminários de práticas pedagógicas*. E, no curso de Letras (Português), ocorre na unidade curricular de *Prática Curricular Português – Identidade, Diferença e Gênero*. O curso de Ciências Biológicas, também, tem o documento indicado como bibliografia complementar de duas unidades curriculares: *Biodiversidade e Cultura* e *Bioética*. Todavia, as discussões que a unidade curricular *Biodiversidade e Cultura* traz, referente aos direitos humanos, estão ligadas à educação ambiental e às relações étnicos-raciais bem como ao ensino da história e cultura afro-brasileira e indígena. Já na unidade curricular *Bioética*, os direitos humanos aparecem em articulação com questões éticas nos ramos da biologia, saúde, filosofia e direito.

Percebe-se que, em algumas propostas pedagógicas, os conhecimentos ligados à gênero e sexualidade se concentram na unidade curricular "Educação e diversidade". Essa disciplina consta em nove projetos pedagógicos das 13 licenciaturas estudadas, a saber: Filosofia, Física, Geografia, História, Letras (Língua Portuguesa), Matemática, Música, Química e Teatro. Em seus documentos, os cursos apresentam ementas idênticas:

> Diversidade como dimensão constitutiva da condição humana, alteridade e direitos humanos. A cultura como expressão do mundo da vida dos diferentes grupos humanos. Desigualdades e diferenças no espaço escolar: classe, gênero, raça, etnia, geração, pessoas com deficiência. Fracasso escolar e combate aos preconceitos (Ementas da unidade curricular de "Educação e Diversidade" nos nove cursos citados).

Como efeito, a unidade curricular se torna uma forte contribuinte para uma educação plural e democrática à medida que indica, em seus objetivos, a superação de exclusões, a promoção de direitos e o acolhimento da diversidade. A implementação dessa unidade curricular nos documentos das licenciaturas foi resultado de novas orientações das DCN (Brasil, 2015) a partir da inserção e do tratamento de questões ligadas à diversidade. No entanto, de acordo com a análise dos PPC de cada licenciatura, podemos observar que alguns projetos pedagógicos indicam discussões de marcadores sociais produtores de desigualdades e hierarquias, como os de classe social, étnico-racial e geracional; portanto, silenciam-se perante os de gênero e sexualidade.

Ainda referente aos direitos humanos, o currículo da licenciatura em Teatro indica grupos de pesquisa e projetos de extensão ligadas ao campo, numa postura curricular de valorização das diferenças e promoção de direitos na formação proposta.

Com relação ao curso de Pedagogia, pode ser que emerjam as questões de gênero, diversidade sexual e direitos humanos na unidade curricular *Educação Inclusiva*, mas o documento não apresenta isso explicitamente. Contudo, é importante nos atentarmos ao fato de que o PPC do curso de Pedagogia tem como data de elaboração e publicação o ano de 2010, cinco anos antes da definição das DCN (Brasil, 2015). Além disso, mesmo não apresentando o tratamento das temáticas aqui discutidas, são professoras e professores do departamento do curso, que são responsáveis pela unidade curricular *Educação e Diversidade* nas outras licenciaturas.

Apreendemos as DCN (Brasil, 2015) como um movimento de repensar a formação de professoras e professores nas instituições federais brasileiras. Os textos do documento sinalizam para a discussão de questões no campo do gênero e da sexualidade, que se tornam a base para a concretização – um primeiro passo – da construção de uma formação docente democrática e plural. Dessa forma, poder refletir isso na sociedade. A partir das orientações das DCN (Brasil, 2015), é inaugurada uma fase imprescindível para os cursos de formação de professores e professoras, como a implantação da unidade curricular de "Educação e Diversidade" em algumas licenciaturas. As ementas e os objetivos propostos na unidade curricular possibilitam aberturas para a discussão sobre a formação de sujeitos, permitindo-nos refletir e questionar sobre quais sujeitos queremos formar e sobre quais sujeitos falam os cursos de formação docente.

O PPC da licenciatura em Ciências Biológicas[4] expressa no perfil do egresso: "respeitar o direito à vida e ao bem-estar dos cidadãos", ilustrando uma compreensão ampla e universal dos direitos humanos de acordo com as DCN. Entretanto, no fazer cotidiano da escola, encontramos sujeitos históricos e concretos que, amparados por Butler (2018), fazem-nos perceber que nem todos os sujeitos são reconhecíveis nessa condição de sujeito e que algumas vidas são reconhecidas como vida, enquanto outras não. Os documentos pouco traduzem os conflitos

[4] É crucial ressaltar que o PPC do curso de Ciências Biológicas da referida universidade foi publicado no ano de 2014, data anterior ao ano de publicação da Resolução, que definiu as atuais DCN para os cursos de formação de professores. Diante disso, espera-se que o documento passe por uma reestruturação ou que um novo documento seja elaborado tendo em vista questões referentes aos Direitos Humanos bem como indicando o debate de questões relacionadas a gênero e sexualidade em determinadas unidades curriculares ou em programas e projetos de extensão.

das vidas que valem e das formas validadas de ser cidadão ou mesmo expressam as condições de existência para tais.

Além disso, espera-se que os egressos estejam preparados para se engajar no movimento de luta pela cidadania, visando à construção de uma sociedade justa, democrática e responsável. Porém, enquanto questões de gênero e sexualidade se mantiverem invisíveis ou normatizadas nos documentos curriculares, o reconhecimento da diversidade e a inclusão social serão parciais ou para poucos. A invisibilidade de questões destoantes da norma hegemônica esvazia o discurso por uma sociedade mais justa e democrática na medida em que desconsidera a diversidade de sujeitos. A discussão da diversidade de sujeitos implica debater a desigualdade, a exploração e a opressão como aponta Junqueira (2014).

Algumas considerações

O modo como são tratadas e discutidas questões que norteiam os debates sobre gênero e sexualidade nos permite conceber o currículo como um campo de disputas de espaços e convicções. Esse lugar de conhecimentos mantém-se, em relação às questões de gênero e sexualidade, como um espaço de ambiguidades e, em alguns casos, da ignorância – muitas vezes, operando intencionalmente e reafirmando a subalternidade e exploração de sujeitos marcados de formas outras por essas questões. Como efeitos, contribuem para a manutenção de posições de sujeitos específicas bem como para a manutenção das relações desiguais e hierárquicas entre os sujeitos (Silva, 2006). Dessa maneira, corpos continuam ameaçados na cotidianidade da escola e fora dela.

É essencial nos atentarmos para o fato de que existem vidas que são mais reconhecidas e levadas em consideração do que outras. Isso é singular ou restrito à escola ou ao processo de formação de professores e professoras, e está na estrutura de nossa sociedade. O ato de conhecer, segundo a perspectiva aqui discutida, pode estar ligado apenas à indicação de termos ou à incorporação de sujeitos outros nos textos dos documentos superficialmente: está ali por estar; ser apresentado sem mais problematizações e análises; manifestações pontuais ou protocolares. Para o reconhecimento de sujeitos, é preciso explorá-los, perfilhá-los, buscar incluí-los não de forma superficial, mas de modo que permita admiti-los como legítimos, como parte constituinte da diversidade citada. O ato do reconhecimento exige um acolhimento, o qual permite que sujeitos sejam realmente reconhecidos como tais. O movimento de deslocar essas vidas do *status* de ameaçadas para permitidas, possíveis e válidas, requer esforços maiores e além das revisões curriculares, mas estes já nos apontam posições e permitem gerar desconfortos para sair do lugar.

A partir da análise sobre os corpos ameaçados retratados nesses documentos que orientam a formação docente, apresentamos sinalizações fundamentais e de grande contribuição para a luta por uma educação e sociedade menos excludentes, desiguais e opressoras. Acreditamos que as temáticas de gênero e sexualidade, ainda, são tabus na prática educativa, o que inclui a formação de professores nas licenciaturas. Pesquisas que visam à compreensão das concepções, os preconceitos e as abordagens no cotidiano escolar, que se fazem necessárias continuamente para avançarmos na construção de uma escola diversa, libertadora e inclusiva e de uma sociedade democrática.

Referências

BENEVIDES, Maria Victoria. Educação em direitos humanos: de que se trata? In: BARBOSA, Raquel Lazzari Leite (Org.). *Formação de educadores*: desafios e perspectivas. São Paulo: Ed. da UNESP, p. 309-318, 2003.

BRASIL. Conselho Nacional de Educação. Diretrizes Curriculares Nacionais para a Formação de Professores da Educação Básica, em nível superior, curso de licenciatura, de graduação plena. Resolução CNE/CP nº 1, de 18 de fevereiro de 2002. *Diário Oficial da União*, Brasília, 9 de abril de 2002, Seção 1, p. 31, 2002.

BRASIL. Conselho Nacional de Educação. Diretrizes Curriculares Nacionais para a formação inicial em nível superior (cursos de licenciatura, cursos de formação pedagógica para graduados e cursos de segunda licenciatura) e para a formação continuada. Resolução CNE/CP nº 1, de 1º de julho de 2015. *Diário Oficial da União*, Brasília, 2 de julho de 2015, Seção 1, p. 8-12, 2015.

BRASIL. Conselho Nacional de Educação. Diretrizes Nacionais para a Educação em Direitos Humanos. Resolução CNE/CP nº 1, de 30 de maio de 2012. *Diário Oficial da União*, Brasília, 31 de maio de 2012, Seção 1, p. 48, 2012.

BUTLER, Judith. *Quadros de guerra*: quando a vida é passível de luto? 5. ed. Rio de Janeiro: Civilização Brasileira, 2018.

GESSER, V.; RANGHETTI, D. S. O currículo no ensino superior: princípios epistemológicos para um *design* contemporâneo. *Revista e-curriculum*, São Paulo, v. 7, n. 2, p. 1-23, 2011.

GIL, Antônio Carlos. *Métodos e técnicas de pesquisa social*. 6. ed. São Paulo: Atlas, 2008.

JUNQUEIRA, Rogério. Conceitos de diversidade. *Diversidade e Educação*, Rio Grande, v. 2, n. 3, p. 4-11, 2014.

LOURO, G. L. *O corpo educado*: pedagogias da sexualidade. 4. ed. Belo Horizonte: Autêntica, 2018.

MOTT, L.; MICHELS, E.; PAULINHO. *População LGBT morta no Brasil*: relatório GGB 2018. 2019. Disponível em: <https://homofobiamata.files.wordpress.com/2019/01/relatorio-2018-1.pdf>. Acesso em: 15 abr. 2019.

SILVA, Tomaz Tadeu da. *O currículo como fetiche*: a poética e a política do texto curricular. Belo Horizonte: Autêntica, 2006.

O processo de ensino-aprendizado de música: entre a vulnerabilidade social e a promoção de potencialidades

Eliseu Martins de Barros[1]

Introdução

Neste artigo, busca-se contribuir para o processo de ensino-aprendizagem de música junto a grupos vulneráveis, enfatizando as dificuldades que podem ser encontradas, mas também, principalmente, as potencialidades que esse processo pode trazer para o desenvolvimento humano em suas várias dimensões. A música, uma das sete artes, é reconhecida como um elemento importante para o desenvolvimento cultural de indivíduos, comunidades e sociedades, inclusive entre gerações, contribuindo para expandir suas possibilidades de expressão e criação estética, fatores de imensa relevância no processo de inclusão social e cidadania.

A música pode tratar dos temas mais variados tais como amor, rebeldia, amizade, protesto, melancolia e outros. Isto faz com que seja uma expressão forte das experiências cotidianas, podendo ser executada em uma grande diversidade de instrumentos e estilos. Pela sua expressão eivada de corporeidade, a música envolve o ser humano em

[1] Bacharel em Música. Pós-graduado em Neuro Ciência e Psicanálise Aplicada à Educação. Mestre em Gestão Social Educação e Desenvolvimento Local. Maestro e Violinista. Diretor e Coordenador Pedagógico dos Projetos Sociais Orquestra de Câmara Sesc MG e Orquestra Jovem Ramacrisna.

seu contexto, criando também oportunidades de interação e de pertencimento social, formas culturais, rituais e sentidos diversos.

Assim, ganham relevância os estudos sobre o processo de ensino-aprendizagem de música, dentro e fora dos contextos educacionais formais. Um aspecto muito importante é justamente como ele acontece em situações de vulnerabilidade, que pode ser entendida de maneiras diversas, desde limitações físicas, transtornos do desenvolvimento ou, como no caso do presente artigo, em situações de vulnerabilidade social. Coloca-se, então, a potencialidade da relação pedagógica no processo de ensino-aprendizagem de crianças e adolescentes em territórios vulneráveis, refletindo sobre a relevância de uma postura pedagógica dialógica e criativa junto aos alunos.

Neste artigo, entende-se que vulnerabilidade social se refere à ausência ou precariedade de acesso aos bens, serviços e direitos conforme os direitos fundamentais definidos pela Constituição Federal de 1988 (CF88). Muitas crianças e adolescentes vivem nessa condição, muitas vezes pela falta ou pela insuficiência de políticas públicas tais como nas áreas de educação, saúde, esporte e cultura, dentre outros. Entretanto, não se pode supor, pelas dificuldades sociais, que essas crianças e adolescentes seriam necessariamente carentes em termos de cultura, uma vez que sua identidade e expressão cultural dependem também de outros fatores, ligados à sua tradição, à mobilização da sua comunidade, dentre outros. Também seria errado deduzir que têm menor capacidade de aprendizagem musical, pois o processo de ensino-aprendizagem depende de um conjunto de fatores interligando alunos, professores e contextos de aprendizagem. Nesse sentido, seria importante observar o potencial da aprendizagem da música para o seu desenvolvimento humano e social.

Inicialmente, foi feita uma revisão de literatura com o termo *educação musical*, em portais de periódicos científicos, tais como SCIELO e GOOGLE SCHOLAR, bem como buscou-se fundamentação em autores da área da educação como Vigotski (2007) e Paulo Freire (1996). A revisão de literatura serviu de base para uma reflexão sobre a prática de educação musical do autor deste artigo junto a grupos socialmente vulneráveis. Nesta perspectiva, argumenta-se em favor de um processo dialógico de ensino-aprendizagem em música que possa articular a excelência da técnica com as expressões e com os traços culturais dos educandos, buscando superar limitações e promover potencialidades.

O ensino-aprendizado de música: um desafio à técnica e à sensibilidade humana

Qual a trilha sonora de uma vida? Um ser humano pode não saber a resposta para essa pergunta, mas com certeza essa trilha começa com o seu primeiro batimento cardíaco e outros sons do corpo. Os conceitos que definem a música (ou a arte dos sons) são combinados de acordo com as variações da altura, proporcionadas segundo a sua duração, e ordenadas por meio de três elementos fundamentais: melodia, ritmo e harmonia (Priolli, 2006). A percepção musical começa a partir dos órgãos vitais, do ritmo ditado pelas pulsações cardíacas, além de uma variedade de sons externos que o ser humano em gestação capta em sua primeira morada no corpo da mãe, bem como os sons internos que esse corpo e o do próprio feto produzem numa fantástica e criativa sinfonia de vida.

A música, como uma linguagem, acompanha o ser humano desde o seu mais tenro desenvolvimento. Assim, pode envolver uma simples cantiga de ninar até a mais sofisticada sinfonia, exigindo, para cada uma, dentro do contexto de aprendizado, diferentes competências técnicas, produzindo uma plêiade de emoções e um contato com a capacidade estética de criação do ser humano.

Machado (2010) discute que o ensino de música toca os educandos em dimensões interiores (subjetivas) e exteriores (técnicas, objetivas). O ensino-aprendizagem de música coloca tanto o desafio da execução virtuosa quanto a sensibilidade da interpretação e da fruição da arte. Combina aspectos conceituais e emocionais. Na arte, a interpretação envolve necessariamente uma criação.

Como reflete Machado (2010), há grande proximidade entre a compreensão e a execução técnica de uma obra de arte e a sua interpretação. Ao tocar, o músico realiza-se ao mesmo tempo em que dá vida à obra. Ou seja, a plenitude da obra precisa, ao mesmo tempo, da subjetividade e da virtuosidade do artista. Neste artigo, entende-se que isso pode ser aplicado a qualquer canção, desde a cantiga de ninar à sinfonia mais sofisticada e, de alguma forma, está presente no processo de ensino-aprendizagem de música, potencializando as capacidades humanas e seu desenvolvimento.

Como o ensino-aprendizagem de música lida com aspectos subjetivos e objetivos, é inegável que os estudantes da música precisam se apropriar da linguagem musical, dos instrumentos, das técnicas e dos recursos estéticos que compõem a obra (Machado, 2010). E, para cada aluno, há diferentes ritmos, formas e processos de desenvolvimento subjetivo ligado ao desenvolvimento técnico. O educador deve estar atento a essas dimensões, especialmente no caso de educandos com vulnerabilidades diversas que podem atuar como obstáculos ao seu desenvolvimento humano e social. Isso implica em que existe uma profunda dimensão intersubjetiva no processo de ensino-aprendizagem de música. Para ensinar, os educadores, também, precisam desenvolver a sensibilidade, a empatia e a comunicação com os alunos, por meio da própria música, que se torna mediação e o objeto de aprendizagem.

Segundo Vigotski (2007), o contexto social é determinante para o desenvolvimento cognitivo, e o professor tem de responder aos desafios impostos pela diversidade dos estudantes. Para Marques e Marques (2006), quando o educador aplica esse conhecimento no processo de ensino-aprendizagem, pode também acompanhar, no decorrer do desenvolvimento, a evolução da manifestação de pensamento e da expressão do aluno.

Beineke (2012), que estudou o ensino-aprendizagem de música, reconheceu a importância da postura do professor, tanto ativa quanto reflexiva, pois o conhecimento de uma arte se processa na ação. E é a partir da ação que o profissional pode compreender a si mesmo e ao seu trabalho. Ou seja, trata-se de um ensino que é também vivencial, exigindo uma dialética que envolve reflexão sobre a experiência e ação a partir dessa reflexão.

Neste artigo, levantou-se a necessidade de, além de reconhecer o processo ensino-aprendizagem de música como interação entre subjetividades, levar em conta fatores contextuais e históricos para o seu desenvolvimento, apontando a sua potencialidade nos contextos de vulnerabilidade social.

Contextos de vulnerabilidade social: onde o primeiro instrumento é o próprio aluno

Neste item, apresenta-se um relato de experiência do autor deste artigo como educador junto a grupos de crianças e adolescentes em situação de vulnerabilidade social em dois contextos profissionais: como diretor e coordenador pedagógico dos Projetos Sociais da Orquestra de Câmara Sesc MG e Orquestra Jovem Ramacrisna.

"Professor, eu tenho um sonho de ser admitida como aluna de violoncelo na Juilliard School": essa foi uma frase dita por uma aluna de um dos projetos sociais mencionados. Tratava-se de uma aluna formidável, com alegria e motivação contagiante. Convivia, porém, com uma situação muito peculiar: em contraponto ao seu grande talento musical, tinha uma pronunciada deficiência física nos dois braços, o que lhe trazia imensa dificuldade corporal para manusear o violoncelo, instrumento escolhido por ela. Para um melhor processo de utilização do instrumento, seria necessário um violoncelo construído especialmente para ela, com características que amenizassem a dificuldade imposta pela sua deficiência física. Porém, sua família não podia comprar tal instrumento especial, lutando com escassos recursos financeiros. Este foi um caso que requereu extrema criatividade do educador e da aluna para lidar com a deficiência física sem abrir mão do talento e do amor à música. Em primeiro lugar, foi necessário o desapego às tradições pedagógicas. Foi preciso pensar o processo de ensino-aprendizagem fora de tudo o que até então tinha sido preconizado para aquele instrumento. Adaptamos a aluna a uma postura física condizente com a sua melhor possibilidade para manusear o violoncelo, embora não fosse o indicado pela didática tradicional de ensino e aprendizado do instrumento. Foram adaptados gestos e técnicas com resultados muito satisfatórios para a aluna e para o educador. Foi realmente um grande desafio, um caso típico de medidas extremas para situações extremas.

Essa aluna frequentou o projeto por quatro anos, participando em toda a programação didática, pedagógica e artística, com as diversas apresentações em muitos palcos por onde a orquestra se apresentou, sempre demonstrando ótimo rendimento nos palcos e salas de aula. Encontrou ali não necessariamente a Julliard – grande referência em escola de **música** no mundo – mas um mundo que a acolheu e onde pode se desenvolver nos aspectos técnicos, estéticos e de desenvolvimento humano.

Neste artigo, pergunta-se pelos obstáculos e potencialidades que as crianças e os adolescentes vivendo em contextos de vulnerabilidade social encontram em seu processo de aprendizagem musical. Desde a dificuldade de deslocamento da casa para o local de estudos, passando pela falta de dinheiro para o transporte público, até o acesso a formas culturais que introduzam linguagens diversas em seu cotidiano.

Há que considerar que, apesar das dificuldades financeiras e sociais, a música pode estar presente em suas vidas de formas muito variadas, desde expressões tradicionais de sua cultura até transmissões feitas pela mídia, pela escola, pelos centros religiosos ou por outras instituições locais, pois sempre há cultura onde há sociedade, e sempre existe a possibilidade da música estar presente neste contexto cultural.

De maneira geral, os alunos frequentam ambientes de igrejas, festas de aniversários, festas comemorativas em escolas... e, em todas essas situações, a música está presente de forma muito participativa. Portanto, é muito comum encontrar meninos e meninas que já tenham tido contato com a música de forma mais íntima, seja aprendendo a tocar instrumentos musicais como violão, guitarra, teclado ou instrumentos percussivos, instrumentos esses usuais em seu contexto de vida por serem de menor custo e viabilizar formas mais simples de expressão musical nesses eventos. O canto é algo muito explorado também e bastante comum, pois a voz continua sendo um recurso humano mesmo em ambientes muito vulneráveis do ponto de vista socioeconômico. O talento vocal e suas nuances são, potencialmente, dos seres humanos nos mais diversos ambientes, possibilitando diferentes expressões artísticas.

Assim, ao chegarem aos projetos educativos, os alunos não podem ser considerados uma página em branco em termos musicais. Pelo contrário, eles vêm trazendo as suas bagagens específicas e é preciso respeitar e trabalhar com elas. Paulo Freire (FREIRE, 1996) ressalta a importância e a necessidade de entender a existência humana a partir de sua substancialidade, ou seja, o reconhecimento de todos os homens como verdadeiros sujeitos históricos. Os atributos dados aos seres humanos não podem, assim, sobrepujar o dado mais importante da existência humana: a sua presença no mundo como sujeito.

Uma questão a se levantar é até que ponto aquelas crianças e adolescentes foram incentivadas a se tornar produtores e transmissores de música mais do que meros consumidores. Teriam elas aprendido que a música está ligada a valores? Que tipo de ressonância lhes causaria uma canção entoada por seus familiares ou os sons da natureza que, porventura, existam em seu contexto de vivência cotidiana? Tudo isso é de uma variedade e de uma amplitude imensa. Como trabalhar de forma a aproximar as expressões locais da musicalidade com as suas inúmeras possibilidades criativas de formas e estilo que as artes construíram na sociedade?

Ensinar música para um ser humano, especialmente considerando crianças e adolescentes, envolve lidar com as possibilidades de resgate e ampliação de suas relações com o som, a musicalidade, a corporeidade, os afetos e os sentidos. Envolve, também, o aperfeiçoamento de sua capacidade de criar com esses elementos, recebendo heranças culturais, não como alguém passivo, mas como uma pessoa capaz de criação e de novas expressões. Ou seja, a educação musical também pode ser uma educação crítica e criativa, tendo por base o diálogo entre as diferentes criações e as possibilidades de invenções.

Vigotski (2007) afirma que construir conhecimento decorre de uma ação partilhada, que implica num processo de mediação entre sujeitos. Nessa perspectiva, a interação social é condição indispensável para a aprendizagem. A heterogeneidade do grupo enriquece o diálogo, a cooperação e a informação, ampliando consequentemente as capacidades individuais. As relações sociais se convergem em funções mentais.

Trabalhar com a cultura vivenciada pelos alunos em seu contexto sociocultural, em todas as suas dimensões, pode ser um significativo ponto de partida para o ensino e a aprendizagem da música para essas crianças e para esses adolescentes, tornando-as mais receptivas e ativas nesse processo de inserção e reconhecimento psicopedagógico.

Porém, esse é também um processo que traz grande desafio ao educador musical, muitas vezes herdeiro de tradições culturais eruditas e com alguma tendência a desprezar gêneros musicais populares ou não consagrados por tradições reconhecidas. Isso pode acontecer por causa de uma *ignorância pedagógica* que teima em considerar *cultura* apenas aquilo que vem de dadas tradições, enviesando o processo pedagógico por meio de valores elitistas e preconceituosos.

A postura pedagógica dialógica: sem autoritarismo e sem negligência

O ensino-aprendizagem de música envolve um trabalho tanto do professor quanto do aluno. O processo de ensino-aprendizagem envolve o trabalho de produzir significados para expressar o mundo da música de alguém para alguém. E isso precisa acontecer como diálogo. Esse discurso é realizado no presente. Assim, não importa quantos séculos a música apresentada ao aluno tenha, ela é realizada no presente, como trabalho de produzir significado, sentido, estética e tudo o mais.

O som, a música são os principais elementos que liga e desliga nossa relação com o mundo, em seus múltiplos sentidos. Partindo desse conceito, as artes – e dentre elas a música – não podem ser reduzidas à mera expressão de produção de linguagem, mas são elas mesmas a fonte de inspiração para novas ideias e novos modos de existência, novas relações entre os seres humanos e destes com o mundo.

Ricoeur (1981) argumenta que existe uma dialética entre a subjetivação e a objetivação. Na teoria de Ricoeur (1981), podemos dizer que a pessoa que fala (bem como aquela que escreve) é um artesão da linguagem. No trabalho de dizer, o falante faz um esforço de objetivar (tornar objetivo) no discurso algo que é da sua subjetividade. Ao dizer alguma coisa para alguém, produz um primeiro distanciamento – necessário – entre os significados, tal como eram na sua subjetividade (compreender) e os significados tais como expressos para outrem (explicar). Nesse sentido, não haveria oposição entre compreender e explicar.

Também podemos pensar que o músico é um artesão de um outro discurso. No trabalho de fazer música, o docente e o discente precisam dizer algo que é ao mesmo tempo da obra e da subjetividade de cada um.

O humano, na sua relação com o mundo, gera os seus sonhos, em um trabalho sobre a sua subjetividade, despertando qualidades e potencialidades até então reprimidas ou não desenvolvidas pelas circunstâncias da vida. O desenvolvimento de sentimentos e sentidos, da vida emocional, das identidades sociais propicia um empoderamento cultural e social, preparando o ser humano para construir e se apropriar de sua cidadania.

Muitas vezes, nos programas de ensino de música, os alunos são levados a tocarem para personalidades do mundo político-artístico-social, em lugares de tradição acadêmica, como auditórios de universidades, além de teatros de grande relevância cultural no cenário municipal e nacional. Eles passam a fazer parcerias com artistas renomados dentre uma ecleticidade de gêneros e estilos artísticos.

O processo de ensino-aprendizagem de música em contextos socialmente vulneráveis coloca questões fundamentais sobre o respeito à diversidade cultural e à identidade cultural. O respeito não é apenas pelas tradições que vieram de outras gerações e culturas, como no Brasil, nas comunidades ciganas, indígenas e quilombolas. O respeito deve incidir sobre todas as formas musicais às quais os educandos tiveram acesso. Isto não porque essas formas musicais sejam igualmente elaboradas ou criativas, mas essencialmente porque trouxeram ao educando um determinado impacto sensível e técnico sobre o qual precisa refletir, no qual deve entender-se como alguém capaz do exercício da musicalidade.

Assim, os sons, as músicas e as sonoridades que o aluno cria ou traz ao processo de ensino-aprendizagem, a partir de seu contexto cultural e de seus acessos à cultura, devem ser respeitados por se tratarem de suas experiências e por retratarem distintas realidades sócio-culturais. E é a partir dessa experiência – de sua vivência, de sua compreensão, fruição e transformação – que o processo de ensino-aprendizagem poderá ser realizado.

Cita-se, aqui, uma outra experiência nos projetos sociais já mencionados. Foi feita uma proposta de intercâmbio musical aos alunos. Ou seja, se eles aprendessem uma determinada música do chamado estilo clássico, poderiam, em troca, escolher uma outra música da qual faríamos o arranjo musical para ensaiarem e tocarem nas apresentações. Então, eles aprenderam a música clássica e sugeriram um hit do momento à época, a música *Despacito*, uma canção do portorriquenho Luis Fonsi, no estilo pop latino.

Aproveitando a grande motivação dos alunos com *Despacito*, foi trabalhado o seu arranjo musical de forma a incluir aspectos técnicos e teóricos do aprendizado e ensino da música. A ideia ficou melhor do que a encomenda: o arranjo de *Despacito* ficou muito bonito, os alunos estudaram com afinco e entusiasmo, sendo trabalhadas técnicas instrumentais e teoria musical, funcionando todo esse processo de forma dinâmica com absoluta interatividade, contemplando os viéses pertinentes ao processo de ensino-aprendizagem e considerando a cultura musical dos alunos. Ao mesmo tempo, os alunos foram valorizados como sujeitos de sua cultura, com suas potencialidades culturais, incentivando a sua participação ativa no processo de ensino-aprendizagem musical.

Deste modo, torna-se de grande importância respeitar o aluno em toda a sua historicidade. É relevante observar que esse respeito não se confunde com uma postura de relativismo absoluto, de aprisionar o educando em seu contexto imediato de vida. Pelo contrário, o respeito inclui abrir espaço para a sua expressão, mas não restringir os alunos a um fechamento de horizontes sobre aquilo que a sua cultura já produziu. O respeito à diversidade precisa considerar também a inclusão musical em uma sociedade com horizontes diversos, ou seja, no acesso às linguagens e a textos musicais produzidos na história e nas atividades culturais e que contribuem para a experiência, para a criatividade e para o desenvolvimento individual e social.

É a hora, então, de perguntar sobre o papel do professor de música nesse processo. O educador precisaria desenvolver uma postura dialógica pela qual é capaz de escutar o aluno naquilo que ele traz de suas especificidades culturais sem diminui-lo como pessoa e como aprendiz. Precisa oferecer-lhe meios de compreender a própria cultura, não para desvalorizá-la, mas para dela resgatar aquilo que lhe traz identidade e prazer musical, como aconteceu no contexto do aprendizado de *Despacito*. Precisa promover a aquisição de habilidades técnicas relacionadas à música e aos instrumentos. Precisa estimular a virtuosidade do educando, sem perder de vista que ele é também um ser cultural, afetivo e criativo. Pode-se utilizar instrumentos criados no contexto local ou objetos diversos que tenham sido utilizados para a produção do som, junto a instrumentos já consagrados. Não deve reduzir o ensino-aprendizagem de música à transmissão e à aquisição de habilidades técnicas. É preciso resgatar a experiência de sensibilidade e criação humana que tem suporte na expressão musical, lembrando que o lúdico é um elemento que enseja a criação, estando sempre presente nas culturas.

No pensamento de Paulo Freire, a relação sujeito-sujeito e sujeito-mundo são indissociáveis. Como ele afirma: "ninguém educa ninguém, como tampouco ninguém se educa a si mesmo: os homens se educam em comunhão, mediatizados pelo mundo." (FREIRE, 1987, p. 79). A relação autoritária e opressora entre as classes e os grupos sociais é criticada por Paulo Freire. Segundo ele (1996), a tomada de consciência pelo homem e pela mulher de seu inacabamento constitui um dado fundamental no processo de libertação por parte dos escravos da opressão: opressores e oprimidos. Assim como os homens e as mulheres, a realidade também é inacabada, o que permite agir no sentido da transformação de tudo e de todos.

Considerando essa visão pedagógica de reconhecer o aluno como um ser de múltiplas possibilidades, há de abrir o leque de potencialidades, incentivando que os alunos possam aprender mais de um instrumento musical, inclusive o seu instrumento interior, que é o que produz canto, por meio da voz humana.

Há que incentivar também a consciência corporal, por meio da dança ou da coreografia dos gestos musicais oriundos da prática instrumental. Ou seja, é preciso aproveitar ao máximo e não negligenciar as potencialidades humanas na relação de ensino-aprendizagem.

Porém, tal postura didática do professor deve ser apoiada em um ambiente que preze pela ausência do autoritalismo, além da completa consciência de que o local de trabalho é um grande laboratório de experiências trocadas na relação aluno-professor, bem como o respeito ao aluno entendendo-o como um magnifico ser humano cheio de dificuldades, porém, também de talentos, sonhos e perspectivas.

Neste contexto de possibilidades de transformação, por que desconsiderar as diversas formas e os diversos estilos de gêneros musicais? Com criatividade pode-se usar o funk, o rap, o hip hop, o chorinho, o tango, o jazz, a bossa nova, o baião, a valsa, o bolero, o gênero sertanejo ou o gênero clássico como conteúdo didático para a apreensão de capacidades para aprender a tocar o instrumento musical. Aliás, fazer uso desses diversos gêneros e estilos musicais traz maior aproximação entre o aluno e a didática do professor. Pode-se beneficiar, ainda, no contexto didático de abordar o processo de ensino-aprendizagem utilizando-se da variedade dos gêneros e estilos musicais, a aculturação através do resgate cultural da rica música popular brasileira, dentro de um contexto educativo, cultural e histórico.

Nesse sentido, houve um belo exemplo quando, em determinado momento, em um dos projetos sociais, foi sugerida a criação conjunta entre o professor e os alunos para uma composição musical. Entre os estudantes, havia uma adolescente que era uma ótima *rapper* (cantores de rap são conhecidos como *rappers* ou MCs, abreviatura para mestre de cerimônias). Então, dentro da parceria, os alunos sugeriram o estilo musical Rap. Foi criada a melodia com a harmonia e sugeriu-se à aluna Rapper que fizesse a letra e participasse das apresentações. A experiência foi sensacional, pois surgiu, daí, uma música interessantíssima que viralizou entre os alunos e integrou as apresentações da orquestra por diversas vezes.

E assim, dentro de um contexto de vulnerabilidade, como em qualquer outro, o educador precisa se reinventar o tempo todo, não sendo autoritário e nem negligenciando talentos, sendo um fio condutor por onde passa o despertar do ser social e consciente inserido no contexto cultural e histórico com contribuições de manifestações artísticas para a sociedade.

Considerações finais

Afirma-se, aqui, como objetivo de inclusão social por meio da pedagogia do docente que assume o desafio do ensino-aprendizagem musical, principalmente em comunidades vulneráveis, onde os processos de inclusão social e cultural ainda são limitados, os espaços de diálogo são mínimos e as possibilidades de tradução e criação cultural ainda são dificultadas por visões hegemônicas.

Importa-se que considere a valorização humana e social, independentemente dos métodos e das metodologias. Deve-se entender metodologias como possibilidades de caminhos adequáveis à trajetória do processo de ensino-aprendizagem para que se abram possibilidades para o ser social. Deve-se também beber na fonte dos processos educativos, considerando a educação como um processo de profundas significâncias e influências.

A Educação é um processo humanizante, social, político, ético, histórico, cultural, segundo Paulo Freire (1996), entende que se a educação, sozinha, não muda a sociedade, e tampouco a sociedade pode se transformar sem a educação. Então, essas práticas docentes dialógicas, participativas e criativas poderiam, de fato, ser compreendidas em sua importância para todo e qualquer contexto educativo. Porém, elas se tornam ainda mais relevantes quando envolvem grupos socialmente vulneráveis, uma vez que, nessa situação, o processo de ensino-aprendizagem de música ganha também o valor de inclusão social.

Pode-se pensar, então, na importância da relação entre inclusão musical e inclusão social, abrindo espaço para o diálogo entre contextos culturais e produções. Isso não porque qualquer expressão artística já tenha em si um valor definido e intrínseco, mas porque todas as expressões artísticas fazem parte da produção humana, da criatividade humana. Portanto, assim é que criam possiblidades, no processo de ensino-aprendizagem, para o enfrentamento das vulnerabilidades e para a promoção das potencialidades que, em sua cultura e na relação de sua cultura com outras culturas, o ser humano pode vivenciar.

Referências

BEINEKE,Viviane. *Trajetórias de pesquisa e perspectivas educacionais*. Educação, v. 37, n. 1, jan./abr. 2012.

BRASIL. *Constituição Federal de 1988*. Brasília, DF.

FREIRE, Paulo. *Pedagogia do oprimido*. 13. ed. Rio de Janeiro: Paz e Terra, 1987.

FREIRE, Paulo. *Pedagogia da autonomia*: saberes necessários à prática educativa. São Paulo: Paz e Terra, 1996.

MACHADO, Maria Inêz Lucas. Um roteiro atemporal: reflexões sobre a música, os músicos e o ensino musical. *Per musi*. Belo Horizonte, n. 21, p. 109-120, 2010.

MARQUES, Luciana Pacheco; MARQUES, Carlos Alberto. *Dialogando com Paulo Freire e Vygotsky Sobre Educação*. GT: Educação Fundamental / n. 13. 29ª Reunião Anual da Anped, 2006. Disponível em: <https://anped.org.br/sites/default/files/gt13-1661-int.pdf>. Acesso em: 20 ago. 2020.

VIGOTSKI, L. S. *A formação social da mente*. São Paulo: Martins Fontes, 2007.

PRIOLLI, M.L. *Princípios Básicos da Música para a Juventude*. Editora: Vitale, 2006.

RICOEUR, Paul. *Hermeneutics and the Human Sciences*. Cambridge: Editora Cambridge University Press, 1981.

A sala de aula como grupo: o retrato de uma turma de Psicologia

Adriana Dias Gomide Araújo[1]
Flávia Lemos Abade[2]

Introdução

A Psicologia Social brasileira se constitui como um campo de análise crítica das relações sociais e como um campo de intervenção e práticas. Nesse contexto, não tomamos o social como uma função reguladora ou protetora com a finalidade de suprir necessidades de pessoas "carentes", num sentido comumente atribuído pelo senso comum, nem como uma psicologia meramente descritiva, pautada por teorias abstratas. Nessa perspectiva, trata-se de um campo problemático, de um conjunto de práticas que não cessa de se transformar ao longo do tempo e que numa perspectiva emancipatória, deve se comprometer com as necessidades da população brasileira.

Partindo dessa premissa, os conceitos de inclusão social e diversidade, obviamente, não assumem um sentido único nas ciências humanas e sociais, nem nas ações que visam a garantia de acessibilidade e promoção da equidade no ensino superior. Assim, esse artigo discute

[1] Doutora em Educação pela Universidade Estadual de Campinas (UNICAMP). Professora Adjunta do Curso de Psicologia da Faculdade de Ciências Médicas de Minas Gerais. *E-mail*: adriana.araujo@cienciasmedicasmg.edu.br

[2] Doutora em Psicologia pela PUC-Minas. Professora licenciada do curso de Psicologia do Centro Universitário Una. *E-mail*: flavia.abade@gmail.com

a inclusão social no contexto do ensino superior, a partir de um método de intervenção na sala de aula em cursos de Psicologia, especificamente em disciplinas que abordam teorias de grupo, configurando uma nova práxis educacional.

As experiências desenvolvidas neste contexto promovem a inclusão social e o respeito à diversidade, sem se pautar pela aplicação instrumentalizada de um saber, pois a práxis não se confunde com um esquema de planejamento técnico. Abandona o paradigma determinista da inclusão social (da ideia de que a estrutura determina o sujeito), e orienta-se pelos princípios da emancipação social e da autonomia. Ou seja, as escolhas de valores ou a escolha de uma comunidade que permita o desenvolvimento da autonomia é o que caracteriza uma intervenção como emancipatória.

Para Heller (2000, p. 78), o valor objetivo, ou seja, aquele independente da avaliação humana, é "o conjunto de todas as relações, produtos, ações, ideias, etc., sociais que promovem o desenvolvimento da essência humana no estágio histórico tomado em consideração". Como essência humana, Heller compreende as qualidades essenciais que já estão dadas no processo de hominização.

> São de valor positivo as relações, os produtos, as ações, as ideias sociais que fornecem aos homens maiores possibilidades de objetivação [atividades de trabalho], que integram a sua socialidade, que configuram mais universalmente sua consciência e que aumentam sua liberdade social. Consideramos tudo aquilo que impede ou obstaculiza esses processos como negativo, ainda que a maior parte da sociedade empreste-lhe valor positivo (Heller, 2000, p. 78).

Os direitos humanos como um conjunto de valores fundamentais à humanidade ampliam o horizonte político, ético e filosófico para a compreensão e construção histórica do que é a dignidade humana (Schiefer, 2004). Essa perspectiva simbólica dos direitos humanos é uma dimensão relevante do processo de inclusão social, mas não os garante. Conforme Medeiros (2006), a garantia dos direitos da perspectiva jurídica é uma dimensão relevante dos direitos. Desta forma, são os direitos de cidadania que possibilitam o reconhecimento e a defesa dos direitos humanos.

Sem a pretensão de fazer uma retrospectiva ou análise minuciosa das políticas e dos direitos que visam à promoção da inclusão social e o respeito à diversidade no ensino superior, é importante citar que até 2008 eram requisitos legais e normativos para autorização, reconhecimento e renovação de reconhecimento de cursos superiores no Brasil a oferta da disciplina de Libras, conforme instrumento de avaliação de cursos elaborado pelo Instituto Nacional de Pesquisas Educacionais Anísio Teixeira (INEP/MEC, 2008). Cabe destacar, todavia, que desde 2001, o Plano Nacional de Educação (Lei nº 10.172/01) já previa a melhoria das condições de acessibilidade às pessoas com necessidades especiais nas Instituições de Ensino.

A partir de 2012, ocorreu mais um acréscimo dentre os requisitos legais e normativos: o atendimento às Diretrizes Curriculares Nacionais para Educação das Relações Étnico-raciais e para o Ensino de História e Cultura Afro-brasileira e Indígena (Lei nº 11.645 de 10/03/2008; Resolução CNE/CP Nº 01 de 17 de junho de 2004). Em 2015, foram incluídas também as Diretrizes Nacionais para a Educação em Direitos Humanos, conforme disposto no Parecer CNE/CP Nº 8, de 06/03/2012, que originou a Resolução CNE/CP Nº 1, de 30/05/2012 e a Proteção dos Direitos da Pessoa com Transtorno do Espectro Autista, conforme disposto na Lei Nº 12.764, de 27 de dezembro de 2012, como requisitos legais e normativos, além das anteriores e a acessibilidade, bem como o termo acessibilidade pedagógica e atitudinal nos critérios de avaliação em várias dimensões.

Trata-se de uma decisão política com forte repercussão pedagógica, nos procedimentos de ensino, condições oferecidas para a aprendizagem, na formação de professores e no processo de todos se educarem enquanto cidadãos atuantes no seio de uma sociedade multicultural e pluriétnica, capazes de construir uma nação democrática.

Segundo Stuchi (2015), quatro dimensões do direito precisam ser garantidas para a sua concretização: (1) dimensão substantiva, do direito prescrito em texto constitucional e em texto de lei; (2) dimensão estruturante, o direito materializado numa política que prevê um arranjo institucional que a organiza; (3) dimensão instrumental, dos mecanismos de operacionalização do direito, ou seja, regras sobre serviços e benefícios ofertados e todos os insumos necessários à sua efetivação como recursos humanos, financeiro, conhecimento técnico, infraestrutura etc.; e (4) dimensão legitimadora, de apropriação dos direitos pelos próprios cidadãos, que implica assegurar voz e protagonismo aos cidadãos.

Ampliando as reflexões de Stuchi (2015) sobre a política de Assistência Social, um direito para se efetivar envolve uma mudança social em diferentes dimensões, além das mudanças na legislação. Mais do que adequação dos espaços físicos, a proposta de inclusão social no ensino superior precisa reconhecer os valores aos quais a comunidade acadêmica daquela instituição de ensino superior almeja pertencer, quais interesses e conflitos estão em jogo na efetivação dos direitos e quais projetos e recursos dispõe para a construção de novas relações sociais e apropriação dos direitos por toda a comunidade acadêmica.

A experiência empreendida no contexto da sala de aula visou diminuir as barreiras impostas por preconceitos, estigmas, estereótipos e discriminações que impediam o processo de formação. A promoção da acessibilidade pedagógica e atitudinal associa conhecimento e intervenção, numa proposta elaborada em conjunto com sujeitos sociais, alunas(os) e professoras, visando a reflexão sobre a ética dos processos de mudança. A intervenção docente rompeu com as formas instituídas, criando novas relações e possibilidades de aprendizagem integral, profissional e cidadã.

Essa perspectiva, conforme Afonso (2011), exige o reconhecimento de quem são os sujeitos envolvidos no processo, quais discursos, relações, interesses e conflitos estão em jogo. Questiona quais são os projetos e recursos, ou seja, qual é a práxis social possível.

O relato da experiência

O Brasil é um país desigual, com grande concentração de renda. No ensino superior, essas diferenças emergem no perfil discente de estudantes de Universidades Públicas e Privadas e na relação entre os próprios discentes, deles com os professores e até mesmo com o contexto educacional, visto que não raro, estudantes de Universidade Privada são os primeiros da família a ingressar num curso superior.

Aprender a lidar com as diferenças não é um processo natural e no contexto educacional exige-se dos docentes mais do que um saber técnico-especializado, mas também saberes relacionados às práticas didático-pedagógicas e às relações humanas e sociais.

A experiência aqui apresentada revela a configuração de uma nova práxis educacional na medida em que questiona as práticas instituídas e convoca a sala de aula a olhar para si como grupo, a refletir e produzir saber na ação social sobre si, sobre o tempo e o espaço que compartilham na IES.

As experiências de intervenção em sala de aula que serviram de subsídio para a elaboração desse artigo ocorreram nos últimos três anos com discentes de Psicologia de instituições privadas de ensino que estudavam no período noturno. As experiências foram realizadas com alunos que cursavam disciplinas relacionadas à Psicologia de grupo e que explicitaram para a professora dificuldades de aprendizagem relacionadas à convivência e ao relacionamento com a turma. Os conteúdos curriculares dessas disciplinas previam a necessidade de compreensão dos conceitos de grupo, vínculos, processos e fenômenos grupais, metodologias e manejo de trabalho em grupo, enfim, englobavam o desenvolvimento de conhecimentos, habilidades e atitudes relevantes para a prática profissional no contexto social.

O professor, contudo, é o agente decisivo na concretização dos conteúdos e significados do currículo. Ao planejar a prática, ele é um "tradutor" que intervém no significado das propostas curriculares. É na prática real, guiada pelos esquemas teórico-práticos do professor, que se concretizam as tarefas acadêmicas nas quais está o significado real das propostas curriculares (Sácristan, 2017).

Reconhecendo, portanto, que é mais efetivo o aprendizado de grupo vivenciando e refletindo sobre o próprio aprendizado, bem como sobre a relevância de uma atmosfera grupal de segurança nos contextos de aprendizagem, que essa proposta foi delineada de acordo com os seguintes passos metodológicos: análise da demanda e reconhecimento de que a convivência está criando obstáculos à aprendizagem, ou seja, há dificuldades de relacionamento que podem impedir o processo de ensino e aprendizagem: contrato psicológico, retrato da turma, roda de conversa, psicodrama e memorial.

O disparador do trabalho, portanto, foi o clima desfavorável ao processo de aprendizagem e as relações predominantemente competitivas. A percepção da presença de uma hostilidade que dificultava a fala de alguns discentes apontava para a presença de relações de dominação, impulsionando o desejo de viabilizar espaços de fala a partir do próprio processo de implicação de cada participante com a identidade e clima da turma. Não menos importante foi o desconforto docente presente em todas as turmas em que esta proposta foi empreendida. O reconhecimento da angústia e dos sentimentos derivados da relação impossível com o educar (Freud, 1980) permitiu o rompimento com os riscos em ultrapassar a fronteira das posições estabelecidas. A docência é permeada pelo afeto em toda a sua complexidade, o desafio, então, é viabilizar o processo de aprendizagem.

Neste sentido, os objetivos da prática foram criar saídas para a angústia do trabalho docente e intervir no contexto da sala de aula para estabelecer relações entre a teoria e a prática. O alcance desses objetivos envolveu reconhecer a sala de aula como grupo, levantar a percepção de cada discente em relação ao ambiente compartilhado, construir um retrato da turma, propiciar o trabalho de grupo no contexto da sala de aula e refletir sobre a proposta dos grupos operativos e de outras teorias grupais.

O método de trabalho ocorreu em cinco etapas. Na primeira etapa foi estabelecido um contrato psicológico tácito para a realização da tarefa proposta. Diante da constatação do clima que obstruiu o processo de aprendizagem, as turmas foram convidadas a produzir conhecimento sobre suas formas de organização a partir de relatos individuais que descrevessem sentimentos e percepções sobre a forma como cada um vivia naquele espaço acadêmico. Foi acordado o sigilo das informações. A tarefa proposta consistiu em cada integrante da turma responder a três perguntas:

1. Que sala é esta?
2. Como me sinto nesta sala?
3. O que posso fazer para contribuir com o processo de formação desta turma?

O sigilo das respostas foi garantido por meio de depósito em um mesmo envelope, de forma anônima. Houve também o compromisso de reunir as respostas em um único documento, suprimindo trechos que poderiam eventualmente identificar algum participante. As respostas reunidas no documento intitulado *Retrato da turma* seriam lidas sem uso de interpretações, mas devolvendo para a própria turma um mosaico construído a partir de diferentes percepções e sentimentos, para que o próprio grupo discutisse como a atmosfera da sala de aula pode favorecer ou desfavorecer o processo de aprendizagem.

Na segunda etapa, as respostas dadas para as três perguntas foram lidas para a turma que estava organizada em roda. Esse tipo de organização da sala de aula privilegia as relações dialógicas, colaborativas e as relações face a face. A leitura ocorreu conforme o contrato previamente estabelecido, lembrando a importância da escuta do retrato como uma produção coletiva, em detrimento da identificação pessoal das respostas. Num primeiro momento, foram lidas todas as respostas sobre como cada um percebia a sala, em seguida foram lidas as respostas sobre como cada pessoa se sentia nessa turma e, por fim, como poderiam contribuir para o processo de formação da turma. Antes da leitura alguns dos elementos comuns às diversas teorias grupais citados por Afonso (2010) foram lembrados com o objetivo de aquecer e sensibilizar a turma para realizar uma escuta atenta aos possíveis elementos que constituem um grupo em destaque na leitura do documento. Os estudantes foram convidados a prestar atenção nas palavras que se repetiam, na forma como se configurava a identidade da turma, em seu clima e em sua atmosfera, em como a comunicação interna se processava, em como as pessoas se organizavam na sala de aula, em seus objetivos implícitos e explícitos. Reforçou-se que aquele era o retrato específico da turma, a qual aceitou a proposta de conhecer um pouco como cada pessoa se percebia naquele ambiente e como juntos eles participavam de uma dinâmica interna criada pela maneira como se vinculavam.

Na terceira etapa desenvolvida após a leitura do *Retrato de uma turma de Psicologia*, foi exibida a fala da escritora nigeriana Chimamanda Adiche, conhecida por *O perigo de uma história única*. Na sequência, os estudantes são convidados a produzir conhecimento sobre si mesmo, como grupo, problematizando o conflito estrutural vivenciado entre o desejo de reconhecimento e o reconhecimento do desejo (Enriquez, 2001). A tarefa do grupo é analisar suas clivagens, relações de poder e contradições, produzindo novos sentidos e apostando em possíveis saídas, ainda que limitadas.

Na quarta etapa, convidados externos realizaram práticas a partir do Psicodrama. O Psicodrama mobiliza uma nova forma de se perceber no grupo. Trata-se de uma experiência no "aqui e agora", em que os afetos são centrais em contraposição à racionalização e à intelectualização das relações. Além disso, o jogo sociométrico permite aos participantes identificar, a partir de consignas, elementos que os aproximam e os distanciam, trabalhando o processo de inclusão e exclusão próprio das vivências interpessoais.

Na quinta e última etapa, cada discente desenvolveu um memorial que contemplou reflexões sobre sua trajetória de vida e escolha profissional, buscando estabelecer os pontos de conexão entre suas experiências pregressas e sua opção profissional.

Todo o processo vivenciado visou à diminuição das barreiras impostas por preconceitos, estigmas, estereótipos e discriminações que dificultavam a formação, bem como permitiu a criação de novas relações e possibilidades de aprendizagem integral, profissional e cidadã.

À guisa de conclusão

É importante ressaltar que vários conteúdos pertinentes à disciplina foram vividos com base nos espaços criados para trabalhar as estereotipias, os modelos mentais, as crenças, as contradições e a potência dos grupos quando se implicam com as suas questões e abrem espaços para criar, desenvolver e modificar seu estado. Também foram discutidos os riscos da vivência em grupo quando o grupo caminha para a massificação e impede que o desejo dos indivíduos seja reconhecido em sua singularidade. Os fenômenos grupais, a importância dos grupos, das técnicas e teorias foram objetos de reflexão e vivência concreta.

O mal-estar relacional no contexto da sala de aula mobiliza a implicação, colocando os atores sociais envolvidos numa proposta que sempre porta o risco do próprio aprisionamento (Amado, 2005).

"É necessário ter uma certa simpatia pelas coisas que se estudam se as queremos compreender", conforme Amado (2005) em referência ao pensamento de Max Weber que refuta a ideia de "neutralidade axiológica". Há uma convergência entre conteúdo e experiência na sala de aula, cujos estudantes estão envolvidos com a aprendizagem das teorias de grupo.

Assim, a última atividade proposta teve como objetivo auxiliá-los nesta reflexão e implicação com seu processo de formação, buscando trazer à lembrança nexos que pudessem ajudá-los a compreender melhor sua escolha pela Psicologia, sua trajetória e de vir a partir daquela experiência reflexiva. O desafio da implicação é lidar com duas disposições entre a proximidade e o distanciamento com o conhecimento.

Nas experiências foram observados relatos que revelam o sofrimento de discentes que chegam a pensar em abandonar a formação por se sentirem mal na turma, expressando tristeza, desmotivação e sentimento de inferioridade. A presença de preconceitos e a intolerância à diferença, também, são pontos que se repetiram nas diversas experiências com esse método de trabalho.

A heterogeneidade das turmas foi observada por meio de dados identificados a partir do jogo sociométrico como tempo de deslocamento até a faculdade, horas de descanso, acesso ao lazer e atividades culturais, configuração familiar, classe social, grau de instrução de pais e avós.

Os grupos se organizam a partir de pequenas unidades por meio das identificações, e quando essas são pautadas nas assimetrias sociais, pode ocorrer um processo de exclusão silencioso que promove angústia aos que já foram excluídos do acesso a uma educação de qualidade anteriormente. Esses estudantes podem lidar com o desafio de acompanhar as exigências inerentes ao processo de formação no ensino superior relacionadas à leitura, à escrita e à produção de conhecimentos quando encontram espaços de diálogo, cooperação e compreensão da realidade do outro que é diversa da sua própria.

A experiência vivenciada promoveu a acessibilidade atitudinal e pedagógica, na medida em que permitiu aos participantes questionar sua percepção do outro, os preconceitos, os estigmas, os estereótipos e as discriminações vivenciados em sua trajetória e revelados nas reflexões promovidas ali na sala de aula como grupo. Essas experiências revelam que a concepção de conhecimento, a aprendizagem, o processo de avaliação e a própria inclusão, bem como as estratégias criadas para lidar com os afetos mobilizados, facilitam a remoção das barreiras pedagógicas.

Ter a diversidade humana como um valor significa engajar estudantes e professores no propósito de garantia desse direito. Isso implica a construção de relações educativas que valorizem as diferenças como fator de enriquecimento pessoal, acadêmico e profissional, removendo as barreiras para a aprendizagem e promovendo a participação de todos e de cada um, com igualdade de oportunidades. O princípio fundamental da inclusão e do acesso curricular é que os estudantes devem aprender juntos, apesar das dificuldades ou diferenças que possam apresentar.

Os direitos humanos como o conjunto de valores fundamentais à humanidade, bem como a Psicologia Social, o Psicodrama e as Teorias de Grupo como subsídios teórico-metodológicos foram essenciais para a configuração desta nova práxis educacional num campo tão complexo como é o ensino superior brasileiro. Neste contexto, o reconhecimento da alteridade e a constituição de espaços que favoreçam a autonomia e o rompimento com as estruturas de dominação contribuem para a diminuição de barreiras ao aprendizado e para a promoção da acessibilidade e da inclusão social.

Referências

ADICHE, Chimamanda. *O perigo de uma história única*. Disponível em: <https://www.ted.com/talks/chimamanda_adichie_the_danger_of_a_single_sto>. Acesso em: 20 set. 2020.

AFONSO, Maria Lúcia M. (Org.). *Oficinas em dinâmica de grupos na área da saúde*. 2. ed. São Paulo: Casa do Psicólogo, 2010. p. 389.

AFONSO, Maria Lúcia M.; ABADE, Flávia. *Para reinventar as Rodas*: Rodas de Conversa em Direitos Humanos. Belo Horizonte: Rede de Cidadania Mateus Afonso Medeiros (RECIMAM), 2008. Publicação eletrônica.

AFONSO, Maria Lúcia M. Notas sobre o sujeito e a autonomia na intervenção psicossocial. *Psicologia em Revista*, Belo Horizonte, v. 17, n. 3, p. 445-464, dez. 2011.

AMADO, Gilles. Implicação. In: BARUS-MICHEL, Jacqueline; ENRIQUEZ, Eugène; LEVY, André. *Dicionário de Psicossociologia*. Lisboa: Climepsi Editores, 2005.

BRASIL. Ministério da Educação. Instituto Nacional de Pesquisas Educacionais Anísio Teixeira (MEC/INEP). *Instrumentos de avaliação de cursos de graduação presencial e à distância.* Disponível em: <http://inep.gov.br/instrumentos>. Acesso em: 30 out. 2020.

ENRIQUEZ, Eugène. O vínculo grupal. In: Lévy, A. et al. *Psicossociologia*: análise social e intervenção. Belo Horizonte: Autêntica, 2001. p. 61-74.

FREUD, Sigmund. Prefácio à "Juventude Desorientada", de Aichhorn. In: *Edição Standard Brasileira das Obras Psicológicas Completas de Sigmund Freud.* Rio de Janeiro: Imago, 1980. Volume 19.

HELLER, Agnes. Indivíduo e Comunidade. In: HELLER, Agnes. *Cotidiano e História.* Rio de Janeiro: Paz e Terra, 2001.

MEDEIROS, Mateus Afonso. *Direitos humanos*: Uma paixão refletida. Belo Horizonte: Rede de Cidadania Mateus Afonso Medeiros (RECIMAM), 2006.

PICHON-RIVIÈRE, Enrique. *O processo grupal.* 8. ed. São Paulo: WMF Martins Fontes, 2009. p. 286. (Textos de Psicologia)

SACRISTÁN, José Gimeno. *O currículo*: uma reflexão sobre a prática. Ed. Penso, 2017.

SCHIEFER, Uyára. *Sobre os direitos fundamentais da pessoa humana.* Disponível em: <http://www.revistapersona.com.ar/Persona28/28Schiefer.htm>. Acesso em: 14 set. 2020.

STUCHI, Carolina Gabas. O reconhecimento do direito à assistência social. In: OLIVINDO, Karoline Aires Ferreira; ALVES, Sandra Mara Campos; ALBUQUERQUE, Simone Aparecida. (Org.). *Olhares sobre o direito à assistência social.* Brasília: Fiocruz; Brasília: Ministério do Desenvolvimento Social e Combate à Fome, 2015.

Seção 3 – O acesso à Assistência Social e a outras políticas públicas

O processo de escolarização no cumprimento de medidas socioeducativas – uma possibilidade para a inclusão social

Ana Cláudia Mateus[1]
Silvia Maria Cintra da Silva[2]

> *"Desde cedo a mãe da gente fala assim: 'Filho, por você ser preto, você tem que ser duas vezes melhor.' Aí passado alguns anos eu pensei: como fazer duas vezes melhor, se você tá pelo menos cem vezes atrasado pela escravidão, pela história, pelo preconceito, pelos traumas, pelas psicoses... por tudo que aconteceu, duas vezes melhor como?"*
>
> Mano Brown – Racionais MC's

Políticas públicas brasileiras voltadas para a infância e adolescência

A sociedade brasileira é marcada historicamente por incoerências, mudanças e transformações; tais marcas transformam, consequentemente,

[1] Psicóloga. Mestranda no Programa de Pós-graduação em Psicologia – Universidade Federal de Goiás (UFG). *E-mail*: anaclaudiamateus2@gmail.com

[2] Doutora em Educação. Professora da Universidade Federal de Uberlândia (UFU). *E-mail*: silvia@ufu.br

as concepções sobre a adolescência e a maneira pela qual o poder público enxerga e lida com os adolescentes em conflito com a lei. Assim, a adolescência, especialmente a pobre, também nos revela a dinâmica da exclusão/inclusão (Fraga; Costa, 2014).

Desde meados do século XVII, em que havia um grande número de crianças abandonadas (Rizzini, 2000), aos menores de idade pobres são destinados atos filantrópicos, penalidades e punições, mas não a escolarização. No século XX, vemos o crescimento da população e o aumento de problemas de diferentes ordens em um país que buscava a consolidação do capitalismo. A escola seria uma via de reconstrução da sociedade brasileira, mas crianças e jovens em situação de abandono, recorrendo à mendicância e ao envolvimento com a criminalidade, estavam excluídos da escolarização (Costa, 2012).

O Estado passa a criar formas de controle e repressão sobre esses meninos e meninas ao longo do século XX, como o Código de Menores (Rizzini, 2000), o Departamento Nacional da Criança (DNCr), o Serviço de Assistência a Menores (SAM) e a Política Nacional do Bem-Estar do Menor (PNBEM) instituída pela Lei nº 4.513, com a proposta de ajustamento de "delinquências", mostrando-se totalmente ineficaz na "prevenção da delinquência" e na garantia de direitos mínimos dos adolescentes como seres humanos (Cabral, 2003).

A Lei 8.069, de 13 de julho de 1990, instituiu o Estatuto da Criança e do Adolescente (ECA), que trouxe uma visão pedagógica em substituição à visão punitiva e policialesca do Código de Menores. A criança passou a ser vista como pessoa em desenvolvimento e a sociedade, o Estado e a família, como responsáveis por sua proteção (FERREIRA, 2015). Além de conferir direitos fundamentais e sociais ao público infanto-juvenil, o ECA elaborou um regimento jurídico em que o adolescente é levado à responsabilidade de responder pelas suas ações. As medidas de caráter socioeducativo se distinguem das penas criminais por serem predominantemente pedagógicas e com duração de até no máximo três anos.

A execução e a aplicação das medidas socioeducativas estão de acordo com o ECA (1990) e o Sistema Nacional de Atendimento Socioeducativo (SINASE) (Brasil, 2012); são aplicadas por juízes das Varas da Infância e da Juventude. As medidas socioeducativas aplicáveis, descritas no artigo 112 do ECA (Brasil, 1990), são: advertência, obrigação de reparar o dano, prestação de serviço à comunidade (PSC), liberdade assistida (LA), semiliberdade e internação em instituição específica. Em seu artigo 125, o ECA (1990) enfatiza a responsabilidade do Estado em zelar pela integridade física e mental dos adolescentes internados, como prevê a nossa Constituição Cidadã.

A quem serve a escola? O Processo de Escolarização

Segundo os dados do Levantamento Anual da Coordenação Geral do SINASE (Brasil, 2018) referentes ao ano de 2016, há um total de 26.450 adolescentes atendidos, sendo 18.567 em medida de internação (70%), 2.178 em regime de semiliberdade (8%), e 5.184 em internação provisória (20%). Há, ainda, outros 334 adolescentes e jovens em atendimento inicial e 187 em internação sanção[3].

Segundo o ECA, as entidades responsáveis pelo programa de internação têm o encargo de promover a escolarização e a profissionalização do adolescente em restrição de liberdade. Em 2012, o Conselho Nacional de Justiça (Brasil, 2012) fez o levantamento do perfil nacional dos adolescentes e jovens por meio do documento *Panorama da execução das medidas socioeducativas de internação*. Nele, 8% dos adolescentes estavam em situação de analfabetismo e 57% afirmaram que não frequentavam a escola antes de entrar na unidade. No que se refere à escolaridade destes jovens, a última série cursada por 86% dos adolescentes compreendia o Ensino Fundamental – isto é, uma porcentagem significativa de jovens não conseguiu concluir a formação básica. Esses índices alarmantes nos fazem pensar nessas trajetórias escolares, que para alguns são oportunidades para descobertas e desenvolvimento,

> Para outros, **a escola é lugar de desencontro**, e o caminho percorrido em seu interior desvela momentos de desilusão, frustração, humilhação, com repetências, suspensão, transferência compulsória e evasão. Entre esses, a imensa maioria

[3] Segundo o ECA, a internação-sanção é a medida restritiva de liberdade prevista em seu artigo 122, no inciso III, que é aplicada ao adolescente que não cumpre a medida mais branda, de forma reiterada e sem justificativas.

> segue a própria vida por meio de outros espaços e sentidos, tendo a família e o trabalho como base. Mas, para alguns, as consequências negativas serão mais impactantes [grifos nossos] (Calado; Souza, 2014, p. 151).

E são justamente esses jovens que vivenciam as consequências negativas de sua trajetória escolar que compõem o grupo focalizado em nossa prática, adolescentes e jovens em conflito com a lei; assim, temos uma juventude fora da escola, que dela não conseguiu se beneficiar ou aproveitar as muitas oportunidades e vivências a que tem direito. Temos uma escola cujo caráter excludente, meritocrático e individualizante não lhe permite fazer a própria crítica em relação à sua função (des)educativa.

O processo de escolarização na perspectiva da Psicologia Histórico-cultural

De acordo com Leontiev (1978, p. 267), "cada indivíduo aprende a ser um homem. O que a natureza lhe dá quando nasce não lhe basta para viver em sociedade. É-lhe ainda preciso adquirir o que foi alcançado no decurso do desenvolvimento histórico da sociedade humana." Isto significa que a escolarização é imprescindível para esse processo de humanização.

Para o desenvolvimento das funções psicológicas superiores (FPS) e para a formação dos conceitos científicos, o processo de escolarização é absolutamente imprescindível (Vigotski, 2000). Funções psicológicas como a percepção, a atenção, a memória, a imaginação e o pensamento, dentre outras, são essencialmente humanas e dependem do processo educativo para o seu desenvolvimento. A escola, para Vigotski (2000), apresenta uma importante especificidade, que é sistematizar o conhecimento espontâneo em conhecimento científico. Assim, para o desenvolvimento das FPS, é necessário que o legado oriundo da prática social seja apropriado pelos estudantes e, neste sentido, a aprendizagem é fundamental para a "formação do indivíduo, configurando-se como atividade por meio da qual são assimilados os modos sociais de atividade e interação. Desta forma, a educação escolar é condição imprescindível para o desenvolvimento do indivíduo e para sua integração na comunidade, possibilitando melhor compreensão da realidade circundante e fornecendo meios para interagir de forma consciente nessa realidade." (Leal; Silva, 2019, p. 188).

Metodologia

Devido ao estágio de uma das autoras no programa *Fica Vivo*"[4], escrevemos um relato de experiência, a partir da escuta das vivências de alguns profissionais que passaram ou estavam inseridos no sistema socioeducativo. Conhecemos muitos personagens que trabalhavam direta ou indiretamente com os jovens em cumprimento de medidas socioeducativas, ouvimos sobre atos infracionais, histórias de superação, violências sofridas (tanto dentro do sistema socioeducativo como do lado de fora), reincidências e em todos os relatos havia violações de direitos. Apesar do contato com vários profissionais para este trabalho, apresentamos o relato de dois deles. Escolhemos como critério pessoas que passaram pelo sistema socioeducativo e que tiveram o maior tempo de trabalho na unidade e mais contato direto com os adolescentes. Os encontros, ao longo da experiência no supracitado Programa, permitiram o registro em caráter informal sob a forma de notas durante as conversas para não perder a riqueza dos relatos.

De acordo com Barcinski (2014, p. 281), a pesquisa qualitativa busca "a interpretação que os sujeitos fazem da sua própria realidade [...] essas interpretações e os discursos apropriados para a sua construção são indissociáveis do contexto de sua produção" e, desta forma, "o

[4] O Programa Fica Vivo! faz parte da Política de Prevenção à Criminalidade, da Secretaria de Segurança Pública do Estado de Minas Gerais. Seu foco está na prevenção e na redução de homicídios dolosos de adolescentes e jovens de 12 a 24 anos, atuando em áreas que registram maior concentração de homicídios, promovendo oficinas de esporte, lazer, arte e cultura, além dos projetos de circulação [...] atendimentos psicossociais, e encaminhamentos para outros serviços públicos (como a saúde, escola, cidadania). Disponível em: <http://www.seguranca.mg.gov.br/2013-07-09-19-17- 59/programas-e-acoes>. Acesso em: 26 dez. 2021.

pesquisador qualitativo deve lançar mão de métodos, técnicas e análises que captem as singularidades desses contextos." (idem), o que, segundo a autora, reitera o caráter informal em que muitos estudos se ancoram para aquilo que se apresenta no campo da pesquisa.

Para tanto, construímos um roteiro composto por perguntas norteadoras, visando compreender como se dava o cotidiano desses profissionais e as perspectivas a respeito da medida socioeducativa de internação. As perguntas não foram as mesmas para os dois profissionais, pois procuramos abraçar especificidades relativas às respectivas funções na instituição. Solicitamos que o técnico social falasse sobre seu trabalho, a medida socioeducativa, a função do processo de escolarização na vida de um adolescente, conhecimento e posicionamento sobre o processo de escolarização em instituições socioeducativas, o impacto do cumprimento de medidas socioeducativas na vida do adolescente, contribuições da Psicologia para o processo de escolarização de modo geral e para a instituição.

Com o professor, o intuito foi entender como acontecia o seu trabalho, suas experiências anteriores, organização e funcionamento escolar na instituição, diferenças entre o funcionamento da escola da unidade e da escola regular, a função do processo de escolarização na vida do adolescente, o impacto da educação na vida deste após a saída da unidade e o que poderia ser feito para mudar a escola da unidade. Ambos trabalharam na unidade quando era executada a medida socioeducativa de internação. A análise desses relatos foi baseada na análise de conteúdo, inspirada em Bardin (2010), considerando tanto temas emergentes quanto o objetivo do trabalho e o referencial teórico que nos respalda.

O primeiro é Pedro, tem 25 anos, com graduação em Psicologia, técnico social de um programa[5] que acompanha os jovens após o desligamento destes do sistema socioeducativo, encaminhando-os para serviços públicos, como escola, rede de saúde, espaços de lazer e cultura, além de cursos profissionalizantes e oportunidades de emprego; quando nos encontramos, ele relata que seu tempo de trabalho nesse

[5] Por corte de verbas, o programa não funciona mais em todas as cidades em que anteriormente foi implantado.

cargo era de oito meses. Gilberto[6], o segundo profissional, tem 27 anos, é professor da área de Ciências Humanas, trabalhou na escola da unidade de internação por três anos e relatou como se dá o processo de escolarização junto a adolescentes em privação de liberdade.

Trazemos, a seguir, aqui, o olhar dos dois profissionais sobre o processo de escolarização de adolescentes em conflito com a lei. Essas diferentes perspectivas se complementam e nos auxiliam a compreender esse processo. Os relatos foram organizados e analisados a partir de tópicos considerados mais coerentes com a importância do processo de escolarização e fundamentados no referencial teórico apresentado.

O processo de escolarização visto pelo técnico social Pedro – o olhar "de fora" acerca das medidas socioeducativas

Perguntamos ao técnico social Pedro se há discussões sobre o Estatuto da Criança e do Adolescente na unidade. Ele relata que os jovens têm conhecimento a respeito do ECA, que sabem da existência de um "*livro*" que fala sobre eles, mas que não entendem a importância nem como são mencionados os seus direitos; então, ele tenta dialogar com os adolescentes sobre essas garantias de direitos. Entendemos que com a Doutrina da Proteção Integral, o ECA passou a atender a todas as crianças e adolescentes e cuida tanto da garantia dos direitos deste público como da sua proteção. Neste sentido, é extremamente importante que os jovens conheçam o Estatuto que lhes é próprio, guiem-se por ele e preocupem-se com a sua materialização.

Sistema socioeducativo?

Sobre o funcionamento da unidade de internação, Pedro declara que tem seus questionamentos acerca da medida, se realmente recupera, se a instituição consegue ressocializar esse jovem, mas em sua opinião o centro socioeducativo "*rebela mais do que recupera*". Segundo ele, o

[6] Os nomes são fictícios a fim de proteger a identidade dos profissionais.

centro socioeducativo aparece muito mais como um nome bonito, que prega a educação, mas na prática a instituição tem uma aparência e caráter prisional muito marcante, então, lá dentro, os jovens "*são tratados como prisioneiros*."

O técnico cita como exemplo os "dormitórios", que têm celas com camas feitas de concreto. O espaço, cuja capacidade é para 80, tem atualmente 160 adolescentes. Essas condições materiais extremamente precárias, apresentadas a esse público, são insuficientes para as necessidades do sujeito e certamente contribuem para comportamentos agressivos e hostis (Teixeira, 2017), com impactos no engajamento relacionado à escolarização.

O sistema socioeducativo se diferencia do sistema prisional por, em teoria, ter o seu caráter pedagógico, mas infelizmente esse discurso foge da realidade. Como o jovem pode se "reintegrar" à sociedade se não é tratado dignamente na instituição? De que modo a instituição contribui para que exista a superação do ato infracional? Será que o ambiente é acolhedor e includente? Neste sentido, o técnico também relata que há muitos casos de reincidência dos jovens.

Silva (2017) aborda a importância da reintegração social dos adolescentes em cumprimento de medida socioeducativa para a superação do ato infracional, ressalta a importância de programas e políticas sociais para a redução de vulnerabilidades sociais, da imprescindibilidade de um trabalho pedagógico de qualidade, além de ressaltar que a educação se faz necessária para a ressocialização de modo a ser importante alternativa para a diminuição dos casos de reincidência na prática de atos infracionais.

Em relação às possíveis melhorias, Pedro diz acreditar na educação, no caráter mais educativo. Ele critica o nome "socioeducativo", pois na prática não percebe assim: "*Não vejo o caráter muito educativo nele não, para te falar a verdade. Eu vejo assim, um caráter mais de repressão, de catequização. Do que que pode, do quê que não pode. Do que que é bom, do que que é ruim. O que você deve fazer, do que você não deve fazer*".

Assim, fica a pergunta: O que podemos esperar de um lugar mais preocupado com a repressão do que com a recuperação por meio da educação? O técnico ainda sugere que a unidade de internação deveria ter mais seu caráter de escola, numa espécie de internato e não numa prisão. Além disso, considerando, pela Psicologia Histórico-cultural, que as emoções são funções psicológicas que se desenvolvem no meio social, Silva (2011, p. 231) traz uma contundente reflexão sobre o desenvolvimento emocional:

> [...] quando o meio social é apresentado de forma frustrante e insuficiente para as necessidades do sujeito, geram-se dificuldades para a satisfação de necessidades básicas. Os comportamentos esperados diante das adversidades vivenciadas podem envolver desde a raiva e agressividade, como uma reação a este ambiente, até o total desamparo, diante da insegurança provocada pela precariedade dos processos de mediação estabelecidos. Assim, a formação das funções psicológicas superiores fica comprometida, com a apropriação parcial de aspectos da realidade concreta, pois o controle das emoções elementares não ocorre sem a necessária formação de consciência em relação a elas e à realidade em que se vive.

Se a escola é um importante e necessário espaço para o desenvolvimento das funções psicológicas superiores, como as instituições destinadas ao cumprimento de medidas socioeducativas poderiam se reorganizar para tratar os jovens como pessoas, de modo que estes possam prosseguir em seu processo de humanização?

Sobre o ensino escolar oferecido na instituição de internação

Quanto ao formato, à qualidade do estudo ofertado e sobre o que o jovem pode fazer com o que aprendeu dentro do centro socioeducativo, Pedro relata que cada seis meses na escola da unidade equivale a um ano, a uma série na escola fora da instituição, demonstrando dúvidas sobre tal ensino. Ele exemplifica seu questionamento com um caso acompanhado pelo programa de que fazia parte, no qual foi realizar a inclusão de um adolescente que, pelo seu histórico escolar, tinha parado no 6º ano. Foi solicitado a esse atendido preencher sua ficha de inscrição, e o adolescente só sabia escrever o próprio nome. Não sabia o que significava nacionalidade, estado civil, e assim que o técnico explicava o que era, o adolescente preenchia com traços. Então ele questionou: "*Que menino que é esse que sai do 6º ano e só sabe escrever o nome? Não sabe escrever, não sabe ler, como que está sendo essa escolarização lá dentro?"*.

O técnico social questiona a qualidade do ensino; por mais que o jovem queira se distanciar da criminalidade, há dificultadores que inviabilizam sua saída. Muitos deles, desde cedo são colocados numa posição adulta, são responsáveis pelo sustento da sua família, mas muitas portas de trabalho se fecham por esse adolescente não ter a escolaridade completa; em contrapartida, o tráfico se mantém acessível apesar dos riscos; além disso, a escola não é estimulante: "*Então esse menino vai voltar para o tráfico, é um ciclo*". O técnico indica uma visão da escola como algo sem sentido(s) para os adolescentes; não culpabiliza a família nem o adolescente por sair da escola cedo, pois o que percebe é que fatores sociais e econômicos são decisivos. É muito difícil se preocupar com a escola quando as necessidades básicas não são supridas.

Temos dois pontos importantíssimos, aqui. Lembremo-nos, primeiramente, de que a sociedade capitalista constrói um imaginário acerca do que é esperado de cada pessoa para que ela considere ter "sucesso" na vida. Esse "sucesso" é sempre visto como advindo de qualidades pessoais e inatas, pois não se compreende o processo de desenvolvimento fundamentado nas relações sociais, mas totalmente individualizado. As profundas desigualdades sociais são naturalizadas e o sujeito é culpabilizado pelo seu sucesso ou fracasso (Leite, 2015). Os processos de exclusão são ideologicamente mascarados.

Sobre a questão do sentido da escola para o jovem, esta muitas vezes tem um caráter excludente e, de acordo com Cunha e Dazzani (2016), que perscrutam historicamente a complexa relação entre adolescentes em conflito com a lei e a escola, há quatro estágios que tipicamente desenham o percurso escolar destes adolescentes. No primeiro, há a frequência escolar obrigatória; no segundo, a marca é o desconforto com a escola, vivenciado pelos estudantes "de origem popular, na minoria dos quais inclui-se a maioria dos futuros socioeducandos" (p. 253), por esta mostrar-se fora de sintonia "com sua realidade cultural, o que favorece o desinteresse e o insucesso acadêmico de alguns desses estudantes, que podem inclusive abandonar a instituição, por não se sentirem atraídos, valorizados, estimulados e motivados para continuar frequentando-a." (idem).

No terceiro estágio, autuado devido a um ato infracional e sujeito à medida educativa em meio aberto, o adolescente deve "frequentar uma escola pública regular, onde vivencia experiências de rejeição, hostilidade e segregação ainda mais intensas que aquelas que haviam motivado seu afastamento da escola anterior." (CUNHA; DAZZANI, 2016, p. 253). Tais circunstâncias comparecem no último estágio, vivenciado unicamente por egressos desse sistema, "que já encerram a medida e cuja frequência escolar não se encontra mais sob a égide da imposição ou supervisão judiciais, mas que continuam enfrentando preconceito e discriminação devido a seu histórico infracional e socioeducativo." (idem).

Porém, mesmo diante desse cenário desolador, os autores não esmorecem e convidam-nos a, em pequenos passos, enfrentarmos coletivamente tal desafio. Eles propõem algumas medidas, como a configuração da escola como "um espaço de generoso acolhimento dos adolescentes de baixa renda" (CUNHA; DAZZANI, 2016, p. 254), que precisam ter valorizada a sua bagagem cultural, bem como suas vivências e seu conhecimento. Ademais, são imprescindíveis ações afirmativas e políticas públicas que visem combater vulnerabilidades sociais, promover cidadania e garantir direitos a esse público.

Críticas à equipe pedagógica da unidade de internação

O técnico social relata que em seu trabalho também havia diálogos com a equipe pedagógica da escola, para saber como estava o progresso do jovem em seu processo de escolarização; eram conversas superficiais, que sempre traziam que todos estavam indo bem na escola, estavam estudando e todos estavam no mesmo patamar. O técnico diz que os adolescentes não falam muito da escola, e quando comentam dizem que é algo chato e de que não gostam. Sobre os encaminhamentos para cursos profissionalizantes, ele relata que o mais pedido é o curso de mecânica, porém é um curso que exige o 9º ano como escolaridade mínima, então, algo distante para quem mal sabe escrever o próprio nome. Os adolescentes sentem-se frustrados ao ouvir isso, e ele tentar reverter a situação falando de vagas em escolas do bairro desses jovens, mas geralmente a maioria não dá prosseguimento aos estudos. Como escreve Carvalho (2017, p. 60), "Sem escola e com inserção precária no mundo do trabalho, os jovens ficam mais desprotegidos e suscetíveis à cooptação pelo crime organizado, pois a comercialização de drogas ilícitas representa uma alternativa real de trabalho, que traz promessas de mobilidade social".

Experiência no centro socioeducativo

Pedro comenta que a responsabilização também é trabalhada a todo momento, instigando os jovens a refletirem sobre os atos infracionais, a terem perspectiva de futuro, sobre o que almejam quando cumprirem a medida socioeducativa. Ele constata que a maioria dos jovens continua com algum ou outro ato infracional, com alguma ligação com a criminalidade, que a porta de mudança seria a escola, *"que seja a escola da unidade de internação"*; mas ele alerta sobre a importância de mostrar o sentido, de pensar numa educação diferente, que não é pautada nos mesmos moldes da escola do lado de fora, que não foi atrativa para o jovem e que este nela não permaneceu; uma escola que seja suficiente para ele dar sequência aos estudos ao sair.

O processo de escolarização visto pelo professor Gilberto – o olhar "de dentro" – o cotidiano de uma sala de aula da unidade

Talvez uma das grandes questões durante a construção deste trabalho tenha sido o imaginário a respeito de como era, de fato, essa escola, se sua estrutura também tinha um caráter prisional. A resposta não surpreende. O professor Gilberto relata que as salas de aula do centro socioeducativo são semelhantes às salas de um presídio, há celas com grades e câmeras. Então, é como se fosse "*uma cela de aula*", ocupada por 12 adolescentes em média.

Sobre sua didática nas salas de aula da unidade de internação, ele comenta que tenta ser o mais dinâmico possível, e que não há como funcionar se não for assim, até porque os recursos são muito escassos; escassos também devido ao sistema de segurança que barra muitos materiais. O professor dá exemplos de que não pode levar *notebook* para a sala de aula, que o laboratório de informática da unidade não pode ser utilizado, então há recursos físicos não utilizados "*por questão de segurança*". Conta que já levou violão, bola de futebol, além de outras ideias criadas diante das demandas do cotidiano e desabafa, dizendo que houve momentos em que se "*perdia*", que ia pedir amparo à equipe pedagógica, mas que eles também não sabiam lidar com a situação de trabalhar com esse "*tipo de adolescente.*"

Como o jovem em cumprimento de medida socioeducativa vem sendo caracterizado dentro da instituição? De que modo esse olhar dos profissionais sobre o jovem modifica o seu acolhimento? De que maneira esse tratamento na instituição cumpre o que preconiza a medida socioeducativa?

Sobre as regras da escola, ele relata que são "*normas normais*". O aluno não pode atrapalhar a aula, senão é retirado, ou por outras questões de segurança. Gilberto comenta que há uma autonomia muito grande do agente socioeducativo, pois ele pode entrar na sala de aula na hora em que quiser e retirar o adolescente da aula, caso entenda que o jovem esteja atrapalhando a turma. Fala sobre o sentimento de impotência de que não pode fazer nada, porque a instituição sempre deixa claro que a segurança é a prioridade. Quando o agente retira o jovem da sala de aula, ele volta para o alojamento e há "*medidas de advertência*", punitivas. Quando o adolescente "*se comportou mal*", desrespeitou alguém, não participa de atividades externas à instituição (oficinas, cursos, etc.), ou, em outros casos, não faz suas refeições no refeitório. Então, aquele que "*se comportou mal*" vai perder mais uma oportunidade de ressocialização com outros internos. É passível de questionamento o quanto esse período da internação pode ser ainda mais solitário para o adolescente devido à "*questão de segurança*".

O professor também nos conta que consegue circular na sala. Afirma que os adolescentes gostam da escola, que acredita que ela acaba sendo a única fuga por vários momentos dentro daquele espaço fechado, pois "é dentro da sala de aula que eles conseguem se expressar, o único em que isto pode acontecer". Sobre os conteúdos curriculares, ele afirma que não são possíveis de serem cumpridos, porque a cada ano que passa, *"encontramos mais dificuldades nesse adolescente."*.

A segurança se sobrepõe ao socioeducativo

Na conversa com o ex-professor da unidade, sobressaiu-se o fato de a segurança ser prioridade na instituição e se sobrepor ao socioeducativo, bem como a autonomia do agente socioeducativo por este ser responsável pela ordem na instituição. Todo material levado para a sala de aula é avaliado e contabilizado, e os adolescentes não podem levar livros para dentro do alojamento, devido ao descuido com os materiais e "*por usar os livros para embalar droga, foi proibido* [levar para o alojamento]." Há também projetos e atividades em contraturno, como os religiosos e as atividades educativas, mas é só para os adolescentes que "*cumprem as normas*".

Tudo pode ser suprimido dos jovens por questão de segurança. Exemplo disso é o chuveiro quente, retirado porque os adolescentes estavam utilizando a fiação para fazer fogo. Perguntamos se no inverno eles continuam tomando banho na água fria e ele responde que sim, "*por* uma *questão de segurança mesmo*". E mais uma vez a segurança aparece como protagonista no contexto socioeducativo. Podemos perguntar: segurança de quem?

Como o adolescente chega à escola da unidade de internação?

"Percebo muito desinteresse, o adolescente não quer ler, não quer estudar. Muitos chegam analfabetos." Para o professor, tudo é uma questão de base, pois se as garantias da Constituição fossem respeitadas, muitas coisas seriam diferentes. Ele diz sempre trabalhar essas questões com os alunos: "*Olha, você pode mudar de vida, você pode mudar*", para além da escolarização de conseguir um diploma no final da educação básica, ele diz pensar na educação, pois só ela "*pode promover a real mudança*".

Silva e Salles (2011), em seu estudo, procuram compreender as perspectivas que alunos e profissionais de uma escola constroem sobre o adolescente, autor de ato infracional, e como se dá a relação com a instituição escolar. A instituição escolar tem dificuldade para lidar com esse público de adolescentes, os denominados alunos "problema"; dificuldade tanto com adolescentes em conflito com a lei quanto com os "indisciplinados". Neste sentido, vale o questionamento: quais alunos a escola espera educar?

Defendemos uma escola emancipatória, algo proposto pela Pedagogia Histórico-crítica e pela Psicologia Histórico-cultural. De acordo com Ferreira (2015), a educação pode produzir, quando há oportunidade, um ambiente humanizador, democrático e solidário, a identificação com o espaço e a cultura escolar, pois é por meio da escola que muitos acessam o direito à educação e, para além disso, é nesse ambiente que pode ser despertado interesse pelo conhecimento. Antes de mais nada, é preciso pensar em uma educação escolar de qualidade e com recursos para vincular teoria e prática, que seja capaz de aproximar os saberes formais com os saberes da realidade dos jovens, uma educação que desperte interesse, e que tenha praticidade em seus cotidianos.

O impacto da educação na vida dos adolescentes depois que eles saem da unidade

"Eles chegam não letrados e não alfabetizados, saem dois anos depois alfabetizados, lendo e escrevendo. Essa é a coisa mais importante." Ele relata que muitos adolescentes falam: *"Eu nunca tive oportunidade mesmo, eu só sei roubar"; "Não me deram chance"*. Ele relembra uma aula em que perguntou aos jovens o que eles queriam, o que os faria sair da trajetória de criminalidade e eles responderam: "*Uai, se eu tivesse um mínimo de consumo, se eu tivesse o tênis da hora, o carro da hora, se eu tivesse uma casa para minha mãe, se eu tivesse um emprego, eu não estaria na vida do crime*". Essas respostas foram fundamentais para ele falar sobre as garantias constitucionais: "*Tá vendo? O que você quer é o mesmo que eu quero, as garantias constitucionais"*. Ou seja, é a partir do cotidiano deles que a aula tem mais potencial para se desenvolver.

Em seu trabalho, Teixeira (2017) procura entender como os adolescentes iniciam os atos infracionais. Os adolescentes participantes de sua pesquisa contam que começaram de maneira bem simples, fazendo pequenos favores (como levar certa quantidade de droga até um local) e recebendo dinheiro por isso. Foi por meio desses pequenos "favores" que esses jovens puderam enxergar alguma perspectiva de ascensão financeira que estivesse ao seu alcance. A pesquisadora evidencia os aspectos do consumismo como sendo algo muito presente nos discursos dos adolescentes, além do imediatismo e da sensação de liberdade. O desejo pelo *"tênis da hora, o carro da hora"* decorre, efetivamente, de uma necessidade? A autora relaciona essas questões principalmente à nossa cultura consumista, em que somos valorizados a partir do que temos e jamais pelo que somos.

Depósito de violência(s)

Perguntamos a Gilberto se ele poderia comentar sobre as violências que os jovens sofrem dentro da instituição, que foi algo que ouvimos de muitos profissionais que passaram pela instituição. Ele diz que há muitas versões, que já houve casos em que o adolescente se mutilou e acusou o agente socioeducativo para sensibilizar uma professora, mas que presenciou casos de violência dos agentes com os adolescentes, e enfatiza que a questão da violência é muito forte na unidade. Ele percebe que o agente socioeducativo geralmente culpa a família do adolescente pelos atos infracionais, que o Estado atende, mas não entende o público, ou geralmente não quer entender: "*E acha que jogando ele dentro desse depósito... Ali acaba sendo um depósito mesmo, sabe?*", fazendo alusão à superlotação de adolescentes internados na instituição.

Sobre a importância da escola da unidade e se há parceria, ele relata que muitos agentes gostariam que a escola não existisse: "*Para os agentes a escola atrapalha a questão de segurança, seria muito melhor para eles que os adolescentes ficassem sempre no alojamento.*" Ele reforça ainda o quanto há essa visão escancarada de que o sistema socioeducativo não tem nada de educativo, e que eles entendem estar trabalhando, efetivamente, em um presídio.

Neste sentido, Cunha e Dazzani (2016) afirmam que os profissionais de educação no contexto socioeducativo precisam ter acesso a uma formação inicial e continuada calcada em temáticas relacionadas a esse universo, com espaço para compartilharem vivências, reflexões e estudos de caso. Momentos para acolhimento e uma escuta qualificada das angústias e dos transtornos gerados pelo cotidiano escolar também precisam ser oportunizados aos docentes, que devem inclusive receber suporte e acompanhamento dos programas de atendimento socioeducativo. As condições salariais e de trabalho também precisam ser consideradas.

Considerações finais – um desencontro

Com o decorrer do trabalho, fomos percebendo que os centros socioeducativos não alcançam a proposta pedagógica, funcionando como um depósito de adolescentes e jovens que continuam a sofrer diferentes formas de violência, sendo a precária escolarização apenas uma das variadas formas de punição disfarçada. Compreendemos que ainda há um grande distanciamento no acesso a direitos básicos, principalmente à educação. O acesso à cultura, ao lazer e à educação é também de extrema importância para o exercício da cidadania, que vai além da alfabetização, é sinônimo de humanização conseguir perceber-se integrante da sociedade a partir da diversidade humana. O caminho da construção de uma escola emancipatória, humanizadora e democrática é um desafio grande e complexo, serão necessárias ainda muitas reivindicações e lutas. O desafio se mostra ainda maior quando pensamos nesse desenho de escola para os adolescentes e jovens em conflito com a lei. Faz-se imprescindível uma capacitação continuada das equipes; um preparo maior para a equipe pedagógica ter mais recursos para trabalhar com os adolescentes e jovens em conflito com a lei, entender o que faz com que esses profissionais não saibam lidar com *"esse tipo de adolescente"* e de onde é advindo esse despreparo; uma sólida e humanizadora formação inicial e continuada dos agentes socioeducativos, objetivando a execução de uma proposta pedagógica a partir do ECA. É fato que há um sucateamento muito grande nos serviços públicos, superlotação nas unidades de internação, dificuldades de acesso às famílias, reincidências e do quanto isso afeta o trabalho desses profissionais, que também precisam ser ouvidos e cuidados.

A Psicologia Escolar e Educacional tem muito a contribuir, considerando as possibilidades de atuação junto aos estudantes, docentes, agentes e gestores. Ao propor ações que instiguem a relação de todos esses atores no que se refere tanto ao processo de ensino e aprendizagem quanto à função efetiva das medidas socioeducativas e da escolarização desse público, como preveem o SINASE e o ECA, pode colaborar sobremaneira com essas questões. A pesquisa e a reflexão acerca desta problemática delineiam-se apenas como um primeiro passo de uma longa jornada em busca de alternativas e construções sociais que possam contribuir com o fortalecimento da educação, de modo que a escolarização de adolescentes promova um encontro verdadeiro com estes em busca da inclusão social.

Referências

BARCINSKI, M. O lugar da informalidade e do imprevisto na pesquisa científica: notas epistemológicas, metodológicas e éticas para o debate. *Pesquisas e Práticas Psicossociais.* 9(2), São João del-Rei, julho/dezembro/2014.

BARDIN, L. *Análise de conteúdo.* 4 ed. Lisboa: Edições 70 Persona, 2010.

BRASIL. CNJ. *Conselho Nacional de Justiça.* Panorama Nacional: a execução das medidas socioeducativas de internação. Programa Justiça ao Jovem. Brasília: CNJ, 2012.

BRASIL. *Estatuto da Criança e Adolescente.* Lei 8.069, de 13 de julho de 1990. Brasília.

BRASIL. *Lei Federal nº 12.594, de 18 de janeiro de 2012.* Sistema Nacional de Atendimento Socioeducativo (SINASE), 2012.

CALADO, V. A.; SOUZA, M. P. R. Ato infracional na escola: o impacto da trajetória escolar e a influência de questões de gênero na adolescência. In: LEAL, Z. F. R.; FACCI, M. G. D.; SOUZA, M. P. R. (Org.). *Adolescência em foco*: contribuições para a psicologia e para a educação. Maringá: Eduem, 2014, p. 187.

CARVALHO, V. R. V. *O sentido do trabalho escolar para o adolescente em cumprimento de medida socioeducativa de internação.* (Dissertação) – Universidade Federal de São Paulo. Programa de Pós-Graduação em Educação, Guarulhos-SP, 2017.

COSTA, A. C. P. As políticas de proteção à infância e adolescência e a educação: reflexões a partir da década de 1920. In: 4th. *Congresso Internacional de Pedagogia Social IV Congresso Internacional de Pedagogia Social.* 2012.

CUNHA, E. O.; DAZZANI, M. V. M. A escola e o adolescente em conflito com a lei: desvelando as tramas de uma difícil relação. *Educação em Revista,* vol. 32, n.1, p. 235-259, 2016.

FERREIRA, J. Z. *O Adolescente e o Jovem em Conflito com a Lei e a Escolarização*: possibilidade de humanização? Dissertação (Mestrado) – Universidade Estadual de Maringá. Maringá-PR, 2015.

FRAGA, L. & COSTA, V. O. Impressões sobre a escola e o abandono escolar de adolescentes com quem a lei entra em conflito. *Revista Eletrônica de Educação,* 8(2), 81-100, 2014. http://dx.doi.org/10.14244/19827199781

MINAS GERAIS. *Política Estadual de Execução da Medida Socioeducativa de Semiliberdade.* Belo Horizonte, 2008.

LEAL, Z. F. R. G.; SILVA, S. M. C. A educação de adolescentes em privação de liberdade: possibilidades e limites. *Eureka*, v. 16, p. 186-203, 2019. ISSN 2218-0559

LEITE, H. A. *A atenção na constituição do desenvolvimento humano*: contribuições da psicologia histórico-cultural. Tese (Doutorado) – Universidade de São Paulo. São Paulo, SP, 2015.

LEONTIEV, A. N. *O desenvolvimento do psiquismo*. Lisboa, Portugal: Livros Horizonte, 1978.

RIZZINI, I. *A criança e a lei no Brasil*: revisitando a história, 1822-2000. Unicef, 2000.

SILVA, I. R. O.; SALLES, L. M. F. Adolescente em liberdade assistida e a escola. *Estudos de Psicologia*, 28 (3), 353-362, 2011.

SILVA, R. *A biologização das emoções e a medicalização da vida* – contribuições da psicologia histórico-cultural para a compreensão da sociedade contemporânea. Dissertação (Mestrado) – Universidade Estadual de Maringá. Maringá-PR, 2011.

SILVA, N. M. *Professor e sistema socioeducativo*: conquistas, desafios e perspectivas para a promoção do desenvolvimento do adolescente, 2017. 186 f. Dissertação (Mestrado) – Universidade de Brasília, Brasília, DF, 2017.

TEIXEIRA, D. M. *Psicologia Escolar e Arte em uma instituição socioeducativa*: possibilidades de interlocução. Dissertação (Mestrado) – Universidade Federal de Uberlândia. Uberlândia-MG, 2017.

VIGOTSKI, L. S. *A construção do pensamento e da linguagem*. São Paulo: Martins Fontes, 2000.

Do trabalho no tráfico de drogas ao ofício de florista: um estudo de psicologia do trabalho em situações marginais

Aiezha Flávia Pinto Martins[1]

Introdução

Este artigo propõe um debate sobre o trabalho de crianças e adolescentes em contextos considerados marginais e criminalizados. Falaremos, portanto, de uma situação de violação de direitos humanos de crianças e adolescentes que se dá pela exploração da sua mão de obra. O tema será apresentado a partir de uma pesquisa[2] realizada com um jovem cuja trajetória de vida foi marcada por essa violação de direito. Seja no ramo informal de vendas e malabares nas ruas, no mercado ilegal — o tráfico de drogas no varejo —, no cumprimento de uma medida socioeducativa que tem como cerne o trabalho do adolescente, os fragmentos da história de vida do jovem nos mostram como a infância e adolescência das classes sociais mais empobrecidas são

[1] Psicóloga graduada em 2008 pela UFMG. Pós-graduada em Intervenção Psicossocial em Políticas Públicas pela UNA, em 2014. Mestra em Psicologia Social pela UFMG, em 2017. Analista de Políticas Públicas/ Psicóloga pela Prefeitura Municipal de Belo Horizonte, atuando atualmente na Diretoria de Políticas para Crianças e Adolescentes da Subsecretaria de Direito e Cidadania.

[2] Pesquisa de Mestrado da autora intitulada *Do trabalho no tráfico de drogas ao ofício de florista: Um estudo de psicologia do trabalho em situações marginais*, defendida em 2017, na Universidade Federal de Minas Gerais.

vulnerabilizadas pelo trabalho quando esse não é concebido e vivido enquanto um direito.

De acordo com o Estatuto da Criança e do Adolescente – ECA, lei 8.069 de 1990 (Brasil, 1990), adolescentes podem somente trabalhar a partir de 14 anos de idade, na condição de aprendiz, respeitando uma série de exigências que vão ao encontro da proteção de seus direitos, como a obrigação de frequência escolar, o cumprimento de uma jornada de trabalho que possibilite os estudos, a proibição da realização de atividades insalubres, dentre outras. Caso ocorra fora de tais parâmetros legais, a atividade será considerada trabalho infantil, violação de direitos a ser enfrentada e combatida pelo sistema de proteção, defesa e promoção dos direitos desse público, bem como por toda a sociedade, haja vista que a Constituição Federal de 1988 (Brasil, 1988) e o próprio ECA prevêem o compartilhamento de responsabilidades para zelarmos, com prioridade absoluta, por seus direitos.

No entanto, crianças e adolescentes de famílias das classes mais empobrecidas pela desigualdade social brasileira sofrem com o trabalho infantil e com os efeitos de um engodo normativo e teórico que criminaliza adolescentes trabalhadores do mercado varejista informal e ilegal do tráfico de drogas. É no esteio dessa criminalização que buscamos mostrar as violações de direitos pregressas e posteriores, sistematicamente perpetradas pelo próprio Estado e suas políticas públicas de atendimento a adolescentes considerados infratores.

Esperamos possibilitar o levantamento de questões acerca da proteção, defesa e promoção dos direitos infanto-juvenis ampliando a complexidade da compreensão de modo a ultrapassar o punitivismo fomentado pelo presente momento político vivido no país, que traz agravos contra adolescentes em cumprimento de medida socioeducativa por condutas consideradas ato infracional, análogas ao crime de tráfico de drogas.

Principalmente, buscamos contribuir para a reflexão sobre o papel ocupado pelo trabalho para as infâncias e adolescentes vulnerabilizados pela desigualdade social. Também propomos pensar o trabalho como um direito legal e não como uma forma de vulnerabilização e risco. Partimos da premissa de que aprofundar os olhares com relação ao trabalho vivenciado por uma determinada infância e adolescência é parte de uma posição ético-política de uma psicologia social comprometida tanto com a construção de aportes teóricos para incidência nas políticas públicas quanto com a produção de saberes implicados com o fortalecimento dos direitos humanos de crianças e adolescentes.

Deslocando o olhar: o trabalho marginal

O mundo do trabalho atual é atravessado por diversas forças que redefinem e reestruturam as relações de trabalho. E são as histórias vividas ou as histórias minúsculas (Telles e Hirata, 2007) que nos mostram tal atualidade, em que trabalho significa algo cada vez mais "cinzento, que torna incertas e indeterminadas as diferenças entre o trabalho precário, o emprego temporário, expedientes de sobrevivência e as atividades ilegais, clandestinas ou delituosas" (Telles e Hirata, 2007, p. 173).

Nesse sentido, haveria fronteiras bastante porosas e fluidas entre legal e ilegal, formal e informal, nas quais transita o trabalhador urbano, uma vez que o mercado de trabalho atual se baseia nessas ofertas "cinzentas" e inseguras, empregos com baixa remuneração, em um "embaralhamento do legal e ilegal". Nosso olhar se volta, portanto, para o mundo do trabalho socialmente considerado à margem, marginal, informal, ilícito (ou seja, fora da lei) e precarizado, com pouco reconhecimento social: o trabalho sujo, conforme a definição de Lhuilier (2014) e Bendassolli e Falcão (2013). Na conceituação dessa e desses autores, o trabalho sujo é aquele esvaziado de prestígio social.

É preciso um deslocamento do olhar para adentrar nessa perspectiva teórica, sairmos do que consideramos trabalho, no senso comum. E mais, é necessário fazermos um exercício de pensamento para relacionar trabalho e infância, trabalho e adolescência. Comumente, quando se trata desse assunto, logo pensamos em crianças e adolescentes vendendo balas, lavando parabrisas de carros ou fazendo malabares nos semáforos de trânsito, vendendo comida para pessoas nas calçadas de bares e restaurantes. Via de regra, essas são cenas consideradas retrato do trabalho infantil no Brasil, ao lado de crianças e adolescentes trabalhando nas lavouras e carvoarias.

Uma dimensão de trabalho infantil relacionada ao cenário urbano é informada pelo participante da pesquisa de Martins (2017): carregar compras de clientes de supermercados, fazer malabarismos nos sinais de trânsito. O jovem Gabriel (nome fictício dado pelo próprio jovem para proteger sua identidade) relata essas e outras atividades realizadas por ele desde os 6 anos de idade, cujo objetivo era complementar a renda familiar. Portanto, anos antes de ingressar no tráfico de drogas — o que ocorreu quando ele contava 10 anos de idade — a criança já estava sendo vítima de trabalho infantil, sendo que instâncias como escola, assistência social, saúde, não o protegeram impedindo a violação.

A recente pesquisa de Napolião (2020) nos mostra essa mesma realidade, de que a maioria dos adolescentes em cumprimento de medida de privação de liberdade já foi vítima do trabalho infantil na informalidade antes do ingresso nas atividades na informalidade e ilegalidade do tráfico de drogas. Isso escancara o fato de que as políticas destinadas à proteção da infância falham no seu objetivo, e então, quando a criança (0 a 12 anos incompletos) cresce e se torna adolescente (12 a 18 anos incompletos), o sistema punitivo age, apreendendo-os pelo cometimento de atos considerados infracionais. Segundo Napolião (2020):

> o trabalho está presente desde muito cedo na vida desses adolescentes. Entre os cem entrevistados, 85 declararam já ter trabalhado antes de se envolverem com o tráfico, dos quais 11 haviam começado a trabalhar com menos de 12 anos de idade (portanto, ainda na infância); 30, entre 12 e 13 anos de idade e os outros 44, com 14 anos ou mais. Ou seja, mais da metade dos entrevistados entrara no mundo do trabalho antes da idade mínima prevista para a atividade de aprendiz, que é regulamentada por lei e vedada a menores de 14 anos (NAPOLIÃO, 2020, p. 26).

O convite reflexivo é de irmos além da perspectiva já consensuada de trabalho infantil nas ruas das grandes cidades, fazendo uma espécie de zoom naquela população adolescente que é anunciada no senso comum e na mídia como perigosa e que precisa ter reduzida sua idade penal. E ainda mais, que pensemos nos adolescentes a partir de um recorte de classe, aqueles que estão situados na base da pirâmide social, das classes populares e menos favorecidas. Sem esquecer de visualizá-los a partir de um recorte racial, pois como nos ensina Davis (2016), nós não podemos querer compreender uma dada realidade social sem considerar o que ela chama de assimetria racial, pois a população negra é submetida a condições muito específicas dentro de um universo comum. Por exemplo, o desemprego afeta de modo diferente homens negros e brancos, mulheres negras e brancas e a adolescência negra e branca (Davis, 2016).

Logo, o trabalho de crianças e adolescentes que aqui discutimos perpassa a compreensão de que essa é uma situação que não afeta toda a infância e toda a adolescência de modo equivalente. Afinal, a concepção de infância e adolescência, para além de um período demarcado cronologicamente (Brasil, 1990), deve sempre ser pluralizada. Há uma diversidade de modos de ser e viver a infância e adolescência, portanto, devemos dizer que não existe apenas uma infância ou uma adolescência, mas várias, sendo que essa diversidade é concretizada nas condições sociais de classe e culturais, tais como etnias, identidades religiosas e de gênero, sendo que "todo esse processo é influenciado pelo meio social concreto no qual se desenvolve" (Dayrell, 2003, p. 42).

Isso posto, falaremos da infância e adolescência que sofre a criminalização pela experiência de trabalho situada à margem da formalidade e legalidade: o tráfico de drogas.

Tráfico de drogas: uma das piores formas de trabalho infantil

O Brasil é signatário de legislações internacionais que têm por compromisso a erradicação do trabalho infantil, principalmente em suas piores formas. O decreto federal Nº 6.481, de 12 de Junho de 2008 (Brasil, 2008), proíbe o trabalho do menor de dezoito anos nas atividades descritas na Lista das Piores Formas de Trabalho Infantil. E antes dele, o país ratificou a Convenção Nº 182 da Organização Internacional do Trabalho, de 1999, a partir do decreto Nº 3597, em 12 de setembro de 2000 (Brasil, 2000). E qual a relação entre trabalho infantil e tráfico de drogas, afinal? Trata-se de uma informação importante e pouco debatida e divulgada, a de que tanto a Convenção quanto a Lista TIP têm como premissa normativa a compreensão de que a participação de crianças e adolescentes no tráfico não é apenas trabalho, mas trabalho infantil, em uma de suas mais cruéis e piores formas e que, portanto, deve ser erradicada.

O artigo IV, inciso III do decreto 6.481 de 2000, define que "a utilização, recrutamento e oferta de adolescente para outras atividades ilícitas, particularmente para a produção e tráfico de drogas" (Brasil, 2000) é uma das piores formas de trabalho infantil. Somando o inciso IV do mesmo artigo, que preconiza que "o recrutamento forçado ou compulsório de adolescente para ser utilizado em conflitos armados" também é definido como uma das piores formas de trabalho infantil, temos o tráfico de drogas figurando por duas vezes dentre quatro incisos, sendo os outros dois a exploração sexual e o trabalho forçado ou escravidão.

Além dessas legislações internacionais de direitos humanos ratificadas pelo Brasil, temos o Estatuto da Criança e do Adolescente (Brasil, 1990) preconizando que os adolescentes só poderiam trabalhar inseridos no trabalho formal, circunscrito na legalidade, de carteira assinada, desde que respeitados seus direitos com destaque para a educação. Como já dito, a lei 8.069 permite que o adolescente trabalhe, desde que respeitadas uma série de previsões e exigências de garantias de direitos para esse segmento da população, que só poderia começar a trabalhar a partir dos 14 anos na condição de aprendiz.

Logo, internacional e nacionalmente, temos um panorama normativo indicando que a questão dos adolescentes trabalhadores do tráfico deveria ser de proteção de seus direitos violados, pois se trata de uma das piores e mais cruéis formas de trabalho infantil.

Também temos um panorama teórico, que nos diz que ingressar no tráfico é ingressar em uma coletividade em que há trocas, as quais possibilitam algum pertencimento a um grupo que assegura ao jovem adolescente um lugar no mundo, uma identidade em relação a esse lugar, pertencimento, reconhecimento e *status* (ANDRADE, 2012), portanto, um trabalho. O tráfico varejista de drogas, a "vida loka", mesmo com todos os riscos, é um mercado que ganha um lugar de destaque como uma atividade econômica que possibilita inclusão, ainda que marginal, conforme Feffermann (2006). Inclusão que não é apenas econômica, mas que diz da dinâmica de reconhecimento que essa atividade propicia.

Fefferman (2006), em uma construção a partir de um campo de pesquisa nos revela como se estrutura o tráfico de drogas como trabalho entre adolescentes e jovens de São Paulo. Trata-se de uma estrutura que, desde a chegada, a armazenagem do material, as divisões do trabalho, a jornada de trabalho, as regras prescritas, as exigências do trabalho, a venda, a gerência, a "contratação" dos trabalhadores, o seu acompanhamento, etc., configura-se como uma organização de trabalho, porém, com características singulares de tratar-se de trabalho ilegal e informal.

Ainda temos um panorama empírico, a partir do próprio campo de pesquisa, que nos mostra como essa atividade se configura por diversos fatores como um trabalho (Martins, 2017). Na pesquisa de campo, Gabriel nos relatou minuciosamente sua rotina de trabalho, possibilitando compreender que:

> há uma organização na realização da atividade, desde o horário a se cumprir, a separação do material a ser vendido, o cuidado com seu armazenamento — a droga fica escondida, de modo a evitar que sejam presos em flagrante com ela em mãos. Existe um coletivo de trabalho marcado pela divisão de tarefas, sendo um o olheiro, outros os vendedores, outro aquele que compra o café da manhã. Também podemos perceber sua relação com o produto vendido, que em outro momento ele afirma nunca ter experimentado, devido ao seu potencial de viciar rapidamente, e ele afirma admirar aqueles usuários que não desenvolviam tamanha dependência com a droga. Outro ponto é que existe estratégia de fidelização do cliente, tal como em qualquer comércio circunscrito na legalidade, sendo que ali especificamente, criou-se a estratégia de vender fiado para os clientes fixos, apenas para aqueles que são de confiança. Tal como no trabalho formal, existe a possibilidade de "balão", uma suspensão disciplinar. No entanto, como não existe a regulação pelas leis trabalhistas, no tráfico, essa possibilidade de suspensão, advertência e punição é levada ao extremo, conforme relata o jovem, poucos minutos de atraso já se configura em motivo para tal. Como em qualquer comércio, há variação no movimento, há dias e épocas de intensa venda e outros de menor movimentação (Feffermann, 2006). O trabalho está estruturado de modo a funcionar 24 horas por dia, e cada funcionário tem sua jornada de trabalho a cumprir, como nos mostra o jovem, são 12 horas de trabalho, incluindo uma breve pausa pra o almoço. Como o próprio Gabriel disse, o fim da jornada de trabalho é o momento de se "bater o cartão". (Martins, 2017, p. 96).

Assim, normativa, teórica e empiricamente, podemos dizer que o tráfico de drogas é um trabalho, e assim sendo, em se tratando de crianças e adolescentes, deveria ser erradicado, por todos os riscos que oferece, desde o afastamento da escola, a extensa jornada de trabalho em condições insalubres, o aprisionamento e a própria morte. Diante da proibição das piores formas de trabalho infantil, deveríamos todos somar forças para agirmos para a sua eliminação.

No entanto, não é isso que ocorre. Vivemos hoje no terceiro país que mais prende no mundo, em que o punitivismo ganha cada vez mais espaço e no qual esses adolescentes não são vistos como seres em desenvolvimento que estão tendo seus direitos violados. No senso comum, crianças e adolescentes que vendem balas ou fazem malabares no sinal têm seus direitos violados, entende-se que é um trabalho e que ele viola a infância e a adolescência. Mas aqueles envolvidos no tráfico são considerados bandidos (sobretudo os adolescentes, por uma compreensão de que não são mais crianças). E tem sido comum ouvir, nesses tempos sombrios de retiradas de direitos, desde as garantias trabalhistas aos direitos humanos, que *bandido bom é bandido morto.*

Então, além de estarem submetidos às dinâmicas do tráfico, que já envolvem tantos riscos como de estar expostos a condições de trabalho insalubres, na rua, em pé, expostos ao sol e à chuva, em jornadas de trabalho de até 12 horas ininterruptas por vezes, ou até mais, de acordo com as formas de organização dos plantões em cada região, riscos de ser preso e riscos de matar ou morrer nas guerras do tráfico, o trabalho das crianças e adolescentes não é visto como um trabalho dos mais graves e prejudiciais, mas sim é socialmente visto como um crime dos mais graves, que tem gerado um volume crescente de prisões.

Na capital de Minas Gerais, os dados do Tribunal de Justiça de Minas Gerais – TJMG (2018), referentes ao atendimento da Vara Infracional da Infância e da Juventude de Belo Horizonte mostram que no ano de 2017, o ato considerado infracional com maior incidência nas apreensões de adolescentes foi o tráfico de drogas. Dos 6.001 adolescentes presos, 1710 foram por tráfico de drogas, o que representa quase 30%. Além disso, 640 adolescentes foram apreendidos por uso de drogas, isto é, 10,66% elevando a cifra de prisões devidas à política de drogas, cuja gestão continua priorizando como primeira ação a prisão e não o tratamento em saúde pública. Portanto, em torno de 40% dos adolescentes apreendidos em Belo Horizonte são por uso, produção ou venda de drogas considerada ilícitas.

Esse panorama mostra a guerra às drogas se fazendo presente na cidade, guerra conceituada por Borges (2018) como a principal narrativa do funcionamento do Sistema Penal que é diretamente responsável pelo encarceramento em massa que vivemos. Segundo a autora, é necessário "desmistificar o mercado das drogas" (BORGES, 2018, p. 66) para debatermos, portanto, a criminalização dos seus trabalhadores, o que vem legitimando ações do Estado Penal no qual recrudescem militarização e punitivismo.

Tal guerra às drogas se concretiza, ademais, na letalidade da população jovem, entre as idades de 15 a 29 anos. Ela é ora o discurso legitimador de ações genocidas do Estado ora o motivo apontado por órgãos da política de segurança pública que investigam homicídios no país. Por exemplo, o Atlas da Violência de 2019 (IPEA, 2019) informa que a taxa de homicídios nessa faixa etária aumenta no Brasil todo e, em 2017, 35.783 jovens foram assassinados no Brasil. Tal dado representa taxa de 69,9 homicídios para cada 100 mil jovens no país, sendo portanto a maior taxa dos últimos dez anos. Já em Belo Horizonte, dos 543 homicídios registrados no ano de 2017 (IPEA, 2019), em torno de 50% se devem ao tráfico de drogas, segundo a Polícia Civil de Minas Gerais (CÂMARA, 2017).

Vieira (2012) e Galdeano e Almeida (2018) nos atentam sobre a atividade de crianças e adolescentes no tráfico de drogas enquanto sendo uma das piores formas de trabalho infantil e mostram que há um descompasso normativo nas políticas públicas relacionadas às medidas socioeducativas. Temos uma das piores formas de trabalho sendo tratada não com a proteção que se deveria, mas com punição, com propostas de redução de maioridade penal, com prisões, com morte. A pobreza continua sendo ligada à delinquência, crianças e jovens adolescentes pobres e negros são tachados de criminosos e carregam o estigma da "menoridade". Embora de um lado emirja como forma de trabalho marginal, como trabalho infantil violador de direitos, de outro emerge como crime a ser punido, sofrendo todo um esforço de invisibilização de seu caráter de trabalho.

Assim, debater essa participação das crianças e adolescentes no tráfico de drogas como trabalho significa rompermos com julgamentos morais sobre essa perspectiva e compreendermos o caráter marginal de tal atividade. Ao mesmo tempo, não perdermos de vista o horizonte ético de que tal atividade, ao envolver crianças e adolescentes, nos coloca diante de exploração de mão de obra infantil no comércio varejista do tráfico de drogas, que implica em risco, violência e morte de nossas crianças e adolescentes (Vieira, 2012).

Trata-se de uma tragédia social que ceifa as vidas de adolescentes pobres, considerados inimigos sociais numa lógica de segurança pública balizada pela guerra às drogas, criminalizados em vez de protegidos, cujo encarceramento se legitima e o genocídio não alarma. Portanto, buscamos compreender essa situação e mostrá-la como uma urgência a ser superada. É importante termos em conta que já dispomos das bases normativas para invertemos o quadro de desproteção, o qual nos mostram que esses adolescentes, mais do que sentenciados e criminalizados, devem ser protegidos, pois estão expostos a uma das piores formas de trabalho infantil.

O trabalho como punição na medida socioeducativa

No esteio da criminalização dos adolescentes pela prática de atos considerados infracionais, análogos ao crime de tráfico de drogas, ocorre seu aprisionamento e sentenciamento. São seis as medidas socioeducativas possíveis estipuladas pelo Estatuto da Criança e do Adolescente (Brasil, 1990), a saber: Advertência; Obrigação de Reparar o Dano; Prestação de Serviços à Comunidade, Liberdade Assistida; Semiliberdade e Internação. Ao discutirmos as dinâmicas de exploração de trabalho dos adolescentes criminalizados pela prática de atos considerados infracionais, destacaremos a Prestação de Serviços à Comunidade, pela sua centralidade no trabalho dos adolescentes sentenciados.

O trabalho é núcleo central dessa medida sancionatória, e tal constatação foi ponto de partida para agregar ao processo de pesquisa (Martins, 2017) questionamentos e inquietações a respeito de um caráter de trabalho forçado oculto na medida, que, caso não seja cumprida, gera a prisão do adolescente que não a efetivar.

A narrativa do jovem Gabriel nos mostra, além da seletividade social e racial do Sistema Penal Juvenil ou Sistema Socioeducativo, como algumas atividades de trabalho na medida socioeducativa são punitivas. A colocação do jovem para desenvolver atividades pouco valorizadas no cumprimento da medida, como lavar banheiros e varrer o chão do Centro de Saúde, era considerado pelo jovem o pior momento de toda a sanção judicial, pois o expunha à vergonha e humilhação. Ser exposto à vergonha e humilhação, conforme a discussão de Lhuilier (2014), e depois retomada por Bendassolli e Falcão (2013) são características do trabalho sujo. Desse modo, analisamos e afirmamos que, embora a PSC, ao nível do discurso jurídico e social, pretenda ofertar aos adolescentes um contato com o mundo do trabalho institucionalizado e circunscrito à legalidade, o lugar reservado para essa oferta é bastante demarcado, sendo que aos jovens cabe o trabalho invisível e desvalorizado, que exige baixa escolaridade, que seja manual e não intelectual, que seja "trabalho sujo" (Lhuilier, 2014), portanto, que seja trabalho marginal. Como dissemos, tal perspectiva mostra que a eles, ou cabe o trabalho marginal ilegal ou o trabalho marginal legal, mas sempre marginal.

Acreditamos que essa é uma contribuição para a reflexão acerca dessas atividades propostas nas medidas, que não contribuem para a socioeducação, mas para a punição em um nível mais humilhante possível. Refletimos sobre repercussões apontadas pelo jovem, como os sentimentos de raiva e revolta, e suas relações com os efeitos da realização do poder punitivo (Karam, 2010). Posicionamo-nos no sentido de que o trabalho não deve ser utilizado como forma de punir, e essa é uma perspectiva ética – no sentido de não promover a violência e a dominação do outro, mas de considerar nossa responsabilidade com a construção do saber, considerando a autonomia e a dignidade dos adolescentes sentenciados – que se abriu como posicionamento político necessário em nosso estudo.

O adolescente trabalhador no mercado formal e legal: travessia psicossocial

Um outro terreno de trabalho analisado na pesquisa (Martins, 2017) mostra a travessia psicossocial efetivada pelo jovem em sua desvinculação do tráfico de drogas a partir de sua inserção no trabalho formal, regulamentado e circunscrito à legalidade.

Ele passou a trabalhar como florista em uma empresa de decoração de festas e fazia decorações e arranjos florais para casamentos, em sua maioria. O jovem relata a beleza que vivenciava na sua atividade com as flores, a criatividade que o trabalho lhe permitia, a satisfação de entregar um buquê de casamento para as noivas e essas se emocionarem com seu trabalho, os noivos elogiarem a decoração das igrejas e dos salões de festa, etc.

Inicialmente, fizemos um esforço de compreensão, baseado na análise dos relatos de Gabriel, sobre como o apoio da religião e da família são elementos importantes para a travessia psicossocial e identitária, cujo carro chefe, apontado pelo próprio jovem, foi o trabalho como florista, com carteira assinada e direitos trabalhistas garantidos. Elucidamos como a experiência de trabalho e de sociabilidade no tráfico e as subjetivações produzidas em tal relação acarretam marcas, repercussões psicossociais e estigmas que não deixam de funcionar como experiência, patrimônio, *substrato* para o jovem fazer novas experiências em seu novo trabalho e em suas novas identificações. A recente inserção em um trabalho formal exige a criação e adoção de estratégias para lidar com a conflitualidade no ofício e para gerir a própria vida (Schwartz, 2010). Dissemos também dos sentidos construídos para seu trabalho, remetendo à beleza de seu objeto, a flor, e da sua atividade, considerada pelo jovem como tendo um cunho artístico. Salientamos o reconhecimento obtido no ofício de florista, aos seus próprios olhos e aos olhos de outros, deixando sua marca pessoal nos arranjos florais, e com o sentimento positivo de perceber um ser ativo, criativo. Esse trabalho possibilitava ao sujeito se desenvolver e gerar uma identidade de trabalhador revestida de valor. Evidenciamos o bem-estar subjetivo advindo dessa nova experiência de trabalho.

Considerações finais

O trabalho é lócus de atividade de um ser humano ativo, que busca transformar a realidade material e social que recebeu, conforme nos ensina a Psicologia social do trabalho e da psicossociologia (Barros e Carreteiro, 2011; Lhuilier, 2014). Trabalhar significa inserir-se nos fluxos e no movimento da história social e deixar sua marca no mundo, ao mesmo tempo em que nos inserimos em um coletivo, em um grupo, em que poderemos realizar trocas, alcançar algum "sair de si" e nos inscrever em algo maior do que o si mesmo, ou do que nós mesmos, com a possibilidade de, assim, tornar-nos úteis, sentir-nos valorizados, seja em contextos marginais ou não.

O trabalho pode ter uma valência dupla (ou tripla), podendo ser, conforme Lhuilier (2014), espaço de construção do sujeito ou espaço de exploração, espaço de adoecimento, espaço de vida ou de morte, por assim dizer. O trabalho ocupa, para cada sujeito, um lugar específico, a depender das possibilidades concretas que cada um vai encontrar e dos sentidos que será possível produzir, em um âmbito singular de sua experiência.

É preciso abrirmos espaço para a lógica que tem como horizonte a garantia de direitos de crianças e adolescentes, incluindo o trabalho como um deles. Ao ter direito de trabalhar com proteção e garantias legais, ou seja, ao trabalhar em condições de dignidade, o jovem Gabriel nos mostrou que é possível uma transformação política, a partir de uma construção identitária nova, um novo pertencimento social enquanto trabalhador formal, de carteira assinada, revestido de valor.

Para concluir, o jovem participante da pesquisa, ao refletir sobre sua circulação pela cidade a partir da comparação dos dois contextos de trabalho, o informal e ilegal e o formal e legal, afirma que no ilegal, ele conhecia um "Belo Horizonte apagado", enquanto que no trabalho legal ele conhece um Belo Horizonte "aceso" e "aberto". Ele diz que no tráfico só podia circular pela favela onde vivia, com medo de ser preso, de ser alvejado por algum inimigo ou pela polícia e permanecia sempre na mesma região onde trabalhava, vivia fechado e restrito naquele circuito. Ele desconhecia a cidade. Desse modo, o trabalho no tráfico demonstra restringir a circulação de seus trabalhadores. Na condição de trabalhador da ilegalidade, tendo seus direitos violados, ele também tem menos direito à participação e apropriação da cidade, na lógica de menos "direito à cidade" (Nogueira, 2013), para o qual a esfera laboral importa. Aquilo que o jovem aponta como dando direito à cidade acesa ou apagada é seu trabalho. Sendo florista, ele podia circular livremente, sem medos, conhecendo diversos bairros, locais importantes da cidade, podendo sair de casa e da favela inclusive durante o dia, mas também à noite, quando quisesse, enfim. Assim, podemos pensar que o trabalho exerce uma determinante mediação quanto às experiências que se faz da vida e da cidade.

Para concluirmos, enfatizamos que não é nosso interesse contribuir para uma visão conservadora de que o caminho para os adolescentes pobres seja sempre o trabalho. Ressaltamos que o trabalho como violação de direitos no trabalho infantil, seja na venda informal ou ilegal de produtos, deve ser combatido e enfrentado e, para isso, buscamos munir o debate com fundamentos teóricos, empíricos e normativos. Também o trabalho como forma de punição é algo a nos opormos urgentemente, pois significa uma outra violação de direitos à dignidade e autonomia dos adolescentes, perpetrada pelo próprio Estado.

Por último, reforçamos que é preciso combater o ideário de que aos pobres o trabalho é a panacéia para todos os males propondo que o trabalho seja visto como direito, imerso em um sistema que proteja a dignidade, a liberdade e a vida de crianças e adolescentes, podendo favorecer a inclusão social e a emancipação.

Referências

ANDRADE, M. S. *De volta ao "mundão":* um estudo sobre o retorno do jovem egresso da medida socioeducativa de internação ao convívio social. 2012. Dissertação (mestrado) – Universidade Federal de Minas Gerais, Programa de Pós-Graduação em Psicologia. Belo Horizonte, MG, 2012.

BARROS, V. A.; CARRETEIRO, T. C. O. Clínicas do Trabalho: contribuições da psicossociologia no Brasil. p. 208-221. In: Bendassolli, P.; Soboll, L. A. (Orgs.). *Clínicas do Trabalho.* Novas perspectivas para compreensão do trabalho na atualidade . São Paulo: Atlas, 2011.

BENDASSOLLI, P. F.; FALCÃO, J. T. R. Psicologia social do trabalho sujo: revendo conceitos e pensando em possibilidades teóricas para a agenda da psicologia nos contextos de trabalho. Colombia: *Universitas Psychologica.* v. 12, n. 4, p. 1155-1168, 2013. Disponível em: <http://revistas.javeriana.edu.co/index.php/revPsycho/article/viewFile/6494/5921>. Acesso em: 26 dez. 2021.

BORGES, J. *O que é*: encarceramento em massa? Belo Horizonte: Letramento, 2018.

BRASIL. Presidência da República. *Constituição da República Federativa do Brasil de 1988.* Brasília, 05 de outubro de 1988. Disponível em: http://

www.planalto.gov.br/ccivil_03/constituicao/constituicao.htm Acesso em: 14 de ago. 2020.

BRASIL. Presidência da República. *Lei 8.069, de 13 de julho de 1990.* Dispõe sobre o Estatuto da Criança e do Adolescente e dá outras providências. Brasília, 13 jul. 1990. Disponível em: http://www.planalto.gov.br/ccivil_03/leis/l8069.htm. Acesso em: 14 ago. 2020.

BRASIL. Presidência da República. *Decreto 3.597, de 12 de setembro de 2000.* Promulga Convenção 182 e a Recomendação 190 da Organização Internacional do Trabalho (OIT) sobre a Proibição das Piores Formas de Trabalho Infantil e a Ação Imediata para sua Eliminação, concluídas em Genebra, em 17 de junho de 1999. Brasília, 12 set. 2000. Disponível em: <http://www.planalto.gov.br/ccivil_03/decreto/D3597.htm>. Acesso em: 11 ago. 2020.

BRASIL. Presidência da República. *Decreto 6.481, de 12 de junho de 2008.* Regulamenta os artigos 3o, alínea "d", e 4º da Convenção 182 da Organização Internacional do Trabalho (OIT) que trata da proibição das piores formas de trabalho infantil e ação imediata para sua eliminação, aprovada pelo Decreto Legislativo no 178, de 14 de dezembro de 1999, e promulgada pelo Decreto no 3.597, de 12 de setembro de 2000, e dá outras providências. Brasília, 12 jun. 2008. Disponível em: <http://www.planalto.gov.br/ccivil_03/_ato2007-2010/2008/decreto/d6481.htm>. Acesso em: 11 ago. 2020.

CÂMARA, L. BH registra o menor índice de homicídio dos últimos 17 anos. *Jornal O Tempo,* 15 jan. 2018. Cidades. Disponível em: <http://www.otempo.com.br/cidades/bh-registra-o-menor-%C3%ADndice-de-homic%C3%ADdio-dos-últimos-17-anos-1.1562733>. Acesso em: 11 ago. 2020

DAVIS, A. *Mulheres, raça e classe.* São Paulo: Boitempo, 2016.

DAYRELL, J. O jovem como sujeito social. *Revista Brasileira de Educação,* n. 24, p. 40-52, 2003. Disponível em: <https://dx.doi.org/10.1590/S1413-24782003000300004>. Acesso em: 15 mar. 2017.

FEFFERMANN, M. *Vidas Arriscadas:* O cotidiano dos jovens trabalhadores do tráfico. Petrópolis: Vozes, 2006.

GALDEANO, A. P. e ALMEIDA, R. *Tráfico de drogas entre as piores formas de trabalho infantil*: mercados, famílias e rede de proteção social. São Paulo: CEBRAP, 2018.

INSTITUTO DE PESQUISA ECONÔMICA APLICADA – IPEA. *Atlas da Violência 2019*: Retrato dos Municípios Brasileiros. Brasília: Ipea, 2019.

KARAM, M. L. A violenta, danosa e dolorosa realização do poder punitivo: considerações sobre a pena. *Desconstrução das práticas punitivas* (pp. 11-26). Belo Horizonte: CRESS; CRP-MG, 2010.

LHUILIER, D. Introdução à psicossociologia do trabalho. *Cadernos de Psicologia Social do Trabalho*, 17 (spe), p. 5-20. 2014. Disponível em: <http://pepsic.bvsalud.org/pdf/cpst/v17nspe/a03v17nspe.pdf>. Acesso em: 22 de jun. 2017.

MARTINS, A. F. P. *Do trabalho no tráfico de drogas ao ofício de florista*: um estudo de psicologia do trabalho em situações marginais. Dissertação de mestrado. Programa de Pós-Graduação em Psicologia. Universidade Federal de Minas Gerais, Belo Horizonte, 2017.

NAPOLIÃO, P.; MENEZES, F. e LYRA, D. *Ganhar a vida, perder a liberdade.* Tráfico, trabalho e sistema socioeducativo. Boletim Segurança e Cidadania, n. 25, jul 2020.

NOGUEIRA, M. L. M. *Espaço e subjetividade na cidade privatizada.* Tese (Doutorado) – Universidade Federal de Minas Gerais, Programa de Pós-Graduação em Geografia. Belo Horizonte, MG, 2013.

SCHWARTZ, Y. A experiência é formadora? *Educação & Realidade,* 35, (1), p. 35 – 48, 2010. Disponível em: <http://seer.ufrgs.br/educacaoerealidade/article/view/11030>. Acesso em: 15 mai. 2017

TELLES, V. da S.; HIRATA, D. V. Cidade e práticas urbanas: nas fronteiras incertas entre o ilegal, o informal e o ilícito. *Estudos Avançados,* v. 21(61), p. 173-191, 2007. Disponível em: <https://dx.doi.org/10.1590/S0103-40142007000300012>. Acesso em: 15 mai. 2018.

TRIBUNAL DE JUSTIÇA DO ESTADO DE MINAS GERAIS - TJMG. *Relatório Estatístico da Vara Infracional da Infância e da Juventude.* Belo Horizonte, 2018. Disponível em: <http://www.tjmg.jus.br/data/files/E6/05/C1/8D/1579261054D13526B04E08A8/Relatorio_2018_rev012.pdf>. Acesso em: 5 ago. 2020

VIEIRA, A. K. *"Dá nada pra nós" (?)* O real do encarceramento de adolescentes. Dissertação de Mestrado. Programa de Pós-Graduação em Psicologia. Universidade Federal de Minas Gerais, Belo Horizonte, 2012.

Acolhimento institucional: narrativas de in(ex)clusão

Eduardo Lewgoy Iochpe[1]
Lílian Rodrigues da Cruz[2]

Acolhimento institucional: narrativas de in(ex)clusão

Considerações iniciais: sobre a in/exclusão e o acolhimento institucional

O presente trabalho tem como objetivo problematizar a inclusão social no acolhimento institucional para crianças e adolescentes. Para tanto, tomamos como dispositivo a construção de narrativas ficcionais do cotidiano de um serviço de acolhimento. As narrativas são compostas por diversas materialidades encontradas no acolhimento institucional, e também, pelas memórias do primeiro autor desse texto em imersão no referido campo.

Começaremos trazendo ao leitor breves considerações sobre a inclusão social, o acolhimento institucional, assim como o entrecruzamento desses temas, assunto dessas primeiras considerações.

A inclusão social é uma temática de grande importância nos tempos atuais. Difundida pelos mais variados meios – mídias, legislações, portarias,

[1] Psicólogo. Mestre em Psicologia Social e Institucional (UFRGS). *E-mail:* eduardoicohpe@gmail.com

[2] Psicóloga. Doutora em Psicologia (PUCRS). Docente do Departamento de Psicologia Social e Institucional e do Programa de Pós-Graduação em Psicologia Social e Institucional (UFRGS). *E-mail:* lilian.rodrigues.cruz@gmail.com

políticas afirmativas, pesquisas acadêmicas, literatura, cinema, trabalhos artísticos – a inclusão vem sendo enunciada como um imperativo de nosso tempo (Lopes, 2009). Hillesheim (2013, p. 23) pontua que é na história recente do Brasil que a inclusão atinge maior projeção e difusão. A autora coloca que no início do século XXI há uma disseminação de *slogans* como *Saúde para todos*, *Educação para todos*, *Luz para todos*, evidenciando a presença da inclusão na ordem do discurso[3] contemporâneo.

Partindo de uma visão que privilegia a história, podemos tentar compreender os diferentes discursos que constituem a inclusão social no nosso tempo. Desse modo, é possível ver que o fenômeno da exclusão, diferentemente de constituir-se enquanto "o outro" da inclusão, ou o seu inverso, pode funcionar como outra face da mesma moeda. Nas palavras de Fonseca (2014, p. 237), a inclusão é "um círculo fechado que se alimenta de si mesmo, tratando-se na verdade de um círculo vicioso, pois pressupõe a reprodução incessante do fenômeno, assim como a incessante reprodução ilusória de sua solução".

Veiga Neto e Lopes (2011, p.123), ao trazerem a contribuição de Michel Foucault em seu curso *Os Anormais*, colocam com precisão o paradoxo da inclusão. Para os autores a inclusão "não é "boa" por si mesma", sendo que "frequentemente inclui-se para excluir, isso é, faz-se uma inclusão excludente".

É compartilhando das reflexões trazidas aqui pelos diversos autores que optamos por grafar in(ex)clusão no título desse trabalho, assim como em outras partes do mesmo. E isso não nos coloca em uma posição contrária à inclusão social; isso "tem a ver, sim, com a prática da suspeita radical frente às verdades estabelecidas" (Veiga Neto e Lopes, 2011, p. 123). Ao exercitarmos essa "suspeita radical", objetivamos problematizar as práticas de inclusão social no acolhimento, possibilitando uma abertura à diferença e a diversidade.

É através de uma grande proliferação e capilaridade que as práticas de inclusão vêm atravessando os mais variados territórios da vida social. Entre esses, encontra-se a assistência social, política pública para todos que dela necessitarem que só recentemente foi garantida em termos

[3] Ver FOUCAULT, Michel. *A Ordem do Discurso – aula inaugural no Collège de France, pronunciada em 2 de dezembro de 1970*. 20 ed. São Paulo: Edições Loyola, 2010.

de direito e cidadania (LOAS, 1993 e a PNAS, 2004). É no campo dessa política que situamos as questões trabalhadas aqui, no território específico do acolhimento institucional. Como pensar a inclusão e a diversidade no acolhimento institucional? Cruz, Guareschi e Rodrigues (2013) nos fornecem uma pista ao colocar que, dentro do campo das políticas públicas de inclusão social (entre as quais a assistência social), a família e o fortalecimento dos vínculos familiares e comunitários aparecem como peça central no trabalho. O fortalecimento e a reconstrução dos "vínculos familiares e comunitários" se constituem em importante estratégia assistencial. Tal fortalecimento/reconstrução de vínculos traz consigo o pressuposto de que tais vínculos se encontrariam "fragilizados, inadequados ou fora de uma ordem esperada" (Cruz, Guareschi e Rodrigues, 2013, p.13).

Então nos indagamos: quais discursos são enunciados no acolhimento institucional de crianças e adolescente sobre a inclusão? E que efeitos produzem cotidianamente? De que modos as práticas de inclusão e exclusão se articulam no acolhimento institucional? Será através da produção de narrativas ficcionais derivadas desse cotidiano que se pretende acolhedor e inclusivo, que buscaremos trazer algumas pistas sobre essas questões. Desse modo, gostaríamos de evidenciar novamente a necessária condição paradoxal que constitui a inclusão, em que algo/alguém precisa necessariamente estar excluído para ser incluído. E a quem cabe esse rótulo?

> O genérico e indefinido rótulo de "excluídos" passa a ser referido às minorias étnicas, aos negros, aos sem-teto, aos velhos e jovens, às mulheres e crianças, aos desempregados e subempregados, aos homossexuais, aos portadores de necessidades especiais, aos miseráveis – um elenco interminável de situações de origens e naturezas históricas diversas (Fonseca, 2014, p. 237).

Narrativas de in(ex)clusão: considerações metodológicas

É por meio da construção de narrativas ficcionais que pretendemos problematizar a questão da inclusão social em um serviço de acolhimento institucional. Ao nos lançarmos na construção dessas histórias, temos como objetivo dar visibilidade aos paradoxos que atravessam a inclusão social no acolhimento para crianças e adolescentes. Dito isso, há que se localizar a posição situada da qual partimos. Quem narra alguma coisa sempre parte de uma perspectiva, sempre inventa: é impossível contar alguma coisa exatamente do jeito que ocorreu, porque, ao contarmos um acontecimento "alguma coisa se perde e por isso se acrescenta" (Evaristo, 2017). Desse modo, não reivindicamos aqui qualquer suposta neutralidade, assumimos a tarefa de contar outras histórias sobre a inclusão no acolhimento, visibilizando perspectivas que não as hegemônicas.

Portanto, faz-se importante esclarecer que a forma escrita dos fragmentos, sua disposição nesse texto e seus respectivos subtítulos fazem parte da presente problematização. É justamente por meio dessa montagem dos fragmentos escritos que pretendemos problematizar a inclusão no acolhimento institucional, fazendo emergir as práticas cotidianas que a produzem. Não temos qualquer intenção de trazer a verdade sobre a inclusão social no acolhimento institucional, mas sim, colocar em jogo *as verdades* sobre a inclusão as quais a constituem no cotidiano desses serviços.

Compartilhamos com Guedes e Scarcelli (2014, p. 61) a convicção da importância "de produções de conhecimento que tenham como origem os cotidianos institucionais e que retorne a eles trazendo outros prismas de análise".

A intencionalidade que subjaz as escolhas metodológicas aqui realizadas diz da posição anti-hegemônica que assumimos eticamente enquanto pesquisadores. Buscamos visibilizar outras narrativas sobre inclusão social no acolhimento "que nos impeçam de ser como éramos antes, ou a ter a mesma relação com esse objeto" (Foucault, 2012, p. 9).

Apostando na potência das narrativas enquanto dispositivo, pretendemos colocar um pouco de história em discursos que se dizem naturais. Demonstrar os paradoxos que habitam as práticas inclusivas no acolhimento não para demonizá-las, mas para trazê-las à dimensão do processual, daquilo que é historicamente construído e que, portanto, pode ser diferente. Já que, nas palavras de Veiga Neto e Lopes (2011, p. 126),

> A naturalização dos processos sociais funciona como uma espessa camada de concreto que sepulta, sob si, o caráter inventado de

tais processos. Esquecendo-se [...] de que dependeram de determinadas contingências históricas localizadas e datadas, esses processos sociais passam a ser considerados como necessários, imutáveis e, assim, imunes à crítica.

Narrativas de in(ex)clusão: memórias do acolhimento institucional[4]

Folha do corpo

Diz se no abrigo[5]que a criança chega com a "folha do corpo". Chega com o seu mandato de busca e apreensão, objetificada. Mas os trabalhadores do abrigo sabem que uma criança não chega "a sós" na instituição. Além do acompanhante que a traz (oficial de justiça, familiar e/ou conselheiro tutelar), a criança vem com uma história que fala sobre os processos institucionais e os fracassos aí contidos: por vezes da família, por vezes do Estado, muitas vezes, de todos. Tais fracassos, violadores dos direitos desses sujeitos, é que culminam na determinação judicial de acolhimento. Essa determinação deveria ocorrer quando todas as tentativas que envolvem o não rompimento e a manutenção dos vínculos familiares e comunitários esgotaram-se.

Ah! Isso a gente fala sempre: Cadê as medidas anteriores, cadê o relatório onde tentaram achar a família extensa, esse nome bonito aí das orientações, não rola, porque essas orientações não rolam muito, né, elas (as orientações) são para o serviço de acolhimento, mas esse diagnóstico deveria vir antes, mas então deveria estar no Plano Nacional de Convivência Familiar e Comunitária ou em algum lugar que as pessoas devessem obedecer, porque ninguém nunca pergunta sobre o antes, o que foi feito, por que abrigaram. Todo mundo pergunta: e o PIA? O que vocês vão fazer, como vocês vão garantir o direito. Mas esse direito já está violado antes, né, porque ninguém fez nada ou se fizeram não nos mandaram,

[4] As narrativas ficcionais mencionadas encontram-se no corpo do texto deste capítulo, em itálico, sem nomear seus interlocutores ou citações.

[5] Abrigo e serviço de acolhimento institucional são utilizados como sinônimos. A preferência pelo uso do termo abrigo deve-se também ao seu uso cotidiano. Fazemos a ressalva que a partir de 2009 o termo abrigo foi suprimido dos documentos oficiais sendo substituído por Casa de Acolhimento Institucional.

e aí a gente tem que fazer de novo, e isso demora, aí essa criança fica sem visita, fica sem poder ir para casa, até que a gente consiga montar a história dela.

Em uma Casa de Acolhimento Institucional são acolhidas crianças e adolescentes que chegam por meio de pedidos de Acolhimento Institucional, expedidos pelo Ministério Público, a pedido de um ou mais serviços da rede socioassistencial e encaminhados por alguma vara do Juizado da Infância e Juventude. A criança chega, em tese, com uma guia de acolhimento, que é um ofício obrigatório de acordo com a Lei 8.069 (Estatuto da Criança e do Adolescente).

> Crianças e adolescentes somente poderão ser encaminhados às instituições que executam programas de acolhimento institucional, governamentais ou não, por meio de uma Guia de Acolhimento, expedida pela autoridade judiciária, na qual obrigatoriamente constará, dentre outros: I – sua identificação e a qualificação completa de seus pais ou de seu responsável, se conhecidos; II – o endereço de residência dos pais ou do responsável, com pontos de referência; III – os nomes de parentes ou de terceiros interessados em tê-los sob sua guarda; IV – os motivos da retirada ou da não reintegração ao convívio familiar (Brasil, 2009).

O que acontece, em grande parte dos casos, é que a Guia demora a chegar. Além do atraso costumeiro, é bastante comum que esse ofício venha com informações vagas a respeito da criança e sobre a sua situação, ou, até mesmo, sem informação alguma além dos nomes dos acolhidos, de seus pais, e o número do processo de acolhimento. Os relatórios da rede, que deveriam detalhar as medidas anteriores ao acolhimento, quando existem, ou não chegam, ou perdem-se nas teias institucionais.

Não, às vezes vem o relatório do juizado, mas é quando o processo começou antes da abrigagem, aí tem a denúncia do MP, os relatórios da equipe técnica, mas é raro, normalmente foi o conselho que pediu. Muitas vezes, não vem nada, a gente tem que ir atrás *(...)A criança chega via ordem judicial, sempre. Às vezes vem a guia, às vezes vem um relatório, mas a maior parte das vezes vem o mandato e a guia vem depois, pelo correio ou pela Fundação de Assistência Social, mas não faz diferença, porque a guia não diz muito mesmo.*

Não é incomum o recebimento de crianças que chegam ao acolhimento institucional sem um trabalho interdisciplinar prévio e sem uma rede constituída onde a "medida de acolhimento institucional é muitas vezes a primeira a ser tomada" (Moreira, 2014, p.32). Assim, uma medida prevista em lei como *excepcional* e *transitória* termina por ser a "solução" encontrada, pelos diversos serviços da rede socioassistencial, para a garantia dos direitos das crianças e dos adolescentes. "Abriga-se primeiro para depois buscar a reinserção na família natural ou a colocação em família substituta" (Cruz, 2007 p. 3). Dito de outra maneira, a criança é excluída (do seio familiar, da comunidade) para incluí-la (no acolhimento institucional ou em outra família).

Família extensa e enquadramento

O motivo do acolhimento era exploração infantil e abuso sexual, caso terrível mesmo. A rede, o judiciário, eu não sei quem ao certo, mas todos demoraram a tomar alguma atitude. A situação era muito tensa: o pai biológico era um abusador, um drogadito que vivia na rua e explorava a M. Quando a acolheram, o pai tava fora da jogada, ela tava com uma amiga maior de idade, que tinha uma família e queria cuidar dela. Ela amava a menina, e como a gente viu, foi bem difícil pras duas o processo do acolhimento. Pra proteger e fortalecer os vínculos da guria tiveram que tirá-la dos braços de sua amiga-mãe...

Na narrativa anterior, M, uma menina jovem de 12 anos, foi acolhida institucionalmente quando já estava sob os cuidados de outra família. A apreensão da adolescente e seu encaminhamento a um abrigo deu-se de modo atabalhoado e tardio. O abuso e a exploração a que a menina havia sido submetida anteriormente por seu pai biológico eram as justificativas mais que suficientes para o seu acolhimento. O que faltava relatar era o vínculo dessa *amiga*, que a abrigou, protegeu e cuidou durante todo o tempo em que tramitavam os relatórios da rede para as instâncias de decisões judiciais. Essa ausência nos relatórios da rede, e também a morosidade dos aparatos judiciais, fez com que M esperasse por seis meses em um abrigo antes de poder voltar a sua casa e família substituta.

Sobre essa espera, não podemos deixar de contextualizar o ambiente favorável que os discursos culpabilizadores das famílias encontram na rede socioassistencial. Nascimento (2012, p. 40) pontua que mesmo com o Estatuto da Criança e do Adolescente "as intervenções jurídicas e sociais continuam a punir os pobres", por meio de "abrigamentos apressados" (ou tardios) e "com a imposição de normas de conduta".

A supostamente "necessária" medida judicial de acolhimento violou, naquele momento, os direitos da garota à convivência familiar e comunitária, tendo em vista que havia um desconhecimento da rede local da situação presente. Incluí-la em um serviço de acolhimento acabou por produzir efeitos de exclusão, não apostando na potência do vínculo com a família extensa que a acolheu.

E (a criança) outras vezes acaba no abrigo porque querem dar um susto na família, ou abriga primeiro para depois trabalhar o caso. Fica um monte de gente dizendo que a família não presta, que é desorganizada, e aí tu vai ver os relatórios, quando tu consegue pôr a mão neles, né, mas não é isso, apenas vão repetindo, repetindo e quando tu vê, *uma ideia* já se tornou verdade, uma suspeita se transformou em certeza. As famílias são consideradas um *problema, que não atendem o que os serviços mandam, a forma de viver, o comportamento, a limpeza, as roupas... Já vi serviço perguntar se a gente ia trabalhar com a família se recém eles tinham conseguido abrigar, ou relatos tipo, essa família não tem condições. De quê? De ficar com os filhos e quais são as condições de ficar com os filhos? Atender o que os programas querem.*

Como ilustra a narrativa anterior, não era incomum a medida de acolhimento institucional ser utilizada pelos serviços como uma ameaça às famílias. Ameaça com o objetivo de enquadramento, já que também era rotineiro no serviço de acolhimento o recebimento de relatórios que instituíam "padrões de famílias e respostas" e exigiam da população usuária o "enquadramento nas regras institucionais" (Couto, 2015, p. 674). Nesse ponto, não podemos deixar de relacionar o enunciado "família desorganizada", muito comum em relatórios da rede e em pedidos de acolhimento, com os estudos de Michel Foucault acerca dos "anormais". Ao falar sobre o indivíduo a ser corrigido no século XIX, o filósofo coloca que, justamente, ser incorrigível constitui a sua definição. O paradoxo aí colocado é que "na medida em que é incorrigível" esse indivíduo "requer certo número de intervenções específicas em torno de si", as quais constituem "sobreintervenções", uma "nova tecnologia da reeducação" (Foucault, 2001, p. 73).

Aí aconteceu que eles perderam as provas finais na escola deles. O acolhimento foi bem na época dos exames finais, e os meninos chegaram bastante preocupados. Um deles evadiu do abrigo e não conseguimos fazer a matrícula dele, só a do irmão... Mas igual teve que ser numa escola próxima, porque não tinha como levar só ele na escola de antes. É uma pena porque ele tinha muitos amigos lá.

Quando uma criança chega ao abrigo, a busca por sua família e história é uma prioridade inquestionável. Além disso, outra tarefa indispensável é garantir a inclusão escolar das crianças acolhidas. Assim, matriculam-se todas as crianças e adolescentes acolhidos em alguma escola. Essa é uma urgência que "parece se relacionar com a fixação de um lugar para crianças e jovens anormais" (Lasta e Hillesheim, 2014, p. 145), com a constituição de um espaço inclusivo "preocupado com o risco da exclusão social de indivíduos identificados a grupos específicos" (ibidem).

Lasta e Hillesheim (2014, p. 141) colocam que as políticas de inclusão escolar não apenas descrevem quem é o sujeito a ser incluído, mas também marcam determinadas formas de ser que se referem a quem está incluído e a quem é o excluído, assim como práticas de inclusão/exclusão. Suas reflexões sobre o lugar ocupado pelo sujeito a ser incluído/corrigido no contexto escolar relacionam-se também com os outros sujeitos a serem incluídos/corrigidos, aqui, as crianças acolhidas e suas famílias.

Essas passam a sofrer a intervenção das políticas públicas, das pedagogias, do campo psi, com o objetivo de alterar sua condição de anormalidade [...] torna-se uma constante em sua vida (Lasta e Hillesheim, 2014, p. 144).

O que ocorre é que não são raras situações em que os estudos são descontinuados, e os vínculos escolares anteriores são rompidos, já que nem sempre é possível (e até desejável) colocar a criança na mesma escola em que ela estava anteriormente. A inclusão escolar da criança acolhida passa, sem dúvida, por devidamente incluí-la em uma instituição de ensino, mas sem esquecer os vínculos comunitários presentes que as escolas, espalhadas capilarmente pelo território, proporcionam às famílias.

Considerações finais: outros modos de incluir

Utilizando-nos das narrativas ficcionais ao longo desse trabalho, pretendemos problematizar a inclusão social no acolhimento institucional. Essa escolha metodológica deriva de uma aposta ética, estética e política, em tornar visível àquilo que, às vezes, por estar tão próximo, tão estabelecido, parece natural, dado.

Nossa escolha foi por contar histórias que visibilizassem outras perspectivas da inclusão no acolhimento de crianças e adolescentes. Ao criarmos narrativas que vão das justificativas para o acolhimento institucional aos discursos da rede de assistência sobre as famílias, pretendíamos trazer interrogações sobre as práticas de inclusão em seus efeitos diários na vida de crianças e de suas famílias. Desse modo, esperamos que tenha sido possível visualizar os efeitos de exclusão agenciados em nome da inclusão no acolhimento. "Condicionalidades", "padrões de famílias", "normalidade/anormalidade", "enquadramento institucional", "famílias desorganizadas" são todos enunciados que se comunicam direta e indiretamente às práticas de inclusão social, constituindo-as e modulando seus efeitos.

Novamente reiteramos: não somos "contrários à inclusão social" ou às políticas públicas que a promovem; em nosso percurso teórico, a intenção sempre foi desnaturalizá-las. Queremos, como Foucault (2006, p. 180), "tornar difíceis os gestos fáceis demais". É por meio de uma postura crítica frente à inclusão social no acolhimento institucional, que leva em conta a contingência dos acontecimentos e os discursos que os produzem cotidianamente, que podemos contribuir para a produção de outras práticas de inclusão, mais abertas à diversidade de modos de vida.

Referências

BRASIL. *Política Nacional de Assistência Social*. Brasília. Setembro 2004. Disponível em: <http://www.mds.gov.br/webarquivos/publicacao/assistencia_social/Normativas/PNAS2004.pdf>. Acesso em: 15 set. 2017

BRASIL. *Lei Orgânica da Assistência Social- LOAS*, Lei Nº 8742, de 7 de dezembro de 1993. Disponível em: <www.planalto.gov.br/ccivil_03/leis/L8742.htm>. Acesso em: 10 nov. 2017.

BRASIL. *Lei 8.069/1990. Dispõe sobre o Estatuto da Criança e Adolescente e dá outras providências.* Disponível em: <http://www.planalto.gov.br/ccivil_03/LEIS/L8069.htm> Acessado em: 14 jun. 2016.

COUTO, Berenice de Rojas. Assistência Social: direito ou benesse? *Serv. Soc. Soc.*, São Paulo, n. 124, p. 665-677, out./dez. 2015.

CRUZ, Lílian Rodrigues da; RODRIGUES, Luciana; GUARESCHI, Neuza M. de F. A centralidade do vínculo familiar e comunitário nas políticas públicas de assistência social In: CRUZ, L. R. da; RODRIGUES, L.; GUARESCHI, M. N. F. (Orgs.). *Interlocuções entre a Psicologia e a Política Nacional de Assistência Social.* Santa Cruz do Sul: EDUNISC, 2013. p. 11-22.

CRUZ, Lílian Rodrigues da. Infância abrigada: negligências e riscos no campo das políticas públicas. *Psicol. Am. Lat.*, México, n. 9, abr. 2007. Disponível em: <http://pepsic.bvsalud.org/scielo.php?script=sci_arttext&pid=S1870-350X2007000100004&lng=pt&nrm=iso.>. Acesso em: 26 nov. 2015.

EVARISTO, Conceição. (2017). *Insubmissas lágrimas de mulheres.* Rio de Janeiro: Malê.

FONSECA, Zilma. Exclusão-inclusão: circularidade perversa no Brasil contemporâneo. *Trab. educ. saúde*, Rio de Janeiro, v. 12, n. 2, p. 231-252, ago. 2014. Disponível em: <http://www.scielo.br/scielo.php?script=sci_arttext&pid=S1981-77462014000200002&lng=pt&nrm=iso>. Acesso em: 15 set. 2020.

FOUCAULT, Michel. *A Ordem do Discurso – aula inaugural no Collège de France, pronunciada em 2 de dezembro de 1970.* 20 ed. São Paulo: Edições Loyola, 2010.

FOUCAULT, Michel. *Os Anormais*: Curso no Collége de France (1974-75). Tradução de Eduardo Brandão. São Paulo: Martin, Fontes, 2001.

FOUCAULT, Michel. Como nasce um libro-experiência. In: *El Yo Minimalista y Otras Conversaciones.* 4 ed. Buenos Aires: La Marca, 2012. p. 9-18.

FOUCAULT, Michel. Est-il donc important de penser? In: FOUCAULT, Michel. *Dits et écrits IV* (1980-1988). Paris: Gallimard, 2006. p. 178-182.

GUEDES, Carina Ferreira; SCARCELLI, Ianni Regia. Acolhimento institucional na assistência à infância: o cotidiano em questão. *Psicol. Soc.,* Belo Horizonte, v. 26, n. spe, p. 58-67, 2014. Disponível em: <http://www.scielo.br/scielo.php?script=sci_arttext&pid=S0102-71822014000500007> Acesso em: 20 out. 2015.

HILLESHEIM, Betina. É preciso incluir! Políticas públicas e o imperativo da inclusão In: CRUZ, L. R. da; RODRIGUES, L.; GUARESCHI, M. N. F. (Orgs.). *Interlocuções entre a Psicologia e a Política Nacional de Assistência Social*. Santa Cruz do Sul: EDUNISC, 2013, p. 23-42.

LASTA, Leticia Lorenzoni; HILLESHEIM, Betina. Políticas de inclusão escolar: produção da anormalidade. *Psicol. Soc.*, Belo Horizonte, v. 26, n. spe, p. 140-149, 2014. Available from: <http://www.scielo.br/scielo.php?script=sci_arttext&pid=S0102-71822014000500015&lng=en&nrm=iso>. Acesso em: 13 set. 2020.

LOPES, Maura Corcini. Políticas de inclusão e governamentalidade. In: Revista Educação & Realidade. Porto Alegre, v. 34, n. 2, p. 153-170, mai./ago. 2009a.

MOREIRA, Maria Ignez Costa. Os impasses entre acolhimento institucional e o direito à convivência familiar. *Psicol. Soc.*, Belo Horizonte, v. 26, n. spe2, p. 28-37, 2014. Disponível em: <http://www.scielo.br/scielo.php?script=sci_arttext&pid=S0102=71822014000600004-&lang-pt>. Acesso em: 20 out. 2015.

NASCIMENTO, Maria Livia do. Abrigo, pobreza e negligência: percursos de judicialização. *Psicol. Soc.,* Belo Horizonte , v. 24, n. spe, p. 39-44, 2012 . Disponível em: <http://www.scielo.br/scielo.php?script=sci_arttext&pid=S0102-71822012000400007&lng=en&nrm=iso>. Acesso em: 12 jun. 2016.

VEIGA NETO, Alfredo; LOPES, Maura Corcini. Inclusão, exclusão, in/exclusão. In: VERVE: *Revista Semestral do NU-SOL* – Núcleo de Sociabilidade Libertária/Programa de Estudos Pós-Graduados em Ciências Sociais, São Paulo, n. 20, p. 121-135, out. 2011.

A inclusão social da família: programa de guarda subsidiada como política de garantia de direitos para a manutenção dos vínculos familiares e comunitários

Caroline de Souza[1]

Bárbara Claudiano[2]

Introdução

O Estatuto da Criança e do Adolescente é um grande marco na garantia dos direitos da infância e adolescência no Brasil, mas foram necessárias muitas lutas populares e de profissionais que atuavam com este público para sua implementação. Recuperando um pouco o contexto histórico desses direitos, sabemos que no Brasil do século XVIII, o Estado passou a regular as instituições que trabalhavam com populações destituídas, incluindo crianças (Velente, 2013).

O Estado Moderno, no final do século XIX, implantou um conjunto de órgãos para prover "cuidado" nos campos da educação e saúde. No século XX, já se encontrava estruturado um aparato destinado à proteção do bem-estar da criança e do adolescente. Desta maneira, o Estado

1 Graduada em Psicologia pela PUC Minas. Mestre em Psicologia pela PUC Minas. Coordenadora da Proteção Social de Média Complexidade na Prefeitura Municipal de Poços de Caldas (MG). Autora do livro *A experiência do cuidado em um serviço de acolhimento institucional*. *E-mail*: carolinedesouzapsi@yahoo.com.br

2 Graduada em Serviço Social pela UNOPAR. Pós-graduada em Políticas Sociais (SUAS) pela PUC Minas, *campus* Poços de Caldas. Tutora Acadêmica da UNOPAR. Assistente Social do Programa Família Guardiã de Poços de Caldas (MG) e do Abrigo Institucional para crianças e adolescentes de Poços de Caldas (MG). *E-mail*: baclaudiano@hotmail.com.

começou a normatizar o espaço social e familiar, antes gerenciado pela comunidade, rompendo com o campo caritativo (Santos et al.,2009).

Santos et al. (2009) citam o modelo de Proteção Social voltado para os direitos das crianças associados à ação emancipatória cidadã, em que houve rompimentos com as categorias "menor carente" e "menor abandonado", e a constituição do conceito de "crianças e adolescentes sujeitos de direitos". Essa nova construção se deu pela emergência de novos atores sociais e a organização de um amplo movimento em defesa dos direitos da criança e do adolescente no contexto da redemocratização do país.

Nos anos 1980, no Brasil, a questão da criança e do adolescente submetidos a um estado de degradação pessoal e social assume proporções alarmantes e ganha espaço na agenda pública, inclusive na imprensa nacional e internacional (Bierrenbach; Baptista, 2002). Valente (2013) aponta que no fim do século XX o Brasil é marcado por um conjunto de ações na proteção aos direitos de crianças e adolescentes. Além disso, a Constituição de 1988 confere à criança e ao adolescente o estatuto de sujeitos de direitos, que devem ser assegurados conjuntamente pela família, sociedade e Estado.

O Estado e a sociedade garantiram a democratização e ampliação dos direitos para que a Constituição de 1988, em seu Artigo 126, incorporasse uma nova definição legal, considerando que: "A família, base da sociedade, tem especial proteção do Estado" (Brasil, 1988), assegurando assistência à família. Rizzini (2004) assinala que foi uma década de debates e articulações no Brasil, em que ocorreram importantes avanços como a discussão do tema na Constituinte e a inclusão do Artigo 227, sobre os direitos da criança, na Constituição Federal de 1988.

> Art. 227. É dever da família, da sociedade e do Estado assegurar à criança, ao adolescente e ao jovem, com absoluta prioridade, o direito à vida, à saúde, à alimentação, à educação, ao lazer, à profissionalização, à cultura, à dignidade, ao respeito, à liberdade e à convivência familiar e comunitária, além de colocá-los a salvo de toda forma de negligência, discriminação, exploração, violência, crueldade e opressão (Brasil, 1988).

Para Valente (2013), a inserção dos direitos da criança e do adolescente na Constituição Federal admitiu não só a Convenção sobre os

Direitos da Criança de 1989 (aprovada na Assembleia Geral da ONU), como a criação do Estatuto da Criança e do Adolescente – ECA, em 1990. Segundo a autora, as maiores dificuldades encontradas com a criação do ECA foram sua efetivação, pois era necessário propiciar uma mudança cultural, social e jurídica, saindo do paradigma até então proposto de "menor em situação irregular" para um em que a criança e o adolescente fossem vistos como sujeitos de direitos. Atualmente, encontramos profissionais que ainda desconhecem a legislação e, desprovidos de conhecimento sobre o ECA, tendem em seu campo interventivo violar ainda mais os direitos das crianças e dos adolescentes que necessitam de aparato protetivo.

Valente (2013) ainda aponta que até o advento da Constituição às leis relacionadas às crianças e aos adolescentes tinham um segmento específico, elas só se aplicavam a menores de 18 anos, aos abandonados e delinquentes, e com a Constituição Federal e o ECA, as determinações legais acertaram ao abranger toda a população de crianças e adolescentes nas leis, potencializando seus direitos e garantias. Ao enumerarem direitos, estabelecerem princípios e diretrizes da política de atendimento e ao definirem competências e atribuições, instalaram um sistema de "proteção geral de direitos" de crianças e adolescentes cujo objetivo é a implementação efetiva da Doutrina da Proteção Integral. Esse sistema se intitulou de Sistema de Garantia de Direitos – SGD.

Diante dessa transformação histórica do sentido da infância, nota-se que a responsabilidade sobre a criança e o adolescente foi alvo de constantes discussões. Faz-se necessário pensarmos como a família assegura o cuidado e garante a proteção de crianças e adolescentes em situações de risco e que possuem seus direitos violados, evitando a possibilidade do afastamento e do rompimento de seus vínculos.

Um olhar sobre a família e sobre a convivência familiar e comunitária

O Artigo 226 da Constituição Brasileira (BRASIL, 1988) define em seu quarto parágrafo a entidade familiar como sendo a comunidade formada por qualquer um dos pais e seus descendentes. O ECA (Brasil, 1990), por sua vez, define no seu Artigo 25 "a família extensa ou ampliada como aquela que se estende para além da unidade pais e filhos ou da unidade do casal, formada por parentes próximos com os quais a criança ou o adolescente convive e mantém vínculos de afinidade e afetividade".

Tendo por base estas definições de família, é preciso ressaltar a importância dos vínculos de filiação legal de origem natural, extensa ou substituta, na garantia da proteção e socialização das crianças e adolescentes. Independentemente do arranjo da família, seja ela nuclear, monoparental, reconstituída, homoafetiva, entre outras, sua função é a de garantir os direitos básicos de suas crianças e adolescentes, sendo apoiada pelo Estado nos casos de vivência de desproteção, vulnerabilidade e risco social.

Souza (2019) aponta que o olhar para as famílias deve ser singular, compreendendo a mesma com suas estruturas consanguíneas ou não, identificando como se dão os laços estabelecidos pelos membros e como estes convivem e se adaptam ao meio em que estão inseridos, trazendo suas formas de organizar e transferir regras e valores. Devemos considerar a família como espaço histórico e simbólico no qual se divide trabalho, valores, competências, variando as formas nas mais diversas sociedades (Pizzi, 2012).

De acordo com o psicanalista inglês D. W. Winnicott (2005), um desenvolvimento saudável, seja da criança ou do adolescente, tem como base um ambiente familiar que efetive às necessidades dos mesmos. Isto porque a imposição de limites, de autoridade, o cuidado e a afetividade são fundamentais para a construção da subjetividade destas crianças e adolescentes, bem como para o desenvolvimento de habilidades necessárias à vida em comunidade. Assim, as vivências em família são consideradas importantes para o desenvolvimento da sua socialização e autonomia.

O Estatuto da Criança e do Adolescente (Brasil, 1990), em seu Artigo 19, assinala o direito da criança e do adolescente de serem criados e educados em sua família e excepcionalmente em família substituta, como forma de serem asseguradas a convivência familiar e comunitária em um ambiente que garanta seu desenvolvimento integral.

Em relação à convivência comunitária, Furtado, Morais e Canini (2016) apontam que a relação com colegas, professores, vizinhos e outras famílias, assim como a utilização das ruas, quadras, praças, dentre outros ambientes, faz com que as crianças e adolescentes interajam e formem seus próprios grupos de relacionamento. Além disso, na relação com a comunidade e com espaços sociais, eles se deparam com regras, leis, valores, culturas, crenças, papéis sociais e tradições, encontrando, assim, importantes recursos para o seu desenvolvimento. Ainda sobre os espaços comunitários, o Plano Nacional de Promoção, Proteção e Defesa do Direito de Crianças e Adolescentes à Convivência Familiar e Comunitária (Brasil, 2006) aponta que esses espaços sociais são mediadores das relações que as crianças e os adolescentes estabelecem e que contribuem para a construção das suas relações afetivas e de sua identidade.

Dessa forma, as famílias são responsabilizadas pela formação, pelo cuidado e pela proteção das crianças e dos adolescentes, mesmo que, muitas vezes, para cumprirem com esta função protetiva, esbarrem em estruturas societárias que fogem de seu controle individual, familiar ou comunitário (Furtado; Morais; Canini, 2016). No Artigo 4º do Estatuto da Criança e do Adolescente (Brasil, 1990), fica claro a responsabilidade que o Estado também tem na garantia dos direitos da criança e do adolescente, bem como no suporte à sua família, para que esta consiga desempenhar o seu papel.

> É dever da família, da comunidade, da sociedade em geral e do poder público assegurar, com absoluta prioridade, a efetivação dos direitos referentes à vida, à saúde, à alimentação, à educação, ao esporte, ao lazer, à profissionalização, à cultura, à dignidade, ao respeito, à liberdade e à convivência familiar e comunitária.
> Parágrafo único. A garantia de prioridade compreende:
> a) primazia de receber proteção e socorro em quaisquer circunstâncias;
> b) precedência de atendimento nos serviços públicos ou de relevância pública;
> c) preferência na formulação e na execução das políticas sociais públicas;
> d) destinação privilegiada de recursos públicos nas áreas relacionadas com a proteção à infância e à juventude (Brasil, 1990, p. 11).

A família é reconhecida e preconizada enquanto lugar essencial de humanização, socialização e desenvolvimento integral da criança e do adolescente, de acordo com Furtado, Morais e Canini (2016). Assim, em 2004, o Conselho Nacional dos Direitos da Criança e do Adolescente (CONANDA) atribuiu como uma de suas prioridades a promoção do direto das crianças e dos adolescentes à convivência familiar e comunitária.

Inclusão social da família na política de assistência social: proteção à criança e ao adolescente

De acordo com o Plano Nacional de Promoção, Proteção e Defesa do Direito de Crianças e Adolescentes à Convivência Familiar e Comunitária (Brasil, 2006), uma situação de risco social diz respeito a uma convivência familiar na qual o grupo enfrenta condições sociais, culturais ou relacionais adversas ao cumprimento de suas responsabilidades, bem como encontram-se com seus direitos ameaçados ou violados. De acordo com o Artigo 5º do ECA: "nenhuma criança ou adolescente será objeto de qualquer forma de negligência, discriminação, exploração, violência, crueldade e opressão, punido na forma da lei qualquer atentado, por ação ou omissão, aos seus direitos fundamentais" (Brasil, 1990, p. 11).

Diante dessa realidade, as famílias devem ser apoiadas pelo Estado e pela sociedade para que possam assim cumprir com suas responsabilidades, superar as vulnerabilidades e os riscos, de forma a ampliar seus recursos materiais e afetivo, contribuindo para o fortalecimento dos vínculos familiares. Dessa forma, ao considerarmos a definição de Proteção Social utilizada por Jaccoud (2009), compreendemos que ela se configura como um conjunto de iniciativas, sejam elas públicas ou estatalmente reguladas, que promovem serviços e benefícios sociais com o objetivo de enfrentar situações de risco social ou de privações sociais. Sobre este mesmo conceito, Sposati (2009) afirma que há um caráter preservacionista na Proteção Social, que supõe apoio, socorro e amparo.

Segundo Jaccoud (2009), a ideia da instituição de um sistema de proteção social surgiu no século XIX, período de industrialização no qual houve a constatação de que a vulnerabilidade estava se ampliando. Assim, foi imposto que caberia ao Estado atuar ofertando proteção social, instituindo mecanismos que possibilitassem a garantia de renda quando houvesse a impossibilidade desta ser acessada pela via do trabalho (Jaccoud, 2009). No Brasil, em um primeiro momento,

> [...] os direitos sociais se organizaram pela via do seguro social, um sistema de cotizações de caráter obrigatório garantido pelo Estado, que abre acesso a uma renda nos casos em que o risco de doença, invalidez, velhice e desemprego impeçam o trabalhador de suprir, pela via do trabalho, a sua subsistência (Jaccoud, 2009, p. 59).

Assim, com a instituição do seguro social, a situação de vulnerabilidade foi minimizada, ao mesmo tempo em que as proteções tradicionais, como a caridade, foram despersonalizadas (Castel, 1998).

No Brasil, a emergência da assistência social como política pública se deu com a promulgação da Lei Orgânica de Assistência Social, em 1993. A ampliação dos direitos socioassistenciais se deu a partir de 2004, com a regulamentação do Sistema Único de Assistência Social (SUAS), por meio da aprovação da Política Nacional de Assistência Social (PNAS) e da Norma Operacional Básica (NOB-SUAS). Foi nesse contexto que se consolidou o princípio da responsabilidade pública na regulação, coordenação e oferta da assistência social (Brasil, 2017).

Dessa forma, a Assistência Social se torna responsável por ofertar àqueles que necessitarem a Proteção Social pública e não contributiva, na forma de renda, serviços, programas e projetos. Torna-se uma estratégia fundamental no combate à pobreza, na prevenção e no enfrentamento de vulnerabilidades, na ampliação do acesso aos serviços sociais e na defesa das necessidades dos segmentos mais vulneráveis. Nota-se a importância da centralidade da família nesta política de proteção e sua inclusão nas políticas públicas, estimulando sua emancipação e autonomia, sem a tutela do Estado.

É importante destacar a existência de dois níveis de proteção que são afiançados pela política de assistência social, dentro do Sistema Único de Assistência Social (SUAS). A Proteção Social Básica e a Proteção Social Especial (de média e alta complexidade). O primeiro nível abarca um conjunto de serviços, programas, projetos e benefícios da assistência social, visando prevenir situações de vulnerabilidade e risco social. Esta prevenção ocorre por meio do desenvolvimento de potencialidades e aquisições e do fortalecimento de vínculos familiares e comunitários. Já na Proteção Social Especial, os serviços, programas e projetos têm por objetivo contribuir para a reconstrução de vínculos familiares e comunitários, para a defesa de direito, para o fortalecimento das potencialidades e aquisições e para a proteção das famílias e indivíduos para o enfrentamento das situações de violações de direitos (Brasil, 2017).

Os Serviços de Proteção Social Especial de Média Complexidade oferecem apoio, orientação e acompanhamento a famílias com um ou mais de seus membros em situação de ameaça ou violação de direitos. Este serviço é ofertado no Centro de Referência Especializado de Assistência Social (CREAS). Os serviços podem ser: Serviço de Proteção e Atendimento Especializado a Famílias e Indivíduos (PAEFI); Serviço Especializado em Abordagem Social; Serviço de Proteção Social a Adolescentes em Cumprimento de Medida Socioeducativa de Liberdade Assistida (LA) e de Prestação de Serviços à Comunidade (PSC); Serviço de Proteção Social Especial para Pessoas com Deficiência, Idosas e suas Famílias; Serviço Especializado para Pessoas em Situação de Rua (Brasil, 2009).

O serviço de Proteção Social Especial de Alta Complexidade, por sua vez, é aquele que garante a proteção integral para família e indivíduos que se encontram em situação de violação de direitos. Os serviços podem ser: Serviço de Acolhimento Institucional, nas modalidades de Abrigo Institucional, Casa Lar, Casa de Passagem, Residência Inclusiva, Serviço de Acolhimento em República, Serviço de Acolhimento em Família Acolhedora, Serviço de Proteção em Situações de Calamidades Públicas e de Emergências (Brasil, 2009).

Dentre os serviços apontados no inciso IV do Artigo 101 do ECA, como alternativa para o acolhimento institucional e familiar, existe também incentivos a serviços e programas que possam promover a família por meio de subsídios comunitários e com suporte do poder público. Neste sentido, este trabalho trará a experiência do Programa de Guarda Subsidiada em família extensa ou ampliada, nomeado também como Programa em Família Guardiã. Este programa tem como objetivo evitar o acolhimento institucional ou a inclusão das crianças e adolescentes em famílias acolhedoras, permanecendo em seu convívio familiar e comunitário.

Trazendo uma experiência de inclusão da família nas políticas públicas, em 2017, o Programa Família Guardiã foi instituído na cidade Poços de Caldas – MG, por meio da Lei 9.215/2017, como parte integrante da Política de Atendimento de Assistência Social do município. Trata-se de um serviço de Média Complexidade, referenciado junto ao Centro de Referência Especializado de Assistência Social (CREAS), que atua de forma a preservar a convivência familiar e comunitária através do subsídio técnico e financeiro às famílias extensas ou ampliadas, para que estas proporcionem às crianças e/ou adolescentes condições para o bom desenvolvimento biopsicossocial, como assegurado pelo ECA.

Nery (2010) aponta que iniciativas de apoio, estratégias e elaboração de novas formas de acesso aos bens e serviços públicos devem ser prioridade para o fortalecimento da família e seu núcleo. Como medida protetiva, de acordo com o ECA, a criança e o adolescente que precisará se afastar provisoriamente de sua família de origem e terá como uma possiblidade de prevenir a ruptura de seus vínculos familiares e ser inserida neste programa, o qual favorece a guarda provisória para a pessoa da própria família, como avós e tios, podendo retornar à sua família de origem assim que a situação que gerou o afastamento seja superada.

O direito à convivência familiar e comunitária e o programa guarda subsidiada

Rizzini citada por Furtado, Morais e Canini (2016) define a convivência familiar e comunitária como sendo a possibilidade da criança e/ou do adolescente permanecer no meio a que pertence, junto à sua família. Caso essa possiblidade não possa ser cumprida, prioriza-se que estejam com outra família que os possam acolher, assim como apontado no Artigo 19 do Estatuto da Criança e do Adolescente:

> É direito da criança e do adolescente ser criado e educado no seio de sua família e, excepcionalmente, em família substituta, assegurada a convivência familiar e comunitária, em ambiente que garanta seu desenvolvimento integral (Brasil,1990).

Na necessidade de afastamento provisório da criança e/ou do adolescente do convívio familiar, em decorrência da violação de direitos, seja para acolhimento familiar ou acolhimento institucional, a reinserção familiar deve ser priorizada. Isto porque a privação da convivência familiar e comunitária pode tornar mais dolorosos os processos enfrentados na infância e na adolescência. Por exemplo, o amadurecimento, a construção da identidade, o desenvolvimento da autonomia e da autoestima podem ser comprometidos devido à falta de referências familiares (Brasil, 2006).

Apenas quando a família não tiver condições de exercer seu papel, de assegurar a "efetivação dos direitos referentes à vida, à saúde, à alimentação, à educação, ao esporte, ao lazer, à profissionalização, à cultura, à dignidade, ao respeito, à liberdade e à convivência familiar e comunitária" (Brasil, 1990, p. 11), ela será auxiliada por meio de políticas públicas e programas sociais para que as crianças e/ou os adolescentes possam ser inseridos novamente no seu ambiente familiar e comunitário. Por isso, Furtado, Morais e Canini (2016) também apontam a necessidade de existir mecanismos legais para a garantia e normatização do período de afastamento da criança e/ou do adolescente do convívio familiar e comunitário, para que este seja excepcional e transitório, como também é garantido no ECA.

Para a efetivação do Plano Nacional de Convivência Familiar e Comunitária, estabelece-se, segundo Nery (2010), a primazia do Estado no fomento das políticas integradas de apoio, inclusão da família e reconhecimento de suas competências na organização interna e na superação de suas dificuldades. Cabe lembrar que a família deve ser sempre a protagonista de sua história.

A partir destas considerações, é pertinente reforçar que no Artigo 101 do Estatuto da Criança e Adolescente (Brasil, 1990) são propostas uma série de medidas para evitar o acolhimento institucional e familiar. Especificamente, o inciso IV prescreve sobre a inclusão em serviços e programas oficiais ou comunitários de proteção, apoio e promoção da família, da criança e do adolescente. É preciso muito esforço e articulação de gestores que atuam na formulação e execução das políticas públicas e de toda a sociedade para que estes documentos, programas e serviços se transformem em práticas cotidianas (Nery, 2010).

Como forma de evitar o acolhimento institucional, o Programa de Guarda Subsidiada promove a proteção social especial a crianças e adolescentes vítimas de violações de direitos por meio da reintegração dos mesmos em família extensa e ampliada, sob forma de guarda. É pelo fortalecimento dessas famílias e por subsídios técnicos e financeiros que são proporcionadas a estas crianças e a estes adolescentes as condições necessárias para seu desenvolvimento, como asseguradas no ECA e, além disso, o acolhimento institucional ou familiar é evitado.

A inclusão da família nesta política garante a possibilidade de fortalecimento da convivência familiar e comunitária com objetivo de prevenir a ruptura de vínculos. A perspectiva do trabalho do Programa de Guarda subsidiada, que visa primordialmente a prevenção ao acolhimento institucional, é que o trabalho com a família extensa e/ou ampliada apresente-se como o primeiro investimento em prol da criança e/ou do adolescente para ser reintegrada em sua família, minimizando, assim, possíveis traumas de separação e danos da institucionalização. Outro ponto de atuação do Programa serve como possibilidade para as crianças e para os adolescentes, cujos direitos foram violados e que já estão em medida protetiva de acolhimento institucional, permanecerem o menor tempo necessário institucionalizado.

Por meio de subsídios técnicos e financeiros garantidos pelo Programa, são proporcionadas a essas crianças e a esses adolescentes as condições necessárias para seu desenvolvimento. O técnico da equipe atua nas dinâmicas familiares, garantindo o melhor cuidado para crianças e adolescentes com ações estratégicas. É importante evidenciar que as informações coletadas na família acompanhada oferecem condições para a construção do Plano Individual de Atendimento e, junto com o guardião, permite planejar formas de superação dos problemas. Perguntas como: quem é esta família? Qual violação de direito justificou a suspensão do poder familiar? O que motivou a família extensa a se tornar responsável pela criança e/ou adolescente? Existe o desejo de cuidar e proteger ou está coagido? Como a criança e/ou adolescente está em relação às mudanças? Compreender e exercer uma função técnica que fortaleça as famílias para cuidar e proteger suas crianças e seus adolescentes é imprescindível.

Trazendo a experiência do município de Poços de Caldas, em Minas Gerais, há tempos estudava-se a implementação do programa, quando a gestão da Proteção Social Especial de Alta Complexidade observou que algumas famílias extensas não ficavam com seus netos, sobrinhos, afilhados, os quais, por medidas de proteção, estavam afastados temporariamente de sua família de origem. Estas famílias extensas apresentavam dificuldade de permanecer com as crianças e com os adolescentes, muitas vezes, devido à falta de recursos financeiros, pois não teriam possibilidade de prover os cuidados de vestuário, alimentação e bens materiais, mesmo estando já inseridas em programas de transferência de renda. Desta maneira, pensou-se em possibilitar um repasse financeiro, de caráter temporário, que pudesse contribuir com esta família extensa para que suas crianças e adolescentes não rompessem com seus vínculos familiares e comunitários. Este foi um grande diferencial na idealização do Programa bem como o suporte técnico também prestado à família.

Pensava-se que a execução do programa pudesse ser direta, em que o próprio Poder Público acompanhasse as famílias, sendo que a referência técnica seria o CREAS, mas em sua criação, a gestão decidiu abrir um chamamento público com as premissas do Marco Regulatório das Organizações da Sociedade Civil, e convocar instituições interessadas para a execução do serviço. Vale lembrar que este programa não é tipificado pelas normativas do SUAS, mas está amparado na legislação municipal, onde se dá todo seu financiamento.

O Programa de Guarda Subsidiada a partir da garantia do direito à convivência familiar e comunitária das crianças e dos adolescentes que tiveram seus direitos ameaçados ou violados evita os acolhimentos institucionais e amplia a possibilidade da família cuidar dos seus membros, fortalecer os seus vínculos e promover sua inclusão social. O programa atua com uma equipe de referência composta por uma assistente social, um psicólogo e um técnico social. Esta equipe juntamente com os serviços da Rede de Proteção constrói um plano de acompanhamento familiar com o objetivo de superar os motivos que levaram à necessidade de afastamento da criança e/ou do adolescente do convívio familiar.

O público-alvo do programa são crianças e adolescentes de 0 a 17 anos e 11 meses, famílias extensas e/ou ampliadas que tenham desejo de se responsabilizar por meio da guarda da criança e/ou do adolescente e que necessitam de subsídios técnicos e financeiros para os cuidados, e as famílias naturais que violaram os direitos e necessitam de apoio técnico para a superação das necessidades existentes.

Dessa forma, a partir da experiência técnica da segunda autora, a supervisão técnica da primeira autora deste trabalho e segundo o Plano de Trabalho do Programa (Poços de Caldas, 2019), que foi construído a partir da legislação municipal, seu objetivo é garantir a estas crianças e a estes adolescentes que tiveram seus direitos violados a integração em família extensa e/ou ampliada e posterior reinserção em família natural, por necessitarem de proteção social especial. Para isso, a equipe desenvolve algumas ações visando proporcionar com absoluta prioridade o atendimento nas áreas de saúde, educação e assistência social através das políticas do município, tanto para crianças e adolescentes inclusos no Programa, quanto para sua família natural/extensa/ampliada. Também deve realizar acompanhamento psicossocial com a família natural/extensa/ampliada e estimular a manutenção e/ou a ressignificação dos vínculos afetivos com sua família natural sempre que possível.

A equipe técnica deve verificar se o subsídio financeiro repassado às famílias guardiãs é usado para o atendimento das necessidades das crianças/adolescentes inseridos no Programa; precisa orientar as crianças, os adolescentes e a família extensa que, na impossibilidade de retorno para a família natural, poderá haver a judicialização do Termo de Guarda por prazo indeterminado a favor da família guardiã, caso assim ela o desejar ou, se isso não for possível, esgotadas as possibilidades de inclusão em família extensa ou ampliada, a criança e/ou adolescente protegido será encaminhado para o serviço de acolhimento institucional e/ou familiar; e ofertar espaços de escuta qualificada, orientação sociofamiliar, entrevistas, diagnósticos e fazer visitas domiciliares para as famílias naturais e extensas/ampliadas (Poços de Caldas, 2019).

A inserção da criança e/ou do adolescente e sua família no programa ocorre a partir do momento em que for constatada uma situação de risco por violação de direitos e os serviços socioassistenciais sinalizam para o Conselho Tutelar tal situação. A partir disso, é indicada uma família extensa ou ampliada como possibilidade de assumir a guarda da criança e/ou do adolescente. A sugestão da família extensa se dá por um trabalho em rede, podendo ser indicada pelo CRAS, Conselho Tutelar ou algum serviço que vislumbra uma família de referência. Sendo confirmada a necessidade de afastamento da família natural como medida protetiva, o Poder Judiciário deverá ser informado para proferir o Termo de Guarda à família extensa ou ampliada. Ressalta-se que a inserção da família extensa no programa se dá pela aquisição do termo de guarda provisória.

As crianças e/ou os adolescentes poderão permanecer no Programa por até um ano, sendo o caso reavaliado a cada seis meses pela equipe técnica de referência e pelos atores da rede que acompanham o caso, podendo ser desligado a qualquer momento. O desligamento será realizado por meio da reinserção na família natural; da permanência na família extensa ou ampliada findo o prazo de acompanhamento; caso a Família Guardiã tenha seus vínculos fortalecidos e não demandem mais do subsídio financeiro e técnico; da ausência de resposta ao processo de acompanhamento estabelecido no Plano de Ação Familiar; da inadaptação da família guardiã ou das crianças e/ou dos adolescentes; da desistência da família guardiã de permanecer com a guarda; do descumprimento das obrigações previstas na Lei municipal 9.215/2017 e no termo de adesão do programa; da violação de direitos; e da maioridade ou emancipação.

Mesmo após o desligamento da criança e do adolescente inseridos e/ou acompanhados pelo Programa, poderá ainda haver situações de vulnerabilidade, por isso é importante que o Programa faça uma contra referência ao atendimento das famílias nos serviços socioassistenciais, como o CRAS, por exemplo, e que este serviço também acompanhe a família em um período de seis meses a um ano.

Além do subsídio técnico oferecido pelo programa, a família extensa ou ampliada que participar do programa também conta com um subsídio financeiro, como descrito no Artigo 13 da Lei 9.215/2017. O subsídio financeiro não tem a intenção de funcionar como pagamento por serviços ou monetizar o cuidado.

> Art. 13 – A família extensa ou ampliada que participar do Programa de Guarda Subsidiada, além do acompanhamento técnico previsto no artigo anterior, poderá também, caso seja indicado pela Equipe Técnica do Programa, ou solicitada pela família extensa ou ampliada, receber auxílio financeiro equivalente a 60% (sessenta por cento) de um salário-mínimo nacional vigente, mensalmente, no período de efetivo exercício da guarda (Brasil, 2017, p. 4).

Assim sendo, o valor previsto para tal subsídio é limitado a um salário mínimo. Caso a criança ou o adolescente tenha algum tipo de deficiência ou doença grave comprovada mediante laudo médico será acrescido até 30% no valor do salário mínimo nacional vigente. Este subsídio será repassado através de depósito bancário ou cheque para a família extensa. É importante enfatizar que a utilização deste auxílio financeiro para finalidades que não sejam o benefício direto da criança e adolescente é vetada. Caso esta realidade não se cumpra, a lei obriga que a família realize o ressarcimento do valor. No mais, cabe à equipe técnica realizar o acompanhamento da situação das crianças e/ou dos adolescentes, apresentando relatórios à Vara da Infância e Juventude e à Coordenação da Proteção Social Especial de Média Complexidade, sendo supervisionada pela mesma.

Dessa forma, por meio dos subsídios técnicos e financeiros oferecidos às famílias pelo Programa Família Guardiã, as situações de acolhimento institucional ou familiar são evitadas, bem como é reduzido o tempo de permanência da criança e do adolescente em situação de acolhimento institucional, garantindo os direitos de saúde, educação e convívio familiar e comunitário.

Destaca-se que para a consolidação do Programa algumas ações e estratégias foram primordiais, como elaboração da metodologia de atendimento; reuniões com a Rede de Proteção da criança e do adolescente do município; criação do fluxo de atendimentos com os órgãos do Sistema de Garantia de Direitos, como idas ao Promotor, Judiciário, Vara da infância, Conselhos Tutelares, Conselhos Municipais de Direitos; apresentações sobre a missão, objetivos e impactos desejados do Programa para os atores da Rede Socioassistenciais; elaboração de uma cartilha explicativa.

O impacto do Programa é notório, visto que as famílias extensas puderam prover o cuidado de seus membros, trazendo em suas falas a importância de não romperem seus vínculos familiares. No total de um ano e meio de atuação, foram seis famílias atendidas, entre doze crianças e adolescentes que não necessitaram romper seus vínculos e não foram encaminhados para abrigos institucionais e casas lares. Os serviços de acolhimento institucional são de suma importância, pois encontraremos casos em que a família extensa não proverá a proteção e o cuidado, mas deve-se a partir das legislações, como o ECA, fomentar esta possibilidade como a última estratégia.

Em uma experiência técnica em que foram acolhidos três irmãos em um serviço de acolhimento institucional, durante dezoito meses, a equipe técnica do serviço de acolhimento e a rede intersetorial realizaram inúmeras intervenções junto aos genitores, mas todas sem sucesso. A equipe do serviço de acolhimento trabalhou com a manutenção e o fortalecimento dos vínculos entre os irmãos e a família extensa paterna, trabalho que favoreceu na decisão da *vódrasta* paterna em assumir a guarda das crianças, mas a vulnerabilidade material de renda era um dificultador. A mesma estava desempregada e a única renda da família era o valor do Benefício de Prestação Continuada (BPC) do seu esposo. A família extensa tinha os critérios para a adesão no Programa, pois desejavam se responsabilizar por meio da guarda provisória, possuíam vínculos afetivos e a vulnerabilidade de renda. A equipe técnica do abrigo fez a indicação para o Juizado da Infância e Juventude que concedeu a guarda das três crianças para a *vódrasta*. Com a inclusão desta família no Programa de Guarda Subsidiada, foi possível desligar as crianças da instituição de acolhimento e com o valor do subsídio financeiro reformar o telhado da casa que havia caído após uma chuva, comprar camas, guarda-roupas e utensílios pessoais para as crianças.

No serviço de acolhimento, todo o trabalho já havia se esgotado, mas com a implementação do Programa, foi possível manter as crianças no seio familiar. É sabido que sem o Programa de Guarda Subsidiada não seria possível a modificação de guarda para a família extensa e o tempo de acolhimento seria ainda maior e poderia resultar em uma possível desunião dos irmãos, visando a colocação em família substituta devido ao perfil e à idade das crianças.

Sabe-se que muitas famílias não têm vínculos ou que estes estão rompidos, mas, com a experiência do Programa, observamos que estes vínculos podem ser construídos e alimentados com um aparato técnico. Cabe a escuta dessas famílias e um trabalho voltado para suas singularidades, potencialidades e suas formas de cuidado, não desqualificando o que elas podem apresentar e oferecer para seus familiares.

Muitos técnicos culpabilizam as famílias, trazendo como a única solução o afastamento de seus membros e propõem o acolhimento institucional como a única saída, por isso a rede intersetorial que discute os casos precisa estar alinhada e em prol da criança, adolescente e família em questão. É a família que apontará junto com a equipe técnica as possíveis saídas para os rompimentos de suas fragilizações. Muitos profissionais, com seu saber técnico, violam mais os direitos dessas famílias e decidem por elas, desfavorecendo o saber da própria família. O Programa visa o protagonismo das famílias e garante um menor impacto às crianças e aos adolescentes que necessitam ser afastados temporariamente de sua família de origem.

Considerações finais

De acordo com os conteúdos apresentados, é possível afirmar que com base em nossa experiência de um ano e meio de trabalho, chegamos à observação de que o Programa de Guarda Subsidiada contribui diretamente para a diminuição das situações de acolhimento institucional e/ ou em família acolhedora, bem como prioriza a convivência familiar e comunitária das crianças e dos adolescentes que tiveram seus direitos básicos violados ou ameaçados. Assim, este estudo se faz importante por esclarecer e apresentar de que forma o Programa auxilia na inclusão das famílias em políticas públicas que fomentam a convivência familiar e comunitária e quais subsídios técnicos e financeiros são oferecidos pelo mesmo. Esta importância se dá pelo fato do Programa ainda ser pouco conhecido pela população e até pela própria rede socioassistencial.

Sendo as crianças e os adolescentes públicos prioritários, o programa exerce um grande compromisso com as seguranças afiançadas na política do SUAS e nas prerrogativas do ECA, como o de evitar o rompimento dos vínculos familiares e comunitários, garantindo que as famílias superem suas situações de risco e vulnerabilidade e tragam suas formas de cuidado, manejando suas próprias formas de organizar e proteger seus membros.

É de extrema importância que mais estudos sejam realizados para abordar esta temática, trazendo em evidência a convivência familiar e comunitária, bem como as potencialidades das famílias no cuidado e na proteção dos seus. Muitos profissionais que atuam com famílias trazem suas leituras prévias e seus preconceitos, muitas vezes impedem que as famílias tragam suas próprias soluções e arranjos, acabando por culpabilizá-las. Na centralidade da família nas políticas públicas, apostamos na autonomia e em sua inclusão social, atuando sempre para o fortalecimento de programas e serviços que possam garantir seus direitos. Que possamos prosseguir e apostar em políticas que trabalhem de forma participativa e de inclusão e que não recuemos a olhares simplistas e assistencialistas. Avante SUAS!

Referências

BIERRENBACH, M. I; BAPTIST, M.V. *Análise das políticas municipais da criança e do adolescente*. São Paulo: Instituto Pólis; PUC-SP, 2004.

BRASIL. Estatuto da Criança e do Adolescente. *Lei nº 8.069 de 13 de julho de 1990*. Brasília, DF, 1990.

BRASIL. *Curso de atualização sobre a organização e oferta dos serviços da proteção social especial*. Brasília, DF, 2017.

BRASIL. *Decreto Lei Municipal Nº 9.21, de 29 de novembro de 2017*. Institui o Programa de Guarda Subsidiada, em família extensa ou ampliada, de Crianças e Adolescentes em Situação de Risco por Violação de Direitos e dá outras providências. Minas Gerais, 2017.

BRASIL. Ministério do Desenvolvimento Social e Combate à Fome. *Orientações técnicas*: Serviço de Acolhimento para Crianças e Adolescentes. Brasília, DF, 2009.

BRASIL. *Plano Nacional de Promoção, Proteção e Defesa do Direito de Crianças e Adolescentes à Convivência Familiar e Comunitária*. Brasília, DF, 2006.

CASTEL, R. *As metamorfoses da questão social*: uma crônica do salário. 4. ed. Rio de Janeiro: Editora Vozes, 1998.

COSTA, N. R. A.; ROSSETTI-FERREIRA, M. C. Acolhimento Familiar: Uma Alternativa de Proteção para Crianças e Adolescentes. *Psicologia: Reflexão e Crítica*, v. 22, n. 1, p. 111-118, 2009. Disponível em: <https://www.scielo.br/scielo.php?pid=S0102-79722009000100015&script=sci_abstract&tlng=pt>. Acesso em: 10 jan. 2020.

FURTADO, A. G.; MORAIS, K. S. B. DE; CANINI, R. O direito à convivência familiar e comunitária de crianças e adolescentes: uma construção histórica no brasil. *Serviço Social em Revista*, Londrina, v. 19, n. 1, p.131-154, jul-dez. 2016.

JACCOUD, L. Proteção Social no Brasil: debates e desafios. In: *Concepção e gestão da proteção social não contributiva no Brasil*. Brasília: MDS/UNESCO 2009, p. 57-86.

NERY, M. A. A convivência familiar e comunitária é direito da criança e do adolescente e uma realidade a ser repensada pela escola. *Cadernos CEDES*, Campinas, v. 30, n. 81, p. 189-207, ago. 2010. Disponível em: <http://www.scielo.br/scielo.php?script=sci_arttext&pid=S0101-32622010000200005&lng=en&nrm=iso>. Acesso em: 13 set. 2020. https://doi.org/10.1590/S0101-32622010000200005.

PIZZI, M. L.G. Conceituação de Família e seus diferentes arranjos. *Revista Eletrônica: LENPES-PIBID de Ciências Sociais*, Londrina, n. 1, vol. 1, p. 1-9, jan-jun. 2012. Disponível em: <http://www.uel.br/revistas/lenpespibid/pages/arquivos/1%20Edicao/1ordf.%20Edicao. %20Artigo%20PIZZI%20M.%20L.%20G.pdf>. Acesso em: 29 fev. 2018.

POÇOS DE CALDAS. Secretaria Municipal de Promoção Social. *Plano de Trabalho*. Poços de Caldas: Secretaria Municipal de Promoção Social, jun, 2019.

RIZZINI, I. Menores institucionalizados e meninos de rua. In: FAUSTO, A.; CERVINI, R. (Orgs.). *O trabalho e a rua*: Crianças e adolescentes no Brasil urbano dos anos 80. 2. ed. São Paulo: Cortez, 1996, p. 69-90.

RIZZINI, I. *A institucionalização de crianças e adolescentes no Brasil*. Rio de Janeiro: Ed. PUC Rio; São Paulo: Loyola. Brasil, 2004.

SANTOS, B. R; TORRES, A. S; NICODEMOS, C; DESLANDES, S. F. *Desenvolvimento de paradigmas de proteção para crianças e adolescentes brasileiros*: Teoria e Prática dos Conselhos Tutelares e Conselhos dos Direitos da Criança e do Adolescente. Rio de Janeiro: Editora Fiocruz, 2009.

SIQUEIRA, A. C. A garantia do direito à convivência familiar e comunitária em foco. *Estudo de Psicologia*, Campinas, v. 29, n. 3, p. 473-444, set. 2012. Disponível em: <https://www.scielo.br/scielo.php?pid=S0103-166X2012000300013&script=sci_abstract&tlng=pt>. Acesso em: 20 out. 2019.

SOUZA, C. *A experiência do cuidado em um serviço de Acolhimento Institucional*. Curitiba: CRV, 2019.

SPOSATI, A. Modelo Brasileiro de Proteção Social não contributiva: concepções fundantes. In: MDS. *Concepção e gestão da proteção social não contributiva no Brasil*. Brasília: MDS/UNESCO, 2009.

VALENTE, J. *Família Acolhedora*: As relações de cuidado e proteção no serviço de acolhimento. São Paulo: Paulus, 2013.

WINNICOTT D. W. *A família e o desenvolvimento individual*. São Paulo: Martins Fontes, 2005.

Incidências de poder em um programa de inclusão social[1]

Frederico Azevedo Alvim Assis[2]
Marília Novais da Mata Machado[3]
Valéria Heloisa Kemp[4]

O desenvolvimento deste estudo partiu do interesse em conhecer as relações de poder em um programa de inclusão social pelo trabalho. Nele, ensina-se o ofício de artesão a sessenta adolescentes do sexo feminino, com idades entre 14 e 24 anos, avaliadas como expostas a condições de vulnerabilidade social e/ou pessoal. Elas recebem, diariamente, orientações socioeducativas durante atividades desenvolvidas em oficinas de produção de artesanato, desempenhadas no contraturno das aulas. Obedecendo aos princípios do Estatuto da Criança e do Adolescente (ECA), elas atuam como aprendizes para desenvolver

[1] Este trabalho apresenta parte dos resultados da dissertação do primeiro autor, aprovada em 2014, no Programa de Mestrado em Psicologia da Universidade Federal de São João Del-Rei (UFSJ).

[2] Mestre em Psicologia pela Universidade Federal de São João del-Rei (UFSJ). Doutorando pela Universidade Federal de Juiz de Fora (UFJF). Professor nas Faculdades Integradas Vianna Júnior. *E-mail*: fredalvim@yahoo.com.br

[3] Doutora em Psicologia pela Universidade de Paris Norte. Professora aposentada da Universidade Federal de Minas Gerais (UFMG). *E-mail*: marilianmm@gmail.com

[4] Doutora pela Pontifícia Universidade Católica de São Paulo (PUC-SP). Professora aposentada da Universidade Federal de São João del-Rei (UFSJ), da qual foi reitora. *E-mail*: valkemp@ufsj.edu.br

habilidades artesãs e para compreender a dinâmica do sistema formal de trabalho. Elas recebem uma porcentagem (70%) do valor de venda das peças que produzem: bijuterias, chaveiros, artigos de decoração, jogos americanos, toalhas para bandejas entre outras.

A perspectiva teórica adotada inspirou-se em teorização de Michel Foucault (1978) sobre as redes de poder e de disciplina. Para esse filósofo, poder é entendido como *capilar*, isto é, todas as pessoas são capazes de exercê-lo e praticá-lo de alguma forma. Assim, no programa de inclusão social estudado, buscou-se observar o poder tal como exercido pelas artesãs aprendizes, educadoras sociais, assistente social e coordenadora.

As primeiras reflexões sobre o controle individual (ou governo de si) e sobre a regulação das populações (no sentido de governar os outros) despertaram Foucault (2012a), em 1977, para os estudos da arte de governar e dirigir as condutas dos homens (Machado, 2009). Foi quando o filósofo criou o conceito de *poder pastoral*, fruto de sua reflexão sobre as religiões ou, mais precisamente, sobre o cristianismo da Roma antiga que, voltado para a salvação do homem, cuidava minuciosamente da condução da vida humana, do nascimento à morte. Esse tipo de poder é disseminado e compartilhado por numerosas populações – o que leva a supor que ele pode ser observado, também, nas relações entre aprendizes e educadoras sociais que atuam no programa de inclusão social investigado. Antecipa-se que uma figura central, mesmo definindo-se como gestora, assume a condição de pastor e suas orientações são aplicadas e cumpridas.

Ainda sobre poder, Machado (2009; 2011) destaca, na análise foucaultiana, particularidades apreendidas em diferentes contextos e instituições que convergem na formulação de conceitos e tipos específicos de poder, dentre os quais o *poder disciplinar*, comumente apresentado como aquele que se aplica sobre o corpo, voltado para gestos e atos precisos que afetam as posturas assumidas pelos sujeitos.

O poder disciplinar na sociedade insere-se nas relações hierárquicas, produz regras de obediência e de trabalho (Foucault, 2001), torna o homem útil e dócil, isto é, adequado para a formação e gestão da sociedade capitalista, formada por cadeias de produção e consumo (Machado, 2009). A noção de poder disciplinar surge com os estudos de Foucault (2001) relativos às mudanças sociais vividas nos séculos

XVII-XIX, com a consolidação da burguesia e com o estabelecimento dos princípios da formação e distribuição das forças de trabalho nas atividades econômicas, de acordo com os interesses do Estado. A nova ordem capitalista age sobre o corpo dos indivíduos.

Segundo Machado (2009), ao constatar que os dispositivos de sexualidade não se limitavam a controlar e a vigiar o indivíduo, Foucault (2001) concebeu o corpo humano também como uma máquina e o viu sujeitado ao biopoder, isto é, às regulações aplicadas sobre populações, que asseguram a existência da espécie humana, orientam e gerem a vida social. O poder disciplinar seria a face do biopoder responsável pela inserção dos corpos nos processos produtivos característicos da economia na sociedade capitalista, valendo-se, para tanto, de instituições como escolas, prisões, hospitais, fábricas (a essa lista poder-se-ia acrescentar os programas de inserção social pelo trabalho). Foucault (2001) define, então, poder disciplinar como sendo o instrumento utilizado para estabelecer controles minuciosos sobre as ações de um corpo e sobre os comportamentos, a fim de submetê-los aos critérios de produção. O corpo regulado deve funcionar de modo racional para se inserir num sistema de trabalho e, assim, contribuir para a economia.

Porém, o exercício do biopoder e dos poderes pastoral e disciplinar não é realizado de forma universal, sendo sempre necessário considerar as particularidades do contexto em que é aplicado. O projeto aqui investigado é uma dessas particularidades: com o referencial teórico foucaultiano, buscou-se, no contato direto com as práticas do programa pesquisado, descrever as disciplinas que orientam as aprendizes e as moldam ao ideal postulado socialmente pelo sistema formal de trabalho, incluindo a postura corporal.

Metodologia

Realizou-se um estudo de caso, ou seja, adotou-se o método definido por Yin (2010, p. 39) como "uma investigação empírica [...] de um fenômeno contemporâneo, em profundidade e em seu contexto de vida real". Para Alves-Mazzotti (2006), esse estudo foca unidades (um sujeito, uma empresa, uma instituição). Seus resultados não são generalizáveis, o que exige do pesquisador atenção ao triângulo observação, entrevista e diário de campo, concentrando-se na riqueza de detalhes e na sua apresentação exaustiva, o que possibilita ao leitor pleno conhecimento da realidade apresentada.

Para tanto, foram feitas observações ao longo de vinte e cinco visitas técnicas (registradas minuciosamente em diários de campo), entrevistas semiabertas com a coordenadora do programa de inclusão social pesquisado, com a assistente social, a pedagoga, as educadoras sociais e as adolescentes participantes, além das leituras dos documentos sobre o programa. O projeto desta pesquisa foi submetido ao Comitê de Ética da UFSJ. Nas entrevistas com as aprendizes, foram resguardadas as recomendações do Estatuto das Crianças e dos Adolescentes, isto é, anonimato e acordo dos adultos responsáveis por elas.

Com as adolescentes, propôs-se a cada uma delas fotografar uma das suas peças artesanais, escolhendo aquela que fizera com maior prazer e da qual mais se orgulhava. Nas fotografias (grafias do olhar), buscaram instâncias reveladoras da subjetividade das aprendizes. Com efeito, as fotos possibilitaram construir narrativas sobre a história do programa, criar registros sobre ele e, para as adolescentes, valorizaram seus trabalhos e as fizeram se enxergar como personagens e autoras de suas histórias.

As fotos foram o mote para as entrevistas realizadas. A expectativa era de que as falas assim obtidas permitissem também descrever a produção artesanal e apontassem incidências de poder. Nas entrevistas, foi garantido às adolescentes liberdade de se expressarem acerca de como se sentiam em relação ao programa, considerando, com Foucault (2010), que a fala de um indivíduo se situa num momento histórico específico e singular, embora sujeita a condições – ou restrições – institucionais.

O conjunto do material coletado foi submetido à análise de discurso, com base em Foucault (2010; 2012c): buscou-se descrever o momento vivido pelo programa de inclusão social pelo trabalho, expor a posição dos diferentes sujeitos, suas particularidades, condições e circunstâncias de vida, além de localizar cada qual dentro do discurso proferido. Todavia, ao se conferir a presença de chavões e constantes repetições nas falas das adolescentes entrevistadas, recorreu-se a Courtine (2006), estudioso de jargões ou da *langue de bois* (língua de madeira), expressão antiga, com equivalentes em outras línguas, além da francesa, denotando estereotipia. Charaudeau e Maingueneau (2004) referem-se a ela como *langage figè* (fala que se manifesta por clichês e posições dogmáticas).

Resultados e discussões

As aprendizes

Foram entrevistadas seis aprendizes que falaram sobre o tempo que levaram nas respectivas produções, sobre as técnicas que aplicaram e como as aprenderam. Elas descreveram as peças que fotografaram, enumerando os materiais, as cores e as técnicas. Ao evitarem expor o que sentiram ao bordarem, produziram um discurso caracterizado por grande ausência do falar de si. As visitas técnicas, por sua vez, permitiram observar a dependência das adolescentes em relação ao poder pastoral das educadoras sociais e a submissão grande às determinações disciplinares do programa.

A repetição das técnicas utilizadas (o "rococó" foi um denominador comum nas falas) evidencia a presença do que Courtine (2006) designa *langue de bois*, linguagem caracterizada pela reiteração do idêntico, reprodução e retorno a ideias que os sujeitos buscam conservar e perpetuar e limitação ao que já está na memória de maneira saturada. Para Courtine, a presença da *langue de bois* faz com que o discurso se torne inconsistente e vazio de sentido. Todavia, na perspectiva dos funcionários do programa, principalmente das educadoras sociais e da coordenadora, quando as aprendizes pronunciam os nomes das técnicas aprendidas, elas revelam mudanças de perspectivas e aprendizado. O discurso se renovaria à medida que elas soubessem do que estão falando, especialmente quando identificam um saber próprio ao ofício de artesãs.

Nas visitas técnicas, observaram-se as maneiras como são dadas, no cotidiano, as orientações para a tarefa de bordar. Como ocorre o "rodízio", isto é, as trocas de células de trabalho e de orientadora, é possível as aprendizes compararem as ações das educadoras. Perguntou-se a elas como foi produzir a peça fotografada, o que sentiram durante a confecção e, sobretudo, se o processo foi vivido de modo autônomo ou dependente das orientações. À questão: "- É necessário que as educadoras demarquem cada etapa do aprendizado de bordar?", a Entrevistada A respondeu: "A gente precisa bastante de orientação. A gente quer fazer as coisas sozinha, mas sempre acaba saindo alguma coisa errada. A gente sempre precisa delas. [...] Eu aceito bastante essa orientação".

A mesma Entrevistada A, explicitando como a maioria das aprendizes reage às condutas reguladoras das educadoras sociais, revela bem o que Foucault (2010) identifica como um procedimento de controle interno (do, e no, discurso), o que evidencia a presença do poder disciplinar: "Tem algumas meninas que falam: "Ai, eu detesto fulana, porque fulana fica muito em cima! Fica corrigindo até a minha postura"! Eu também sou assim. Pelo menos na postura. Ficam implicando porque.... Não vou falar nome não, mas é horrível. Mas tem uma professora, mesmo, que ela é bem dura na queda". E continua: "Não pode ser uma pessoa tão dura. [...] A gente pode dar a nossa opinião e tal... [...]. Tem professora que não aceita isso, entende? Tem que ser do modelo dela, do jeitinho dela, o que ela quer". E conclui: "Eu acho mais gostoso lidar com uma professora, então, que te dá essa liberdade, porque nos dá uma oportunidade de nos expressar também, entende"?

De forma geral, há evidências de poder disciplinar e pastoral nas interações de aprendizagem. Por exemplo, a Entrevistada B afirmou que se sentiu livre para escolher o modelo da bolsa que confeccionou, mas, ao se lembrar do modelo inicial, lembrou-se também de que a educadora social o decidira, juntamente com ela. Com isso, seu relato é contraditório: se a jovem experimentou liberdade de criação, o que revelaria sua autonomia e seu próprio poder de decisão para aplicar as habilidades aprendidas, ao afirmar ter dependido da supervisão direta da educadora, evidencia a presença de técnicas de controle coerentes com o emprego do poder pastoral.

O cumprimento das orientações das educadoras foi relatado também pelas demais entrevistadas. A Entrevistada C afirmou seguir as recomendações de uma educadora que, em vários momentos das visitas técnicas, foi percebida como severa em relação a posturas físicas e à padronização das peças. Perguntada como se sentiu sob as orientações dessa educadora que "fica muito em cima", a jovem disse: "É que as meninas, às vezes, não gostam de escutar ninguém. [...] Elas gostam de fazer as coisas com pouca bronca". "Pouca bronca" indica uma forma de medir o nível de orientação: a entrevistada prefere seguir recomendações e regulamentações, diferentemente das colegas que não aceitam ouvir restrições ou se submeterem a regras. Para a jovem, uma "quantidade mínima" de normas impostas pelas educadoras é necessária, pois, assim, "a peça fica mais bonita".

A Entrevistada D também disse confiar nas orientações. A peça que fotografou foi produzida sob orientação de uma educadora muito bem aceita pelas jovens aprendizes, conforme observado em visitas técnicas. Essa educadora foi descrita como fonte de recomendações confiáveis.

A entrevistada E, refletindo sobre o próprio discurso ("a educadora ajudou, mas só explicou o que deveria ser feito" – com ênfase em: "mas só"), disse preferir se sujeitar a orientações que a deixam "com mais livre iniciativa", uma vez que "é ruim ter que ficar com a pessoa em cima, ali, falando tudo o que você tem que fazer". Disse preferir se sujeitar a orientações que a deixam "com mais livre iniciativa", pois "é ruim ter que ficar com a pessoa em cima, ali, falando tudo o que você tem que fazer".

A Entrevistada F fotografou um produto que ela mesma havia concebido, a partir de outro trabalho que concluíra, e descreveu a orientação da educadora como um acompanhamento "passo a passo", de modo "tranquilo".

Além das educadoras sociais, as colegas também intervêm e compartilham a produção das peças. As jovens interagem e distribuem as tarefas entre elas. Há atividades reguladas por turnos: por exemplo, ao concluir o expediente em todas as células, sorteia-se quem assumirá a tarefa de varrer e limpar o local de trabalho.

A Entrevistada A, ao explicar as técnicas aprendidas e aplicadas na sua peça (nó francês, áster, ponto cheio), afirma confiar na ajuda de colegas, na confecção da peça e na exploração de novos conhecimentos no cotidiano no programa. Experimentar novidades a motiva para o trabalho: "É interessante, é legal. Porque a gente aprende mais, fica mais ciente. E é até bom para a gente mesmo, porque a gente consegue ter noção de que a gente ainda não aprendeu tudo. Dá mais incentivo para a gente aprender mais".

Elas descrevem o cotidiano no programa e a aprendizagem das técnicas de bordado: "Já fiz muita amizade aqui... Converso com todo mundo. Aprendi a preservar as coisas, a valorizar o que a gente compra com o nosso dinheiro". (Entrevistada C); "Aprendo técnicas de bordado e de convivência [...]. Eu gosto porque aqui eu aprendo coisas novas. Igual o ponto corrente. [...] A gente produziu isso nessa semana; [...] ela [educadora social] me ajudou e eu aprendi. E gostei. Eu gosto de ficar aqui, não sou de faltar" (Entrevistada D). "Além das técnicas de bordado, o que mais eu aprendo aqui? [...] A me comportar... a viver com as pessoas, empreender... é isso"! (Entrevistada E).

A Entrevistada F não se refere diretamente a aprendizados no programa além das técnicas de bordado. Mas destaca que orientações quanto ao "comportamento, jeito de lidar com outras pessoas e respeitar as diferenças" são contribuições para a sua vida pessoal.

Já a Entrevistada A enfatiza sentimentos como empolgação por participar do programa e pondera que o aprendizado vivido na instituição vai além do bordado: "Na educação também funciona muito bem. Bastante. Nas nossas professoras, sabe? [...]. Às vezes a gente tá triste, a gente chega e conversa com elas..." E continua: "Sempre elas têm uma orientação, como se fosse uma mãe mesmo. Orientando seus filhos. Elas orientam muito bem. A gente precisa disso. [...]. Isso é bastante interessante nelas.

Vale explorar, nessa última fala, a associação da figura das educadoras sociais à imagem idealizada de "mães" (como se verá, reciprocamente, as aprendizes são chamadas "meninas" por funcionárias e gestoras). As educadoras preferidas são assim descritas: "Ah... é minha mãe, gente! Ai! Ela é como se fosse minha mãe. Ah, ela é super educada comigo, gentil, gente boa. É... Cuida de mim como se fosse minha mãe de verdade, como se eu fosse uma das filhas dela. Ela é especial" (Entrevistada B). "Eu vejo as duas como mães. Elas cuidam muito bem da gente. Vai pelo amor, que eu vejo que elas têm pela gente, aqui dentro" (Entrevistada F). O uso do clichê "mãe" para as educadoras favoritas, referidas também como carinhosas, legais e boas, mostra novamente a ocorrência da *langue de bois*. Realidade vivida e subjetividade são deixadas de lado e surge o discurso rarefeito descrito por Courtine (2006).

As entrevistadas relataram ainda condutas das quais gostam ou não: "Eu gosto da tia "HK", da "RS" e da "TK", porque elas são calmas, elas não ficam gritando. Eu não gosto de gente que grita. Ah... que grita não, que fala alto. Eu não gosto... Aqui tem [risos], você sabe quem é"! (Entrevistada C); "Não gosto de quem fala sem pensar. Aqui tem gente assim. Uma professora mesmo. Acho que o que as pessoas, o que ela é no dia a dia, ela passa para a outra. Porque não adianta você mostrar uma coisa que você não é para as outras pessoas, porque isso não vai te trazer boas referências" (Entrevistada F).

As ressalvas e as tentativas de preservar nessas falas o anonimato da educadora lembram os procedimentos postulados por Foucault (2010) de exclusão e interdição que se impõem sobre os discursos. Há restrições do que pode e não pode ser dito, dependendo de quem fala. "Tabu do objeto, ritual da circunstância, direito privilegiado ou exclusivo do sujeito que fala: temos aí o jogo de três tipos de interdições que se cruzam, se reforçam ou se compensam, formando uma grade complexa que não cessa de se modificar" (p. 9).

A Adolescente A diz sentir-se motivada a bordar por acreditar que expressa seus sentimentos nas peças que produz. Por isso, considera "horrível" submeter-se à condição de "ficar sem opinião própria", dependente de uma educadora social rígida e que restringe suas possibilidades de criação. Indagada se no programa há mais oportunidades para se expressar ou mais instâncias de obediências, respondeu: "Eu acho que há bastante dos dois, acho que elas [as educadoras] não são tão rígidas, mas umas são. E esse negócio de ir trocando de mesa, a gente vai aprendendo a conviver com cada uma [...]. Nisso a gente já vai pegando as "manha", o jeito de fazer do jeito que elas quer". E detalha: "Só que ainda existe um pouco de, sei lá, de... como fala? De pessoas que ficam em cima, sabe? "Ah, não! Tem que ser desse jeito!", ou "Ah, não! Não pode demorar tanto! Você tem que fazer isso"! [...] "Então tem algumas professoras que não nos incentiva, entende"?

Vê-se assim que a aprendizagem das regras se dá graças ao poder pastoral e disciplinar, exercido segundo as contingências do poder capilar. Ao enunciarem um discurso rarefeito, retomado de discursos anteriores, pleno de clichês, repetições e partilhas de opiniões, as adolescentes se reconhecem como pertencentes ao grupo. Estão doutrinadas, são membros da "sociedade de discurso" (Foucault, 2010, p. 42) em que, "aparentemente, a única condição requerida é o reconhecimento das mesmas verdades e a aceitação de certa regra – mais ou menos flexível – de conformidade com os discursos validados".

Ao descreverem as educadoras sociais que as introduzem no ofício de artesãs, as aprendizes as valorizam, o que confirma terem se apropriado socialmente de certos discursos: "todo sistema de educação é uma maneira política de manter ou de modificar a apropriação dos discursos, com os saberes e os poderes que eles trazem consigo" (Foucault, 2010, p. 44). Em outras palavras, o programa preserva seus ideais graças à repetição de determinados discursos e à consolidação das relações de poder instituídas a partir da disciplina e do pastoreio cotidianos.

Rotinas das educadoras sociais e suas percepções de poder

Dentre os profissionais atuantes no programa, são mais visíveis as docentes voltadas ao exercício dos poderes pastoral e disciplinar. Elas não se designam como "professoras". A assistente social do programa, referindo-se ao registro do cargo na Carteira de Trabalho, à natureza do vínculo empregatício e à formação das docentes, explica: "A função, no papel, é [...] 'educador social'". Ela separa os funcionários segundo suas atribuições e enfatiza o papel dos que se dedicam ao exercício do poder: "a cozinheira também é educadora, ela orienta quanto a lavar a mão, a ir ao banheiro, [...] todos nós somos educadores. No caso da professora, é porque ela é contratada como "educadora social", como está lá, na Carteira de Trabalho." (Assistente social).

Educadoras sociais são uma categoria social importante na organização e no funcionamento institucional. As entrevistas com elas apontaram representações e resgataram memórias, além de permitirem comparar diferentes pontos de vista sobre a realidade compartilhada, quesito essencial do estudo de caso (Yin, 2010).

Verificou-se que os propósitos das educadoras sociais se revelaram diferentes dos registrados no projeto e nos arquivos do programa. Nesses documentos, um dos principais objetivos institucionais seria encaminhar as aprendizes ao mercado de trabalho, o que não é primordial na perspectiva das educadoras. Assim, o desenvolvimento da criatividade, importante para o encaminhamento ao mercado de trabalho, é minimizado nas falas: "Nem sempre todas têm a habilidade de criar. [...]. Existe uma orientação para que isso [a criatividade] venha a ser desenvolvido, mas não é um fato, não é uma obrigatoriedade. Até porque tem algumas que têm comprometimento, têm algumas que têm déficit de atenção, onde essa criatividade nunca vai existir." (Assistente social).

As ações de formação socioeducativa são enfatizadas pelas funcionárias e se realizam geralmente na última sexta-feira de cada mês, com o propósito de despertar habilidades requeridas no exercício profissional: "Essas meninas deveriam ter mais condições de poderem estar aptas a esse mercado [de trabalho]. Cursos que a gente poderia correr atrás para elas, entendeu? [...]. Porque muitas delas não vão trabalhar só com o bordado." (Educadora social 1).

Essa educadora deseja mudanças no programa e melhor divulgação da instituição. Deseja que a proposta seja levada a outros atores sociais e entidades externas, de modo a efetivamente direcionar as adolescentes ao mercado de trabalho. Ela sugere parcerias com cursos profissionalizantes e contatos diretos com potenciais empregadores: "[...] o nosso interesse maior é o bem delas [...] e estar trazendo ações para elas abrirem a visão, para amadurecerem um pouco mais, valorizar aquilo que tem que ser valorizado e começar a empreitada da vida profissional delas" (Educadora social 1).

A expectativa de outra educadora é a de que o programa abarque além da desfiliação vivida pelas adolescentes, uma formação socioeducativa ampla. Ela lamenta a falta de apoio, não tanto financeiro, mas político.

Identifica-se no programa uma distância do projeto original no que tange ao mercado de trabalho, em favor de uma postura pastoral: "Convivo com cada menina que chega aqui [...]. Têm umas que têm mais dificuldade, a gente vai mais devagar. Têm outras que você pode dar mais coisas, mais rápido, porque elas vão bordar mais rápido. Agora, eu não sei, mercado de trabalho? [...] A gente sabe o nome de cada uma, a gente sabe do problema de cada uma, a gente sabe da dificuldade de cada uma. [...]. Agora, lá fora, eu não sei..." (Educadora social 2).

No programa, há uma opinião compartilhada sobre a importância do bem-estar das adolescentes. O desenvolvimento delas, como a redução da timidez e o despertar da autoestima, é motivo de orgulho para as educadoras: "O que me deixa feliz é ver que as meninas estão bem, que saem daqui com uma cara boa" (Educadora social 2). "No final, a gente observa como cada uma delas mudou. [...]. Elas são o foco. Quando elas estão bem [...] é porque elas estão no caminho [...]. A gente confiar nas meninas é a melhor coisa que tem". (Educadora social 3).

As relações interpessoais, de certa forma, determinam o exercício do poder disciplinar e pastoral: "O trabalho começa, sim, com a relação interpessoal. Porque as técnicas que elas aprendem trabalham essa relação. [...]. Acho que é mais isso... abrir esse caminho através dessa relação [...]. Mas o que eu queria [...] para elas é saírem daqui já encaminhadas para alguma coisa... seja o que for... Para continuar"! (Educadora social).

A perspectiva da gestão do programa e a contribuição do pesquisador

Investigar relações de poder num ambiente de trabalho implica conhecer também a gestão praticada no cotidiano da instituição. Para tanto, foram entrevistadas a coordenadora, a pedagoga e a assistente social. Foi perguntado a elas se alguma aprendiz já havia saído do programa devido a alguma fatalidade. Sem ter conhecimento de nenhum episódio desse tipo, a assistente social, nesse instante da entrevista, repassou a questão à pedagoga (que atua no programa há mais tempo) que recordou uma "morte por crime" de uma artesã. Usou palavras breves: "foi porque estava com as pessoas erradas, na hora errada, no local errado". A pedagoga acrescentou ainda que a fatalidade ocorreu fora da instituição e, apesar das outras aprendizes terem conhecimento de que aquela vítima não andava em boas companhias, nada foi dito, internamente, na ocasião.

Constatou-se, assim, certo silenciamento sobre problemas graves e, por suposição, representativos da situação de "vulnerabilidade social" das aprendizes. Na fala e na prática, essa discussão é lançada para os limites externos do programa. Entretanto, embora eventos ruins aconteçam na instituição e sejam, geralmente, silenciados ou tratados apenas em reuniões fechadas ou em conversas individuais, alguns problemas foram diretamente observados durante a fase de pesquisa de campo, a exemplo dos desentendimentos que, vez ou outra, expressam-se por meio de trocas de olhares ofensivos entre aprendizes.

Os motivos mais comuns para potenciais conflitos são rixas entre bairros que, de alguma forma, atravessam as paredes da instituição. Isso ocorre, principalmente, quando uma nova adolescente é integrada ao grupo já formado na oficina. Ela pode residir num bairro que, por motivos históricos, culturais, ou de outra ordem, represente ameaças ao local onde reside uma participante mais antiga. Outro motivo para conflitos entre as adolescentes são intrigas relativas a namoros (como pôde ser ouvido na fase de observação e foi registrado no diário de campo deste estudo) ou disputas por um mesmo namorado.

Com relação ao fato de o programa atualmente não ter como foco o encaminhamento de mão de obra para o mercado de trabalho, segundo a coordenadora, isso se deve a dificuldades operacionais para efetivar o cadastramento, em banco de dados, das participantes. Ela considera que, se essa é uma crítica apresentada por uma educadora social, que esse fosse um assunto tratado em reunião, pois se trata de um aspecto importante para a melhoria do cotidiano de trabalho.

Anteriormente, foi perguntado à assistente social se a prática de formação socioeducativa corresponderia a um rito no cotidiano das artesãs, e ela havia dito que não, que é um dos principais focos do programa. A coordenadora também foi enfática ao falar sobre a importância dessa formação:

> A parte da formação delas, aqui, eu acho que é a coisa mais importante. Por exemplo, quando a gente passou pela administração do [ex-prefeito], foi uma época muito difícil porque [o programa] ficou muito voltado para a produção. [...]. É claro que a gente tem que ter uma produção de boa qualidade para as pessoas não comprarem por pena. Eu acho que isso a gente conseguiu: tirar esse ranço do artesanato. É claro que eu quero que façam um artesanato de qualidade, mas o foco não é a produção. [...] O foco principal daqui, do programa, é a formação humana delas [...]. Então eu acho o socioeducativo daqui fundamental [...] e eu acho que a formação humana delas é o principal. [...] A formação humana, aqui, se revela no convívio que a gente tem, de falar "Fulana, não é legal você vir aqui com essa roupa"; "Fulana, o que tá acontecendo que você está chegando muito atrasada"? É desse contato, do dia a dia. [...] A parte educativa é feita por todo mundo! (Coordenadora).

A coordenadora apresentou sua perspectiva particular, próxima a da maioria dos gestores e formuladores de projetos sociais: é importante preservar a autonomia do público atendido. Sua fala se articula com trechos da entrevista feita com a assistente social que expressou considerações semelhantes quanto à principal finalidade do programa:

> Tem a inclusão pelo trabalho, mas a gente não encaminha para o trabalho. [...]. Eu acho que o foco aqui está muito na linha da educação, porque têm meninas que podem ficar dois, três anos que já estão aqui. Lógico, ela tá aqui como no mercado de trabalho porque está ganhando alguma coisa também. Tem essa linha de produção, mas a gente não tem esse viés de incluir numa empresa, no mercado de trabalho, lá fora. [...]. Tem a inclusão produtiva no sentido de assumir postura, disciplina, saber se comportar, a formação dela, e ganhando alguma coisinha aqui, para sentir essa questão do mercado. Porque depende da produção dela e da venda. Se ela produziu uma peça por mês, ela não vai ganhar nada [...]. Eu percebo que já foi o tempo das empresas parceiras estarem absorvendo as meninas [...]. E têm as regras, elas têm que saber cumprir as regras. [...]. A gente trabalha a educação para o mercado de trabalho (Assistente social).

Ainda que a inclusão social pelo trabalho seja um dos objetivos do programa, a coordenadora questiona a maneira como esse fim é alcançado nas diferentes instituições, especialmente quando resultados de ações próprias à prefeitura são anunciadas na mídia com base apenas em contingentes numerosos de pessoas atendidas. Há também as ressalvas e críticas de Castel (2012) e de Foucault (2012b), passíveis de serem aplicadas à inclusão social pelo trabalho: as de que indivíduos pobres são convertidos em mão de obra expondo-se à precariedade do trabalho ou perpetuando a desfiliação social.

A coordenadora critica a constituição de muitos programas sociais destinados a grandes populações, mencionando matérias recentes de jornais da cidade sobre iniciativas públicas cujos indicadores de metas incluem milhares de crianças. Ela não acredita na eficácia de tais programas: "Eu acho que o atendimento tem que ser personalizado! E outra coisa que eu acho importante, também, é o papel de cada um de ser educador, independente da função que ocupa. Isso é uma coisa que eu sempre fiz questão aqui dentro. Todo mundo aqui tem que ser educador." (Coordenadora).

Observa-se, portanto, que o aprendizado do ofício de artesãos, no programa, não se concentra, exclusivamente, na formação de mão de obra e encaminhamento para o mercado de trabalho. A gestão do programa não privilegia a formação de força operária para empresas, mas a formação socioeducativa, a orientação disciplinar e humana, respeitando a subjetividade das adolescentes.

Conclusão

Observou-se que, no programa de inclusão social pelo trabalho, objeto deste estudo de caso, idealmente, quer-se extinguir nas adolescentes participantes modos de ser associados à vulnerabilidade social e à desfiliação (Castel, 2012). Para tanto, as relações de poder adotadas são, sobretudo, de disciplina e pastoreio (Foucault, 2010 e 2011).

O poder disciplinar atua sobre os corpos das aprendizes, exigindo posturas físicas adequadas, movimentos finos das mãos e delicadeza ao lidar com os materiais e com os instrumentos. Ele exige também hábitos de higiene, maneiras consideradas apropriadas de se vestirem e de falarem. Seu exercício, assim, dociliza a aprendiz e lhe ensina submissão, conduta considerada necessária para o ingresso no mercado de trabalho. Participam dessa tarefa todos os funcionários do programa que, para tanto, recebem a delegação e a orientação da coordenadora.

O poder pastoral é exercido por meio, sobretudo, da afetividade, o que garante um clima de trabalho ameno, tranquilo, agradável. Mas ele tem outro efeito, o de minar a capacidade de decisão, de autonomia e de criação, resultando em grande dependência das aprendizes com relação às instrutoras.

Embora os funcionários da instituição, coordenadora, cozinheira, auxiliares administrativos, educadoras sociais, assistente social e pedagoga assumam maneiras responsáveis, consequentes e cuidadosas, embora tentem realizar o ideal da inclusão social das artesãs e afastá-las da situação de vulnerabilidade, tal como preconizado nos objetivos do programa, todos trabalham mais na formação de jovens obedientes e domesticadas que na de sujeitos autônomos e empreendedores.

As aprendizes são tratadas como pessoas em formação que entram sem conhecer as posturas, hábitos, modos de ser e de interagir corretos. Caberia ao programa sanear essas deficiências, vistas como frutos e sustentáculos da vulnerabilidade social vivida por elas. Assim, as ações do programa focam, especialmente, a redução, senão a eliminação, da vulnerabilidade, deixando em segundo plano a questão da pobreza e da educação para a geração de renda por meio do artesanato.

Ademais, o programa de inclusão social surgiu, na pesquisa, atravessado pelo contexto de exclusão que não apenas marca e rotula sua criação, mas também regula a admissão de suas aprendizes participantes. Ao se propor incluir, o programa discrimina e exclui, automática e paradoxalmente, uma aprendiz que não se encontra em situação de precariedade econômica, que não é pobre nem vulnerável.

Dessa forma, sem enfrentar diretamente a pobreza e a desigualdade social, que são a razão de ser desse tipo de programa de inclusão social e o que o justifica, incute-se nas participantes uma forma de estar no mundo, menos agressiva, mais amigável, de maior aceitação da penúria, voltada mais a formar trabalhadoras úteis e dóceis para a ordem capitalista que indivíduos independentes e ativos.

Diante das observações aqui apresentadas relativas ao programa estudado, a seguinte questão resta sem resposta: é possível, com esse tipo de tentativa de inclusão social, que emprega como dispositivos o poder pastoral e o disciplinar resolver realmente a exclusão e a vulnerabilidade sociais?

Uma observação final: os resultados obtidos nesta pesquisa foram apresentados às participantes do programa de inclusão social e discutidos com elas. O pesquisador se colocou à disposição permanente para outros contatos, trabalhos e discussões.

Referências

ALVES-MAZZOTTI, A. J. Usos e abusos dos estudos de caso. *Cadernos de Pesquisa*, v.36, n.129, p.637-651, 2006.

CASTEL, R. *As metamorfoses da questão social:* uma crônica do salário. Petrópolis: Vozes, 2012.

CHARAUDEAU, P.; MAINGUENEAU, D. *Dicionário de análise do discurso.* São Paulo: Contexto, 2004.

COURTINE, J. *Metamorfoses do discurso político:* Derivas da fala pública. São Paulo: Claraluz, 2006.

FOUCAULT, M. *História da loucura na Idade Clássica.* São Paulo: Editora Perspectiva, 1978.

FOUCAULT, M. *História da sexualidade, 1.* A vontade de saber. Rio de Janeiro: Graal, 2001.

FOUCAULT, M. *A ordem do discurso*: aula inaugural no Collège de France pronunciada em 2 de dezembro de 1970. Rio de Janeiro: Edições Loyola, 2010.

FOUCAULT, M. *Microfísica do poder.* Rio de Janeiro: Graal, 2011.

FOUCAULT, M. Poder e Saber. (p. 218-235). In: MOTTA, M. B. (Org.). *Estratégia, Poder-Saber* (Vol. IV). Rio de Janeiro: Forense Universitária, 2012a.

FOUCAULT, M. A sociedade disciplinar em crise. (p. 261-263). In: MOTTA, M. B. (Org.). *Estratégia, Poder-Saber* (Vol. IV). Rio de Janeiro: Forense Universitária, 2012b.

FOUCAULT, M. *A arqueologia do saber.* Rio de Janeiro: Forense Universitária, 2012c.

MACHADO, R. *Foucault, a ciência e o saber.* Rio de Janeiro: Jorge Zahar, 2009.

MACHADO, R. Por uma genealogia do poder. (p. VII-XXIII). In: FOUCAULT, M. *Microfísica do poder.* Rio de Janeiro: Graal, 2011.

YIN, R. K. *Estudo de caso*: planejamento e métodos. Porto Alegre: Bookman, 2010.

A política de Assistência Social brasileira e os desafios para o trabalhador social

Ana Pereira dos Santos[1]
Roberta Carvalho Romagnoli[2]

Introdução

A organização administrativa e legal da política de Assistência Social brasileira é recente no país. De uma tradição caritativa e filantrópica, marcada por um assistencialismo que revelava uma manipulação da pobreza em benefício da manutenção de riquezas e uma precária distribuição de renda, o Brasil passou, sobretudo a partir de 2003, a tentar organizar legal e tecnicamente a política pública, promovendo um processo de institucionalização inédito na história do país.

De 2003 a 2016, a política de Assistência Social foi uma das principais agendas públicas na promoção da inclusão social, ainda um desafio em um país com grandes desigualdades sociais como o Brasil. A proposição de documentos, a destinação de orçamento e a organização de serviços, programas e equipamentos foi uma marca da gestão de Luiz Inácio Lula da Silva, presidente do país entre 2003 e 2011, para a Assistência Social dessa época. Os princípios de uma política

1 Doutora em Psicologia pela Pontifícia Universidade Católica de Minas Gerais. Pós-doutoranda em Saúde Coletiva pelo Instituto René Rachou – Fiocruz Minas. *E-mail*: anapsant3@gmail.com

2 Doutora em Psicologia pela Pontifícia Universidade Católica de São Paulo. Professora do Programa de Pós-graduação em Psicologia da Pontifícia Universidade Católica de Minas Gerais. *E-mail*: robertaroma1@gmail.com

descentralizada, que prioriza as necessidades sociais em detrimento das econômicas, que defende a universalização dos direitos sociais, a igualdade de direito no acesso ao atendimento e uma divulgação ampla de seus serviços e benefícios (BRASIL, 2004), foi uma novidade no enfrentamento da pobreza e atenção às mais diversas vulnerabilidades sociais como, a violência contra crianças e adolescentes, a atenção aos adolescentes em conflito com a lei, entre outros riscos sociais e pessoais.

Desde então, documentos e legislações variadas têm sido produzidas na tentativa de consolidar uma institucionalização adequada para a pasta, que tanto garanta continuidade e acesso a todos que dela necessitam, quanto afaste, definitivamente, os efeitos de sua origem caritativa. Entre as principais estão a Política Nacional de Assistência Social (Brasil, 2004), a Norma Operacional Básica de Recursos Humanos do Sistema Único de Assistência Social (Brasil, 2006) e a Tipificação dos Serviços Socioassistenciais (Brasil, 2009), entre outras.

A partir da proposição do Sistema Único de Assistência Social (SUAS), um desenho de gestão e operacionalização foi proposto de forma a contemplar diferenças e riquezas territoriais, condições de acesso e permanência nos serviços, além de diferenciar o nível de gravidade dos casos, distribuindo sua organização em duas complexidades: Proteção Básica e Proteção Especial[3]. Dessa forma, não só as questões relacionadas à pobreza material são contempladas, mas também as vulnerabilidades e os riscos decorrentes de situações relacionais perpassadas pela violência e opressão.

Em 2016, com o *impeachment* da presidenta Dilma Roussef, houve o início da desmobilização da política a partir de um considerável corte de recursos. O desmonte continuou e se intensificou com a presidência de Jair Bolsonaro a partir de 2019, agravando não só em

[3] A partir da ótica do atendimento familiar, o SUAS organiza a proteção social em dois níveis. No primeiro, o da Proteção Básica, o sistema oferece atenção e acompanhamento aos casos em risco de vulnerabilidade, atendendo famílias nos territórios com a oferta de serviços e programas que garantam acesso à renda, autonomia e fortalecimento de vínculos. O segundo nível, chamado de Proteção Especial, divide-se em Média Complexidade, oferecendo atenção aos casos de risco social e vínculos fragilizados, e Alta Complexidade, ofertando acolhimento institucional para crianças, adolescentes, famílias e indivíduos em situação de risco por rompimento de vínculo e risco social eminente.

termos de manutenção de orçamento para garantia do que já existia, mas por meio de uma interferência mais radical nas diretrizes técnicas que estabelecem a política. Dessa forma, perdemos muito em termos de seguridade social nos últimos anos.

Documentos e diretrizes que asseguram a proposição da política pública são hoje acessórios na agenda de um governo ultraliberal e promotor da força do mercado como reguladora da agenda pública. Ao estudar o desmonte das políticas de Saúde e de Assistência Social, Marques et al. (2019) denunciam que, nesse processo, cada vez mais investem na morte e aumentam as desigualdades sociais. Nesse cenário, para promover a inclusão e sustentar a diversidade, é preciso refletir sobre as tensões que atravessam os profissionais atuantes na Assistência Social, para que estes sejam capazes de garantir direitos humanos, com intervenções e práticas fundamentadas politicamente e cientificamente.

Destacamos a importância e a urgência de estudos e pesquisas que tenham como campo de investimento e produção de dados a Assistência Social enquanto política fundamental para o enfrentamento da desigualdade no país. Este texto tenta responder a esse compromisso e é parte de uma pesquisa maior intitulada *O inimigo sempre volta: a implicação dos trabalhadores na política de Assistência Social brasileira*, defendida como tese de doutorado no Programa de Pós-graduação em Psicologia da PUC Minas, no ano de 2019. Em seu objetivo geral, a tese defendida pretendeu discutir como a frágil institucionalização da política pública captura e potencializa a sobreimplicação do trabalhador, fazendo com que uma posição de mártir, advinda de afetos arcaicos, e uma forte vinculação ao trabalho, desemboque em adoecimentos e no surgimento do eu-indivíduo em detrimento do eu-coletivo. Dessa forma, os profissionais não estão imunes ao jogo perverso que desafia a manutenção da política pública no país. Pelo contrário, além do saber técnico, corpos, afetos e desejos entram em jogo como forma de compensar a negligência do Estado diante da miséria e exclusão social.

No recorte aqui apresentado, pretendemos discutir, a partir do arcabouço teórico da Análise Institucional, os analisadores dinheiro e tempo evidenciados na relação do trabalhador com o seu ofício. Estes pontos de análise revelam a precarização do trabalho, a fragilidade da institucionalização da política pública, as consequências disso para o trabalhador, além da importância dos profissionais promoverem espaços de autocuidado e análise da prática, por meio da potência dos grupos e coletivos organizados, para conseguirem se opor aos efeitos negativos do exercício profissional.

Campo de estudo e arcabouço teórico-metodológico de análise

A cidade de Betim, campo de pesquisa deste estudo, está localizada na Região Metropolitana de Belo Horizonte, e tem, aproximadamente, 439 mil habitantes. Pelo número de habitantes e pela complexidade das questões sociais, assumiu o nível pleno da gestão do SUAS, tendo, mesmo com contrapartida financeira do governo federal, total autonomia de gestão das ações socioassistenciais. Nesse sentido, a cidade comportou, a partir da expansão dos serviços em 2002, uma grande variedade de programas e serviços, distribuindo nos territórios equipamentos para a Proteção Básica da política pública, além de manter dois equipamentos voltados para a Proteção Especial – Centro de Referência Especializado da Assistência Social (CREAS), junto de vários serviços para acolhimento institucional de crianças, adolescentes, famílias e outros públicos em situação de risco pessoal e/ou social.

Além de comportar um número expressivo de experiências nesse campo de trabalho, Betim tem hoje um contingente de profissionais que construíram uma trajetória que vivenciou a nova institucionalização da política de Assistência Social no Brasil. Do lugar de concursados, viveram momentos não só nos atendimentos de casos, mas em cargos de chefia e apoio à expansão da pasta. Nesse sentido, a cidade se torna uma referência para refletirmos sobre os inúmeros desafios que trabalhadores assumem em um campo de atuação que enfrenta de forma contínua a expansão e o retrocessos. Esses últimos advindos, sobretudo, da interferência da política partidária na execução do serviço público.

Nesse contexto, as entrevistas de narrativas de vida consistiram no principal referencial metodológico da pesquisa (Bertaux, 2010). A proposta do método é indagar percursos individuais a fim de descrever e analisar fenômenos coletivos. Observar as práticas, de acordo com a metodologia, pode levar a compreender os contextos sociais nos quais elas se inscrevem, acessar processos e compreender "mundos sociais".

Nesse sentido, essa ferramenta favoreceu o percurso reflexivo que visa a responder como alguém se torna um trabalhador social, além de indagar sobre os mecanismos sociais que apoiam as lógicas intersubjetivas nesse processo de escolha e de profissionalização. Ao todo, realizamos sete entrevistas, todas com profissionais atuantes em Betim entre o período de 2002 a 2010, recorte temporal da pesquisa. As entrevistas foram realizadas durante dois anos, com idas e vindas necessárias para a compreensão e organização da temporalidade e das inter-relações entre fatos biográficos.

Numa perspectiva etnográfica, além das entrevistas de narrativas de vida, a consulta de variadas fontes documentais, a observação participante e a análise da implicação da própria pesquisadora também contribuíram para a discussão sobre as formas de vinculação dos técnicos com o trabalho social e sobre como elas dialogam com o processo de institucionalização da política, levando em consideração especificidades da constituição histórica da pasta na cidade.

Do ponto de vista teórico, a Análise Institucional de René Lourau propõe a compreensão da instituição como um jogo de forças que desenha um cenário ao mesmo tempo abstrato e concreto, definidor das relações, da potência de trabalho e coesão (Lourau, 2014). Em uma relação dialética encontram-se o instituído, forças que sustentam a rigidez e a repetição de regras e normas, e a dimensão instituinte, processos que convergem para a originalidade, para a potência do desejo e da autonomia. Dessa conjugação de forças emerge o processo de institucionalização em si e o cotidiano denso de uma instituição, portador de tensões e conflitos.

Desse arcabouço teórico surge o conceito de sobreimplicação que sustenta o pano de fundo para análise da problemática aqui apresentada. Sinalizadora de um excesso de envolvimento com a prática, a sobreimplicação está sustentada, em um primeiro plano, pela implicação do sujeito com a instituição. Diferente da ideia de envolvimento ou compromisso, que rege as relações de trabalho no capitalismo contemporâneo, no contexto da Análise Institucional, entendemos a implicação como o "(...) conjunto de relações (libidinais, organizacionais e ideológicas) que se estabelecem entre os sujeitos e as instituições" (Monceau, 2012, p. 20). A implicação diz do que nos liga à instituição e das relações de poder que lá circulam e precisam ser colocadas em análise para que deslocamentos se façam.

Apontada por René Lourau como a "ideologia normativa do trabalho", a sobreimplicação, por outro lado, é um canal por onde passa, sem qualquer filtro, as questões ideológicas ou mesmo inconscientes e arcaicas que sustentam a vinculação do indivíduo com o trabalho, impedindo reflexões. Por mobilizar experiências afetivas e de pertencimento dos sujeitos, a sobreimplicação pode virar uma ponte para o exercício alienado do trabalho, impedindo a análise crítica das forças que atravessam essa relação, como nos lembra Lourau (1990).

Para analisar a relação complexa do sujeito com o seu ofício, utilizamos os analisadores a partir da lente teórica da Análise Institucional de René Lourau. Analisadores são enunciadores dos conflitos da instituição, via por onde a instituição fala (Lourau, 2014), anunciando os embaraços que emergem do encontro entre as forças do instituinte e do instituído. O analisador dá visibilidade ao que é reproduzido pelas instituições e revela a produção do novo, do que gera embates, confirmando que estas forças são parte da instituição e responsáveis pelos seus processos. Dessa forma, elegemos os analisadores tempo e dinheiro para problematizarmos alguns efeitos da institucionalização da política de Assistência Social na construção profissional de trabalhadores hiperenvolvidos com a prática.

Entre o trabalho "pleno de sentido" e os sentidos do trabalho: tempo e dinheiro na construção profissional

Luíza chegou à cidade de Betim no ano de 2002, período de realização do primeiro concurso que destinou um número considerável de vagas para a política de Assistência Social. Junto com outros profissionais, não sabia o que a aguardava. Na época, a Assistência Social dispunha de poucos recursos normativos para se estabelecer, oferecendo, portanto, serviços e programas desarticulados, além de poucos referenciais teórico-metodológicos para orientar a prática.

Quando assumiu, foi chamada para atuar no Programa de Erradicação do Trabalho Infantil – PETI[4], da regional Teresópolis. Região

[4] Parte da Política Nacional de Assistência Social era um conjunto de ações que pretendiam interromper a trajetória de trabalho infantil a partir do mecanismo de

próxima à fábrica da FIAT Automóveis, viva em diversidade e iniciativas de proteção social inovadoras, mas, ainda hoje, expressão da pouca distribuição de renda no município. Em seu primeiro dia, foi recebida pela coordenadora, que logo a avisou do índice de criminalidade da região e dos cuidados que ela deveria ter ao transitar pelos bairros. Além disso, ouviu de sua chefia que muitas crianças e adolescentes ali presentes eram filhos de pais traficantes, sendo a violência algo genético, como salientou sua interlocutora, provavelmente os meninos que ali estavam já estariam fadados a um destino que a política pública dificilmente mudaria.

Assustada com a recepção no novo emprego, Luíza relembrou sua opção pelo trabalho social como escolha profissional. Ainda criança havia perdido dois irmãos, o que a motivou a procurar um "trabalho pleno de sentido" para que pudesse se dedicar e colaborar, a fim de que outros adolescentes não morressem. A partir daí, ela cursou Psicologia e optou pela Psicologia Social como perspectiva teórica, o que a aproximaria do seu objetivo de investir no trabalho com pessoas em situação de violação de direitos.

Quando escolhe a expressão "trabalho pleno de sentido", nomeia a sua relação com o trabalho social atribuindo-lhe um significado que coloca este fazer com ares de nobreza e com uma importância particular. Depois de um ano de vinculação ao cargo efetivo, estava assustada. Com tudo que havia vivido, conforme relatou, não imaginava que conseguiria levar à frente seu emprego. Morte de usuários e a violência eram comuns no cotidiano, além do esforço de ter que aprender a lidar com a fome e com outras privações oriundas da falta de acesso à renda e aos serviços básicos de defesa dos direitos humanos.

Quando conversamos, ela acumulava a segunda licença sem vencimento e uma história de adoecimentos que, para ela, estava relacionada ao trabalho. De uma vinculação afetiva e politicamente engajada com o fazer, começou a refletir sobre as inúmeras dificuldades que estava vivenciando, consequência de suas escolhas profissionais. Entre esses desafios, a vida financeira era uma questão fundamental para ela

transferência de renda e da inserção das crianças e dos adolescentes em programas socioeducativos no contraturno escolar.

no momento. Contou-nos uma história inusitada que a fez pensar no trabalho de uma forma que ainda não tinha sido capaz.

Ainda sem comprar a casa própria, depois de quinze anos de serviços públicos prestados, Luíza foi até uma agência bancária, conhecida pelos juros baixos, para o financiamento de imóveis, para entender se poderia solicitar o parcelamento da dívida e financiar seu imóvel. Tinha em mente que conseguiria continuar morando no mesmo bairro no qual estava a residir: um local de classe média em Belo Horizonte, cidade em que mora desde quando saiu das casas dos pais no interior. Conversando com o gerente, qual não foi sua surpresa quando ouviu que sua renda, na época um valor de 4 mil reais, a impossibilitaria de morar onde gostaria.

Era possível, com a sua faixa salarial, adquirir um imóvel em bairros de classe baixa. Poderia financiar, portanto, loteamentos do programa Minha Casa Minha Vida[5] do governo federal em aglomerados de Belo Horizonte que estavam sendo revitalizados.

Quando o funcionário percebeu sua decepção e sua tristeza, achou que poderia ajudá-la. Notando que Luíza trabalhava em Betim, sugeriu um loteamento que estava sendo construído na região do Citrolândia, um dos bairros da cidade. A origem e o povoamento da região estão ligados ao surgimento da Colônia Santa Isabel, uma das primeiras instituições no Brasil a receber hansenianos no início do século XX. Confinadas e excluídas do convívio social, as famílias dos internos começaram a se apropriar das áreas ao redor da instituição como forma de ficarem próximas e conviverem com seus parentes doentes. O estigma ligado à doença era forte na época, tanto que impedia as pessoas diagnosticadas de terem uma vida social normal. Dessa forma, o bairro surgiu de maneira informal, marcado por estigmas sociais profundos e um processo de urbanização prejudicado. Um dos maiores bolsões

[5] Programa habitacional criado pelo governo federal em 2009 para contribuir com a diminuição do déficit habitacional no país, além de garantir patrimônio financeiro para as famílias de baixa renda residentes em áreas rurais e urbanas. Embora privilegie o benefício para famílias com renda de até dois salários mínimos, atualmente sua expansão contempla grupos que atinjam até 5 mil reais de rendimentos. As pessoas que recebem o benefício do Bolsa Família são prioridades do governo federal e podem receber um subsídio de até 95% do valor do imóvel.

de pobreza e de violência do município de Betim, Citrolândia e sua população ainda enfrentam a escassez de serviços públicos, fazendo com que a população referencie a utilização de atendimentos e serviços no centro da cidade (distante nove quilômetros). Além disso, a população convive com índices expressivos de violência, resultado de uma intensa rede de tráfico de drogas e de sua localização às margens da BR-040, o que facilita o comércio de produtos ilegais e contrabandeados.

Luíza não conteve o choro e a decepção quando cruzou salário, classe social e capital cultural e o esforço despendido cotidianamente na rotina do emprego. O que havia conquistado em termos intelectuais e profissionais não lhe garantia mobilidade de classe, colocando-a, inclusive, em uma situação econômica aquém da dos seus pais, por exemplo. Ela havia estagnado, ou mesmo regredido, diante do parâmetro familiar de conquista de bens e de condições financeiras confortáveis. Além disso, já com mestrado nessa época, ela se assustava com o fato de ter conseguido conquistar um lugar intelectual considerável, sem repercussão na sua vida financeira. Poder econômico e formação intelectual não eram lineares em sua trajetória, pelo contrário, em muitos momentos eram excludentes. Luíza lembrou do esforço para fazer o mestrado, da dificuldade de negociar o tempo de estudo com a chefia da secretaria e do fato de que a nova titulação não havia sido contemplada na sua progressão de carreira.

Luíza, assim como os outros entrevistados da pesquisa, construíram trajetórias profissionais que não tinham grandes alterações de rota. Foi comum entre eles a extensa permanência nos mesmos empregos e, caso mudassem, não rompiam com o campo (trabalho social), mas apenas com o local ou mesmo a política pública. Interessante que essa linearidade vem acompanhada de muitas queixas, sofrimento e reflexões de como poderiam mudar a vida profissional e diminuir os desafios vivenciados no trabalho.

O conceito de "bifurcação" (Bessin; Bidart; Grossetti, 2010), da tradição francesa, assemelha-se ao "*turning point*" (Aboott, 2001) da sociologia americana. Ambos tentam explicar eventos no percurso de um indivíduo que quebram com uma certa repetição e previsibilidade nas quais se assenta a vida em muitos momentos, causando uma virada biográfica que apresenta perdas, mas também possibilidades de crescimento e mudanças. Estes momentos de crise podem ser provocados, ou não, pelo próprio indivíduo, gerando situações imprevisíveis e condições de desestabilização. A escolha por outro curso de ação, consequência da quebra de um ritmo, também é interesse desse tipo de análise, na tentativa de compreender as condições que levam uma pessoa a optar por um caminho e não por outro.

A pesquisa nos revela que, mesmo com a existência de bifurcações no curso de vida, elas não retiram o trabalhador de um percurso voltado para o trabalho social e para a construção de uma determinada forma de concebê-lo. Nesse sentido, Luiza e os outros entrevistados parecem fazer escolhas de vida que, sucessivamente, reforçam uma construção anterior, transitando por diferentes lugares que pouco deslocam os processos subjetivos, mas que reafirmam uma decisão de vida que parece ter sido tomada no curso da experiência intersubjetiva de cada um. Nesse sentido, quando analisamos o percursos de vida de trabalhadores sociais em nosso estudo, é difícil localizar quando eles se preparam para o trabalho. Utilizam experiências pessoais como a vida religiosa, a família e vinculações com movimentos sociais para explicarem a competência e a sensibilidade construídas para a atuação na política pública.

Embora construam caminhos profissionais particulares e com diferentes relações de pertencimento, os percursos se aproximam quando não apresentam, no curso da trajetória, guinadas significativas na vida profissional, rupturas de percursos que poderiam causar deslocamentos subjetivos e, portanto, mudanças sociais, trazendo novas e diferentes relações, saberes, redes de convivência, opções de trabalho e perguntas em relação ao seu investimento no fazer profissional. Nesse momento, pensar o salário produz uma reflexão que, de alguma forma, abala a sobreimplicação, desestabilizando a crença de que o trabalho social é um "sacerdócio", que merece ser levado à frente independente dos prejuízos pessoais.

O tempo e o dinheiro são dois analisadores desta pesquisa, mas também são fatores concretos e essenciais que contribuem para que uma pessoa avalie as consequências pessoais do trabalho no contexto do capitalismo contemporâneo. Nossas observações e análises mostram que o trabalhador social pouco lança mão desse recurso para pensar em sua vinculação com o trabalho. E quando o faz, está em um momento de desgaste da saúde e das energias, quando pensa em mudar de profissão.

É importante observar que, embora a vinculação com a Política de Assistência Social relatada aqui a partir do exemplo da trajetória de Luíza, responda favoravelmente ao tempo histórico no qual estamos vivendo, cujo envolvimento com o trabalho exige qualidades e valores pessoais pautados no compromisso, no esforço e na lealdade, pela própria natureza da política pública, a atuação do trabalhador social precisa divergir da prática empresarial da nova ordem neoliberal. Temos, então, uma contradição curiosa: embora lute contra o sistema capitalista vinculado a uma pasta que vai de encontro a toda lógica de exclusão e de desigualdade baseada na má distribuição de renda e de riquezas, o trabalhador tende a se escravizar na relação trabalhista, como se fosse um funcionário que tem sua vida profissional medida por metas, por rendimentos e por produtividade, assim como acontece no setor privado.

Uma fala constante nas entrevistas é o fato do dinheiro não atravessar a motivação em relação ao trabalho, como acontece com os profissionais das empresas competitivas do campo privado. A relação do trabalhador com o dinheiro não ocorre pela via da compensação de um esforço, por exemplo, ela surge mais como um elemento potencializador de uma forma de relação que infla a responsabilidade pela ação pública de modo a ler a prática profissional a partir da culpa. Assim, a culpa, que sempre aparece nos relatos dos nossos entrevistados, parece ser mais um elemento que impede o sujeito de analisar sua implicação, sobressaindo a angústia no lugar do deslocamento de uma subjetividade atenta aos processos instituídos e às formas de negociar com eles.

No contexto da pesquisa, a culpa aparece como um afeto ligado à responsabilidade de fazer algo diante dos impasses éticos e humanos apresentados pelo cotidiano do trabalho. Se estes afetos não podem ser continuamente divididos com seu empregador, no caso o município de Betim e o imperativo do Estado Democrático em promover proteção social, eles vão criar corpo no âmbito subjetivo, individualizando a prática, tornando-a personalista e dando ao técnico tanto o bônus de um acerto quanto o ônus de um erro. Se o acerto pode alimentar a figura do mártir e, consequentemente, o movimento do sujeito-indivíduo, o erro pode fazer com que surjam também respostas particulares a um problema que deve ser assumido em parceria com o âmbito institucional. Individualizar o adoecimento e não relacioná-lo às violências institucionais vividas é um dos equívocos dos trabalhadores na relação com a prática.

Nada mais natural do que o dinheiro ser um elemento de potencialização da sobreimplicação, do excesso de envolvimento em um contexto no qual o trabalhador lida com a herança religiosa do trabalho social caritativo e gratuito, cujos pilares foram construídos a partir das imagens de um catolicismo que precisou do trabalho voluntário pastoral de leigos para expandir seu domínio e sua evangelização (Santos, 2019).

Afetados pelos efeitos de uma prática caritativa e filantrópica, que historicamente constituiu o campo da Assistência Social, os trabalhadores sustentam crenças não ditas e não elaboradas, as quais reproduzem a forma dominante, acrítica e instituída de exploração da sua força de trabalho e, consequentemente, da sua subjetividade.

Também a relação com o tempo nos indica as formas de implicação dos trabalhadores com o ofício. Como o dinheiro, esse analisador reforça a sobreimplicação, insistindo em leituras pessoais, e não institucionais, das contradições e das tensões presentes no campo da Assistência Social. O tempo, portanto, é uma categoria útil para pensar as relações de trabalho na pós-modernidade. Thompson (1998) vai apontar como o trabalho aguçou o interesse do homem por contabilizar a passagem do tempo pelo relógio, sobretudo a partir da sociedade industrial e da necessidade de diferenciar tempo de ócio e tempo de trabalho nas fábricas.

Se antes não existia a "orientação pelas tarefas" para separar trabalho e vida fora dele, o acirramento do avanço do mercado econômico e a transformação da mão de obra em rentabilidade fizeram com que predominasse não a atividade, mas "[...] o valor do tempo reduzido em dinheiro. O tempo é agora moeda: ninguém passa o tempo, e sim o gasta" (Thompson, 1998, p. 272).

Um determinado tipo de disciplina foi imposto pelo contexto histórico e pelo desenvolvimento do capitalismo, sendo internalizado pelos trabalhadores. Nesse processo, a distribuição do tempo foi essencial. Em uma nova disciplina de tempo, ritmos de trabalho foram impostos a partir da observação das classes mais pobres, e uma questão se tornou fundamental para ser discutida: o ócio. O incômodo que relacionou o tempo improdutivo com a inconveniência, para Thompson (1998), trouxe a questão de que seria uma ofensa que a força de trabalho desperdiçasse tempo. Com isso, os incentivos em forma de aumento de trabalho e de garantia de expansão do consumo se tornaram eficientes para moldar a disciplina desse novo homem do capitalismo industrial e de sua relação com a temporalidade.

Com isso, separar vida e trabalho foi uma tarefa essencial aprendida pelo trabalhador a partir do século XIX. No entanto, para o novo capitalismo, Sennett (2005) aponta uma relação diferenciada com o tempo. Se antes era preciso dividir ócio e tempo produtivo, agora, a partir da ideia de flexibilidade, cabe ao sujeito se sustentar no caos, na desordem que não distingue mais os tempos, e construir sua vida profissional em sistemas de produção que exigem que o sujeito molde seu caráter no ritmo do trabalho continuado, sem medo da fragmentação, da perda do passado e das tradições.

Assim como Luíza, trabalhadores sociais da pesquisa parecem construir uma forma de lidar com o trabalho que impede, inclusive, o descanso. Não estão mobilizados pela produtividade, como aponta Thompson (1998), mas por uma relação que dificulta distanciamentos, os quais poderiam gerar crítica e constituir espaços para sustentar as diferenças, inclusive o surgimento de formas de vinculação que não estejam comprometidas com a sobreimplicação.

Durante a pesquisa, ouvi dos trabalhadores militantes comentários críticos em relação aos colegas que mantinham outras relações profissionais. Questionavam a frieza e a forma como o trabalho na Assistência Social havia ficado secundário diante das novas empreitadas, por exemplo, conciliar o serviço público o trabalho autônomo. Radicais, exigiam total dedicação ao trabalho social. Mais tarde, conversando com os "anestesiados" ou "zumbis", como eram chamados, compreendi que buscar outros empregos, além de garantir aumento da renda familiar, era uma forma de se defender das dificuldades emocionais advindas do trabalho na Assistência Social.

O ritmo do trabalho na Assistência Social, envolvendo mundo afetivo, relacional e formação do profissional, coloca impedimentos para que se faça uma análise da implicação. Uma sobreimplicação que não tolera intercessões e que pode provocar rigidez e resistências, dificultando, portanto, a autoanálise. Nesse espaço simbólico, cujo ritmo de aprendizagem e de trabalho responde a uma certa monotonia nas formas de ser e de pensar, o instituído ganha força pelas mãos dos próprios trabalhadores. Forças instituintes não deixam de romper a cena, sobretudo em uma tentativa do próprio trabalhador de manter seu trabalho pulsante e em um movimento crescente. Contudo, no encontro com o processo de institucionalização, os trabalhadores perdem a oportunidade de recuar, de pensar sobre o cotidiano e de conter o ímpeto do "mártir" para preservar a capacidade do autocuidado.

A pesquisa mostra que os trabalhadores só conseguem refletir efetivamente sobre o trabalho quando interrompem a relação com a instituição, seja por meio de licença sem vencimento, afastamento por causa de doenças ou mesmo quando pedem exoneração. Quando fazem a fundo uma reflexão sobre a prática, distanciando-se dela, constroem defesas mais eficazes frente aos processos de institucionalização. Uma dessas defesas está na possibilidade de estudar e refletir sobre o fazer, escolhendo a carreira acadêmica ou mesmo as consultorias para pequenos municípios como forma de se manterem atuantes na Assistência Social, porém sem o desgaste do ponto de vista da saúde mental.

Nesse sentido, o estudo é apontado, pelos trabalhadores entrevistados na pesquisa, como uma experiência capaz de provocar deslocamentos subjetivos e vinculá-los de forma diferente com a prática.

No entanto, como mostra o relato de Luíza, sair para fazer uma pós-graduação, por exemplo, com a autorização da instituição, é uma conquista institucional difícil para o trabalhador. Ela não só não conseguiu dispensa para os estudos, nem mais flexibilidade nos horários para se deslocar até a universidade onde fez seu mestrado, como também não tinha conseguido, até o momento da realização desta pesquisa, progressão salarial com o título conquistado.

O exemplo aponta que, pelo menos na realidade da Assistência Social de Betim, não há caminhos institucionais previstos para que o profissional possa melhorar a própria formação, consequentemente a sua prática e o seu salário, e investir na profissionalização do ofício a partir de cursos reconhecidamente úteis. Dessa forma, se o próprio trabalhador, em sua linha do tempo, constrói uma atividade profissional sem rupturas, a institucionalização da Assistência Social não só apoia, como também favorece uma implicação profissional cujas consequências marcadas por rigidez e repetições se apresentam no corpo adoecido, na vida pessoal e profissional prejudicada.

Desvios de rota, como a formação em instituições educacionais após a entrada no concurso público como trabalhador social, não são comuns nas trajetórias profissionais dos trabalhadores. As linhas do tempo assinalam um sujeito atento às transformações sociais, interessado no debate sobre o cenário político que, fatalmente, atravessará seu trabalho, e investido na sua capacidade altruísta, porém, disperso quanto à temporalidade da sua prática e com o cuidado de intercalar períodos de formação com períodos de trabalho, movimento que poderia revelar seus limites pessoais diante das exigências dos processos de institucionalização da Assistência Social.

Considerações finais

Considerando a grande desigualdade social em nosso país e as mais diversas vulnerabilidades da população brasileira, certamente a política de Assistência Social foi uma conquista. Contudo, em seu processo de institucionalização, ainda vive impasses. Entre eles, a inserção dos trabalhadores e a necessidade de análises críticas que problematizem uma política que pretende tratar da inclusão social e da garantia de direitos sociais, sem questionar as condições de produção da exclusão social, das vulnerabilidades e dos riscos. São questionamentos que encontram ressonâncias na própria sobreimplicação dos trabalhadores sociais que colocam em prática essa política.

Neste texto, analisamos as contradições referentes ao dinheiro e ao uso do tempo por estes profissionais, que, no nosso entender, precisam assumir seu lugar institucional e pensar sobre a prática, para que enfrentem as próprias vulnerabilidades que atravessam o seu cotidiano. Dessa forma, em uma postura crítica que não naturaliza o excesso de trabalho e tem no horizonte a importância dos seus direitos, podem, consequentemente, também não naturalizar a miséria e os riscos sociais daqueles que atendem, favorecendo, de fato, a inclusão social dos vulneráveis.

Referências

ABBOTT, Andrew. *Time matters*: on theory and method. Chicago: University of Chicago Press, 2001.

BERTAUX, Daniel. *Narrativas de vida*: a pesquisa e seus métodos. Natal, RN: EDUFRN; São Paulo: Paulus, 2010.

BESSIN, Marc; BIDART, Claire; GROSSETI, Michel. *Bifurcations*: les sciences sociales face aux ruptures et à l'événement. France: La Découverte, 2010.

BRASIL. *Política Nacional de Assistência Social.* Brasília: Ministério do Desenvolvimento Social e Combate à Fome, 2004.

BRASIL. *Norma Operacional Básica de Recursos Humanos do Sistema Único de Assistência Social.* Brasília: Ministério do Desenvolvimento Social e Combate à Fome, 2006.

BRASIL. *Tipificação Nacional dos Serviços Socioassistenciais.* Brasília: Ministério do Desenvolvimento Social e Combate à Fome, 2009.

LOURAU, René. *A análise institucional.* 3. ed. Petrópolis: Vozes, 2014.

LOURAU, René. Implication e Surimplication. *Revue du Mauss*, n. 10, p.110-120,1990.

MARQUES, Camilla Fernandes et al. O que Significa o Desmonte? Desmonte do que e Para Quem? *Psicologia ciência profissão*, Brasília, v. 39, n. spe2, e225552, 2019.

MONCEAU, Gilles. Techiques socio-cliniques pour l'analyse institutionnelle des pratiques.In: MONCEAU, Gilles (Org.). *L'analyse institutionnelle des pratiques*: une socio-clinique des tourments institutionnels. Paris: L'Harmattan, 2012, p. 15-35. (Collection Savoir et Formation).

SANTOS, Ana Pereira dos. *O inimigo sempre volta: a implicação dos trabalhadores com a política de Assistência Social brasileira.* Tese (Doutorado em Psicologia) – PUC Minas, Belo Horizonte, 2019.

SENNETT, Richard. *A corrosão do caráter: consequências pessoais do trabalho no novo capitalismo.* Rio de Janeiro: Record, 2005.

THOMPSON, Edward Palmer. *Costumes em comum.* São Paulo: Cia. das Letras, 1998.

PARTE II – INCLUSÃO SOCIAL E ACESSO A POLÍTICAS DE RECONHECIMENTO E IDENTIDADE SOCIAL

Sobre afetos e aprendizados mútuos

O partilhamento de saberes entre um professor universitário e uma estudante diagnosticada com o Transtorno do Espectro Autista

Maurício Guilherme Silva Jr.[1]
Sophia Mendonça[2]

Introdução

Segundo dados levantados pelo Instituto Nacional de Estudos e Pesquisas Educacionais Anísio Teixeira (INEP, 2018)[3], 754 indivíduos diagnosticados com Transtorno do Espectro Autista (TEA) se encontram entre os 8,3 milhões de alunos matriculados no Ensino Superior. Destes, 378 apresentam laudo de Autismo Infantil e 376 têm, como diagnóstico, a Síndrome de Asperger. De acordo com a lei 12.764/2012 (Brasil, 2012), os autistas são considerados pessoas com deficiência.

[1] Graduado em Comunicação Social, com habilitação em Jornalismo, pela Universidade Federal de Minas Gerais (UFMG |1999). Mestre e Doutor em Estudos Literários (UFMG | 2004/2012). Realizou, também, pela UFMG, pós-doutorado em Comunicação Social (2015). Professor dos centros universitários UniBH e UNA, integra o Programa de Comunicação Científica e Tecnológica (PCCT) da Fapemig, por meio do qual é editor da revista *Minas Faz Ciência*. *E-mail*: *mgsj@uol.com.br*.

[2] Bacharel em Jornalismo pelo Centro Universitário de Belo Horizonte (UniBH). Mestranda do Programa de Pós-graduação em Comunicação Social da Universidade Federal de Minas Gerais (PPGCOM | UFMG). Bolsista da Fundação de Amparo à Pesquisa do Estado de Minas Gerais (FAPEMIG). *E-mail*: *contatosophiamendonca@gmail.com*.

[3] Dados disponíveis em: <http://portal.inep.gov.br/web/guest/censo-da-educacao-superior>. Acesso em: 22 ago. 2020.

Por meio do artigo 27 da Lei 13.146/2015 (Brasil, 2015), sobre a Inclusão da Pessoa com Deficiência, entende-se que o processo de Educação Inclusiva se estende por toda a vida do sujeito a ser incluído. Neste mesmo excerto, também podemos observar que, para atingir o máximo aproveitamento das características da pessoa autista, ou com qualquer outra deficiência, deve-se respeitar as maneiras singulares de ser do indivíduo.

O presente capítulo é escrito por uma mestranda em Comunicação Social, com diagnóstico de Síndrome de Asperger, e um doutor em estudos literários, com pós-doutorado em Comunicação Social – o qual, aliás, atuou como orientador da mestranda autista em seu Trabalho de Conclusão de Curso (TCC), requisito para a obtenção do título de Bacharel em Jornalismo pelo Centro Universitário de Belo Horizonte (UniBH). O TCC resultou em um livro jornalístico-acadêmico chamado *Neurodivergentes*, que aborda questões prementes ao autismo na contemporaneidade.

A obra foi assinada com o nome de registro de nascimento da autora, Victor Mendonça, antes de ela iniciar a transição social para Sophia Mendonça. Aliás, o professor foi uma das primeiras pessoas a saber desse processo mesmo Sophia já não sendo mais aluna dele. Isso só foi possível devido ao laço de confiança estabelecido entre ambos, que transcendeu os limites da universidade.

Tal artigo, com um caráter mais ensaístico, parte de um relato de experiência para problematizar os desafios e as possibilidades nas relações entre alunos com TEA e seus professores. Para a feitura do capítulo, revelaram-se importantes, além da bagagem empírica dos autores e de debates científicos acerca do TEA e da Inclusão, leituras sobre "andragogia", "comunicação não violenta" e "teorias dos afetos" e de "criação de valores". Optou-se pela realização de um ensaio, ao partir da experiência singular entre um professor e uma aluna autista.

De acordo com o *Manual de Diagnóstico e Estatístico de Transtornos Mentais*, o DSM-V (American Psychiatric Association, 2013), o Transtorno do Espectro Autista é uma condição do neurodesenvolvimento cujos sinais se iniciam na infância e persistem ao longo da vida do indivíduo. Ela é caracterizada por déficits na Comunicação Social e no comportamento restrito e repetitivo. Tais manifestações podem ocorrer de maneiras nem sempre facilmente identificáveis e de formas que variem bastante entre autistas (Del Monde, 2019).

Compreende-se, contudo, que o TEA é uma questão que envolve muitos outros parâmetros, para além dos preceitos médicos. Singer (1999), idealizadora do conceito de "neurodiversidade", defende que as diferenças neurológicas, como o autismo, não são doença e, portanto, não precisam de cura. Assim, devem ser respeitadas, a exemplo da etnia, das orientações sexuais ou de qualquer outra forma de variação humana. De modo semelhante, conforme observado por Moraes et al. (2017, p. 10):

> A recusa da medicalização da deficiência e da secundarização da vontade das pessoas com deficiência face às suas próprias vidas, longe de negar o papel da medicina e da reabilitação nas vidas das pessoas com deficiência, vem afirmar o seu lugar num processo mais vasto de inclusão e transformação social (Moraes et al., 2017, p. 10).

Assim, observamos que o conceito de neurodiversidade está ligado ao Modelo Social da Deficiência. A LBI também é sustentada por tal modelo, ao dar ênfase a barreiras sociais que podem dificultar a inclusão como um todo, não restringindo a responsabilidade dos desafios ao diagnóstico da pessoa, como ocorre no modelo médico, o qual tende a buscar cura para as questões que afetam o indivíduo (Silva, 2020). Na lei, busca-se muito mais uma questão de acessibilidade – inclusive, atitudinal.

Breve panorama do caso analisado: relato segundo a "aluna"

Entrei para a faculdade com 18 anos de idade. À época, o fato foi considerado, por toda a família, como grande vitória, e fez com que eu, Sophia Mendonça, ainda sob o meu nome de registro (Victor Mendonça), ingressasse em diversos veículos de comunicação, por meio de relato no blog *Tudo Bem Ser Diferente*[4]. Na sequência, vieram outros tantos textos

[4] Disponível em: https://tudobemserdiferente.wordpress.com/2014/12/09/jovem-com-asperger-aprovado-no-vestibular-conta-como-venceu-desafios-da-educacao-inclusiva-e-do-convivio-social/. Acesso em: 22 de agosto de 2020.

e vídeos em mídias, como o portal *O Mundo Autista*[5], do qual sou uma das idealizadoras, além de palestras por todo o Brasil e colaborações recorrentes no podcast *Introvertendo* (sobre o TEA) e na *Revista Autismo*.

Com quadro clínico de Transtorno do Espectro Autista (TEA)/ Síndrome de Asperger, apresento, ainda, Transtorno da Ansiedade Generalizada (TAG), Transtorno do Déficit de Atenção com Hiperatividade (TDAH), incongruência de gênero (que me levou, mais tarde, a iniciar um processo de transição social) e Transtorno de Humor Não Especificado, com constantes episódios depressivos e eventuais momentos de agitação e mania. Além disso, durante o Ensino Médio, passei por graves momentos de fobia social, como não conseguir assinar papéis em público (devido ao tremor), apresentar trabalhos em público ou interagir com outras pessoas em ambientes fora de casa ou da Escola.

Além disso, desenvolvi hiperfocos, com ênfase em novelas, filmes, literatura e séries de televisão. Os interesses específicos – e repetitivos – levaram-me a ingressar no curso de Jornalismo, devido à facilidade para ler, escrever e acompanhar notícias acerca de tais temas. No momento de entrada da faculdade, em função da grande visibilidade midiática conseguida por meio de palestras, entrevistas e mídias autorais na internet, assim como a partir da escrita de livros de autoria própria, o autismo passou a ser o meu centro das atenções, enquanto ingressava na faculdade sem muita consciência sobre como pedir auxílio ao Núcleo de Orientação Psicopedagógica e Inclusão (Nopi) do UniBH.

No entanto, as dificuldades de comunicação e interação social, principalmente no entendimento da fala dos professores acerca das atividades propostas, levaram-me a pedir a presença de uma Intérprete Educacional. Em minhas palestras, defino essa mediação como uma espécie de "decodificação/tradução" do mundo social e acadêmico, que me traz maior independência, inclusive, para facilitar a interação com os colegas.

De fato, na faculdade, foi a primeira vez em que me senti fortemente incluída em um grupo de amigos, o qual permaneceu do primeiro ao último período que cursamos juntos. Dentre os grupos que se organizavam para fazer trabalhos em conjunto, fomos os únicos que mantiveram esse contato durante todo o curso.

[5] Disponível em: <https://omundoautista.com.br/>. Acesso em: 29 dez. 2021.

Em outubro de 2016, durante excursão da universidade (a primeira vez em que viajei sem a família), fomos aos estúdios da Globo, em São Paulo, para participar da última temporada do *Programa do Jô*. Devido aos contatos que tinha com outros jornalistas, pude, também, fazer breve participação no programa. O apresentador Jô Soares, além de me entrevistar rapidamente, mostrou os dois livros sobre TEA que eu havia lançado até então: a obra de ensaios *Outro Olhar* e o romance juvenil *Danielle, Asperger.*

Foi uma espécie de legitimação da própria inclusão escolar, inclusive citada pelo apresentador, que teve um filho autista[6]. Para além disso, o segundo semestre de 2016 havia marcado, também, uma legitimação da minha *persona* como ativista sobre o autismo no Brasil. Recebia vários convites para entrevistas e eventos fora da cidade onde estudava e conciliava isso com a faculdade.

Breve panorama do caso analisado: relato segundo o "professor"

Após o relato da aluna, faz-se importante a narrativa – em grande medida, carregada de subjetividade – de nuances ligadas ao modo como eu, Maurício Guilherme Silva Jr., professor universitário, e Sophia Mendonça, então estudante de Jornalismo, acabamos por desenvolver laços de amizade e, claro, partilhar ensinamentos, saberes, dúvidas, desafios e responsabilidades.

Conheci Sophia em sala de aula, ao ministrar no curso de Jornalismo do Centro Universitário de Belo Horizonte (UniBH), no segundo semestre de 2017. A disciplina era *Edição Jornalística* – estruturada, simultaneamente, em discussões teóricas sobre o processo de ressignificação de discursos acerca dos "fenômenos acontecimentais", por meio do "lastro" jornalístico, e na simulação de inúmeras práxis (exercícios e experimentações de titulação, concisão e diagramação, dentre outras tantas atividades).

[6] Disponível em: <https://globoplay.globo.com/v/5359261/>. Acesso em 22 de agosto de 2020.

Antes de nosso primeiro encontro presencial, havia recebido, tanto de outros docentes quanto do Núcleo de Orientação Psicopedagógica e Inclusão (Nopi) do UniBH, diversas informações e histórias acerca daquela aluna inteligente, gentil, e a quem seria necessário tratamento especial, devido à Síndrome de Asperger. Até então, jamais me relacionara, mais proximamente, com alguém ligado ao Transtorno do Espectro Autista (TEA). Em tal ocasião, confesso, encontrava-me apreensivo – apesar de feliz.

Tratava-se, afinal, de uma relação interpessoal e pedagógica distinta e desafiadora, devido, inclusive, às orientações prévias a mim destinadas, neste caso, pelo Nopi:

> Neste semestre, Victor Arthur Mendonça, do curso de Jornalismo, será seu aluno. Ele tem TEA – Transtorno do Espectro Autista, que, segundo o DSM V (2013), é um transtorno do neurodesenvolvimento infantil. As características comuns deste transtorno são:
>
> • Interesses intensos ou hiperfoco.
>
> • Insistência em aderir a rotinas.
>
> • Interesses sensoriais incomuns.
>
> • Sensibilidades sensoriais, incluindo a evitação de sons do cotidiano e texturas.
>
> • Pode haver ou não deficiência intelectual ou dificuldades de aprendizagem.
>
> • Utilização limitada e compreensão da comunicação não verbal, como o olhar, a expressão facial e o gesto.
>
> • Dificuldade de iniciar e manter amizades.
>
> • Falta de compartilhamento de prazeres, interesses e atividades com outras pessoas.
>
> • Dificuldades com a capacidade de resposta social e emocional.
>
> • Dificuldades de iniciar e manter conversas.
>
> Desta forma, é imprescindível adaptações para um ensino com equidade para o aluno. Cumprindo assim a legislação em vigor (lei 13.146/15 que institui o Estatuto da pessoa com Deficiência)[7].

[7] Parte do texto presente no *Informativo de atendimento ao discente com necessidades educativas especiais*, desenvolvido pelo Nopi/UniBH e enviado a mim, via *e-mail*, no dia 19 de setembro de 2017.

Diante de tais pré-requisitos, para além das aulas convencionais, planejei modos especiais de contato com Sophia, a começar por uma espécie de "catalogação" das necessidades específicas da aluna, por meio de conversa *face to face*, e com participação da assistente do Nopi – a "Intérprete Educacional", conforme destacado acima, no relato da aluna –, que a acompanhava durante as aulas e nos demais ambientes de ensino e convivência do UniBH.

Desde o primeiro contato entre aluna e professor, porém, tudo se desanuviou: após o inaugural aperto de mão, eu e Sophia passamos a nos ouvir e a construir, juntos, mecanismos de aprendizado e parceria intelectual. Dentre inúmeras "criações" pedagógico-afetivas, destaco o mútuo reconhecimento de ritmos/*timings* pessoais e características de trabalho, convivência e estudo.

Como exemplo, destaco duas marcantes características de Sophia Mendonça, importantíssimas à execução de projetos e ao compartilhamento de saberes e propostas de investigação científica: 1) a necessidade de a aluna receber tarefas e etapas de trabalho devidamente organizadas no tempo e no espaço, como forma de cumprir metas específicas, para, então, consolidar objetivos gerais; 2) sua capacidade de hiperfoco, que a faz realizar tarefas acadêmicas (práticas e/ou abstratas) com agilidade e solidez.

Como forma de exemplificar a necessidade de organização, destaco as reuniões e os telefonemas semanais, agendados e cumpridos, por nós dois, com assiduidade. Tal rotina nos auxiliou a desenvolver, com tranquilidade, as diversas etapas de trabalho acadêmico, assim como nos tornou ainda mais próximos. No que tange ao "hiperfoco", como não me lembrar do dia em que enviei a Sophia dois artigos sobre "transcriação jornalística"? Ela teria algumas semanas para analisar o material e, então, propor estudos específicos. Para minha surpresa, porém, ela leu tudo duas horas após o recebimento e, no mesmo dia, enviou-me por *e-mail* sua (ótima!) proposição de pesquisa.

Ciente de tais parâmetros comportamentais, busquei (e ainda busco) consolidar rotinas de trabalho e convivência bem delineadas e organizadas para que fiquem claras as etapas de pesquisa, execução, conclusão, etc. De 2017 para cá, afora disciplinas acadêmicas, eu e Sophia elaboramos uma série de projetos: do livro *Neurodivergentes* – escrito e publicado pela estudante, sob minha orientação, como forma de substituir, com autorização do UniBH, o TCC – a outros tantos desafios, todos nascidos do compartilhamento de dilemas, dúvidas e saberes.

Creio que a confiança e o aprendizado mútuos sejam os elementos capazes de representar o ingrediente central à força – e à perenidade – de nossa(s) parceria(s): se, a meu modo, busco instituir (e organizar) processos, tempos e lógicas teóricas – de maneira a proporcionar conforto psíquico à Sophia –, ela, com intensidade similar, redefine, realinha e reavive meus próprios parâmetros do que seja a busca pelo conhecimento.

Teoria de criação de valores e andragogia

Conforme destacado pelo professor, a aluna o conheceu no primeiro semestre de 2017, durante as aulas de *Edição Jornalística* que ele ministrava, e eram, geralmente, realizadas em laboratório, o que facilitava o contato direto com o educador. Por estar com a agenda de palestras e aparições em produtos midiáticos bastante sobrecarregada, a aluna pediu para fazer individualmente a reportagem solicitada na disciplina, desvencilhando-se, por um momento, do grupo com o qual geralmente trabalhava.

À época, a mãe de Sophia também havia recebido o diagnóstico de autismo/Síndrome de Asperger, já adulta, e a filha destinou o hiperfoco aos estudos sobre autismo no feminino. Sugeriu, então, que a reportagem a ser desenvolvida tivesse esse tema. O professor ficou muito surpreso e impressionado com a capacidade da aluna de se aprofundar em nuances do assunto, ao ponto de lhe dar duas páginas do jornal e publicar o texto em edição anterior ao previsto. Assim, em junho de 2017, era lançada a reportagem *Elas e o Autismo*[8], no jornal-laboratório do UniBH, o *Impressão*.

Enquanto esteve na instituição de ensino, a aluna teve um Plano de Desenvolvimento Individualizado (PDI), como previsto pela Lei Brasileira de Inclusão no parágrafo VII, artigo 28. A experiência com o professor a fez compreender bem o que diz o artigo 27 da mesma lei:

[8] Disponível em: <https://issuu.com/impressaounibh/docs/impressa__o_205_unibh_caderno_1_bai/12>. Acesso em: 22 ago.2020.

> A educação constitui direito da pessoa com deficiência, assegurados sistema educacional inclusivo em todos os níveis e aprendizado ao longo de toda a vida, de forma a alcançar o máximo desenvolvimento possível de seus talentos e habilidades físicas, sensoriais, intelectuais e sociais, segundo suas características, interesses e necessidades de aprendizagem (Brasil, 2015).

Segundo Pessoa, Mantovani e Costa (2019, p. 1), "as noções abarcadas pelo senso comum, no que se refere ao imaginário sobre as pessoas com deficiência, apontam, quase sempre, para uma expectativa social baixa". Dessa forma, a aluna sempre percebeu que havia a tendência social de apontar as pessoas autistas a um lugar aquém das outras, quando a experiência mostrava que, apesar das grandes dificuldades enfrentadas para questões até mesmo básicas da vida diária (como amarrar um sapato), havia, também, potencialidades que um cérebro neurodivergente poderia apresentar – e que não são tão facilmente encontradas nas pessoas típicas.

Sobre tal questão, Del Monde (2019), em entrevista ao livro *Neurodivergentes*, aponta que certas

> características do cérebro autista, especialmente a busca por padrões, a sistematização, o hiperfoco, o apego aos detalhes e a memória privilegiada têm grande impacto nas manifestações desse complexo conjunto de funções que conceituamos como "inteligência" (Del Monde, 2019, p. 27).

Um dos aspectos que se mostrou de extrema importância nessa construção foi a "teoria de criação de valores", corrente que tem, como base, a Educação Soka (Makiguchi, 1930). Foi Daisaku Ikeda[9] quem refinou tal perspectiva de educação, por meio de uma visão de mundo da resistência dialógica, que responde às limitações da percepção neoliberal da educação (Goulah, 2010).

[9] Filósofo e escritor japonês. Presidente da organização não governamental Soka Gakkai Internacional (SGI), que trabalha pela Paz, Cultura e Educação e é filiada à Organização das Nações Unidas (ONU). Fundador do Sistema de Ensino Soka, que vai do Ensino Infantil à Universidade.

> O ponto principal em Soka Kyoikugaku Taikei de Makiguchi é a Teoria de Valor. Em seu conceito, ele adaptou e reorganizou o sistema de valor neokantiano de verdade, bondade e beleza dominantes no Japão da época – para belo, benefício (também traduzido como ganho ou utilidade) e bem. Definiu o belo como aquilo que traz satisfação à sensibilidade estética do indivíduo; o benefício como aquilo que desenvolve a vida individual de maneira holística, e o bem como aquilo que contribui para o bem estar da sociedade humana como um todo (Ikeda, 2017, p. 45).

Makiguchi (1930) defendia que os alunos deveriam ser felizes enquanto estudavam – perspectiva que surge em meio ao Japão militarista. A felicidade destacada por Makiguchi não se centra em algo abstrato, mas no cultivo e no aprimoramento das qualidades subjetivas que levam as pessoas a desenvolver satisfação e plenitude no momento presente (Voss, 2014). O propósito da Educação Soka é desenvolver o senso crítico, a consciência e a transformação pessoal dos alunos, de forma a que possam desenvolver, ao máximo, o próprio potencial (Sakajiri, 2014).

Em conformidade com esta perspectiva de Educação, a qual visa a projetos que revolucionem internamente os alunos, valorizando suas características singulares, há a peculiar história do livro *Neurodivergentes*. Conforme destacado, este foi o Trabalho de Conclusão de Curso da aluna. Sophia Mendonça chegou ao professor com o argumento de que gostaria de aproveitar o hiperfoco de pesquisa de forma mais intensa na faculdade. Afinal, se houvesse a intenção – ou o desejo – de desenvolver aquele cérebro neuroatípico à maneira dos cérebros típicos, possivelmente, não despertariam os potenciais máximos da estudante – o que, aliás, está em consonância com o artigo citado da LBI.

Diante de tal cenário, o professor propôs, em reunião com o então coordenador do curso de Jornalismo, João Carvalho, que o TCC pudesse se transformar em um livro jornalístico-acadêmico, com pesquisa mais aprofundada e ensaística, em comparação aos tradicionais artigos e monografias obrigatórias à conclusão do bacharelado. Para respeitar e valorizar as características subjetivas da aluna, o professor focou em elaborações e métodos em que a estudante tinha claro qual o próximo passo a seguir e qual deveria ser realizado naquele momento. Assim, primeiro foi delineado um projeto de três capítulos e depois definida a ordem e a maneira como eles seriam escritos. Esta estratégia tanto eliminou os impactos das disfunções executivas da aluna no que tange ao planejamento e à organização quanto potencializou sua capacidade de foco.

Na Educação Soka, destaca-se, ainda, um diálogo com os estudos da "andragogia" (Knowles, 1980), modelo concebido para facilitar a aprendizagem de adultos. Nosso objetivo, aqui, não é pensar em dicotomia entre a pedagogia e andragogia. Interessa-nos, outrossim, debruçar-nos sobre a noção de aprendizagem para adultos, com vistas à felicidade conceituada por Makiguchi e ao senso crítico proposto por ele.

Os cinco pressupostos centrais de Knowles (1980), em sua primeira visita ao tema, são: *autonomia* (o adulto gosta de ser percebido como alguém capaz de tomar as próprias decisões e de fazê-lo); *experiência* (o adulto já tem base acumulada que facilita o aprendizado de novos conceitos e habilidades); *prontidão para a aprendizagem* (o interesse do adulto se localiza em aprender algo que está ligado à sua própria vida); *aplicação da aprendizagem* (o adulto tem preferência por uma aprendizagem centrada em problemas que possam a vir a ter solução imediata); e *motivação para aprender* (os adultos são mais afetados por motivações internas, como autoestima, obtenção de legitimidade e bem-estar).

Dessa forma, o estudo de questões relacionadas ao próprio ativismo da aluna e o resultado de um produto com aplicabilidade para estudos sobre o TEA, lançado durante o *Simpósio Internacional sobre Educação Inclusiva*, promovido pelo Mundo Autista, conferiram-lhe a sensação de legitimação profissional e bem-estar.

Acessibilidade Afetiva e Comunicação Não Violenta

Durante o processo de pesquisa e escrita de *Neurodivergentes*, entre 2017 e 2018, ocorreu o colapso mais turbulento pelo qual a aluna já passou, a ponto de a estudante ficar de licença médica em casa. Uma vez mais, o PDI foi necessário e a presença assertiva do professor comprovou que as atividades desenvolvidas pela aluna demonstravam total domínio do conteúdo, sem que ela precisasse seguir, necessariamente, o ritmo idêntico ao dos colegas.

Nesta época, a aluna havia passado por um período de perseguições na Internet enquanto pessoa pública e, como consequência, manifestou estresse pós-traumático. Além disso, assim como ocorreu em vários outros momentos de sua vida, ela questionava a identidade de gênero masculina que lhe foi atribuída ao nascimento. Devido a um atestado médico, ela pode passar alguns dias na casa do pai, em outra cidade. A aluna lembra do dia em que a mãe dela ficou emocionada ao receber a ligação falando que ela havia sido dispensada de algumas atividades presenciais.

Isso ocorreu porque ela manifestava o mesmo empenho e dedicação ao fazer poucos ou muitos trabalhos, ao contrário do que ocorre com algumas pessoas típicas, que tendem a relativizar e hierarquizar a importância de cada tarefa. Como o cérebro dos autistas é hiperexcitado, as pessoas no Espectro tendem a manifestar maiores sobrecarga e exaustão. Isso era muito visível na aluna. A estratégia utilizada pelo professor e o UniBH, então, era lhe dar uma menor carga de atividades, mas com um peso de exigência maior. Assim, ela pôde manifestar com maior plenitude o próprio potencial.

Um ponto forte nesta relação entre os autores foi o diálogo sempre presente, claro e concreto, sem dar margens para a ansiedade. Havia sempre combinados sobre quando eles poderiam se comunicar ou não. Certa vez, durante o colapso citado, a aluna falou sobre seu desconforto em relação a própria identidade de gênero e o professor, mesmo muito ocupado no momento devido a uma viagem a trabalho, disse-lhe que, embora não conseguisse imaginar a extensão do sofrimento dela, que ela poderia usar o hiperfoco a seu favor naquele momento de tamanha dor.

O professor havia percebido o interesse de Sophia pelas artes e sabia que ela poderia usar a fruição da arte e a produção artística para se conhecer melhor de maneira a priorizar o próprio bem-estar. Sabemos que autistas têm pensamentos obsessivos, então, esta se revelou uma estratégia eficaz para aliviar os impactos daquela questão na saúde mental da jovem, podendo recuperar a felicidade citada por Makiguchi e considerada por ele crucial para os estudos.

Segundo Pessoa (2019, p. 19), "a acessibilidade afetiva (...) diz respeito às relações cotidianas de encontros nos quais a comunicação, por meio de todas as possibilidades de estar com o outro, faz-se presente, sem restrições. A comunicação marcada pela presença e pela ausência". Percebe-se, no estudo de caso aqui relatado, um exemplo concreto de materialização da chamada "acessibilidade afetiva", em articulação com a "comunicação não violenta" (Rosemberg, 2006).

Esta metodologia se baseia em técnicas que objetivam uma comunicação eficaz e empática, na qual os interlocutores chegam a um denominador comum para que as necessidades de ambos sejam expostas e concretizadas, evitando o confronto. Cortella (2020) esclarece a diferença entre conflito e confronto: o primeiro é crucial para o desenvolvimento social, e sempre fez parte da sociedade, na forma de divergência de posturas, ideias ou "necessidades" (na visão de Rosemberg), enquanto o segundo busca anular o posicionamento do outro:

> Durante muito tempo, nós vivemos em uma sociedade na qual o conflito — na família, na escola, na rua — fez parte do nosso dia a dia. Pouco a pouco, em várias instâncias sociais, inclusive na escola, fomos substituindo a noção de conflito pela quase glorificação do confronto. Nessa hora, sim, nós perdemos a paz (Cortella, 2020, p. 110-111).

Entendemos que a metodologia proposta por Rosemberg (2006) se articula como um modo de evitar o confronto em detrimento do conflito. Ela se baseia em quatro passos: observar sem julgar, identificar o próprio sentimento com relação ao que se observa, identificar as necessidades, valores ou desejos conectados ao sentimento observado e fazer um pedido claro com base na articulação de tudo isso (Rosemberg, 2006).

Em determinado momento, o professor estava sobrecarregado com uma série de trabalhos e com a doença de um familiar, e a aluna, ainda sob uma crença de rejeição muito forte devido ao estresse pós-traumático, chegou a argumentar que talvez tudo aquilo fosse uma invenção, uma "tática" para evitar falar com ela. Essa percepção errônea poderia gerar um confronto. No entanto, ambos expressaram seus sentimentos genuínos naquele momento e a aluna pôde fazer o pedido de que queria se reunir com o orientador.

Considerações finais

O presente artigo ensaístico propõe uma perspectiva humanística da inclusão acadêmica, assim como a preconizada por Makiguchi e Ikeda, na qual valorizamos não somente a letra fria da lei, mas uma construção diária e dialógica da inclusão de pessoas autistas no Ensino Superior, entendendo o indivíduo autista como um sujeito com plena capacidade de tomar decisões, direito resguardado pela Lei Brasileira de Inclusão (LBI).

Os relatos de experiência aqui demonstrados evidenciam uma perspectiva de Educação Inclusiva em consonância com a legislação vigente, na qual não somente os *déficits* da pessoa com deficiência são levados em consideração, mas também os seus interesses e potencialidades. Assim, por meio do aparato teórico-metodológico mencionado, observamos que as formas singulares de produção e de se portar no mundo do sujeito autista foram respeitadas. Dessa forma, foi possível estabelecer uma relação de confiança e aprendizado mútuos entre o professor e a aluna.

Tal relação e a concretização de caminhos em direção à "acessibilidade afetiva", em grande medida, articula-se com a *Teoria da Criação de Valores*, em diálogo com os pressupostos da "andragogia". Observamos que a validação do senso crítico da aluna adulta facilitou o aprofundamento deste no cultivo das próprias habilidades singulares, o que a levou ao maior sentimento de legitimação e bem-estar, o que facilitou o processo de aprendizagem. Observamos, por fim, que as técnicas não violentas de comunicação se revelaram importantes a evitar confrontos e amenizar as dificuldades de interpretação comunicacional sucedâneas da interação entre autistas e neurotípicos.

Sabemos que não existem fórmulas para o relacionamento humano, inclusive no que diz respeito à Educação. Por isso, faz-necessário um olhar para a singularidade dos alunos autistas matriculados no Ensino Superior. Ao optarmos por uma abordagem humanística, partindo de nossas próprias experiências e embasados nas teorias e metodologias citadas, buscamos, para além de dar visibilidade às particularidades da Inclusão no Ensino Superior, explorar métodos para concretizar a elaboração deste olhar simultaneamente individualizado e coletivo, fazendo da Universidade um local para todos os corpos e onde possa haver aprendizados mútuos.

Referências

AMERICAN PSYCHIATRIC ASSOCIATION. *Diagnostic and Statistical Manual of Mental Disorders, Fifth Edition*. Washignton, D.C., Virginia: APA, 2013.

BRASIL. *Lei nº 12.764, de 27 de dezembro de 2012*. Institui a Política Nacional de Proteção dos Direitos da Pessoa com Transtorno do Espectro Autista e altera o § 3º do art. 98 da Lei nº 8.112, de 11 de dezembro de 1990. Disponível em: <http://www.planalto.gov.br/ccivil_03/_ato2011-2014/2012/lei/l12764.htm. Acesso em: 10 ago. 2020.

BRASIL. *Lei nº 13.146 de 6 de julho de 2015*. Institui a Lei Brasileira da Pessoa com Deficiência. (Estatuto da Pessoa com Deficiência). Diário Oficial da República Federativa do Brasil. Brasília, 7 jul. 2015. Disponível em: <http://www.planalto.gov.br/ccivil_03/_ato2015-2018/2015/lei/l13146.htm>. Acesso em: 10 ago. 2020.

CORTELLA, M. S. *A Diversidade*: Aprendendo a ser Humano. São Paulo: Editora Littera, 2020.

DEL MONDE, R. [Entrevista concedida a] Victor Mendonça. In: *Neurodivergentes*: Autismo na Contemporaneidade. Belo Horizonte, MG: Manduruvá Edições Especiais, 2019.

DEL MONDE, R. *O que é o Transtorno do Espectro Autista?* In: Victor Mendonça (org.). *Neurodivergentes*: autismo na contemporaneidade. Belo Horizonte: Manduruvá Edições Especiais, 2019, p. 13-15.

GOULAH, J. Chapter 6: Dialogic Resistance in Education: Tsunesaburo Makiguchi, Daisaku Ikeda and Transformative Language Learning. In: MOSS, David; OSBORN, Terry A. (Orgs.). *Critical Essays on Resistance in Education*. Peter Lang Publishing, Inc. p 83-104, 2010.

IKEDA, D. *Educação Soka*: Por uma revolução na educação embasada na dignidade da vida. São Paulo, SP: Editora Brasil Seikyo, 2017.

KNOWLES, M. S. *The modern practice of adult education*: From pedagogy to andragogy. Englewood Cliffs: Prentice Hall/Cambridge, 1980.

MAKIGUCHI, T. *Soka kyoikugaku taikei*. Tóquio, Japão: Soka Kyoiku Gakkai, 1930.

MORAES, M. et al. Introdução. In: FONTES, F., MARTINS B. S., MASCARENHAS L.T., M. MORAES (orgs.), *Deficiência em questão*: para uma crise da normalidade. Rio de Janeiro, RJ: Nau, 2017.

PESSOA, S. C. Corpos com deficiência: movimentos de experiências e afetações por uma acessibilidade afetiva. IN: PRATA, Nair; PESSOA, Sônia Caldas (Orgs.). *Desigualdades, gêneros e comunicação*. São Paulo: Intercom, 2019

ROSEMBERG, M. *Comunicação Não Violenta*: Técnicas para aprimorar relacionamentos pessoais e profissionais. Tradução de Mário Vilella. São Paulo, SP: Ágora, 2006.

SILVA, M. *Eu, elas nós mulheres com deficiência: observações afetivas em vídeos do YouTube*. 2020. Dissertação (Mestrado em Comunicação Social) – Faculdade de Filosofia e Ciências Humanas, Universidade Federal de Minas Gerais, UFMG.

SAKAJIRI, M. I. *A arte da educação habilidosa*. São Paulo, SP: Editora Brasil Seikyo, 2014

SINGER, J. Why can't you be normal for once in your life?' From a 'problem with no name' to the emergence of a new category of difference. In: M. Corker; S. French (Orgs.). *Disability discourse*. Buckingham, Philadelphia: Open University Press. p. 59-67, 1999.

VOSS, R. R. *A pedagogia da felicidade de Makiguti*. Campinas, SP: Papirus Editora, 2014.

Um olhar sobre o Transtorno do Espectro Autista no Adulto

Débora Corrêa Durão Branco[1]
Luciana Schermann Azambuja[2]

Introdução

> Quando faço uma retrospectiva sobre o autismo de sessenta anos atrás, quando meu cérebro causava muita ansiedade em minha mãe, curiosidade nos médicos e desafiava minha babá e os professores, sei que tentar imaginar onde ele estará daqui a sessenta anos é uma tarefa idiota. Mas tenho certeza de que qualquer que seja o pensamento sobre o autismo ele vai incorporar a necessidade de consider*á*-lo isoladamente, cérebro por cérebro, filamento por filamento do DNA, característica por característica, ponto forte por ponto forte e, talvez o mais importante, indivíduo por indivíduo (Grandin e Palek, 2018; p. 211).

O transtorno do espectro autista (TEA) é uma desordem ainda sem etiologia e causas definidas, e sua compreensão permanece complexa

[1] Psicóloga. Pós-graduanda em Neuropsicologia na Uniasselvi. *E-mail*: deboradbranco@hotmail.com

[2] Psicóloga. Mestre e Doutora em Medicina e Ciências da Saúde (PUCRS). Pós-doutoranda do Programa de Pós-graduação em Medicina/Pediatria e Saúde da Criança (PUCRS). Pesquisadora colaboradora do Instituto do Cérebro do Rio Grande do Sul (Inscer). Neuropsicóloga clínica do Centro Clínico da PUCRS e espaço HD360. *E-mail*: lusazambuja@yahoo.com.br.

devido à falta de uniformidade clínica apresentada por indivíduos com essa condição (Neumann et al., 2016).

Em 2013, foi lançada nos Estados Unidos a nova edição do Manual Diagnóstico e Estatístico de Transtornos Mentais (DSM-5), no qual foram realizadas algumas alterações. Em relação ao TEA (APA, 2015), a mudança refletiu de forma que, o Autismo, o Transtorno Desintegrativo da Infância e as Síndromes de Asperger e Rett atualmente são vistos como uma mesma condição, com gradações em dois grupos de sintomas: déficit na comunicação e interação social, padrão de comportamentos, interesses e atividades restritos e repetitivos (Araújo e Neto, 2014). Desta forma, além dos diferentes tipos de autismo, existem também diferentes níveis de gravidade (Nível 1 – Leve, Nível 2 – Moderado, Nível 3 – Grave), com isso havendo uma grande variabilidade dos sintomas dentro do espectro.

Notbohm (2005) afirma que as primeiras descrições do autismo foram a mais de 40 anos, estamos caminhando bem para diagnósticos mais precisos e tratamentos mais eficazes, mas, mesmo assim, ainda falta muito para descobrirmos sobre esse universo autista. Até a década de 60, sob forte influência da Psicanálise, acreditava-se que o autismo estava relacionado à ausência de afeto dos pais pela criança (Pires e Carvalho, 2014). De acordo com os mesmos autores, a partir da década de 70, com o avanço das pesquisas em Psiquiatria e Psicologia, tem-se defendido que o autismo tem etiologia multifatorial, dando destaque às funções neurobiológicas envolvidas.

Martins e Monteiro (2017) apontam que os estudos mais recentes se encontram na área da neurociência e genética, e buscam alguma justificativa fisiológica do fator genético para descrever o autismo. Segundo Zilbovicius et al. (2006), investigações com exames de imagem cerebral realizadas em indivíduos autistas descobriram diferenças localizadas principalmente nos sulcos frontais e temporais.

Atualmente, é de consenso da comunidade cientifica que, em termos clínicos, os sintomas do transtorno pesquisado podem estar presentes desde o nascimento (70% dos casos) ou podem aparecer em algum momento antes dos três anos de idade, em uma criança que apresentou o desenvolvimento aparentemente normal (30% dos casos) (Rodriguez e Gonzalez, 2015).

Segundo Santos e Vieira (2017), o transtorno do espectro autista não se apresenta como algo linear, por não existir uma única fórmula para evidenciar sintomas relacionados ao autismo. Portanto, identificar um sujeito com autismo é compreender que as características supracitadas são indissociáveis, podendo ser evidentes ou não, de acordo com o nível de gravidade. Esses autores ainda afirmam que tais sintomas não surgem de forma igualitária, nenhum autista é igual ao outro e, por mais semelhantes que sejam, cada sujeito é singular e único.

Vários estudos alertam sobre a lacuna nesta questão e sobre os serviços e necessidades de longo prazo de adultos com o transtorno. Estudos sobre o envelhecimento de pessoas com TEA são essenciais para lançar luz sobre a trajetória de desenvolvimento e planejar os serviços adequadamente, de modo a melhorar sua qualidade de vida e reduzir os custos sociais e de saúde de uma população com grandes necessidades de apoio (Ruggieri e Gómes, 2018).

Sendo assim, o objetivo desta pesquisa é compreender o transtorno do espectro autista leve em adultos, utilizando-se da revisão de literatura narrativa sobre o tema.

Método

Para a elaboração deste trabalho foi feita uma revisão de literatura narrativa sobre o tema proposto.

Após a escolha do tema, iniciou-se amplo levantamento das fontes teóricas, com o objetivo de elaborar a contextualização da pesquisa e seu embasamento teórico, que fez parte do referencial na forma de uma revisão bibliográfica. A base de dados utilizada foi Lilacs (Literatura Latino-Americana e do Caribe em Ciências da Saúde), Scielo (Scientific Electronic Library Online), que serviram como instrumento de coleta de dados, a partir dos seguintes descritores: transtorno do espectro autista leve, adulto autista, neurodiversidade.

Resultados e discussão

Notbohm (2005) compara o autista com um jogo de quebra-cabeça: se focarmos em uma parte dos sintomas, podemos errar no diagnóstico, mas se olharmos todas as peças, como um todo, podemos obter resultados incríveis.

De acordo com a Sociedade Brasileira de Pediatria (2019), nos últimos anos, as estimativas da prevalência do autismo têm aumentado dramaticamente. Jerusalinsky (2015) comenta sobre o aumento do número de casos nos últimos anos, afirmando que a explosão do número de autistas supostos ou calculados em amostragens parciais tem como ponto de partida a modificação dos critérios diagnósticos introduzidos pelo DSM-V. Salienta-se que além da ampliação dos critérios diagnósticos, outro fator que contribui para a elevação dos diagnósticos é a maior dos pais, professores, informação sobre o transtorno além de médicos são mais capazes de reconhecer sintomas que podem indicar o autismo.

As limitações relacionadas ao TEA tendem a comprometer o desenvolvimento do indivíduo durante sua vida, o que pode ocasionar uma grande variabilidade na intensidade e na forma de expressão em relação à sintomatologia, nas áreas que definem o diagnóstico. Atualmente, o transtorno do Espectro Autista é descrito como uma síndrome comportamental complexa, que apresenta múltiplas etiologias relacionadas a fatores genéticos e ambientais.

Sabe-se que aproximadamente 60-70% dos indivíduos pacientes com TEA têm algum nível de deficiência intelectual, enquanto os indivíduos com autismo leve apresentam faixa normal de inteligência e, cerca de 10% dos indivíduos com autismo têm excelentes habilidades intelectuais para a sua idade (Klin, 2006). Desta forma, o autismo pode ou não ser associado a um comprometimento cognitivo, sendo que a tendência com a ampliação dos critérios diagnósticos é diminuir esta associação, de forma que indivíduos com TEA leve apresentam faixa normal de inteligência (Brentani, et al., 2013). Muitas áreas do funcionamento cognitivo estão frequentemente preservadas e, às vezes, indivíduos com essas condições exibem habilidades prodigiosas e surpreendentes.

Como comentado anteriormente, em função da heteregeneidade encontrada no espectro, o grau de gravidade varia de pessoas que apresentam um quadro leve, e com total independência e discretas dificuldades de adaptação, até aquelas pessoas que serão dependentes para as atividades de vida diárias (AVDs), ao longo de toda a vida A presença desses traços varia em quantidade e intensidade, sendo assim, atualmente entende-se o transtorno dentro de uma visão dimensional. Portanto, é possível encontrar pessoas com autismo que apresentem sintomas severos e, por isso, necessitam de muito suporte, bem como pessoas que manifestam traços mais leves e consequentemente, menos prejuízos.

Indivíduos com TEA leve não apresentam atrasos significativos, comunicam-se e mantêm suas atividades da vida diária além de apresentar um nível de interação social. Enquanto os autistas mais leves têm problemas para concluir um curso superior, trabalhar, manter um relacionamento amoroso e uma vida social "padrão", os autistas mais severos podem ter uma vida muito limitada, e até mesmo precisar de internamento no momento em que perdem seus cuidadores.

Durante o processo de desenvolvimento no ciclo vital, a entrada na fase adulta é o momento de transição para qualquer indivíduo e pode ser conflitante. Giardinetto (2005) enfatiza que esta mudança de etapa da criançada, criança para o adolescente, e, por fim, chegando ao adulto com TEA, precisa ser trabalhada tanto com os indivíduos, quanto com seus familiares. De acordo com o mesmo autor, o auxílio de profissionais especializados é fundamental para que a pessoa autista e os seus familiares ultrapassem esse processo, sem maiores dificuldades, levando em consideração o tempo para tal transição.

Em relação ao adulto com TEA, muitos sem deficiência intelectual ou linguística aprendem a suprimir comportamentos repetitivos em público, além de interesses especiais podem constituir fonte de prazer e motivação, propiciando vias de educação e emprego (APA, 2014).

Pode-se citar, como exemplo, o caso da Temple Grandin diagnosticada com autismo, em 1950, apenas sete anos após a primeira descrição de Kanner do autismo infantil (Órru, 2019).

Temple Grandin relata que se a sua mãe não a tivesse levado ao neurologista, talvez tivesse ficado vulnerável à armadilha culposa da mãe geladeira (Grandin & Panek, 2015). Ao receber o diagnóstico de autismo, como algo irreversível e sem perspectivas de um desenvolvimento, foi aconselhado para sua mãe que Temple fosse institucionalizada por sua condição. No entanto, sua genitora não seguiu as orientações de especialistas e, desde cedo, estimulou aspectos de linguagem, empatia e relacionamento interpessoal na menina. Embora sua maneira particular de ver o mundo, com dificuldades típicas do TEA, apresentou várias conquistas no decorrer de seu desenvolvimento. Formou-se em Psicologia, fez mestrado e doutorado em Zootecnia. Sua visão de vida muito atípica em relação aos seus interesses proporcionou um conhecimento maior sobre como animais viam o mundo e, desta forma, realizou pesquisas com bovinos e inovou os métodos de gestão da pecuária.

Em sua autobiografia, Grandin relata que projetou uma máquina que a segurou e exerceu uma pressão agradável em seu corpo (Schonauer et al., 2001), a denominada "máquina do abraço", a qual a ajudava a se acalmar. Atualmente, Temple não faz mais uso e relata que já consegue abraçar algumas pessoas, referindo que foi um processo gradativo de perder a hipersensibilidade.

> A história de Temple talvez seja uma das mais conhecidas sobre pessoas com autismo que são capazes de falar de si, por si mesmas. As contribuições de Temple para melhor entendimento sobre as singularidades de pessoas com autismo são inigualáveis (Órru 2019, p. 195).

Em sua obra *Um antropólogo em marte*, encontra-se referência de uma palestra de Temple Grandin, em que ela afirma: "Se pudesse estalar os dedos e deixar de ser autista, não o faria – porque então não seria mais eu. O autismo é parte do que eu sou" (Sacks, 1995, p. 297).

Nesse aprendizado de Temple, seu desenvolvimento também aconteceu de modo que hoje é capaz de expressar seus pensamentos, sentimentos e concepções, como autora de vários livros, sendo a protagonista de palestras em vários países, além de ser professora numa universidade americana. Percebe-se que Temple é mais uma pessoa com autismo que rompe com o paradigma reducionista e universalista sobre as possibilidades de aprendizagem e desenvolvimento de pessoas com o diagnóstico de Transtorno do Espectro Autista (Órru, 2019).

Outros casos de pessoas bem sucedidas com TEA também podem ser citados, como o do argentino Lionel Andrés Messi Cuccittin Messi, mais conhecido como Messi. Na opinião da grande maioria dos especialistas do esporte, por sua qualidade técnica, jogadas, velocidade, habilidade na perna esquerda, trabalho de equipe e extraordinária vocação para o gol, fazem dele um dos melhores futebolistas de todos os tempos. Ele teve o diagnóstico de TEA leve quando criança, mas em seu caso, algumas das características dessa condição até o ajudaram a se tornar um dos maiores nomes da história do futebol. Desde pequeno, ele demonstrava grande apego à bola, interesses restritos e obstinação por ser um jogador de futebol de excelência. Além disso, a timidez com a imprensa, seu estilo de finalização e o uso de dribles parecidos, que indicariam um gosto por padrões repetidos, também são características dos portadores do TEA.

Os casos relatados auxiliam na reflexão de que pessoas com TEA na idade adulta, dependendo de sua gravidade, podem ter autonomia, independência, bem como uma inserção no mercado de trabalho e possibilidade de constituir família.

No entanto, é possível compreender que a evolução para a vida adulta dependerá não apenas dos fatores cognitivos, comportamentais ou psiquiátricos associados, mas também dos aspectos sociais e familiares que os acompanham ao longo da vida (Ruggieri e Gómes, 2018).

Segundo Onzi e Gomes (2015), o diagnóstico TEA provoca alterações na constituição familiar. Os autores sugerem que a família desse indivíduo participe do tratamento, possibilitando aumentar o estímulo ao seu desenvolvimento, além de proporcionar a desconstrução de rótulos e inverdades sobre o transtorno.

O movimento denominado Autism Speaks (organização de defesa do autismo que surgiu nos Estados Unidos e promove atividades sobre conscientização e divulgação voltadas para famílias e governos), considera importante que o adolescente com autismo saiba sobre a sua deficiência e possa comunicar aos outros a natureza de suas dificuldades e necessidades. Uma vez que adultos com autismo saem do sistema educacional, eles precisarão ser capazes de fazer isso por conta própria com a melhor das suas habilidades. Os pais sabem que as habilidades de representação levam anos para serem desenvolvidas. É, portanto, muito importante que o estudante possa começar a desenvolver essas habilidades assim que possível (Autism Speaks, 2011).

Martins e Monteiro (2017) apontam que a educação do autista deve ter outro foco, deve estar relacionada com o significado que a aprendizagem tem para ele, ou seja, os sentidos produzidos a partir de suas ações e interações, nas vivências concretas, construindo esse sujeito. É comum que muitas pessoas acreditem que todos os autistas não falam ou tem deficiência intelectual, pois a maioria das pesquisas se volta de fato para estes sujeitos (Pires e Carvalho, 2014).

Sacks (1995) afirmam que:

> É verdade que, curiosamente, a maioria das pessoas fala apenas de crianças autistas e nunca de adultos, como se de alguma maneira as crianças simplesmente sumissem da face do planeta. Mas embora possa haver de fato um quadro devastador aos 3 anos de idade, alguns jovens autistas, ao contrário das expectativas, podem conseguir desenvolver uma linguagem satisfatória, alcançar um mínimo de habilidades sociais e mesmo conquistas altamente intelectuais; podem se tornar seres humanos autônomos, aptos para uma vida pelo menos aparentemente completa e normal – mesmo se encobrindo uma singularidade autista persistente e até profunda (1995, p. 25).

Segundo Órru (2019), frente às dificuldades relacionadas às singularidades dos autistas, o que difere são o tempo e os canais de comunicação e expressão pelos quais essas relações serão constituídas, apesar disso, não são relações incomunicáveis ou inexpressivas. Partindo desse pressuposto, deve ser acolhido, respeitado e considerado.

Seu jeito diferente de ser, de agir e reagir, de aprender e do que aprender, das formas de interagir ou recusar-se a isto não podem ser motivos excludentes socioeducacionais para desistência por parte da escola, da responsabilidade em oferecer a estes sujeitos oportunidades de aprendizagem.

A construção de uma cultura inclusiva e de suporte adequado permite que o potencial dos portadores de TEA possa se reverter efetivamente em trabalho e resultados, explorando os pontos fortes manifestados pelos profissionais autistas (Leopoldino, 2015).

Ruggieri e Gómes (2018) apontam que grande parte da geração adulta com transtorno do espectro autista passou a vida sem modelos de boas práticas e sistemas de apoio, destinados a promover qualidade de vida e a responder às suas necessidades e interesses. Seguramente, a produção de conhecimento e soluções em relação ao envelhecimento ajudará a enfrentar os desafios que as pessoas com TEA, famílias e organizações sofrem na busca da criação de recursos.

Rosa (2015) afirma que ao focar na inclusão de adultos com TEA em instituições educacionais, é necessário lembrar que essa população esteve por muito tempo à margem do sistema educacional, com inúmeros prejuízos somados ao longo do tempo, refletindo em uma redução expressiva nas possibilidades de inclusão social no período da vida adulta.

Alvarenga (2017) coloca que, nos autistas leves, a inabilidade de se socializar acarreta dificuldade na comunicação interpessoal. Nesse sentido, uma das técnicas utilizadas e eficaz é o treino de habilidades sociais, envolvendo estratégias de reestruturação cognitiva e técnicas comportamentais. O tratamento de pessoas com o transtorno envolve formas de desenvolver a sua comunicação social, podendo se beneficiar do treinamento de habilidades; a psicoterapia individual e os tratamentos medicamentosos, que podem ser utilizados nos casos relacionados às alterações de humor (Ribeiro, 2016).

Santos e Vieira (2017), afirmam que as características da pessoa com autismo não podem ser motivação de desistência nos aspectos pessoal, educacional e profissional. Trata-se de um desafio e os primeiros passos a serem tomados é conhecer, acompanhar e buscar cada vez mais por melhores condições para o desenvolvimento cognitivo, afetivo e social. O TEA não se concentra nas dificuldades, mas na ampliação de novos olhares, novas possibilidades de conhecimento, na compreensão do sujeito, enquanto ser social, buscando perspectivas de evolução.

Cabe ressaltar a participação do TEA no mundo do trabalho, sem, contudo, saber que não é preciso que uma grande empresa esclarecida esteja de portas abertas. Os pais podem acompanhar seus filhos autistas a uma loja ou a um restaurante, conversar com o dono do estabelecimento e ver se tem algum trabalho disponível ao nível de aptidão do jovem. Se uma porta se fecha, continue batendo (Grandin e Panek, 2018).

Grandin e Panek (2018) relatam que os problemas enfrentados pelos autistas empregados não provém dos funcionários e "trainees" autistas. As questões surgem entre os funcionários "ditos normais" que resistem a mudanças no trabalho. Contudo, os funcionários se adaptam, porque os autistas fazem muito bem o seu trabalho.

Happé (2018) aponta que habilidades especiais são mais comuns no autismo do que em outros grupos. Segundo a autora, um estudo revela que um terço dos adultos autistas mostrou habilidades superiores em uma ou mais áreas por relato parental e em testes psicométricos. Um estudo recente sugeriu que mais de 70% dos adultos tinham uma habilidade especial na memória (52% da amostra), habilidades visoespaciais (32%), cálculo, desenho ou música (cerca de 17% para cada área).

Notadamente, pode-se perceber que ter o transtorno não exclui o potencial para uma vida adulta produtiva e feliz. Comumente, esses adultos migram para um emprego ou profissão que se relaciona com suas próprias áreas de interesse especial, às vezes se tornando proficientes. Segundo Bauer (1996), certo número de alunos com TEA é capaz de concluir com sucesso a faculdade e até a pós-graduação.

Dados disponíveis sugerem que, em comparação com outras formas de autismo, as crianças com autismo leve são muito mais propensas a crescer e se tornar adultos de sucesso no emprego, casamento e família, entre outros aspectos (Bauer, 1996).

Consta em Giardinetto (2005), que pessoas com o transtorno, apesar de baixa comunicação social, alcançam uma independência, além de carreiras brilhantes no mercado de trabalho e também na construção de famílias.

Parafraseando Ortega (2009) sobre os padrões autísticos de pensamento e de interesses, o número de páginas da Internet que expressam a "cultura autista" vem aumentando. Como vemos, o termo "cultura autista" e "neurodiversidade" está mais presente em *sites* de buscas, por isso, é possível encontrar um número significativo de ***sites*** que afirmam a identidade autista e celebram essa peculiaridade, os quais incluem desde indicações de literatura de ficção e especializada sobre os mais variados aspectos do espectro autista, até organizações de apoio, *blogs* e mecanismos de *chat* que facilitam a interação entre autistas, esclarecendo elementos do transtorno, compartilhando experiências e até mesmo encontrando amigos ou futuros companheiros e cônjuges (Ortega, 2009).

Para a escritora autista Temple Grandin, o casamento entre autistas é natural, visto que, "os casamentos funcionam melhor quando duas pessoas com autismo se casam ou quando a pessoa se casa com um deficiente ou com um parceiro excêntrico [...] Eles se atraem porque seus intelectos trabalham em um comprimento de onda similar." (Ortega, 2009).

Considerações finais

Atualmente, o autismo ocupa um lugar privilegiado no cenário em que debatem novos paradigmas da psicopatologia contemporânea.

Inúmeros artigos apontam um número crescente de diagnósticos de crianças com transtorno do espectro autista, mostrando diversos tratamentos e tipos de acompanhamentos necessários para o desenvolvimento da criança. Em relação ao transtorno do espectro autista na fase adulta, os estudos são escassos, nacionalmente não foram identificadas obras significativas acerca do tema.

Até pouco tempo atrás, enquanto o autismo infantil era mais conhecido, o autismo na pessoa adulta ainda era relativamente desconhecido por muitos. Apesar das inúmeras dificuldades encontradas pelos adultos com transtorno do espectro autista leve, há que se valorizar os enormes avanços em termos de qualidade de vida afetiva, social, acadêmica e econômica que estão vivenciando atualmente.

Quando identificado ainda nos primeiros anos de vida, uma série de ações são introduzidas no processo de desenvolvimento infantil para que sejam estimuladas e aperfeiçoadas habilidades que possibilitem extrair ao máximo seu potencial intelectual, psicológico e cognitivo. Com isso, a expectativa é de que tanto na adolescência quanto na fase adulta, o autista possa levar uma vida com dignidade em espaços não excludentes, em sua maioria, com autonomia e independência para realizar suas atividades com segurança.

A partir da discussão dos aspectos supracitados ao longo da pesquisa, percebe-se que embora o autismo seja uma condição crônica que perpassa a infância e adolescência, são tímidas as ações da sociedade de para tirar os autistas da invisibilidade.

Referências

ALVARENGA, GCS; ALARCON, TR; MARTINS, EM. *Autismo leve e intervenção na abordagem cognitivo-comportamental.* São Paulo: Trabalho de conclusão de curso especialização CETCC, 2017.

AMERICAN PSYCHIATRIC ASSOCIATION. *Manual diagnóstico e estatístico de transtornos mentais: DSM-5.* 5.ed. Porto Alegre: Artmed, 2014.

ARAÚJO, AC; NETO, FL. A Nova Classificação Americana para os Transtornos Mentais – o DSM-5. *Rev. Bras. de Ter. Comp. Cogn.*, 2014, Vol. XVI, n. 1, 67-82.

BAUER. S. *Asperger Syndrome*. New York: The Developmental Unit Genesee Hospital Rochester, 1996.

Cartilha Transtorno do Espectro do Autismo. Assembleia Legislativa de Pernambuco. Ten Things Every Child with

GESCHWIND, D. H.; LEVITT, P. Autism spectrum disorders: developmental disconnection syndromes. (p. 13). *Curr Opin Neurobiol*, Feb, 17 (1):103/11, 2007.

GIARDINETTO, ARSB. *Comparando a interação social de crianças autistas*: as contribuições do programa teacch e do currículo funcional natural. Dissertação (Mestrado em Educação Especial) – Centro de Educação e Ciências Humanas, Universidade Federal de São Carlos, 2005.

GRANDIN, T.; PANEK, R. *O cérebro autista pensando através do espectro.* 9. ed. Rio de Janeiro, 2018.

HAPPÉ, F. Why are savant skills and special talents associated with autism? Social, Genetic & Developmental Psychiatry Centre, Institute of Psychiatry, Psychology & Neuroscience, King's College London, London, UK. *World Psychiatry* 17:3-October, 2018.

JERUSALINSKY, A. (Org.). Dossiê autismo. São Paulo: Instituto Langage, 2015.

KLIN, A. Autism and Asperger syndrome: and overview. São Paulo: *Revista Brasileira de Psiquiatria*, vol. 28 (1), 2006.

KNEW, Autism Wishes You. Disponível em: <http://www.alepe.pe.gov.br/wp-content/uploads/2015/04/cartilha2704-final9.pdf>. Acesso em: 29 dez. 2021.

LEOPOLDINO, CB. Inclusão de autistas no mercado de trabalho: uma nova questão de pesquisa. (p. 853-868). *Revista Eletrônica Gestão & Sociedade*, v. 9, n. 22, p. 853-868, 2015.

LOPES, CN. Autismo e família: o desenvolvimento da autonomia de um adolescente com síndrome de Asperger e a relação familiar. *Revista Diálogos e Perspectivas em Educação Especial*, 5(1), p. 59, 2018.

MARTINS, ADF; MONTEIRO, BMI. Alunos autistas: análise das possibilidades de interação social no contexto pedagógico (p. 215-224). *Psicologia Escolar e Educacional*, São Paulo, v. 21, n. 2, 2017.

NEUMANN, DC et al. Avaliação Neuropsicológica do transtorno do espectro do Autismo. *Psicologia*. Pt, 2016.

NOTBOHM, E. *Ten Things Every Child with Autism Wishes You Knew.* Arlington, TX: Future Horizons, 2005.

ORRÚ, S. E. *Aprendizes com autismo*: aprendizagem por eixos de interesse em espaços não excludentes. 2 ed. RJ: Vozes, 2019.

ORTEGA, F. Deficiência, autismo e neurodiversidade. *Ciência & Saúde Coletiva*, 14(1), 67-77, 2009.

PIRES, BS; CARVALHO, TO. A pessoa com autismo: o caso Temple Grandin sob a ótica da logoterapia e análise Existencial (p. 57-72), Logos & existência. *Revista da Associação Brasileira de Logoterapia e Análise Existencial,* 3(1), 2015.

RIBEIRO, MCO. *Treinamento de habilidades sociais em jovens com diagnóstico de Asperger.* Brasília: Uniceub Faculdade de Ciências da Educação e da Saúde, 2016.

RODRIGUES, MMC; GONZALEZ, D. A contribuição da metodologia do professor no processo de ensino – aprendizagem em aluno com transtorno do espectro autista/adulto no "atelier estruturado" na cidade de João Pessoa/Paraíba: um estudo de caso. (p. 2). *Revista Internacional de Apoyo a la Inclusión, Logopedia, Sociedad y Multiculturalidad*, v. 1, n. 4, Octubre, 2015.

ROSA, FD. *Autistas em idade adulta e seus familiares*: recursos disponíveis e demandas da vida cotidiana. São Carlos: UFSCAR, 2015. 192 f. Tese (Doutorado). Centro de Educação e Ciências Humanas, Universidade Federal de São Carlos, São Paulo.

RUGGIERI, V; GÓMEZ, JLC. *Envejecimiento en personas con trastorno del espectro autista* (p. 69-74). Servicio de Neurología, Hospital de Pediatría Juan P. Garrahan, Buenos Aires, MEDICINA (Buenos Aires), vol. 78 (Supl. II), 2018.

SACKS, O. *Um antropólogo em Marte*: sete histórias paradoxais. São Paulo: Companhia das Letras, 1995.

SANTOS, R K; VIEIRA, A. *Transtorno do espectro do autismo (TEA)*: do reconhecimento à inclusão no âmbito educacional. Universidade Federal Rural do Semiárido. Coordenação Geral de ação Afirmativa, Diversidade e Inclusão Social, 2017. http://periodicos.ufersa.edu.br/revistas/index.php/includere.

SCHONAUER, K; KLAR, M.; KHER, H E; AROLT, V. Lebenswege frühkindlicher Autisten im Erwachsenenalter. *Rev. Fortschr Neurol Psychiatr,* 69 (5): 221-235, 2001.

SPEAKS, Autism. *Manual de Transição para Vida Adulta.* Serviços de Família. Kit Ferramenta de Transição. Disponível em: <http://www.portalinclusivo.ce.gov.br>. Acesso em: 29 dez. 2021.

SPEAKS, Autism. Disponível em: <http://www.autismspeaks.org>. Acesso em: 29 dez. 2021.

ZANON, R; BACKES, B; BOSA, C. Identificação dos primeiros sintomas do autismo pelos pais (p. 26). *Psicologia: teoria e pesquisa.* Jan-Mar, v. 30, n. 1, p. 25-33, 2014.

ZILBOVICIUS, M; MERESSE, I; BODDAERT, N. Autismo: neuroimagem. *Rev Bras Psiquiatr.* v. 28 (Supl I). S21-8, 2001.

A sexualidade da pessoa com deficiência: intervenção psicossocial em uma Oficina de Cerâmica

Amanda de Fátima da Silva Nunes[1]
Daniela Marras Dias de Souza[2]
Victor Brando Coelho[3]
Ricardo Dias de Castro[4]

Introdução

Este artigo resulta de uma experiência de Estágio Curricular de Observação e Intervenção em Grupos, na área de Psicologia Social, do curso de Psicologia da Universidade Federal de São João del-Rei. O objetivo do estágio concentrava-se na formação teórico-metodológica dos graduandos para a observação e análise do processo grupal, com o intuito de pensar a construção e aplicação de uma intervenção psicossocial junto ao campo escolhido. Dessa forma, para nossa prá-

1 Graduanda em Psicologia da Universidade Federal de São João del-Rei (UFSJ). *E-mail*: amandafsnunes@hotmail.com

2 Graduanda em Psicologia da Universidade Federal de São João del-Rei (UFSJ). *E-mail*: danimarras@gmail.com

3 Graduando em Psicologia da Universidade Federal de São João del-Rei (UFSJ). *E-mail*: victorbrando.c@gmail.com

4 Doutorando em Psicologia Social pelo Programa de Pós-graduação em Psicologia da Universidade Federal de Minas Gerais (UFMG). Professor do Centro Universitário Estácio de Belo Horizonte (Estácio BH). *E-mail*: ricardodiascastro@gmail.com

tica, foram consideradas reflexões epistêmicas, teóricas, conceituais e metodológicas, construídas no âmbito da disciplina vinculada ao estágio – Teorias e Técnicas Grupais II – cuja ementa abrangia uma diversidade de metodologias coletivas e participativas com fins à intervenção psicossocial.

Assim, supervisionados pelo professor da disciplina e coordenador do estágio, a intervenção foi realizada pelos três estagiários, após um período de observação-participante de três meses, em uma Oficina de Cerâmica com usuários da assistência social de uma instituição filantrópica de atendimento às pessoas com deficiência. O grupo selecionado era exclusivamente masculino, na faixa etária entre 18 a 55 anos, diagnosticados com deficiência intelectual, múltipla e Transtorno do Espectro Autista (TEA).

De início, é importante demarcar que tomamos como perspectiva psicossocial as contribuições construídas no bojo do que tem sido entendida como *Psicologia Social Latino-Americana*, na qual, a partir da década de 1970, psicólogos como Martin-Baró, Maritza Montero e Silvia Lane passaram a defender um referencial crítico, em geral, "em prol de uma psicologia social mais contextualizada" e comprometida com a mudança social (Ferreira, 2010, p. 58). Nesse sentido, interessa sobremaneira os problemas pertinentes não só com a realidade local, mas que sejam relevantes perante as questões da sociedade, pois busca-se na prática do pesquisador-psicólogo um meio que auxilie na transformação da realidade social. Trata-se de um modo de produção de conhecimento que analisa e intervém sobre problemáticas sociais a partir do próprio problema, e longe de um ideal experimental e neutro, este trabalho sustenta uma atuação participante, oferecendo uma intervenção inclusiva do saber construído pelos diversos atores sociais, processo que exigiu também o diálogo com saberes interdisciplinares, tendo em vista a variedade e complexidade contextual.

A respeito da condução do trabalho com o grupo, adotamos como referência o aporte de Kurt Lewin acerca da *pesquisa-ação,* ou seja, "um tipo de pesquisa de ação, uma pesquisa comparativa acerca das condições e resultados de diversas formas de ação social e pesquisa que leva à ação social" (1978, p. 216). Compreende-se também a dinâmica grupal como um campo de forças resultante de tensões vivenciadas pelos indivíduos no âmbito social. Nessa linha teórico-metodológica, além da investigação teórica sobre um problema social, o trabalho deve contribuir para a resolução de uma situação-problema específica, de modo que teoria e prática não estejam dissociadas. Para isso, espera-se que os pesquisadores participem do grupo, analisem as dinâmicas e proponham "a produção do diagnóstico e do planejamento" de ação, sendo "uma oportunidade de participação coletiva" (Melo; Maia Filho; Chaves, 2016, p. 155). Tal análise não é feita previamente, mas é construída no contato com o grupo.

Assim, nos encontros semanais, envolvemo-nos nas atividades práticas da Oficina de Cerâmica, a fim de conhecer a instituição e melhor nos integrar ao grupo. Conforme diminuía a formalidade gerada pela nossa chegada, ficaram evidentes as constantes expressões de brincadeiras, músicas e piadas com conteúdo sexual. Eventos que instalavam certo ruído e mal-estar, levando integrantes do grupo a manifestar atitudes de censura e irritação frente aos comportamentos agitados ou falas mais ousadas. O oficineiro responsável relatou que essa era uma situação comum, e que ele mesmo não sabia como proceder nessas ocasiões.

Por essa razão, elencamos a hipótese de que a sexualidade constituía a problemática central do campo, resultando em fator de pressão contrário à harmonia grupal. Segundo Albuquerque (2007), a sexualidade não se restringe ao impulso biológico e/ou genital, e muito menos pode ser simplificada ao ato sexual em si. A sexualidade compreende uma série de comportamentos, sentimentos e pensamentos complexos que englobam a busca por bem-estar, amor e prazer, sendo perpassada pela própria construção de identidade do sujeito.

Em nossas observações, percebemos que faltavam possibilidades suficientes e adequadas de escoamento e expressão da sexualidade. Em diálogo com a coordenadora e com a psicóloga da Assistência Social, confirmamos a existência do problema junto à instituição. Como complicador, elas relataram uma tendência à infantilização dos usuários por parte de funcionários e queixas de familiares, que alegavam dificuldade em lidar com o assunto em casa. Contudo, para as profissionais seria pouco eficaz a realização de uma palestra educativa, considerando o histórico institucional com esse tipo de intervenção. As palestras, por certo, têm um caráter unilateral e impessoal que não prioriza a interação, dificultando que as pessoas relacionem os conteúdos às próprias experiências (Afonso; Abade, 2008).

De fato, o estereótipo social confina a pessoa com deficiência no papel da "eterna criança", por meio de uma recusa da sexualidade. Contudo, "os maiores problemas que podem acontecer não estão na sexualidade em si", mas sim na maneira como "se aprende a lidar com a sexualidade e expressá-la no mundo" (Albuquerque, 2007, p. 16). Ao infantilizar sujeitos adultos e os tomarem como assexuados, erguem-se barreiras para a compreensão e aceitação do desejo sexual. Assim, "as pessoas a quem compete sua educação ou tratamento omitem as informações ou lidam de maneira agressiva e discriminatória frente ao comportamento sexual manifesto" (Ribeiro; Nepomuceno apud Pinheiro, 2004, p. 201). Condições que reduzem as chances dos indivíduos de vivenciar, ainda que simbolicamente, o próprio corpo enquanto sujeitos desejantes, quanto mais vislumbrar qualquer viabilidade de uma socialização amorosa.

Contudo, conforme os artigos 6º e 8º da Lei nº 13.146, de 6 de julho de 2015, que institui a Lei Brasileira de Inclusão da Pessoa com Deficiência (Estatuto da Pessoa com Deficiência), está garantida a capacidade civil para o exercício da sexualidade, cabendo ao Estado, sociedade e família assegurar a efetivação desse direito. Nesse propósito, os profissionais de Psicologia, inseridos em instituições educacionais, podem orientar e elaborar atividades não só para os usuários, mas também aos familiares e funcionários, a fim de promover o debate e a discussão de diversos assuntos, entre os quais a sexualidade. Iniciativa que vai ao encontro da superação de preconceitos, colaborando na garantia da inclusão social (Conselho Federal de Psicologia, 2009).

Em paralelo, outro aspecto relevante era a relação dos usuários com os produtos confeccionados na Oficina de Cerâmica, que coordenada por um oficineiro, objetivava a familiarização com a modelagem e os seus processos. Porém, nem todos os integrantes entravam em contato com a argila, uns preferiam desenhar, enquanto outros participavam de forma desinteressada ou não realizavam nenhuma atividade. E mesmo sendo nítido o engajamento de alguns na modelagem, a produção constituía um processo de acúmulo: as peças amontoavam-se nas estantes, semana após semana, sem ser realizado um movimento reflexivo sobre a atividade grupal. O oficineiro percebia que tal arranjo fomentava certa cisão entre os usuários e suas criações, e nossa proposta buscou incluir esse aspecto, entendendo que o fazer coletivo tinha um potencial transformativo para além da atividade em si.

A partir dessa análise do processo grupal, constatamos que havia atravessamentos psicossociais passíveis de serem trabalhados. Enquanto "psicossocial", pensamos "o fenômeno que é simultaneamente social e psicológico, em que o efeito da interação social é assumido pelo sujeito psicológico como sendo seu e sentido pelo grupo social, como a unidade dessa diversidade" (Melo; Maia Filho; Chaves, 2016, p. 157). Desse modo, a intervenção teve como recorte a sexualidade da pessoa com deficiência, buscando abordar a temática com o grupo, com seus problemas e potências. Assim, propusemos um contato gradativo da experiência do corpo, aliado ao recurso disponível da própria cerâmica, combinando aspectos concretos, lúdicos, afetivos e reflexivos.

Alinhado ao sustento teórico-metodológico de Lewin (1978), optamos como método para essa intervenção psicossocial a proposta das *oficinas em dinâmicas de grupo*, tal como elaborado por Maria Lúcia Afonso (2006). As *oficinas* podem ser realizadas nos mais variados contextos, independentemente do número de encontros realizados, desde que tenham como base uma questão central sobre a qual o grupo busque compreender e elaborar. O diferencial é que a técnica utilizada "não se restringe a uma reflexão racional, mas envolve os sujeitos de maneira integral" em suas formas de "pensar, sentir e agir" (Afonso, 2006, p. 9), fator que favorecia a estratégia de intervenção, considerando o público-alvo envolvido.

No que tange à elaboração dos componentes e etapas da intervenção, procuramos nos guiar por autores que também fizeram uso das *oficinas em dinâmicas de grupo* na intersecção com o tema da sexualidade ou com o da deficiência. Essa segurança metodológico-prática concentrou-se na preocupação quanto à efetividade das ações lúdicas e afetivas para a construção de conhecimentos em grupos (LISE et al., 2018) bem como na validade da própria *oficina* como recurso metodológico para um trabalho temático dentro da educação inclusiva (Luiz; Dal Prá; Azevedo, 2014).

Além disso, considerando a importância da dimensão do corpo na questão sexual, utilizamos da noção de *propriocepção*, ou seja, do sentido que percebe "estímulos originários no interior do próprio organismo", a saber, a "percepção da posição, do deslocamento, do equilíbrio, do peso e da distribuição do próprio corpo e das suas partes" (Pozzana; Kastrup, 2017, p. 363). Tratando-se de pessoas com comprometimentos cognitivos e de desenvolvimento, apostamos na potência do sentido proprioceptivo para o contato com a sexualidade, por intermédio de uma intervenção que visava também a *autonomia* do sujeito (Afonso, 2011). Assim, ao evocar uma diferente relação experiencial entre corpo e mundo, pretendíamos estimular a emancipação, contudo, sem desconsiderar a tessitura social, as possibilidades e os recursos daquele grupo.

Dado o contexto, almejamos criar condições para a continuidade e ampliação dos trabalhos institucionais. A atividade proposta buscou oferecer um alicerce ao tangenciar a questão da sexualidade, suscitando uma vivência e estimulando a apropriação do corpo. Além disso, projetamos que o estímulo à elaboração, ao compartilhamento e à reflexão conjunta, contribuiria na diminuição da tensão coletiva, fazendo circular o diálogo em grupo, como procuraremos demonstrar na descrição da intervenção e na discussão dos resultados.

Trajetórias de Pesquisa: intersecções entre teoria, método e transformação social

Anterior à intervenção, realizamos ao todo 10 participações em uma Oficina de Cerâmica oferecida por uma instituição filantrópica que atende às pessoas com deficiência. A instituição é localizada na região do Campo das Vertentes, em Minas Gerais, e conta com três segmentos de atuação: Assistência Social, Educação e Saúde. O setor de Assistência Social, ao qual a Oficina de Cerâmica faz parte, pretende evitar situações de negligência, isolamento social, abandono, maus-tratos, violação de direitos, institucionalização e abrigamento, assegurando o direito à convivência familiar e comunitária.

As oficinas têm como objetivo a garantia da integração e socialização das pessoas com deficiência, além de buscar desenvolver habilidades e a capacitação de alunos egressos – por razão da maioridade – e que, por enfrentarem dificuldades na inserção social ou por residirem isolados na área rural, acabaram retornando à instituição.

Segundo a proposta do estágio curricular, a escolha do grupo de análise poderia partir de interesses dos estagiários. A temática do cuidado e atenção às pessoas com deficiência nos era relevante devido a nossa experiência na realização de outro estágio com crianças e adolescentes com deficiência. Por nossa proximidade com atividades artísticas e manuais, escolhemos acompanhar o grupo na Oficina de Cerâmica, pois nos auxiliaria a observar melhor os arranjos grupais na interlocução com a própria atividade.

O grupo que frequentava a Oficina de Cerâmica era composto por 14 homens adultos diagnosticados com deficiência intelectual, múltipla e TEA, em diversos graus de comprometimentos, sendo orientados por um oficineiro voluntário. Esses usuários também conviviam diariamente enquanto "turma" em outras atividades.

Portanto, dadas as características da instituição, do grupo e do estágio, elegemos como intervenção a proposta de *oficina* segundo a metodologia de Afonso. De acordo com as contribuições da autora, a intervenção divide-se em: 1) O momento que a antecede ("demanda, pré-análise, foco e enquadre, e planejamento flexível"), e 2) O desenvolvimento propriamente dito ("aquecimento", "reflexão e elaboração do tema", "sistematização e avaliação do trabalho") (Afonso, 2006, p. 31-38).

A demanda refere-se à encomenda solicitada por uma instituição e aos interesses que mobilizaram, de forma implícita ou explícita, o pedido de análise e intervenção no grupo selecionado (Afonso, 2006). Em nosso caso, a encomenda partiu, inicialmente, de uma exigência universitária, por meio do requisito do estágio obrigatório vinculado à disciplina *Teorias e Técnicas Grupais II*. No entanto, certos de que a obrigação do cumprimento de créditos não garantiria o vínculo ou o desejo de transformação do grupo em que estávamos, investimos em participar daquele espaço a fim de capturar melhor os desejos circulantes.

Para tal, recorremos a uma escuta atenta dos discursos sustentada pela perspectiva psicanalítica. Segundo Junior e Ribeiro (2009), sobre as contribuições da Psicanálise ao campo e prática psicossocial, para além de responder às demandas institucionais e grupais pré-fabricadas, há que se atentar aos desejos que mobilizam uma coletividade. Assim, subjacente às demandas, intencionamos evidenciar o desejo enquanto:

> [...] a busca de algo que nunca existiu, de algo que é perdido desde sempre e que, por isso mesmo, em última instância, não pode ser encontrado, substancializado, sendo justamente esse impossível que faz o sujeito estar em movimento constante. (Junior; Ribeiro, 2009, p. 93).

Em seguimento, a pré-análise inclui o contato inicial com a instituição, o levantamento de dados acerca da realidade do grupo e de informações importantes para a construção da intervenção. Assim, foi a escuta nas participações semanais que tornou possível identificar as situações-problemas passíveis de um trabalho grupal, como a questão da sexualidade e a relação dos usuários com os produtos confeccionados na Oficina de Cerâmica.

Nos encontros, com duração média de 1h30min, evidenciaram-se as manifestações relacionadas à sexualidade, por meio de piadas e comentários com conteúdo sexual feitos por alguns integrantes, desencadeando apoio ou repressão por parte de outros. Em um dos dias, por exemplo, Lúcio[5] declara a outro participante que gostaria de *"dormir com ele"*[6]. A frase foi interpretada pelo restante no sentido de relacionamento sexual, gerando o comentário de José, que disse estar *"pensando besteira"*. Outro momento se deu a partir de um anúncio de revista, no qual havia a imagem de uma mulher. Isaac comenta brincando sobres os atributos estéticos do corpo na figura. Um colega, Emygdio, ouvindo os comentários, fica irritado e reclama que o outro *"fala demais"*. Além disso, alguns costumavam cantar músicas de funk, destacando justo os trechos com maior teor erótico, provocando risos ou pedidos de silêncio.

Debruçando-nos sobre tais cenas, falas, brincadeiras e músicas, destacamos a sexualidade como elemento de tensão no grupo. Se, por um lado, serviam como uma forma jocosa de explorar a diferença sexual e, em algum grau, escoar os anseios, sentimentos e dúvidas entrelaçadas na sexualidade, por outro, causavam constrangimento e represálias. Abriu-se então, para nós, um campo de investigação a

[5] Os nomes citados são pseudônimos, e a escolha homenageia os frequentadores do ateliê de Nise da Silveira.

[6] Todas as falas citadas foram retiradas das anotações do diário de campo.

respeito da sexualidade de pessoas com deficiência, em sua complexidade de atravessamentos sociais, institucionais e familiares. E, constatado que a questão da sexualidade já era uma demanda reconhecida institucionalmente, a elegemos como categoria de análise para compor o eixo da intervenção, articulando também a relação dos usuários com as atividades de modelagem.

Em continuidade às etapas de preparação da *oficina*, é estabelecido o foco que corresponde ao tema geral da intervenção. Utilizar temas disparadores, articulados ao foco, contribui para o desenvolvimento da proposta, sendo necessário apenas que os temas escolhidos tenham relação com a própria dinâmica analisada e com as interações estabelecidas no processo, além de acompanhar a linguagem e o interesse dos integrantes (Afonso, 2006). Com o foco na temática da sexualidade, para enlaçar temas disparadores, trabalhamos o sentido da propriocepção, o contato com o próprio corpo, a concretude do manuseio do barro, a capacidade representacional e a troca narrativa.

Em Afonso e Fadul (2015), o enquadre refere-se à preparação estrutural da dinâmica, sendo necessário analisar o número de participantes, o ambiente em que a *oficina* ocorrerá, o número de encontros e os recursos e técnicas utilizadas para sua confecção. Contamos com catorze participantes do grupo, acrescido dos três coordenadores, da psicóloga, do oficineiro e de uma professora da instituição. A intervenção ocorreu em apenas um encontro em uma sala espaçosa com tatames confortáveis no chão. Utilizou-se de argila para a elaboração do boneco individual, além de cadeiras e de uma mesa coletiva adequada para esse manuseio.

O planejamento flexível pode se dar por meio da elaboração de uma intervenção mais estruturada, contendo as atividades a serem realizadas passo a passo, ou a partir de uma construção mais aberta, que permita mudanças durante o processo de execução (Afonso, 2006). Em todo caso, a *oficina* deve ser aceita pelo grupo, a fim de que este se aproprie genuinamente das construções realizadas na dinâmica, de forma que não se indica a obrigatoriedade de participação. A coordenação deve estar atenta à recepção dos participantes à atividade e colaborar para um melhor desenvolvimento da dinâmica como um todo.

É fundamental esclarecer que, de acordo com Afonso e Fadul (2015), a *oficina* como método de intervenção psicossocial utiliza recursos informativos que podem fazer emergir reflexões nos participantes, mas difere de uma prática intrinsecamente pedagógica, visto que suscita vivências singulares. Além disso, mesmo que o uso desse tipo de técnica possa aflorar afetos, também não deve ser considerado um processo terapêutico, já que o objetivo da *oficina* se limita a um foco e não tem a intenção de analisar conteúdos psíquicos profundos. Assim, os coordenadores não têm o propósito de trabalhar essas questões, mas acolhê-las e, se possível, utilizá-las na dinâmica com o próprio grupo (Luiz; Dal Prá; Azevedo, 2014).

Vale ressaltar que, como preocupação ética, a intervenção foi construída em discussões de supervisão de estágio e no diálogo frequente com o oficineiro, a assistente social e a psicóloga da instituição. Afinal, precisávamos garantir um suporte institucional precavido para lidar com a possibilidade de decorrências evocadas pela realização da oficina.

Sexualidade: corpo, autonomia e afeto

Contando com o apoio do oficineiro, de uma professora e da psicóloga social da instituição, explicamos ao grupo a intenção de realizar uma atividade utilizando o corpo. Todos foram convidados a participar sem exigência de obrigatoriedade. A maioria aceitou com facilidade e apenas 2 integrantes optaram por não realizar a primeira etapa, contudo, observaram e participaram nas etapas seguintes. Na função de coordenadores da *oficina,* prezamos pelo cuidado às especificidades, aos limites e à compreensão de cada um.

Conforme a metodologia da *oficina* de Afonso (2006), a atividade foi dividida em três momentos sucessivos: aquecimento, envolvimento reflexivo e a sistematização avaliativa do trabalho. A intervenção teve duração total de 1h20min, com 15 minutos de sensibilização corporal, 45 minutos de confecção da representação do corpo em argila e compartilhamento narrativo e, por fim, 20 minutos de retomada total do trabalho, costurando as elaborações.

No primeiro momento, o do aquecimento, foi realizada uma atividade de sensibilização corporal. De acordo com Pozzana e Kastrup (2017), a noção de corpo tem como fundamento a capacidade de afetar e ser afetado, de agir e de sofrer efeitos do meio externo. Assim, é a partir das experiências desse corpo, embebido de sexualidade, desejos e vontades, que as subjetividades vão sendo tecidas e reinventadas. Porém, as experiências corporais das pessoas com deficiência costumam ser "limitadas" e "controladas por pais e profissionais", sendo importante que aprendam "a manejar sua sexualidade como um adulto", estimuladas a considerar, questionar e vivenciar suas dimensões (Pinheiro, 2004, p. 204).

A nossa aposta era que a experiência desses sujeitos adultos com o seu próprio corpo pudesse ser trabalhada na dinâmica grupal, com o intuito de ampliar e potencializar essa relação e apropriação de si. O objetivo era estimular os sentidos a partir da propriocepção (Pozzana; Kastrup, 2017), trazendo a atenção direcionada para o corpo, no espaço e no momento presente. Essa etapa aconteceu em uma sala forrada com tatames, característica levada em conta devido às condições físicas e motoras de alguns dos participantes.

A sensibilização iniciou com a solicitação para que os usuários retirassem os sapatos e se dispusessem sentados lado a lado, formando uma roda, e virados para fora dela. Percebendo a dificuldade em compreender o pedido, oferecemos instruções mais concretas, utilizando da demonstração. Então, nos posicionamos em pé dentro da roda, instruindo que, caso se sentissem confortáveis, fechassem os olhos e, em seguida, fixassem a atenção nos sons do ambiente. Foi pedido também que inspirassem e expirassem por três vezes, mantendo a concentração na respiração. Por meio de orientação verbal, os integrantes do grupo foram convidados a percorrer a própria dimensão corporal com as mãos, dos pés à cabeça, direcionando a percepção para as texturas, para os volumes e para as temperaturas de cada região.

A atividade propunha instigar a percepção do entorno e o aguçamento dos sentidos. Os olhos fechados e os exercícios de respiração buscavam proporcionar um espaço de investimento da concentração aos sons externos e em si mesmo. A ideia era favorecer um momento confortável em grupo no qual cada um pudesse delinear seu contorno individual. Já a nomeação das partes do corpo, incluindo os órgãos sexuais, indicada no trabalho com pessoas com deficiência (Lise et al., 2018), tinha como finalidade o reconhecimento das dimensões corporais para, posteriormente, simbolizá-las na argila. O toque por toda a extensão física intencionava uma maior percepção das formas e especificidades da unidade corporal, mediante uma posição ativa do encontro consigo mesmo.

No segundo momento, do trabalho em si e da reflexão conjunta, foi proposto, primeiro, a confecção de uma peça de argila que representasse o próprio corpo. Quando a maioria terminou, abrimos espaço para o compartilhamento coletivo, convidando-os a falar sobre as suas peças para o grupo, por meio de perguntas disparadoras: *"Quem quer começar?"; "O que você fez?"; "Como você se sentiu fazendo?"; "Você achou difícil ou fácil?"; "Me fale mais sobre..."*, estimulando-os a relatarem o que reconheciam de si mesmos e quais as características e histórias que podiam ser construídas sobre seus corpos.

Destacamos alguns exemplos desse "fazer e narrar". Ao esboçar um corpo na argila, Octávio retorna a manusear a peça retirando-lhe o *"excesso"* de material na região do abdômen, e acrescenta ali alguns riscos horizontais. Comenta que, no modelo construído, o corpo seria magro e com *"barriga de tanquinho"*. Tal fala nos fez perceber o entrelaçamento entre a confecção das peças e as narrativas expostas, além de evidenciar as relações que esses homens tinham com seus corpos e as representações que tinham ou gostariam de ter deles.

Em outro caso, Carlos modelou sua peça colocando uma quantidade maior de argila em torno dos membros superiores. No momento do compartilhamento, conta ao grupo que gosta e valoriza os músculos fortes de seu corpo. Em consonância com essa narrativa, o mesmo já havia demonstrado, em encontros anteriores, possuir afinidades por atividades que envolvessem o esforço físico, como o Jiu-Jitsu, oficina também ofertada pela instituição.

A intenção era que a modelagem servisse como ferramenta lúdica para a construção dos limites corporais e da representação de si. Tratava-se da materialização no barro das percepções sentidas com o corpo, durante o aquecimento, por meio do manejo individual. Partimos da ideia da modelagem na cerâmica enquanto possibilitadora de uma compreensão do processo de criação a partir de si mesmo, afetado pelo contato com um material maleável (KASTRUP, 2008). Assim, pretendíamos objetificar a subjetividade mobilizada pelas apropriações da experiência, passíveis de serem condensadas no fazer artístico.

Nessa perspectiva, observamos, em alguns casos, dificuldades em reproduzir o próprio corpo enquanto unificado e completo. Por exemplo, Raphael modelou a cabeça, o tronco e os membros superiores e inferiores, porém relutava em reuni-los em uma peça só. Relatou nervosismo por não saber *"juntar as partes"*. Ainda mais frequente foi a omissão de alguns membros do corpo. Espontaneamente, os integrantes comentavam acerca das peças moldadas pelos colegas. Fernando, após ter anunciado o término de seu trabalho, é interpelado por um colega que lhe diz que *"falta a cabeça"* na peça, fazendo-o acrescentar essa parte. Já Olívio, diagnosticado com TEA, que não costumava participar diretamente do manuseio do barro, arriscou-se no contato com a argila, fazendo um furo em uma esfera que havia modelado.

Como a proposta das *oficinas* (Afonso, 2006) não tem como função a análise pormenorizada de conteúdos psíquicos, buscamos nos ater àquilo que pôde ser trabalhado no grupo, trazendo apenas as manifestações experienciadas por seus participantes, sem o intuito de interpretá-las clinicamente. Porém, no âmbito social, figura o potencial transformador do grupo e a importância de que interventores promovam condições para o desenvolvimento da *autonomia* do sujeito. Isto porque, também, segundo Afonso, "O sujeito existe na relação com o outro. A autonomia é um trabalho intersubjetivo, coletivo e social", no sentido que "os outros estão sempre presentes como *alteridade* e *ipseidade* do sujeito" (2011, p. 459). Entendendo que a autonomia deva ser exercitada, a maneira que escolhemos foi por meio da atividade de "se representar", em que emergiram os impasses consigo próprio e as diferenças com os outros.

Além disso, o movimento reflexivo ocorre quando um sujeito se interroga acerca de sua obra. Por ser um grupo com quadros de deficiência intelectual, a capacidade de abstração poderia constituir fator limitante. A fim de minimizar dificuldades, partimos do material concreto, ou seja, das peças confeccionadas no barro para, então, articulá-las ao campo imaginativo e da linguagem. O questionamento, via objeto, visava auxiliar o reconhecimento do contorno corporal e a amarração das partes, marcadas, em alguns casos, pela fragmentação.

O ato de falar sobre as criações, além de tornar possível compreender as atribuições de sentido feitas por cada um, também pretendia colaborar na construção subjetiva da identidade. Abelardo, por exemplo, durante a modelagem, inscreveu um símbolo na região torácica de seu boneco. Indagado por um colega, ele relata que estampou uma camiseta com o emblema de seu "*time de futebol do coração: o Flamengo*", do qual era "*um grande torcedor, como meu irmão*". No fragmento, percebe-se que, por meio da representação do corpo no barro, alguns puderam imprimir marcas de sua história e daquilo com que se identificavam afetivamente.

Por meio das trocas narrativas, além de colaborar com a integração grupal, pretendíamos a elaboração e a apropriação também no campo afetivo. Entendemos a potência dos afetos como lócus de transformação social, tendo em vista que agimos cotidianamente impulsionados por eles. A cadência intrincada entre subjetividade e objetividade, mediada pela linguagem e dentro de uma localização histórica e cultural, pode acarretar sofrimentos, passíveis da atuação dos psicólogos na compreensão da:

> [...] atividade cotidiana de um indivíduo, seus desejos e afetos com significação política. Em outras palavras, é agir nas afecções do corpo e da mente como fenômenos sociais e como lugar de transformação para o conjunto da sociedade. Enfim, é entender que o social e o individual constituem uma única substância. (Sawaia, 2014, p. 15).

No terceiro momento, o de sistematização e avaliação do trabalho, foram costurados os relatos, repassando as etapas: sensibilização, confecção da peça e elaboração coletiva. Convidamos, então, os participantes a dizerem o que sentiram e acharam sobre as atividades e as produções do grupo. Carlos, o primeiro voluntário, descreveu a experiência como "*relaxante*", que havia se sentido "*bem e leve*". Lúcio relatou ter sentido seu corpo como de uma "*cobra*": "*flexível e móvel*". Nesse momento, todos riram, mas ninguém pareceu achar a descrição "estranha", concordavam sobre a sensação de bem-estar. A professora relatou ter percebido tensões no corpo, e que se surpreendeu positivamente com a ideia de falar a respeito.

Percebemos que a *oficina* havia contribuído para diminuir algumas barreiras coletivas. Se antes brincar acerca do corpo era problemático, agora ganhava tonalidades mais fluidas, acenando para uma mobilidade das posturas não só físicas, como psíquicas. Além disso, o encorajamento ao discurso, na tomada de posse sobre si, suficiente para sustentar algo sobre o seu corpo perante os outros colegas, novamente incluiu o exercício da *autonomia*.

O fechamento contou com uma reflexão, baseada na fala dos próprios participantes, acerca da potência do corpo e da importância de conhecê-lo melhor, evidenciando que é a partir dele que entramos em contato com o mundo e com as sensações de prazer e desprazer. Ao final, o grupo relatou que havia gostado e solicitou mais *"atividades parecidas"*. Em conversa com o oficineiro e com a psicóloga, discutiu-se o benefício de atividades direcionadas. Dada a boa adesão, participação e envolvimento, foi possível avaliar a *oficina* como positiva, constituindo uma experiência de maior conexão e implicação grupal.

Considerações finais

O presente artigo teve como finalidade apresentar uma intervenção psicossocial dentro de um percurso de estágio vivenciado por três alunos de graduação, supervisionados por um psicólogo. Nessa perspectiva, há três pontos principais a serem considerados: a experiência formativa dos estagiários, a intervenção em si e a contribuição a que esse trabalho se propôs.

No plano formativo, o tensionamento entre teoria e prática, a participação no fazer da Oficina de Cerâmica, o esforço em apreender os atravessamentos psicossociais e éticos, o desenvolvimento da escuta e a colaboração na resolução de uma situação-problema, constituíram uma oportunidade de crescimento enquanto graduandos no campo da Psicologia Social. Nesse sentido, é possível afirmar que a proposta da *pesquisa-ação* foi alcançada, já que, além de mobilizar a construção de uma ação coletiva entre os integrantes do grupo, os próprios pesquisadores também foram afetados no processo. Acrescenta-se como fundamental a laboração na supervisão, permitindo explorar as observações, bem como nos preparar para a criação e coordenação de uma intervenção psicossocial em contexto grupal.

A intervenção contou com interessantes *feedbacks* dos participantes e de representantes da instituição, indicativos de sua coerência. Pretendíamos contribuir na transformação de uma problemática, visando a superação. A utilização da metodologia de Afonso (2006) se provou eficaz para o desenvolvimento das ações, dentro da preocupação com os graus de acesso a nível afetivo e intelectual do grupo. Uma proposta de continuidade, a qual se faz necessária, só seria possível a partir desse primeiro degrau que buscamos construir. A *oficina* serviu também para avaliar a dinâmica grupal, gerando material de análise a fim de criar planos para o prosseguimento de atividades a serem desenvolvidas e que possam utilizar os recursos já disponíveis na instituição, tal como a cerâmica.

Dentre as especificidades do tema e do grupo trabalhado, isto é, a sexualidade da pessoa com deficiência, optamos por não reforçar o caráter de "problema", mas sim encarar como uma oportunidade para o encontro, um dispositivo de laço na reconstrução de si e do outro. Valoramos uma abordagem que foi do concreto ao abstrato. De início, buscamos possibilitar uma vivência ativa na *oficina*, individual e coletiva, para, ao final, elaborar e sistematizar um discurso que trouxesse o saber construído no grupo. Ao contrário de uma palestra, em que uma única pessoa detém o conhecimento e fala unidirecionalmente para sujeitos passivos, acreditamos na potência da reflexão conjunta. Ademais, outra característica que nos auxiliou foi dividir a *oficina* em início, meio e fim e retomar continuamente o sentido de cada etapa, possibilitando uma maior compreensão dos objetivos por parte dos indivíduos.

A questão da fragmentação corporal, observada na representação feita por alguns participantes, não pôde ser totalmente explorada, por razões de objetivo e tempo da atividade. Contudo, no caso de continuação da proposta dentro da temática da sexualidade, seria necessário trabalhar nesses aspectos, e assim, sugerimos à instituição. A autonomia do sujeito com seu corpo passa também pelo reconhecimento de seus limites e de suas formas.

Além disso, com esse trabalho, buscamos propor uma possível estratégia de intervenção focada no grupo analisado. Porém, dado todo o contexto apreendido durante os meses de estágio, ao tratar da temática da sexualidade com os usuários, também estabelecemos uma ponte para o diálogo com outros representantes da instituição. Visto que o problema perpassa a atuação de alguns funcionários e os próprios familiares dos participantes, é evidente que uma solução ampliada exige um trabalho expandido junto a esses públicos.

Por fim, a contribuição a que esse trabalho se propôs diz respeito a servir como exemplo prático de uma intervenção psicossocial em contexto de grupos. Obviamente, não esgota o tema da sexualidade da pessoa com deficiência, nem sequer deve ser usado como modelo estático aplicável. Afinal, deve-se levar sempre em conta o planejamento flexível a partir das especificidades de cada grupo e o contexto no qual este se insere. Contudo, fica como uma possibilidade que pode ser variada e, de preferência, ampliada.

Referências

AFONSO, M. L. M. *Oficinas de dinâmica de grupo*: um método de intervenção psicossocial. 2. ed. São Paulo: Casa do Psicólogo, 2006.

AFONSO, M. L. M. Notas sobre sujeito e autonomia na intervenção psicossocial. *Psicologia em Revista*, Belo Horizonte, v. 17, n. 3, p. 445-464, dez. 2011.

AFONSO, M. L. M.; FADUL, F. M. O trabalho com grupos no PAIF: um diálogo interdisciplinar com a Oficina de Intervenção Psicossocial. *Pesquisas e práticas psicossociais*, São João del-Rei, v. 10, n. 1, p. 140-154, jun. 2015.

AFONSO, M. L. M.; ABADE, F. L. *Para reinventar as rodas*. Belo Horizonte: Rede de Cidadania Mateus Afonso Medeiros (RECIMAM), 2008.

ALBUQUERQUE, P. P. de. *A sexualidade como aspecto inclusivo*: uma proposta de intervenção para pais e professores de jovens com deficiência mental, 2007. 168f. Dissertação (Mestrado em Educação Especial) – Universidade Federal de São Carlos. São Carlos, 2007.

BRASIL. Lei nº 13.146, de 06 de julho de 2015. Institui a Lei Brasileira de Inclusão da Pessoa com Deficiência (Estatuto da Pessoa com Deficiência). *Diário Oficial da União*: Brasília, DF, 2015.

CONSELHO FEDERAL DE PSICOLOGIA. *Práticas profissionais dos(as) psicólogos(as) em educação inclusiva*, Brasília, DF: CFP, 2009.

FERREIRA, M. C. A Psicologia Social Contemporânea: Principais Tendências e Perspectivas Nacionais e Internacionais. *Psicologia*: Teoria e Pesquisa, Brasília, 26, n.spe, p. 51-64, 2010.

JUNIOR, L. N.; RIBEIRO, C. T. Intervenções psicossociais em comunidades: contribuições da psicanálise. *Psicologia & Sociedade*, Florianópolis, v. 21, n. 1, p. 91-99, abr. 2009.

KASTRUP, V. O lado de dentro da experiência: atenção a si mesmo e produção de subjetividade numa oficina de cerâmica para pessoas com deficiência visual adquirida. *Psicologia*: Ciência e Profissão, Brasília, v. 28, n. 1, p. 186-199, 2008.

LEWIN, K. *Problemas de dinâmica de grupo*. São Paulo: Cultrix, 1978.

LISE, F. A.; TEIXEIRA, A.; GRANDO, A. P.; PALUDO, C. A. Relato de experiência: oficina de sexualidade com estudantes de uma escola de educação especial do Oeste de Santa Catarina. *Unoesc & Ciência - ACHS*, v. 9, n. 2, p. 147-154, dez. 2018.

LUIZ, G. M.; DAL PRÁ, R. M.; AZEVEDO, R. C. Intervenção psicossocial por meio de oficina de dinâmica de grupo em uma instituição: relato de experiência. *Revista da Faculdade de Ciências Humanas e da Saúde*. v. 23, n. 2, p. 245-260, abr. 2015.

MELO, A. S. E. de.; MAIA FILHO, O. N.; CHAVES, H. V. Lewin e a pesquisa-ação: gênese, aplicação e finalidade. *Fractal*: Revista de Psicologia, Rio de Janeiro, v. 28, n. 1, p. 153-159, abr. 2016.

PINHEIRO, S. N. S. Sexualidade e deficiência mental: revisando pesquisas. *Psicologia Escolar e Educacional*, Campinas, v. 8, n. 2, p. 199-206, dez. 2004.

POZZANA, L.; KASTRUP, V. Da propriocepção à apropriação da experiência: uma prática corporal com pessoas com deficiência visual. *Periferia*, Rio de Janeiro, v. 9, n.1, p. 358-382, jan./jun. 2017.

SAWAIA, B. B. Transformação social: um objeto pertinente à psicologia social? *Psicologia & Sociedade*, Belo Horizonte, v. 26, n.spe2, p. 4-17, 2014.

Interseccionalidade e Contra-Hegemonia nas Instituições de Ensino Superior: Educação na Interface de Raça

Camilla Gabrielle Gomes Vieira[1]
Dannielle Starling[2]

Introdução

No Brasil, a partir da Constituição de 1988, a educação é apresentada como um direito básico de cidadania. Portanto, seria de atribuição do Estado também promover acesso a oportunidades mais igualitárias e democráticas de participação e qualificação da produção científica e mão de obra no país.

O acesso à educação é assimétrico: para alguns oferecem ambientes e infraestrutura que facilitam a aprendizagem em condições objetivas, professores capacitados e tempo hábil de estudo, e para outros a precariedade destas condições. Portanto, torna-se necessário pensar nas desigualdades sustentadas socialmente que atravessam raça, classe e gênero desde a Educação Básica até o Ensino Superior.

Em resposta à demanda de acesso universalizado à educação, movimentos políticos, como o Movimento Negro, requereram a efetivação desses direitos constitucionais para além do prescrito. Uma das

1 Psicóloga graduada pelo Centro Universitário Una/MG. Mestranda em Psicologia Social - UFMG e pós-graduanda em Psicanálise: Teoria, Clínica e Extensão - UNIFEMM. *E-mail*: allimac.gomes@gmail.com

2 Psicóloga Clínica. Doutora em Literatura Comparada – UFMG. Professora de Psicologia do Centro Universitário Una. *E-mail*: dannirstarling@gmail.com

formas de inclusão das diversidades nas Instituições de Ensino Superior brasileiro são as políticas de ação afirmativa – reserva de vagas, bolsas e auxílios para incitar acesso e permanência nestes espaços –, iniciados com ênfase na inclusão étnico-racial, no sentido de reparações históricas ao passado colonial que estruturou um sistema racista sustentado pela sociedade. Estas ações políticas efetivas propiciaram condições objetivas para mobilidade social e possibilidades de equiparação em relação a desigualdades e estratificação social.

Neste ponto, as ações afirmativas são definidas como políticas públicas e privadas que visam a concretização de direitos constitucionais de igualdade e não discriminação. Desta forma, necessitam ser pensadas em perspectiva local, que abarque as especificidades territoriais. No Brasil, é preciso ter em mente as relações entre desigualdades e discriminação, em paralelo à invisibilização da raça em detrimento da classe, para desvelar essa problemática em suas intersecções (Schwartzman, 2013; Gomes, 2003 apud Moreira, 2017). Ou seja, seria preciso considerar, conforme Moreira que,

> levar em conta as características que compõem a identidade é atentar para as particularidades ou especificidades de cada grupo que compõe a população. Para se atingir o ideal de igualdade ou acesso igualitário, são indispensáveis ações que propiciem a inclusão com representação proporcional de integrantes de grupos vulneráveis nos diversos espaços sociais. Essas ações podem acontecer por intermédio das políticas de ações afirmativas, porque as ações afirmativas constituem, pois, um remédio de razoável eficácia para esses males. É indispensável, porém, uma ampla conscientização da própria sociedade e das lideranças políticas de maior expressão acerca da absoluta necessidade de se eliminar ou de se reduzir as desigualdades sociais que operam em detrimento das minorias, notadamente as minorias raciais (Moreira, 2017, artigo não paginado).

Levando em consideração a conquista recente do acesso étnico-racial nas instituições, percebe-se que não foi uma batalha fácil. As ações afirmativas se construíram diante de lutas de parcela da população negra frente às desigualdades educacionais, e no embate com as políticas que consideram o mito da democracia racial como premissa de isonomia entre os cidadãos. Assim, em um contexto de governo democrático e com intenções voltadas à inclusão social, aprovou-se a Lei 12.711 de 2012, assinada pela então Presidente Dilma Rousseff, dispondo sobre as ações afirmativas de reserva de vagas nas universidades federais e nas instituições federais de ensino técnico de nível médio, conhecida como "Lei de Cotas". Esta construção não foi específica para o recorte étnico racial, tratando-se inicialmente de vagas para alunos egressos de escolas públicas e alunos com famílias que teriam rendimentos de até 1,5 salário mínimo per capita, e porcentagem dentro desses quesitos para candidatos com autodeclaração racial indígena ou negra (Brasil, 2012). Pode-se citar ainda, no campo das ações afirmativas, o Programa Universidade Para Todos (PROUNI), promulgado pelo Presidente Luis Inácio Lula da Silva, na Lei 11.096 de 2005, que dispõe sobre o oferecimento de bolsas de estudo integrais e parciais em instituições privadas de educação superior. Neste Programa há reserva de vagas para candidatos autodeclarados indígenas e negros (Brasil, 2005).

No entanto, vale ressaltar que nestes governos não houve ausência de conflito mesmo com os avanços conquistados. O principal tensionamento observado aponta para a resistência em aderir as discriminações positivas – que compreendem as diferenças e possibilidades de justiça social – em nome do falso argumento de completa igualdade entre todos os cidadãos.

No cenário atual brasileiro de políticas neoliberais são efervescentes, por exemplo, evidenciados pela formulação de projetos de lei como o PL 1531/19, proposto pela deputada Professora Dayane Pimentel (PSL-BA), embasados em argumentos como "todas as formas de discriminação são vedadas constitucionalmente" [sic] e "não caberia à legislação ordinária estabelecer tais distinções raciais no ordenamento jurídico?" [sic], alegando que não há legitimidade em possibilitar acesso diferenciado por critério racial (Agência Câmara de Notícias, 2019, n.p.).

Diante disso, fica evidente que as relações étnico-raciais dentro da universidade ainda são hegemonicamente marcadas por silêncios e violências veladas em relação à população negra e ao acesso a este espaço.

Neste sentido, as questões evocadas nesta exposição são as seguintes: como tem sido a tratativa do recorte de raça no ensino superior?

Como abordar a pluralidade de vivências de forma mais complexa e que abarque os atravessamentos sociais dos sujeitos no âmbito acadêmico?

Cabe questionar se as Instituições de Ensino Superior têm se transformado de modo a promover a real integração desta população em caminhos de promoção de igualdade racial nas relações institucionais, epistemológicas, transmissão do conhecimento, atividades acadêmicas e, principalmente, se têm incluído os discentes, considerados em sua diversidade, neste espaço.

Abordagem educacional hegemônica estruturada no racismo institucional

Compreendendo a Universidade como espaço institucional que relaciona e reproduz articulações com as estruturas sociais, observamos a tendência em considerar como padrão hegemônico cultural aqueles da classe dominante, considerando como padrão da sociedade a branquitude não racializada.

A psicóloga e doutora em Psicologia escolar e desenvolvimento humano, Maria Aparecida Bento (2002), propõe a tese do *pacto narcísico da branquitude*, conceituado como "pacto silencioso de apoio e fortalecimento aos iguais. Um pacto que visa preservar, conservar a manutenção de privilégios e de interesses" (Bento, 2002, p. 105-106). Este pacto baseia-se na proteção dos interesses e na defesa de seus iguais brancos e, embora por vezes reconheça a discriminação e disparidade em outros grupos étnicos-raciais, o discurso é de indiferença em relação a tais violações. Para abordar esta relação de proteção entre brancos, a autora utiliza o termo "narcísico" no sentido freudiano de investimento de amor e preservação de si e de aversão ao diferente, produzindo ligações unificadoras pelo ódio aos sujeitos negros e pelo medo de perder as posições de poder e privilégio que hegemonicamente a branquitude detém (Bento, 2002).

Conforme afirmativa anterior, falar em hegemonia não significa dizer ausência de conflito. Ao contrário, implica dizer que o grupo dominante racial se depara com resistências para se manter no poder, utilizando consensos e concessões para o grupo dominado se manter subalternizado. Assim, o racismo nas instituições pode ter modificações em atos de omissão ou ação dos poderes institucionais, motivados por conflitos intra e interinstitucionais, demandados pelas dinâmicas sociais. Os conflitos nestes contextos podem servir de potencializadores de atos de reforma, ou seja, operarem mudanças nas regras de funcionamento que atendam aos grupos dominados, de modo que a instituição prossiga estável. Neste sentido, cita-se as ações afirmativas nas Instituições de Ensino Superior em resposta às demandas sociais de inclusão e acesso da população negra a estes espaços. (Almeida, 2018).

Gramsci (1999), autor marxista, compreende a hegemonia como construção ideológica calcada no capitalismo e nas relações entre as classes sociais. O autor afirma que

> coloca-se o problema fundamental de toda a concepção do mundo, de toda a filosofia que transformou em um movimento cultural, em uma religião, em uma fé, ou seja, que produziu uma atividade prática e uma vontade nas quais ela esteja contida como premissa teórica implícita (uma ideologia, pode-se dizer, desde que se dê ao termo ideologia o significado mais alto de uma concepção do mundo, que se manifesta implicitamente na arte, no direito, na atividade econômica, em todas as manifestações da vida individuais e coletivas) – isto é, o problema de conservar a unidade ideológica em todo o bloco social que está cimentado e unificado justamente por aquela determinada ideologia [...] (Gramsci, 1999, p. 98).

Já Silvio de Almeida, professor e pesquisador no campo de Direito e Filosofia, em seu livro *O que é racismo estrutural* (2018), afirma que o racismo é sempre estruturante, pois é integrado e desenvolvido econômica e politicamente na sociedade. O autor aponta que as instituições têm mecanismos para conservação do *status quo* constituídos por padrões de racionalidade que se normalizam e naturalizam ao impor seus interesses políticos e econômicos em relação à manutenção do seu poder e dominação. Desta forma, o racismo estrutural estabelece conformações que moldam desigualdades e violências na vida contemporânea, sendo sustentador de sentido e lógica nas relações, sejam intrapessoais, interpessoais ou institucionais que se materializam em normas que moldam o comportamento dos sujeitos em ligação a ações objetivas e subjetivas em seus afetos e preferências. Atravessa-se nos indivíduos e/ou grupos o desejo de assumir o controle institucional. Essas manifestações de movimentos de poder evidenciam produções de que "por trás da raça sempre há contingência, conflito, poder e decisão, de tal sorte que se trata de um conceito relacional e histórico" (ALMEIDA, 2018, p. 15).

Na compreensão desses espaços, atos racistas não são restritos apenas a atos individuais, mas devem ser abordados também na dimensão conceituada como racismo institucional. Segundo Sílvio Almeida, o racismo institucional é "resultado do funcionamento das instituições, que passam a atuar em uma dinâmica que confere, ainda que indiretamente, desvantagens e privilégios a partir da raça" (ALMEIDA, 2018, p. 29).

A partir desses apontamentos, podemos compreender que a Universidade é uma instituição dentro de um sistema estruturalmente racista e perpassada pelo racismo institucional. Do modo como se estrutura, a Universidade absorve conflitos e antagonismos que são parte da vida em sociedade e que tendem à estabilidade para manter o *status quo* de exclusão da população negra e diversidades na dinâmica social. Este fato é observado tanto de formas escancaradas – como atos individuais de preconceito e discriminação –, quanto de maneiras sutis, como a não inclusão de epistemologias e saberes contra-hegemônicos na dialética e transmissão do conhecimento ou a desconsideração da existência e consolidação de produções por sujeitos subalternizados, em detrimento da naturalizada hegemonia tradicional da cultura acadêmica androcêntrica, eurocentrada e branca não racializada como universal.

Neste sentido, a autora bell hooks teoriza sobre a abordagem do multiculturalismo na educação. Na prática como educadora, ela observa a negação do conflito como parte da não mobilização dos discentes e da manutenção da estabilidade dos modos de fazer:

> A falta de disposição de abordar o ensino a partir de um ponto de vista que inclua uma consciência da raça, do sexo e da classe social tem suas raízes, muitas vezes, no medo de que a sala de aula se torne incontrolável, que as emoções e paixões não sejam mais represadas. Em certa medida, todos nós sabemos que, quando tratamos em sala de aula de temas acerca dos quais os alunos têm sentimentos apaixonados, sempre existe a

possibilidade de confrontação, expressão vigorosa das ideais e até de conflito (Hooks, 2013, p. 55-56).

Na evitação do conflito advindo de discussões contra-hegemônicas, Frantz Fanon (2008) coloca em evidência o processo de cristalização cultural, que convoca criticamente as percepções que vão na contramão disto. Segundo este autor, a cultura produz hábitos de pensamentos essencialmente brancos, inclusive na produção de conhecimento. Cita o sentido inconsciente coletivo junguiano como algo herdado na substância cerebral na coletividade e presença arquetípica entremeada a uma esquematização em que coloca o negro atrelado à selvageria. Nisto, o autor faz crítica apontando que o inconsciente coletivo como cultural, sendo um "conjunto dos preconceitos, mitos, atitudes coletivas de um grupo determinado" (Fanon, 2008, p. 159), que serviria para naturalizar as diferenças diante do conjunto culturalista discriminatório, e que funcionaria como mantenedor de hierarquias e falseador da ocorrência da dominação racial.

Neste raciocínio, Araújo (2019) comenta Fanon (2008) e elucida que

> A luta antirracista nas democracias modernas não superou essa armadilha – construída pela branquidade – e o paradigma da integração (com todo o seu imaginário da diversidade) tem dado apenas uma nova forma ao mundo racializado, mantendo o seu conteúdo. O enquadramento da luta antirracista nos limites da gramática da integração constitui-se como armadilha colonial que age numa espécie de dupla perversão: no silenciamento acerca da mistificação dos sujeitos e na tutelagem da *práxis* negra pela branquidade (Araújo, 2019, n.p).

Portanto, é preciso avaliar se os movimentos de inclusão das diversidades na Universidade estão sendo coniventes com a manutenção da estabilidade da branquitude ou se estão se produzindo em favor de um ideal societário mais igualitário. Pensar e intervir nestes movimentos estruturais e paradigmáticos é algo que Fanon (2008) afirma ser "uma tarefa colossal, este inventário do real. Nós coligimos fatos, nós os comentamos, mas a cada linha escrita, a cada proposição enunciada, temos a impressão de algo inacabado" (Fanon, 2008, p. 148). Logo, dizer de estruturas racistas e de instituições de educação implica em movimentar estruturas sustentadoras da sociedade e formas de saber fazer cristalizadas. E, embora seja árdua a tarefa de dar visibilidade a construções contra-hegemônicas, é necessário para vislumbrar e atuar em formas de antirracismo que transcendam a concepção de inclusão de sujeitos negros nesses espaços. Bem como é preciso considerarmos os atravessamentos históricos latino-americanos de colonialismo e as intersecções sociais em movimento dialético e interventivo (Fanon, 2008).

A partir da abordagem do racismo estrutural, e tendo em vista as contribuições contra-hegemônicas em relação à raça e às diversidades, podemos observar que as Instituições de Ensino Superior são engendradas factualmente no racismo institucional. A partir de cada contexto, é necessário compreender a estrutura e buscar instrumentalização para uma educação que contemple não apenas a questão racial, mas abarque a diversidade em suas especificidades como um horizonte possível. Conforme afirma hooks,

> A academia não é o paraíso, mas o aprendizado, é um lugar onde o paraíso pode ser criado. A sala de aula com todas suas limitações continua sendo ambiente de possibilidades. Nesse campo de possibilidades, temos a oportunidade de trabalhar pela liberdade, exigir de nós e de nossos camaradas uma abertura da mente e do coração que nos permite encarar a realidade ao mesmo tempo em que, coletivamente, imaginemos esquemas para cruzar fronteiras, para transgredir. Isso é a educação como prática da liberdade (Hooks, 2013, p. 273).

Enfim, para analisar e intervir na educação em práticas coerentes e libertárias, o embasamento na interseccionalidade pode ser um caminho de possibilidades.

Interseccionalidade: teoria, método e instrumento de intervenção

A interseccionalidade é um paradigma teórico e metodológico advindo dos movimentos feministas negros. Esta abordagem compreende a perspectiva de subalternidade como possibilidade de pensar nas combinações e nos entrecruzamentos das opressões que incidem sobre os sujeitos, e instrumentaliza-se também como teoria crítica para se pensar em novos marcos civilizatórios (Ribeiro, 2016).

Enquanto forma de análise e crítica, o método vinha sendo usado anteriormente por feministas negras no campo das ciências humanas, enfaticamente na sociologia, para abordagem qualitativa compreender enlaçamentos de desigualdade de gênero, raça, classe e sexualidade sem instituição do termo. Kimberlé Crenshaw, no âmbito do Direito, demarcou o termo em sua tese de doutorado intitulada "Demarginalizing the intersection of race and sex; a black feminist critique of discrimination doctrine, feminist theory and antiracist politics", em 1989, esquematizando a interseccionalidade como

> conceituação do problema que busca capturar as consequências estruturais e dinâmicas da interação entre dois ou mais eixos da subordinação. Ela trata especificamente da forma pela qual o racismo, o patriarcalismo, a opressão de classe e outros sistemas discriminatórios criam desigualdades básicas que estruturam as posições relativas de mulheres, raças, etnias, classes e outras (Crenshaw, 2002, n.p).

Dayane Assis (2019) sintetiza a compreensão da interseccionalidade no âmbito das dinâmicas de interação a partir de três pontos principais: enquanto ferramenta teórico-metodológica para compreender a multiplicidade de opressões; não hierarquização ou somatória de opressões e o lugar de fala individual tem referências múltiplas a partir de suas vivências.

Desta forma, a interseccionalidade nestas dinâmicas é uma teoria transdisciplinar, objetiva "apreender a complexidade das identidades e das desigualdades sociais por intermédio de um enfoque integrado", de modo a abarcar as especificidades dos sujeitos, junto à multiplicidade de seus marcadores sociais. Por outro lado, refuta o enclausuramento e a hierarquização dos grandes eixos da diferenciação social que são as categorias de sexo/gênero, classe, raça, etnicidade, idade, deficiência e orientação sexual (Bilge, 2009 apud Hirata, 2014, p. 62).

Carla Akotirene (2020), assistente social, mestra e doutoranda brasileira no campo dos estudos em feminismo negro, em seu livro intitulado *Interseccionalidade*, aponta a interseccionalidade como metodologia necessária com viés decolonial a ser ferramenta de crítica política para a compreensão da fluidez de identidades subalternizadas impostas a preconceitos, subordinações e opressões que se estruturam na colonialidade moderna. De maneira conjunta trabalha racismo, capitalismo e cisheteropatriarcado, sem hierarquização e disputa de quais violações e opressões seriam de maior importância (Akotirene, 2020).

A autora ressalta que a abordagem interseccional não se trata de somatória de identidades, como ser mulher negra acrescido de pobre acrescido de lésbica, por exemplo. O método interseccional "impede aforismos matemáticos hierarquizantes ou comparativos. [..] analisa se quais condições estruturais atravessam corpos" em posições que orientam as subjetividades nas interações estruturais engendradas no colonialismo como matriz opressiva manifestada na identidade. Os marcadores de identidade não devem se abster de suas marcações, mesmo que não estejam todos explícitos no contexto (Akotirene, 2020, p. 43).

Nesta compreensão, é possível pensar na dinâmica promovida pelas interações e seus devires, uma vez que aponta como caminho analítico interventivo de como a "interseccionalidade se refere ao que faremos politicamente com a matriz de opressão responsável por produzir diferenças, depois de enxergá-las como identidades", atuando nas interações de produzir e reproduzir desigualdades sociais (Akotirene, 2020, p. 46).

Refletindo na utilização de perspectivas contra-hegemônicas, como a interseccionalidade, no campo da educação superior, em termos de produção e de transmissão de saberes, é possível vislumbrar e construir dinâmicas de distribuição de poder e acesso aos sujeitos subalternizados, rumo a caminhos integradores de civilidade.

Educação e afetos: caminhos de transformação

Construir caminhos que abarquem as pluralidades da diversidade e sejam emancipadores é um desafio. Na publicação *Ensinando a transgredir: a educação como prática de liberdade (2013)*, bell hooks traz teorias e vivências sobre ser professora negra, teórica e escritora, na perspectiva da pedagogia crítica-feminista. A autora centraliza a ideia de que para haver uma pedagogia transformadora é preciso fazer da sala de aula um espaço democrático onde circulam afetos e responsabilidade de contribuir (hooks, 2013). Em uma perspectiva brasileira, podemos compreender que, com os movimentos inclusão e ações afirmativas na Universidade, o público deixa de ser majoritariamente homogêneo, centrado nas brancas elites dominantes, e passa a se racializar. O antropólogo Peter Fry (2005) disserta sobre racialização convocada e materializada pelas ações afirmativas raciais

> [...] a ação afirmativa não veio somente para compensar negros pelo passado de escravidão e pelo presente da discriminação. Veio desfazer a 'mistura racial' para produzir só duas raças. Antes uma sociedade de classes que recusa reconhecer as identidades raciais, o Brasil é agora imaginado como uma sociedade de 'raças' e 'etnias' distintas. As políticas de ação afirmativa racial terão a consequência de estimular os pertencimentos 'raciais', assim fortalecendo a crença em raças (Fry, 2005, p. 336).

Neste ponto, faz-se necessário retomarmos o sentido da racialização por meio do "pacto narcísico da branquitude" (Bento, 2002). A branquitude não racializada, instigada pela evidência dos conflitos que alimentam reformas estruturais, e a identificação neutra que não se racializa, agem invisibilizando o outro e mantendo o *status quo* que entra em contrariedade.

Para a teórica e escritora Akotirene, trazer a análise interseccional implicaria em "construir uma canoa de resgate discursivo" dos sujeitos vistos em experiência de alteridade, em um sentido hegeliano de contraste e diferença, em relação à branquitude não racializada (Akotirene, 2020, p. 40). No percurso de pensar branquitude nas instituições, quando o outro racializado, ou seja, o negro passa a acessar lugares já institucionalizados hegemonicamente como espaços de pessoas brancas – neste recorte, a educação de Ensino Superior –, este acesso de sujeitos não brancos pela via da identificação étnico-racial afeta estruturas já cristalizadas. A branquitude, que até então não se concebia como raça, passa a racializar-se pela presença do outro no espaço. Este processo de racialização fornece marcações e nomeações que possibilitam questionar as vivências do ser branco, podendo modificar olhares em relação à sociedade, ser tomado como ameaça à branquitude ou como abertura à diversidade.

Neste sentido, Hooks (2013) aponta que os espaços universitários e as salas de aula se tornam mais racializadas e diversas, quando há acesso pluralizado de pessoas. Os professores se deparam e "têm de enfrentar o modo como a política da dominação se reproduz no contexto educacional". Um dos desafios é dar voz e implicar todos os sujeitos na aprendizagem, de maneira includente:

> Os alunos brancos e homens, por exemplo, continuam sendo os que mais falam em nossas aulas. Os alunos de cor e algumas mulheres brancas dizem ter medo de que os colegas os julguem intelectualmente inferiores. Já dei aula a brilhantes alunos de cor, alguns de idade avançada, que conseguiram, com muita habilidade, nunca abrir a boca em sala de aula. Alguns expressam o sentimento de que se simplesmente não afirmarem sua subjetividade terão menos probabilidade de serem agredidos. Disseram que muitos professores universitários jamais manifestaram o menor interesse por ouvir a voz deles. [...] Freire chamou de "educação bancária", onde os alunos são encarados como meros consumidores passivos (Hooks, 2013, p. 56-57).

Na concepção freiriana que critica a passividade e a posição dos alunos como meros receptáculos de regurgitação de saberes, a educação de um aluno deve ser reconhecida como algo que transcende o tempo em sala de aula. Este é um movimento necessário a ser convocado nas Universidades. É preciso dar voz e incitar a falar, oferecendo um ambiente de apoio para expressão de outras narrativas.

Ações possíveis para promover um ambiente educacional antirracista e integrador, na perspectiva de investimentos em relações de troca e desconstruções que deem voz e lugar como horizonte de superação de assimetrias de poder, abrangem pontos como:

- Modificar currículos para incluir produções por sujeitos subalternizados, para além das contribuições estritamente hegemônicas.
- Ter cuidado em não reduzir as contribuições de pessoas negras apenas à temática do racismo. É preciso fomentar visibilidade étnico-racial nas ciências.

- Desenvolver formações para os profissionais da educação em relação ao antirracismo e às diversidades, que capacitem a modos de saber fazer mais coerentes com a realidade.
- Promover espaços dialógicos entre os docentes, discentes e encontro de ambos para troca de experiências, reflexões e construções, considerando a potencialidade dos pequenos grupos em produzir mudanças macro e microestruturalmente.

Nesta seara, atuando conjuntamente a compreender e intervir no sentido em que acontece uma "educação libertária quando todos tomam a posse do conhecimento como se fosse este uma plantação em que todos temos de trabalhar", potencializam-se transformações significativas para os envolvidos e seu entorno (Hooks, 2013, p. 26).

Articulam-se teoria, prática, vivências e afetos nestes processos:

> Quando nossa experiência vivida da teorização está fundamentalmente ligada a processos de autorrecuperação, de libertação coletiva, não existe brecha entre a teoria e a prática. Com efeito, o que essa experiência mais evidencia é o elo entre as duas – um processo que, em última análise, é recíproco, onde uma capacita a outra.
>
> A teoria não é intrinsecamente curativa, libertadora e revolucionária. Só cumpre essa função quando lhe pedimos que o faça e dirigimos nossa teorização para esse fim (Hooks, 2013, p. 85-86).

Evidencia-se, então, a necessidade da implicação dos sujeitos nesses processos, para além de absorver conhecimentos acadêmicos, se comprometerem pessoalmente em considerar como parte da vivência cotidiana tais construções e desconstruções em posturas críticas tanto no círculo acadêmico quanto em suas comunidades.

Os ganhos destas relações não se restringem aos grupos diversos que passam a acessar mais democraticamente os espaços de saber. São moções coletivas que aumentam o espectro de experiências e atuações em todo campo acadêmico, que enriquecem relações intrapessoais, interpessoais e profissionais.

Representar e dar fala para todos os sujeitos na compreensão da interface dos atravessamentos sociais nas experiências é incitar movimentos de valorização, emancipação e vida às diversidades.

Considerações finais

O acesso à educação é concebido como um direito básico, teoricamente. Na prática, são percebidos fatores atravessadores sociais, como raça, classe e gênero, que incidem sobre sujeitos e comunidades e propiciam oportunidades díspares de qualidade de ensino.

O recorte de raça diante do acesso às Universidades é uma temática que vem estimulando consensos e dissensos sociais.

Conforme citado anteriormente, o país é estruturalmente calcado no racismo, que atravessa relações intra e interpessoais, inclusive no interior das instituições, como é o caso das Instituições de Ensino Superior.

Mesmo em um espaço que se pretende emancipatório e transformador é possível observar a dinâmica social que hegemonicamente mantém a posição de dominação e de privilégios centrados na branquitude e mantidos em prol do racismo estrutural.

Portanto, compreende-se que o ambiente acadêmico pode ser excludente – quando mantém um viés tradicionalista meritocrático, baseado na hegemonia dos privilégios da branquitude – ou integrador – quando compreende os sujeitos em sua diversidade e seus atravessamentos sociais além de raça: em classe e em gênero.

Empreender esforços em uma educação que caminha contra-hegemonicamente é desafiador, porém, potente em convocar consciências e desvelamentos das ocultações que as estruturas sociais produzem perversamente para se manterem estáveis.

Uma educação libertadora e com compreensão dos enlaçamentos interseccionais, mais que incluir afetos, produz epistemologias contra-hegemônicas que contemplam sujeitos subalternizados, fornece possibilidades de movimentar estruturas, experiências significativas que transcendem os espaços institucionais e podem modificar trajetórias, provocar reflexões e promover mudanças micro e macroestruturais.

Referências

AGÊNCIA CÂMARA DE NOTÍCIAS. *Projeto elimina critério racial das cotas de universidades e institutos federais*. Câmara Legislativa, Brasília-DF, maio de 2019. Disponível em: <https://www.camara.leg.br/noticias/

557112-projeto-elimina-criterio-racial-das-cotas-de-universidades-e--institutos-federais/>. Acesso em: 15 set. 2020.

AKOTIRENE, Carla. *Interseccionalidade*. Pólen Produção Editorial LTDA, 2019.

ALMEIDA, Silvio. *Racismo estrutural*. Belo Horizonte. Letramento, 2018.

ARAÚJO, Danielle Pereira de. Inclusão com mérito e as facetas do racismo institucional nas universidades estaduais de São Paulo. *Revista Direito e Práxis*, v. 10, n. 3, p. 2182-2213, 2019. Disponível em: <http://www.scielo.br/scielo.php?script=sci_arttext&pid=S2179=89662019000302182-&lng=en&nrm-iso>. Acesso em: 12 set. 2020. Epub 16 de set., 2019.

ASSIS, Dayane N. Conceição de. *Interseccionalidades*. Salvador: UFBA, Instituto de Humanidades, Artes e Ciências; Superintendência de Educação a Distância, 2019. 57 p.: il.

BENTO, Maria Aparecida S. *Pactos narcísicos no racismo: branquitude e poder nas organizações empresarias e no poder público* / Maria Aparecida Silva Bento. – São Paulo: s.n., 2002.p.169.

BRASIL. Lei N° 11.096 de 13 de Janeiro de 2005. *Institui o Programa Universidade para Todos – PROUNI, regula a atuação de entidades beneficentes de assistência social no ensino superior*; altera a Lei nº 10.891, de 9 de julho de 2004, e dá outras providências. Disponível em: <http://www.planalto.gov.br/ccivil_03/_ato2004-2006/2005/lei/l11096.htm>. Acesso em: 15 set. 2020.

BRASIL. Lei Nº 12.711 de 29 de Agosto de 2012. *Dispõe sobre o ingresso nas universidades federais e nas instituições federais de ensino técnico de nível médio e dá outras providências*. Disponível em: <http://www.planalto.gov.br/ccivil_03/_ato2011-2014/2012/lei/l12711.htm>. Acesso em: 15 set. 2020.

CRENSHAW, Kimberlé. Demarginalizing the intersection of race and sex: A black feminist critique of antidiscrimination doctrine, feminist theory and antiracist politics. *u. Chi. Legal f.*, p. 139, 1989.

CRENSHAW, Kimberlé. Documento para o encontro de especialistas em aspectos da discriminação racial relativos ao gênero. *Revista estudos feministas*, v. 10, n. 1, p. 171-188, 2002. Disponível em: <http://www.scielo.br/scielo.php?script=sci_arttext&pid=S0104-026X2002000100011&lng=en&nrm=iso>. Acesso em: 12 set. 2020.

FANON, Frantz. *Pele negra, máscaras brancas*. Tradução de Renato da Silveira, Salvador: SciELO-EDUFBA, 2008.

FRY, Peter. *A Persistência da Raça*. Rio de Janeiro, Civilização Brasileira, 2005.

GRAMSCI, Antonio. Introdução ao estudo da filosofia. *A filosofia de Benedetto Croce*, v. 1, 1999.

HIRATA, Helena. Gênero, classe e raça Interseccionalidade e consubstancialidade das relações socais. *Tempo social*, v. 26, n.1, p. 61-73, 2014.

HOOKS , Bell. *Ensinando a transgredir*: a Educação como prática de liberdade. Tradução de Marcelo Brandão Cipolla, São Paulo: Editora Martins Fontes, 2013.

MOREIRA, Glaucia de Oliveita et al. Inclusão social e ações afirmativas no ensino superior no Brasil: para quê. *Revista Educação Superior*, Campinas, 2017.

RIBEIRO, Djamila. Feminismo negro para um novo marco civilizatório. *Revista internacional de direitos humanos*, v. 13, n. 24, p. 99-104, 2016.

SCHWARTZMAN, Simon. (1980). A crise da universidade. *Revista de Ensino Superior da Unicamp*, v.10, 2013. Disponível em: <https://www.revistaensinosuperior.gr.unicamp.br/artigos/a-crise-da-universidade>. Acesso em: 13 set. 2020.

A noção de branquitude e a inclusão de brancos/as na luta antirracista

Eduardo Teixeira Rodrigues[1]
Paulo Roberto da Silva Júnior[2]

Introdução

As discussões sobre as temáticas raciais têm ganhado força e forma na sociedade brasileira nas últimas décadas, fruto do esforço de intelectuais negros/as e dos diferentes movimentos sociais que lutam pelo fim da exclusão social dos negros e das negras numa sociedade dita como democrática de direitos. Dentre a multiplicidade de pontos debatidos, destacamos os contrapontos de uma sociedade que apregoa princípios democráticos de direito, mas que convive com injustiças e discriminações (Jodelet, 2001), dentre elas a de cunho racial. Tematizar, portanto, a inclusão social na perspectiva racial significa propor mudanças significativas e impactantes não somente sobre os discursos em si, mas também, sobre a forma de reprodução deles, sua transformação

1 Pós-graduado em Intervenção Psicossocial no Contexto das Políticas Públicas pelo Centro Universitário UNA (2019). Graduado em Psicologia pelo Centro Universitário UNA (2018). Fez parte do diretório ampliado da ABRAPSO-MG (2017-2018). *E-mail*: psicologiaeduardo2@gmail.com

2 Psicólogo. Mestre em Psicologia Social. Doutor em Psicologia Social pela Universidade Federal de Minas Gerais. Professor da Faculdade Arnaldo, do Centro Federal de Tecnologia de Minas Gerais / CEFET-MG e da Pós-graduação em Intervenção Psicossocial no Contexto das Políticas Públicas do Centro Universitário UNA. *E-mail*: paulosilva.junior@yahoo.com.br

em prática social e acerca da responsabilização dos e das protagonistas brancas que produzem a subordinação racial dentro de um contexto racial diversificado.

Este texto busca refletir, por meio de um estudo de revisão bibliográfica, sobre a noção de branquitude na sociedade brasileira, buscando apresentar como, a partir do reconhecimento dos seus privilégios, as pessoas brancas podem trabalhar para a construção de uma sociedade mais igualitária, justa e inclusiva, vindo a contribuir para a luta antirracista e para a democratização das relações raciais. Para tal, apresentamos resultados da análise de cinco artigos acadêmicos, os quais dissertem acerca do tema branquitude, com foco no lugar de fala do/a branco/a no debate racial. Ressaltamos que a problematização do lugar da pessoa branca no debate racial, a partir da explicitação dos privilégios sociais, pode contribuir para o empoderamento, para a libertação e para a emancipação (Garrafa, 2005), como aspectos fundamentais para a compreensão das pessoas brancas, como também, racialmente marcadas na nossa sociedade.

Esse teor crítico e problematizador, segundo Gomes (2005), surge devido às mudanças sociais e à maior apropriação do saber, principalmente, pela população negra, além da ampliação do debate acerca das relações raciais e de conceitos importantes presentes nessa construção. Além disso, ao pensar na construção dos saberes e fazeres em Psicologia na contemporaneidade, o debate sobre as relações raciais e os diálogos surgidos a partir dele, emerge como uma necessidade tanto teórica quanto prática na formação do/a profissional psicólogo/a, tendo em vista a urgência de se dialogar com a realidade cultural, étnica-racial e social dos sujeitos, sua cidadania e outros aspectos, como pontua Souza et al. (2018).

Compreendemos, assim, a importância e a relevância da problematização acerca das relações raciais dentro da sociedade brasileira, relacionando os aspectos psicossociais que permeiam as relações entre brancos/as e pretos/as e suas nuances. Do mesmo modo, cada vez mais pesquisas voltadas à compreensão da temática da desigualdade racial trazem em seu conteúdo o conceito de branquitude, como uma categoria analítica central no exercício de reconhecimento ou não dos privilégios, bem como o lugar das pessoas brancas no diálogo inter-racial, como destacado pela autora Carone e Bento (2002). Segundo as autoras, essa posição é fundamental no entendimento dos "reflexos sociais" demandantes e exige atenção e diálogo para que novas constituições sociais possam surgir a partir daí.

Dessa forma, buscaremos estabelecer um percurso teórico sobre as relações raciais, o racismo e as suas nuances, o movimento negro e a branquitude, bem como os privilégios dessa, para, por fim, refletir sobre o local do branco no debate racial e em como este lugar pode contribuir para uma sociedade racialmente mais democrática. Este lugar será debatido de forma crítica, buscando apresentar que reconhecer privilégios é um passo para se reconhecer como racialmente marcado na sociedade e, a partir disso, contribuir com a luta antirracista e a democratização das relações raciais.

Cabe informar que utilizaremos nesse texto, ao falar em relações raciais, os parâmetros utilizados pelo Instituto Brasileiro de Geografia e Estatística – IBGE (2018), sendo empregado o conceito de "negro/a" aplicado pelo instituto ao se referir à agregação entre "pretos/as e pardos/as", formando um único grupo racial, tendo em vista que o racismo se constrói em uma relação de oposição, em que o/a branco/a ocupa um lugar "padrão" perante as outras raças existentes. Desse modo, trata-se de uma hierarquia na qual o/a branco/a se encontra no "topo" em relação às demais raças, principalmente a negra, como destaca Santos (2002), mesmo não se conhecendo como raça.

Relações raciais, nuances do racismo e a mentalidade antirracista

Inicialmente, ao dissertar acerca do papel do/a branco/a no debate racial, é preciso entender algumas concepções que permeiam esse espaço, sendo uma delas a de relações raciais. A princípio, ao falar em relações raciais, é importante destacar o distanciamento da noção de raça em relação aos aspectos biologicistas e a sua modificação, segundo Munanga (2004), ao longo da história, até encontrar um lugar na atualidade, servindo como agregador de um grupo de pessoas que se identifica pela cor e por algumas características físicas, distinguindo-os de indivíduos de um grupo de cor diferente. Ortegal (2018) apresenta, ainda, que essa separação não apenas ressaltou as características de cada grupo, mas auxiliou no desenvolvimento de uma "hierarquia sócio-racial", impactando diretamente a construção social da realidade. Para tal assertiva, utilizou-se a sociedade brasileira, sendo essa hierarquização construída por meio de tensões que, para além do âmbito legislador de funcionamento do país, moldaram por meio de distinções de cores dos/as indígenas, europeus e africanos/as, o modo de funcionamento que o país teria, utilizando, para isso, argumentos de cunho religioso, biológico, médico e "senhorial". Nesse processo, o/a branco/a se constituía como protagonista e narrador/a da história e, em virtude disso, os/as indígenas sofreram com a invasão e a apropriação de suas terras e o homicídio de sua população. De maneira análoga, o povo negro de origem africana sofreu com mais de trezentos anos de escravidão, sendo percebido e tratado de forma animalesca, mesmo após a promulgação da Lei Áurea (Rosa, 2014).

Ortegal (2018) apresenta as nuances que as relações raciais tiveram ao longo da história e de como o Brasil se construiu a partir de tais relações, pontuando que:

> Muito antes de as classes sociais capitalistas emergirem e passarem a exercer forte determinação sobre os processos de relações sociais na maior parte do mundo, era a raça o distintivo oficial entre os grupos sociais nas metrópoles e colônias. Entretanto, à medida que o capitalismo foi se consolidando como modo de produção tanto nos países europeus quanto nas Américas, difundiu-se também a ideia de que o racismo ia chegando ao fim, dada a associação direta entre racismo e escravidão, bem como em virtude da condição supostamente indistinta de trabalhador que o livre mercado oferecia a todos os que dependiam da própria força de trabalho. Sobretudo num país como o Brasil, no qual a convivência entre brancos e negros era supostamente pacífica, narrada principalmente por Gilberto Freyre ([1933] 1998) como um palco romântico da democracia racial e da sublimação das diferenças, a ideia de que raça e racismo seriam dois componentes fundantes e fundamentais das desigualdades e violências da nova sociedade passou a dar lugar a explicações de caráter liberal, fundamentadas nas competências e no mérito individual, por um lado, no caráter de classe que se estabelecia, por outro (Ortegal, 2018: 417, 418).

Outro conteúdo relevante é, o que por muito tempo foi romantizado por autores como Gilberto Freyre ([1933] 1998), o que conhecemos como a noção de "democracia racial", um mito muito bem fundamentado e com consequências alienantes na nossa sociedade. Essa ideologia apresenta que, independentemente da raça, todos os indivíduos têm os mesmos direitos e acessos, e que o processo de segregação racial ocorreu, realmente, de forma coletiva durante o período da escravidão. Sendo, ainda, apresentado por Freyre ([1933] 1998) a ideia de que a miscigenação ocorreu de forma consensual, não compreendendo aspectos sociais importantes como o estupro, a partir do qual as negras foram sujeitadas para que esse processo ocorresse, entre outras violações presentes nesse processo. Outro ponto dessa ideologia é que o racismo existe de forma individualizada, não podendo ser tomado como sintoma social (Moreira, 2017).

Entretanto, esta autora faz uma crítica significativa, apresentando assertivas acerca da maneira como a sociedade brasileira se constituiu nos anos pós-escravocratas e de como o racismo se estabeleceu nas esferas institucional, cultural, individual, e de como esse elemento é um fator importante para se pensar na sociedade brasileira e no seu funcionamento atual. Ressalta, ainda, que a ideologia da democracia racial deve ser lida como um mito, por não objetivar questões que são condizentes com a realidade, mas por reproduzir um discurso que se ausenta e nega a realidade desigual, num local quase utópico de bem estar social.

No Brasil, durante muito tempo, propagou-se a ideia de um êxito acerca da superação do racismo, por meio de teorias como a "democracia racial" e o discurso de harmonia entre as raças (Nogueira, 2007). Contudo, esse discurso foi desmistificado por meio de pesquisas realizadas pela Organização das Nações Unidas (ONU) nos anos 1950 e 1960, as quais comprovaram não somente o racismo ainda socialmente estabelecido na sociedade brasileira, mas também, que ele se apresentara de diversas formas (ORTEGAL, 2018). Essas formas ou nuances são apresentadas por Werneck (2016), a qual destaca que o reconhecimento dessas formas é uma das necessidades fundamentais para a luta antirracista.

A primeira nuance é o racismo pessoal/internalizado, que diz de um lugar de sofrimento subjetivo, que ataca e agride o sujeito, deixando-o num lugar de insatisfação pessoal por não atender a padrões pessoais estéticos baseados na figura europeia. Nesse âmbito existe, ainda, a questão dos estereótipos do corpo negro e de como a pele negra, muitas vezes, é associada a algo feio ou é sexualizada, sendo ambas as formas prejudiciais na construção social do indivíduo (GOMES, 2002). O racismo interpessoal, por sua vez, diz de um preconceito que vem do outro e é o mais propagado socialmente, cujo funcionamento implica no ato de sujeitar um indivíduo de uma determinada raça a uma situação de favorecimento social, colocando, para isso, um indivíduo de outra raça em situação desfavorecida, exaltando direta ou indiretamente a sua própria raça, se propagando e aperfeiçoando por meio de práticas tanto veladas quanto explícitas (Faro; Pereira, 2011). O racismo institucional ou racismo estrutural tende a não ser percebido por estar arraigado na construção da sociedade, como apresenta Gomes (2002), sendo propagado pelas instituições em seus diversos âmbitos, por meio de práticas e comportamentos discriminatórios, sempre colocando em desvantagem os sujeitos acometidos por ele. López (2012) aponta que a ausência de políticas sociais efetivas e de ações governamentais adequadas são as causas para essa propagação, que é vista em evidência, mas não percebida por todos/as.

Outrossim, para lidar com essas questões e com as desigualdades estabelecidas socialmente, surgiram diversos movimentos sociais, sendo esses evidenciados como uma forma de manifestação popular que busca combater desigualdades, discriminações e possibilita ao seu público-alvo o acesso a direitos plenos e à democracia, servindo, ainda, como estratégia de resistência diante do que é reproduzido, até mesmo pelo Estado (Gohn, 2013).

Dentro desses movimentos, encontra-se o movimento negro que se constitui por:

> (...) todas as entidades, de qualquer natureza, e todas as ações, de qualquer tempo [aí compreendidas mesmo aquelas que visavam à autodefesa física e cultural do negro], fundadas e promovidas por pretos e negros (...). Entidades religiosas [como terreiros de candomblé, por exemplo], assistenciais [como as confrarias coloniais], recreativas [como "clubes de negros"], artísticas [como os inúmeros grupos de dança, capoeira, teatro, poesia], culturais [como os diversos "centros de pesquisa"] e políticas

> [como o Movimento Negro Unificado]; e ações de mobilização política, de protesto anti-discriminatório, de aquilombamento, de rebeldia armada, de movimentos artísticos, literários e "folclóricos" – toda essa complexa dinâmica, ostensiva ou encoberta, extemporânea ou cotidiana, constitui movimento negro (SANTOS, 1994: 157).

Domingues (2007) pontua que o movimento surgiu a partir de ações desenvolvidas no período pós-escravocrata, no final do século XIX e, em grande parte, do século XX. Essas ações se deram inicialmente por meio de revistas e de jornais voltados para o público negro. Esses periódicos eram desenvolvidos por associações diversas, como carnavalescas e literárias, sendo, inicialmente, feitos para discutir sobre questões relacionadas ao dia a dia da população negra e para promover assuntos de interesse na época. Contudo, devido a situações de desigualdade social e racial entre negros/as e brancos/as, esses periódicos acabaram se tornando meios de denúncia dessas desigualdades e do preconceito racial, como no caso da *Imprensa Negra Paulista*.

Nesse mesmo período, segundo Silva (2003), foi fundada a Frente Negra Brasileira, sendo esse movimento transformado em movimento político, porém, extinto com os demais partidos com a criação do Estado Novo. Após esse período, surgiram diversas entidades no Brasil como a *União dos Homens de Cor* e *o Teatro Experimental do Negro* e, no contexto internacional, o Movimento dos Direitos Civis (EUA) e a luta africana contra a segregação racial.

Nas décadas de 1970 e 1980, essas entidades e esses movimentos ganharam força e produziram ações que buscavam problematizar a situação do/a negro/a na sociedade, conquistando outros lugares de discussão, produzindo manifestações e marchas que seguem pelos anos 1990, como a Marcha de Zumbi dos Palmares realizada em Brasília, no ano de 1995, em alusão aos 300 anos da morte de Zumbi

Contudo, a instauração de políticas e de medidas de garantia de direitos à população negra no Brasil só passou a ocorrer de forma efetiva após a Conferência Mundial Contra o Racismo, Discriminação Racial, Xenofobia e Formas Correlatadas de Intolerância em Durban, África – 2001, na qual foram discutidas ações como a política de cotas, leis específicas contra o racismo, dentre outras ações de promoção da igualdade racial (ALBERTI; PEREIRA, 2006).

O movimento negro e os/as intelectuais negros/as vêm desenvolvendo produções que se apropriam da realidade social da população negra, buscando com tais discussões a construção de mudanças. Dentre essas produções e esses conceitos, é possível pensar em alguns neologismos encontrados e não dicionarizados, como o de branquitude.

Segundo Müller e Cardoso (2017), tal conceito tem por objetivo ser uma dicotomia ao ideal de negritude forjado durante a luta anticolonialista dos povos africanos, no século XX, sendo o conceito de negritude inicialmente utilizado pelo político e poeta senegalês Léopold Sédar Senghor, buscando enaltecer aspectos culturais e identitários africanos subjugados pelo colonialismo europeu. Em contraponto ao conceito de negritude, branquitude vem sendo desenvolvido desde o século XVI, não como esse neologismo que destaca a cultura branca e seus aspectos identitários, mas transmitindo a ideia de dominação branca europeia sobre as populações de outros continentes, construindo ainda os padrões estéticos humanos, deixando outras expressões fenotípicas marginalizadas e lidas como inferiores. Silva (2003) apresenta que a construção desse conceito passou por diversas alterações, mas que em síntese "significa pertença étnico-racial atribuída ao branco... como o lugar mais elevado da hierarquia racial" (p. 19), em relação às demais raças. A partir disso, é possível começar a pensar sobre o que a branquitude diz de seu lugar e quais são os privilégios pertencentes a esses indivíduos.

A noção de privilégios é outro ponto de relevância quando se pensa na construção teórica do conceito de branquitude. Esses privilégios podem ser entendidos inicialmente pelo conceito usual da palavra, referindo-se a "uma condição de vantagem atribuída a uma pessoa ou grupo em comparação aos demais" (Aurélio, 2002: 557), sendo essa vantagem, no caso da branquitude, atribuída ao ideal de raça em que brancos/as são mais privilegiados/as em relação às demais raças. Berth (2017) apresenta que, apesar de todas as pessoas, independentemente da cor, sofrerem de intempéries durante a vida, como a perda de amores, crises financeiras, doenças e afins, a população negra não tem as mesmas condições que a população branca em seu estabelecimento social, sofrendo com condições que vão desde a não oportunidade de acesso a certos espaços públicos e privados, até mesmo, do mercado de trabalho. A autora destaca, ainda, que o indivíduo negro a todo o momento é, de alguma forma, privado, negligenciado, marginalizado e hostilizado devido a seus atributos estéticos e a seus aspectos filogenéticos.

Outro conteúdo que merece destaque em relação à noção de privilégio é o argumento comumente utilizado da não vinculação da segregação à raça, mas sim à classe social a qual os sujeitos estão inseridos. Esse argumento, destacado por Souza (2011), compreende que as classes populares no Brasil se constituíram por meio de um "patrimonialismo estatal" e que o racismo existente diz dessa separação de classe. Sob o mesmo ponto de vista, o autor pondera a igualdade de condições e de adversidades de um/a branco/a pobre e favelado/a e de um/a pardo/a ou preto/a nas mesmas situações, enfatizando, ainda, que a má distribuição de renda é um dos fomentadores dessa desigualdade.

Contudo, tal argumento é criticado e problematizado por Munanga (2004), que aponta posicionamentos quanto à construção e à forma da constituição do ideal de classe e de raça na sociedade, na qual raça passa a ser uma forma de classe e, nesse lugar, continua propagando desigualdade. Segundo o autor, mesmo com condições sociais e financeiras melhores, indivíduos pretos e de outras raças tendem a ser estereotipados e a sofrerem ações provindas de um racismo que não diz dos recursos do sujeito, mas da institucionalidade social presente no país. Outro argumento acerca de privilégios, diz de um item fundamental para o estabelecimento do sujeito, o direito à vida. Segundo Waiselfisz (2013), nos últimos 20 anos, enquanto a mortalidade infantil teve queda, o aumento da violência contra a faixa etária de jovens negros/as só aumentou, pontuando o crescimento no número de homicídios e das ações truculentas por parte de órgãos da segurança pública contra essa população, sendo elas significativas e passíveis de reflexão e de discussão. Privilégio também pode ser lido no que se refere à inserção e ao acesso ao mercado de trabalho. Segundo dados do Instituto Brasileiro de Geografia e Estatística (IBGE, 2018), no Brasil, pessoas brancas tendem a ganhar até R$ 1,2 mil a mais que pessoas negras. Esse dado, segundo especialistas, aponta o reflexo social do racismo socialmente constituído e, mesmo após 130 anos da abolição da escravatura no Brasil, o/a negro/a ainda vive marginalizado/a pelos reflexos desse período.

Outro ponto que merece destaque em relação à noção de privilégio é o entendimento da importância da construção da mentalidade antirracista. Para que isso ocorra, Pereira (2010) apresenta que esse processo no Brasil iniciou-se no momento em que o primeiro negro aportou em terras brasileiras. Em conseguinte, a mentalidade antirracista advém de uma luta, podendo se apresentar de formas diferentes segundo a temporalidade histórica, mas que, em suma, se caracteriza como uma oposição explicita contra o pensamento racista. Equitativamente, a famosa frase dita por Angela Davis, "Numa sociedade racista, não basta não ser racista, temos de ser antirracista", já apresenta por si só outro critério importante para a construção do antirracismo, o conhecimento de como o racismo ocorre, bem como suas nuances. Schucman (2010) disserta que o "racismo na cotidianidade da população brasileira, é atualizado, perpetuado e legitimado pela ideia de raça e, portanto, é através desta categoria política que a luta antirracista se articula" (p.1), sendo esta fomentada por meio de conhecimento de tais questões a fim de uma elaboração adequada, segundo a forma que apresentada pelo racismo. Pereira et al. (2020) chama atenção para a importância de se debater e entender a branquitude, em virtude do papel fundamental que ela tem na construção do diálogo antirracista, já que seus discursos tendem a ser os fomentadores principais das formas de racismo hoje estabelecidas, destacando que o processo de desconstrução a partir dos indivíduos pertencentes a esse local é fundamental para uma ação mais efetiva contra o racismo.

Não nos parece, portanto, digno de desconsideração buscar refletir sobre qual o lugar das pessoas brancas em um projeto de democratização racial da sociedade brasileira. Incluir-se nesse debate, reconhecendo seus privilégios de cor/raça branca, é criar, no nosso entendimento, possibilidades de ceder espaços de poder e incluir socialmente as pessoas negras no espaço público de direitos.

Metodologia

As reflexões seguintes estão sustentadas em uma pesquisa de revisão bibliográfica do tipo exploratória, portanto uma abordagem temática de cunho qualitativo sistemático, utilizando-se de artigos acadêmicos publicados em revistas científicas (Galvão, 2010). Destaca-se que, para a construção dessa pesquisa bibliográfica, o objetivo foi o de analisar a noção de branquitude e as experiências de privilégios das pessoas brancas, e a sua inclusão na luta antirracista e na democratização das relações raciais.

O material levantado se deu a partir de bases de dados, como BVS, Scielo e Google acadêmico, não se limitando há anos e datas, mas ao conteúdo objetivado nesse trabalho. Pontua-se, ainda, que essa construção se deu a partir da seleção de 10 artigos, utilizando de descritores como: branquitude, diversidade racial, privilégios raciais, meritocracia, raça e cor no Brasil, sendo destes escolhidos cinco artigos para análise, sendo esses divididos em duas categorias: pesquisas de campo, escritos por Alves (2010), Schucman (2014), Corossacz (2014); e de fundamentação teórica, desenvolvidos por Jesus (2012) e Cardoso (2010), optando-se pelos mais recentes.

A inclusão de brancos/as na luta antirracista e na democratização das relações raciais

Na análise dos artigos, foram construídas categorias de análise, a fim de compreender as unidades de sentido entorno dos privilégios da branquitude e como esses podem ser vistos: a reprodução dos discursos raciais e sua não problematização (refere-se ao não entendimento da reprodução do racismo nos discursos dos indivíduos), a invisibilidade do racismo na sociedade brasileira (refere-se ao não reconhecimento do racismo e à naturalização de alguns comportamentos), e a reflexão sobre os privilégios da branquitude e como os mesmos se apresentam nas experiências dos sujeitos brancos na sociedade (refere-se às leituras que podem ser feitas a partir da ideia de privilégios).

Assim como para a escolha dos artigos, essas categorias de análise foram desenvolvidas com intuito de criar uma linearidade de ideias e certa concordância entre os autores. Para isso, foi feita uma leitura crítica e um fichamento dos artigos, em que buscou-se estabelecer essa conexão existente entre eles, dessa forma, criando as categorias já explicitadas.

No primeiro artigo *Sim, nós somos racistas: estudo psicossocial da branquitude paulistana*, Schucman (2014) apresenta ao leitor uma análise de como sujeitos brancos se apropriam da categoria raça e do racismo na constituição de suas subjetividades, utilizando-se de entrevistas com brancos/as paulistanos/as de diferentes classes sociais, gêneros e gerações, com o intuito de compreender quais os significados que estes sujeitos atribuíam a "ser branco/a". Percebe-se, então, uma série de discursos que vão desde a ideia de branco/a como um ser bom, simplesmente pela cor, ou da não problematização de falas racistas, naturalizando o que é dito. Esses discursos tendem a compreender a primeira categoria de análise disposta para estudo, a reprodução dos discursos raciais e a sua não problematização. Schucman (2014) problematiza, então, o que se entende por branquitude, pontuando acerca de certa "invisibilidade" do racismo no que tange à percepção do mesmo para tal, além de problematizar alguns privilégios entendidos pelos/as brancos/as entrevistados/as, não sendo aqui referido a lugares e a acessos, mas ao ideal de supremacia racial branca em relação às demais raças, nesse sentido, pode-se inserir esse pensamento na terceira categoria de análise, a qual busca a reflexão sobre os privilégios da branquitude e como os mesmos se apresentam nas experiências dos sujeitos brancos na sociedade.

O segundo artigo analisado foi *Branquitude x Branquidade: uma análise conceitual do ser branco*, da autora Camila Moreira de Jesus. O artigo teve como objetivo apresentar uma breve revisão teórica da utilização dos conceitos de branquitude em oposição ao de branquidade, principalmente no Brasil. Ela utiliza os conceitos de branquitude e branquidade, diferindo do ponto de vista conceitual dos termos negritude e negridade, e suas aplicabilidades.

Por meio de um recorte histórico que buscou compreender como o conceito de branquitude foi se desenvolvendo ao longo da história, Jesus (2012) pondera como a branquitude está intrinsicamente associada ao lugar de privilégios, visto que esse reconhecimento por parte dos/as brancos/as ajuda a quebrar e a ressignificar os discursos pouco problematizados, como disposto na primeira categoria de análise, sendo a presença dela nesse artigo disposta por meio de um debate a partir de um referencial teórico elencado pela autora. Em sua conclusão, a autora faz uma breve comparação entre os termos branquitude x negritude – branquidade x negridade, por meio de uma relação histórica, apresentando a distinção existente entre eles, destacando a importância acerca dos estudos sobre branquidade, baseada em uma perspectiva teórica e práticas sociais que promovam ações para combater os privilégios do/a branco/a e seu lugar de ser "ideal" em diversos aspectos, desenvolvendo maior criticidade das pessoas e uma política antirracista.

O terceiro artigo analisado se deu a partir da tese de doutorado de Luciana Alves, intitulado *Significados de ser branco – a brancura no corpo e para além dele,* de 2010. O artigo encontra-se no quarto capítulo do trabalho intitulado como *Ser branco e pobre é ser racista cordial – distinções dos significados de ser branco em função das condições socioeconômicas.*

Alves (2010) investiga os significados de ser branco/a na educação básica, utilizando, para isso, trabalhos com temáticas raciais e entrevistas, debatendo sobre a categoria de privilégios da branquitude e sobre as experiências do sujeito. A autora faz uma análise a partir do conceito de ser branco/a apresentado pelos/as educadores/as, os/as quais rebatem a ideia de um lugar "privilegiado" devido a sua raça. Alguns/as entendem esse discurso como falacioso, utilizando-se como contra argumento a ideia de que as condições socioeconômicas são peças chaves para a existência de segregação, não a cor, problematizando, assim, de forma pífia seus discursos. É percebida, então, nesses discursos a pouca problematização e a invisibilidade do racismo como um fator de desigualdade. Contudo, a autora apresenta um exemplo de uma das participantes para desmistificar os argumentos da não existência do racismo e como esses privilégios estão diretamente atrelados a questões socioeconômicas.

Nesse exemplo, uma das participantes havia se casado, indo morar numa cidade de maioria branca, tendo ela conquistado maior poder aquisitivo, contudo, mesmo com esses recursos, ela continuava sofrendo de questões atreladas a sua cor. A autora conclui dizendo que, apesar de existir certa consciência acerca do racismo e deste ser problematizado, existe, ainda, uma invisibilidade ao se tratar da questão dos privilégios e, mesmo com condições socioeconômicas melhores, indivíduos negros sofrem e estão sujeitos a situações que pessoas brancas e essas não estão relacionadas à opressão racial e ao privilégio institucional concedido a brancos/as, e citado por eles/as mesmos/as, como disposto nas três categorias.

O quarto artigo analisado é intitulado *Relatos de branquitude entre um grupo de homens brancos do Rio de Janeiro*, da autora Valeria Ribeiro Corossacz. Esse trabalho se deu por meio de uma pesquisa realizada entre homens de classe média-alta do Rio de Janeiro, que se auto definem como brancos. Os entrevistados então apresentam em seus discursos uma ideia de "hierarquização" que tem, inicialmente, o padrão de cor e, em segundo lugar, de gênero, em relação às outras pessoas, utilizando-se, ainda, da ideia de "democracia racial" para justificar a não existência do racismo.

Corossacz (2014), então, faz uma análise desses trechos, problematizando a reprodução dos discursos e a falta de senso crítico por parte dos participantes, dissertando sobre como socialmente os discursos estão atrelados ao racismo e como a falta de reconhecimento, ou mesmo problematização deles, é uma forte fomentadora de ideologias segregacionistas. Outrossim, a autora apresenta que o reconhecimento de privilégios pode ser o primeiro passo para inserção no discurso mais consciente. Dessa forma, compreende-se que este artigo apresenta a primeira e segunda categoria escolhidas para as análises, por meio da problematização dos discursos.

O quinto e último artigo analisado é intitulado Branqu*itude acrítica e crítica: A supremacia racial e o branco antirracista*, do autor Lourenço Cardoso. Este artigo desenvolve um estudo acerca dos conceitos de branquitude crítica e branquitude acrítica.

A branquitude crítica, segundo ele, diz de indivíduos brancos que buscam não propagar o racismo e propagar as suas desigualdades, reconhecendo-se em seu lugar de privilégios, cientes dos acessos e das oportunidades que lhe são atribuídos devido à raça. Em oposição, a branquitude acrítica é constituída por indivíduos brancos os quais agem individualmente ou coletivamente, usufruindo de privilégios, sustentando em seus discursos argumentos em prol da superioridade da raça branca em relação às demais raças.

Cardoso (2010) disserta, ainda, acerca da *branquitude* no Brasil e da questão da invisibilidade racial, utilizando para isso discussões de diversos autores como Gilberto Freyre, dentre outros, fazendo um levantamento das publicações feitas no Brasil acerca dessa temática em livros e em dissertações demonstrados em uma tabela. Ele, então, faz uma crítica e uma breve análise de cada uma das obras, cujos estudos demonstram a possibilidade de ter pontos complementares em algum aspecto. Chama a atenção do leitor para a importância da branquitude crítica e de sua implementação, demonstrando, por meio de considerações sobre como certos grupos, como a Ku Klux Klan e o nazismo, apropriam-se de discursos de branquitude acrítica para fomentar suas ideias radicalistas, e de como essas ideologias tendem a ser perigosas, sendo, ainda, disseminadas por conservadores extremistas. Isso mostra o impacto direto que a não problematização tem a se constituir esses grupos, como demarcado pela primeira categoria de análise.

Fazendo uma análise a partir do conteúdo apresentado e analisado nos artigos dispostos, é possível entender que a noção de branquitude tem um papel ímpar no processo de democratização das relações raciais. Segundo Avritzer e Gomes (2013), um importante refere-se, portanto, ao não reconhecimento do lugar ímpar da noção de branquitude na sociedade brasileira, que, infelizmente, reproduz a ideia de democracia racial e que considera apenas os negros e as negras como racialmente marcados. Igualmente, a noção crítica de branquitude vem como um instrumentalizador para a quebra dos alicerces sociais estabelecidos por meio do racismo, suas nuances e as diversas formas de segregação advindas dele, desenvolvendo, assim, um novo lugar de diálogo, sendo esse, o da democratização das relações raciais.

Considerações finais

A partir do enfoque da branquitude, destacamos que os indivíduos brancos passam por um processo de construção psicossocial cultural que lhes imputa, de certa maneira, uma ideia de supremacia racial e, devido a essa influência, tendem a carregar discursos pouco problematizados, que os levam a reproduzir ideologias ideologias não condizentes com a realidade de cada um, deslegitimando o racismo e se valendo de argumentos meritocráticos para justificar realidades dicotômicas das suas, afim de justificar desigualdades sociais.

Pontuamos que, apesar de alguns/mas autores/as apresentarem pontos de vista diferentes acerca do conceito de branquitude e inserirem outros termos como branquidade, todos/as concordam sobre a existência na sociedade de um discurso acerca da supremacia branca e de aspectos envolventes na reprodução de discursos problemáticos: a invisibilização do racismo e o não reconhecimento de privilégios como partes fundantes para a propagação desses discursos. Concluímos, portanto aqui, ser necessário desconstrução dessa "neutralidade" da identidade racial branca cuja tendência é nem mesmo ser lida como raça. Para tal, a apropriação de saberes e a aplicabilidade deles, como destaca Schucman (2010), é fundamental, tendo em vista "que todo sujeito é capaz de produzir sentidos diferentes dos significados construídos social e historicamente. E isso vai depender das mediações semióticas que cada um vivenciará" (Schucman, 2010: 92).

Percebe-se que a criticidade quanto aos discursos e o reconhecimento desses como problemáticos podem ser passos iniciais para se pensar numa democracia das relações raciais. Outrossim, o reconhecimento de privilégios vem como um passo importante para a inclusão social do branco no debate de raças, de sua problematização como raça e a necessidade de sair do lugar hegemonia, como perpetuação fixa do poder. Além disso, esses apontamentos servem como fator que desmistifica o lugar de silenciamento das pessoas brancas, tendo em vista a assertiva feita por Ribeiro (2017), que o "lugar de fala" é um lugar democrático e que cada um contribui sobre o assunto segundo a sua vivência, no caso das pessoas brancas, essa contribuição pode começar pelo reconhecimento e pela abertura ao diálogo, a cessão de espaços de poder, o que, certamente, contribuirá para a inclusão social das pessoas negras na nossa sociedade e de pessoas brancas num viés de pensamento antirracista, promovendo, assim, um local de diálogo inclusivo e que, para além de compreender as demandas social, atua efetivamente para suas mudanças tão demandantes.

Referências

ALBERTI, Verena; PEREIRA, Amilcar Araujo. *A defesa das cotas como estratégia política do movimento negro contemporâneo.* Estudos Históricos (Rio de Janeiro), v. 37, p. 143-166, 2006.

ALVES, Luciana. *Significados de ser branco* – a brancura no corpo e para além dele. Faculdade de Educação (USP). São Paulo, 2010.

AURELIO. *O minidicionário da língua portuguesa.* 4 ed. revista e ampliada do minidicionário Aurélio. 7ª impressão – Rio de Janeiro, 2002.

AVRITZER, Leonardo e GOMES, Lilian CB. *Política de reconhecimento, raça e democracia no Brasil.* Dados [online], 2013, vol.56, n.1 [cited 2020-10-31], pp.39-68. Disponível em: <http://www.scielo.br/scielo.php?script=s-

ci_arttext&pid=S0011-52582013000100003&lng=en&nrm=iso>. Acesso em: out 2020.

BERTH, Joice. *Branquidade e privilégio: o lacre social.* Justificando, 2017.

CARDOSO, Lourenço. Branquitude acrítica e crítica: A supremacia racial e o branco anti-racista. *Rev.latinoam.cienc.soc.niñez* juv [online]. vol. 8, n. 1, pp. 607-630, 2010.

CARONE, I. & BENTO, M. A. S. *Psicologia social do racismo.* Petrópolis: Vozes, 189 p. 2002.

COROSSACZ Valeria Ribeiro. *Relatos de branquitude entre um grupo de homens brancos do Rio de Janeiro.* vol. 105. pp.43-64, 2014.

DOMINGUES, Petrônio José ou DOMINGUES, Petrônio. *Movimento negro brasileiro*: alguns apontamentos históricos. Tempo. Revista do Departamento de História da UFF, v. 12, p. 113-136, 2007.

FARO, A.; PEREIRA, M. E. *Raça, racismo e saúde*: a desigualdade social da distribuição do estresse. Estudos de Psicologia (Natal. Online), v. 16, p. 271-278, 2011.

FREYRE, Gilberto. *Casa-grande e senzala*: formação da família brasileira sob o regime de economia patriarcal. 5. ed. Rio de Janeiro: 1933 [1998].

GALVAO, M.C.B.. O levantamento bibliográfico e a pesquisa científica. In: Laércio Joel Franco, Afonso Dinis Costa Passos. (Org.). *Fundamentos de epidemiologia.* 2 ed. A. 398ed. São Paulo: Manole, p. -377, 2010.

GARRAFA, Volnei. A inclusão social no contexto da bioética. *Revista Brasileira de Bioética*, v. 1, n. 2, p. 123-132, 2005.

GOHN, M. G. M. *Desafios dos movimentos sociais hoje no Brasil.* Ser Social (UnB), v. 15, p. 301-311, 2013.

GOMES, Nilma Lino. Alguns termos e conceitos presentes no debate sobre relações raciais no Brasil: uma breve discussão. In: Ricardo Henriques. (Org.). *Educação antirracista*: caminhos abertos pela Lei Federal no. 10.639/03. ed. Brasília: SECAD/MEC, p. 39-62, 2005.

GOMES, Nilma Lino. Trajetórias escolares, corpo negro e cabelo crespo: reprodução de estereótipos ou ressignificação cultural? *Revista Brasileira de Educação*, Belo Horizonte, n.21, p. 40-51, 2002.

IBGE – Instituto Brasileiro de Geografia e Estatística, 2018. *Pesquisa investigação étnico racial* produzido pelo IBGE – 2018. Rio de Janeiro: IBGE.

JESUS, Camila Moreira de. *Branquitude X Branquidade*: Uma análise conceitual do ser branco. In: III Ebecult – Encontro Baiano de Estudos em Cultura, Cachoeira. Anais III Ebecult, 2012.

JODELET, Denise. Os processos psicossociais da exclusão. In: SAWAIA, Bader (Org.). *As artimanhas da exclusão*: análise psicossocial e ética da desigualdade social. Petrópolis, RJ: Vozes, 2001.p. 53-66.

LÓPEZ, L. C. *O conceito de racismo institucional*: aplicações no campo da saúde. interface (Botucatu. impresso), v. 16, p. 121-134, 2012.

MOREIRA, Adilson José. *Pensando como um negro*: ensaio de hermenêutica jurídica. Revista de Direito Brasileira, v. 18, p. 393-420, 2017.

MULLER, Tania Mara Pedroso; CARDOSO, Lourenço. *Branquitude*: Estudos sobre a Identidade Branca no Brasil. Curitiba: Appris, 2017.

MUNANGA, K.. Uma abordagem conceitual das noções de raça, racismo, identidade e etnia. *Cadernos PENESB (Programa de Educação sobre o Negro na Sociedade Brasileira)*. UFF, Rio de janeiro, n.5, p. 15-34, 2004.

NOGUEIRA, Oracy. *Preconceito racial de marca e preconceito racial de origem*: Sugestão de um quadro de referência para a interpretação do material sobre relações raciais no Brasil. Tempo Social, São Paulo, v. 19, n. 1, p. 287-308, 2007.

ORTEGAL, Leonardo. *Relações Raciais no Brasil*: Colonialidade, dependência e diáspora. Serviço social & sociedade, v. s/v, p. 413-431, 2018.

PEREIRA, L. R. B.. *Cultura e Afro descendência*: Organizações Negras e Suas Estratégia Educacionais Em Porto Alegre (1872-2002). Reflexão e Ação (UNISC. Impr.), v. 18, p. 77-99, 2010.

PEREIRA, L. RIBEIRO, A. CARDOSO, E. OLIVEIRA, C. *Qual o papel da branquitude na luta antirracista?* GT Questões Raciais BA, 2020.

RIBEIRO, D. *O que é*: lugar de fala? Belo Horizonte (MG): Letramento, 2017.

ROSA, Alexandre Reis. Relações raciais e estudos organizacionais no Brasil. RAC. *Revista de Administração Contemporânea (Online)*, v. 18, p. 240-260, 2014.

SANTOS, Sales Augusto dos. *Ação Afirmativa ou a Utopia Possível*: O perfil dos professores e dos pós-graduandos e a opinião destes sobre ações afirmativas para os negros ingressarem nos cursos de graduação da UnB. Relatório Final de Pesquisa. Brasília: ANPEd/ 2º Concurso Negro e Educação, mimeo, 2002.

SCHUCMAN, Lia Vainer. Racismo e antirracismo: a categoria raça em questão. *Rev. psicol. polít. [online]*. vol.10, n.19, pp. 41-55, 2010.

SCHUCMAN, L. V. Sim, nós somos racistas: estudo psicossocial da branquitude paulistana. *Psicologia & Sociedade (Online)*, v. 26, p. 83-94, 2014.

SILVA, Joselina da. *A União dos Homens de Cor*: aspectos do movimento negro dos anos 40 e 50. Estud. afro-asiát. [online]. vol.25, n.2, pp.215-235, 2003.

SOUZA, Jessé. A parte de baixo da sociedade brasileira. *Revista Interesse Nacional*, v. 14, p. 33-41, 2011.

SOUZA, Jessé. A parte de baixo da sociedade brasileira. *Revista Interesse Nacional*, v. 14, p. 33-41, 2011.

SOUZA, R. M. e OLIVEIRA, R.M.S.; NASCIMENTO, M. C. Psicologia e relações raciais: sobre apagamentos e visibilidades. *Revista ABPN*, v. 10, p. 216-240, 2018.

WAISELFISZ, J. J. Mapa da Violência 2013: *Homicídios e Juventude no Brasil*. Brasília: DF, 2013.

WERNECK, Jurema. *Racismo institucional e saúde da população negra*. Saúde e Sociedade, v. 25, p. 535-549, 2016.

A experiência de trabalho intersetorial e educativo da Rede de Enfrentamento à Violência contra as Mulheres de Minas Gerais

Ana Pereira dos Santos[1]
Isabella Vitral Pinto[2]
Daniela de Oliveira Carvalho[3]
Carla Bernava[4]
Paula Dias Bevilacqua[5]

Introdução

No Brasil, em sintonia com a conjuntura internacional, movimentos de mulheres, feministas e outros grupos organizados da sociedade civil conquistam importantes avanços que resultam, a partir dos anos 2000, na criação de dispositivos legais e normativas técnicas[6] visando o enfrentamento à violência contra as mulheres. O mais

[1] Doutora em Psicologia pela PUC Minas. Pós-doutoranda, Instituto René Rachou – Fiocruz Minas. *E-mail*: anapsant3@gmail.com

[2] Doutoranda em Saúde Pública pela UFMG. Tecnologista, Instituto René Rachou – Fiocruz Minas. *E-mail*: isabella.pinto@fiocruz.br

[3] Mestre em Psicologia pela UFMG. Coordenadora da Política de Saúde Mental, Prefeitura de Betim – Minas Gerais. *E-mail*: daniolicarvalho20@gmail.com

[4] Doutora em Sociologia pela USP. Professora Adjunta do Departamento de Ciências Sociais, Universidade Estadual de Maringá. Pós-doutoranda, Instituto René Rachou – Fiocruz Minas. *E-mail*: carla.bernava@gmail.com

[5] Doutora em Ciência Animal – Epidemiologia pela UFMG. Especialista em Ciência e Tecnologia, Produção e Inovação em Saúde Pública, Instituto René Rachou – Fiocruz Minas. *E-mail*: paula.bevilacqua@fiocruz.br

[6] Entre vários documentos técnicos, destacam-se o Pacto Nacional de Enfrentamento à Violência contra as Mulheres (BRASIL, 2011a), a Política Nacional de Enfrentamento

importante deles é a Lei Maria da Penha (BRASIL, 2006a), marco histórico para os sistemas de justiça e segurança pública no que tange à proteção das mulheres em situação de violência. Além desse recurso, normativas técnicas e proposição de equipamentos foram estabelecidas para garantir a especialização do atendimento, recursos humanos capacitados, continuidade dos serviços e destinação de verbas para as políticas públicas voltadas a esse público.

A prática intersetorial e em rede é citada nos vários documentos como estratégia para a organização do atendimento, mas fica evidenciada e melhor esclarecida no texto técnico *Rede de Enfrentamento à Violência Contra a Mulher* (BRASIL, 2011c). No entanto, mesmo antes do documento, redes já eram constituídas no Brasil, entre elas, a Rede MG. Este artigo pretende discutir a experiência de trabalho intersetorial e educativo dessa rede de enfrentamento à violência contra as mulheres, como parte de uma pesquisa avaliativa mais ampla, realizada em oito municípios da Região Metropolitana de Belo Horizonte (RMBH) e vinte do interior do estado de Minas Gerais. Nesse contexto, a Rede MG apresenta-se como uma rede de abrangência estadual. Lançamos mão de uma metodologia mista composta por observação participante em reuniões de rede, realização de entrevistas semiestruturadas, grupos focais e aplicação de questionários estruturados para compor um desenho do enfrentamento à violência contra as mulheres em Minas Gerais, capacidade institucional e processos de trabalho construídos em suas mais diferentes regiões.

Das redes pesquisadas, a Rede MG é uma das mais antigas, anterior, inclusive, à existência da Lei Maria da Penha. Concebida em 2003, promove reuniões para sustentar uma agenda de trabalho compartilhada, pactuar ações institucionais e manter viva a pauta do enfrentamento à violência contra as mulheres. Neste artigo, consideraremos primordialmente os relatos produzidos durante a realização de observação participante, conduzida entre agosto de 2019 a abril 2020, de forma a apresentar tanto uma leitura do trabalho intersetorial no

à Violência contra as Mulheres (BRASIL, 2011b), Rede de Enfrentamento à Violência contra as Mulheres (BRASIL, 2011c), Norma Técnica de Uniformização dos Centros de Referência de Atendimento à Mulher em Situação de Violência (BRASIL, 2006b), entre outros.

enfrentamento da violência contra as mulheres pela Rede MG, como refletir sobre a potência de suas ações coletivas e inventivas quando articuladas às políticas setoriais.

O trabalho em rede

O trabalho em rede responde a um novo desenho de política pública proposto recentemente no país. Em um movimento contrário à setorização, pretende estabelecer uma lógica de cooperação, sobressaindo princípios como o da incompletude e o da complementariedade na estruturação e manutenção de um campo de diálogo intersetorial (UDE, 2003). As redes de atendimento às mulheres em situação de violência, como aponta o próprio documento do governo (BRASIL, 2011c) são subdivididas em dois níveis, sendo um deles a rede de enfrentamento e o outro a rede de atendimento.

No primeiro nível, rede de enfrentamento, encontram-se todas as instituições públicas, movimentos sociais, organizações não governamentais, conselhos e outras representações da sociedade civil interessadas no tema da violência contra a mulher e com disposição para constituir uma frente ampla de mobilização e apoio à expansão e qualificação da atenção à mulher em situação de violência. Embora toque com frequência em questões relacionadas ao atendimento, a rede de enfrentamento tem um alcance maior da sua atuação política, debatendo marcos legais e técnicos com o objetivo de promover o debate público e garantir a permanência desse tema na agenda pública.

No segundo nível, focada e com uma atuação mais técnica-operacional, está a rede de atendimento, constituída pelas instituições que promovem o atendimento às mulheres em situação de violência. É importante salientar que em alguns municípios existem profissionais e equipamentos especializados para esse atendimento. No entanto, em vários outros, a maioria, o que vemos são serviços com finalidades distintas inventando formas de acolher este público em seu cotidiano, já que nem todos os municípios estão organizados ou têm condições de oferecer o atendimento especializado. Um exemplo é a própria política de Assistência Social, direcionada ao atendimento de famílias em situação de risco e vulnerabilidade, que também acolhe, em vários municípios, mulheres em situação de violência no equipamento do Centro de Referência Especializado da Assistência Social (CREAS).

Vale ressaltar que a rede de atendimento se encontra imersa na rede de enfrentamento, auxiliando e sendo auxiliada por um coletivo maior que tenta priorizar e especializar cada vez mais o acolhimento às mulheres, além de impedir que a pauta seja negligenciada nas diversas propostas de governos, seja em âmbito municipal, estadual ou federal. Divisão nem sempre clara nos municípios e para os trabalhadores sociais atuantes, esses dois níveis de atuação se misturam quando nos aproximamos das redes municipais para uma observação mais detalhada.

Um dos nossos campos de observação foi o das reuniões de rede nos municípios da RMBH. Os encontros são estratégias criadas pelos/as trabalhadores/as para o debate sobre diversos desafios que envolvem o atendimento às mulheres em situação de violência e uma tática para viabilizar o trabalho intersetorial. São espaços produtivos, como temos acompanhado, que contrapõem ao desinvestimento atual nas políticas de proteção aos grupos vulneráveis. As reuniões consolidam e mantêm as instituições articuladas, criando, na interação e nas relações interpessoais, o que são as redes e o trabalho integrado necessário. Assim, tentam promover estratégias que garantam políticas de prevenção, atendimento e combate à violência contra as mulheres, tendo como um dos principais eixos de atuação a qualificação, especialização e expansão da atenção ofertada nos serviços.

Para manter esse espaço de diálogo, há um esforço originário da militância e do envolvimento maciço dos trabalhadores sociais com o enfrentamento da violência contra a mulher, para além das atribuições formais previstas em seus cargos. Longe de um padrão institucionalizado e rígido, como prevê os documentos normativos de estado, as redes que encontramos e que se apresentam a partir, sobretudo, das dinâmicas das reuniões, é um campo de inventividade que se diferencia pelos seus pertencimentos culturais, da diversidade e das trajetórias pessoais dos atores que estão ali envolvidos, além de estarem atravessadas por intenções políticas próprias das diversas organizações partidárias, administrativas e da sociedade civil presentes em cada região.

Considerando o estímulo ao trabalho intersetorial, partimos da concepção de intersetorialidade como uma forma de gestão pública que concebe os limites da abordagem setorializada, levando em consideração a inadequação e insuficiência diante do princípio da complexidade dos fenômenos sociais (Bronzo, 2018). A partir desse olhar, a intersetorialidade na prática das reuniões de rede é materializada e operacionalizada por meio da produção de pautas a serem discutidas, da proposição de construção conjunta de documentos como protocolos, cartas de princípios, regimentos e outros que garantam o diálogo entre instituições, secretarias e poderes.

Nessas trocas, muitas vezes motivadas por um compromisso político/militante de cada trabalhador social, temos visto uma potência educativa que faz do encontro não só uma agenda pública de trabalho, mas um dispositivo agregador de pessoas e lutas. Além da produção contínua de subjetividades sensíveis às políticas sociais, capazes de compreender que o trabalho integrado e em constante construção é uma resposta necessária para a gestão de políticas públicas que consigam, de fato, superar a vulnerabilidade social.

A Rede MG

A Rede MG surgiu em 2003 por inciativa do governo federal por meio da Secretaria de Políticas para Mulheres em parceria com a organização feminista Ações em Gênero, Cidadania e Desenvolvimento (Agende). A ação na cidade de Belo Horizonte, e também nos estados do Tocantins e da Bahia, respondia ao projeto *Fortalecendo a Rede de Atendimento à Mulher em Situação de Violência*, e pretendia levantar os principais desafios para constituir e manter redes de serviços, além de disponibilizar recursos técnicos para enfrentá-los (Leocádio e Libardoni, 2006).

Estudada com profundidade em duas publicações sobre redes de atenção à mulher (Pasinato, 2006; Pasinato, 2012), a Rede MG é hoje um modelo de atuação elogiado pelo tempo de existência e capacidade de trabalho. Ficamos por onze meses fazendo Observação Participante junto ao grupo, observando sua forma de interagir, as suas estratégias de trabalho e inserção nas políticas sociais. Também foi do nosso interesse compreender o "sucesso" que mantém a existência de um coletivo determinado e atuante e que interfere de forma decisiva na constituição de políticas públicas para mulheres não só em Belo

Horizonte como em todo o estado, por isso, a identidade que extrapola a cidade de Belo Horizonte, onde acontecem os encontros presenciais.

Durante o período que acompanhamos as reuniões, a coordenação estava a cargo de uma representante da sociedade civil. Militante histórica pela educação, professora aposentada e filiada a partido político do campo progressista, a condução do grupo era feita de forma a promover uma forte coesão, condições de trabalho que passavam por um exercício democrático de criar condições para que as vozes ali presentes pudessem ser escutadas. Figura agregadora, afetiva, aberta às mais diversas possibilidades de conexões e parcerias, permitia que o grupo, naquele momento, estivesse em diálogo com a Universidade, com a Assembleia Legislativa de Minas Gerais (ALMG), com outros municípios, organizações da sociedade civil e tantas outras participações que faz da rede um espaço de múltiplas conexões. O grupo demonstrava grande respeito pela sua história como militante feminista e fazia questão de sempre ressaltar essa admiração.

As reuniões aconteciam uma vez por mês, sempre em locais alternados e disponibilizados pelas instituições públicas da cidade. Participavam, em média, 20 pessoas, todas mulheres, oriundas das mais diversas instituições: polícia civil e militar, promotoria, judiciário e defensoria pública, centros de referência da mulher do estado e do município de Belo Horizonte, representantes de deputadas que compunham a Comissão de Diretos das Mulheres da ALMG, trabalhadoras dos serviços públicos municipal e estadual, profissionais dos serviços dos municípios da RMBH, representantes dos conselhos profissionais de Psicologia e Advocacia, conselhos municipal e estadual dos direitos das mulheres, representantes de movimentos feministas e, eventualmente, convidadas e usuárias de serviços.

Sobre a dinâmica dos encontros, havia sempre uma pauta pré-definida já trazida pela coordenação, com exceção de alguns períodos em que a pauta era discutida previamente no grupo de *WhatsApp* e encaminhada na reunião. A forma de eleição dos temas que definiriam a reunião demonstrava a força da coordenação, já que não havia resistência às prioridades colocadas antecipadamente para discussão. Em uma análise das pautas discutidas neste tempo, observamos o investimento nos seguintes temas: a organização e o funcionamento do grupo, temáticas referentes ao sistema de justiça e à segurança pública, serviços da rede de atendimento, movimentos sociais, entre outros.

O debate era encaminhado de forma que todas pudessem fazer a inscrição para a sua vez de falar, como em uma assembleia ou conferência, de forma que era garantida, sobretudo pela coordenação, a participação de qualquer uma das presentes. No entanto, conforme análise feita, o protagonismo das falas tinha coerência com o protagonismo das pautas, tendo as integrantes do sistema de justiça, principalmente, o maior número de intervenções nas reuniões. Curiosamente, era o judiciário a instituição alvo das maiores reclamações, principalmente no que tange à atuação de juízes na avaliação dos crimes de violência doméstica e seus respectivos desdobramentos. As reincidentes queixas e proposições em torno da atuação do judiciário, especialmente nos casos de feminicídio, evidencia a importância que o grupo dá ao trabalho dessa instituição.

Por vezes, mantendo uma movimentação com características autogestionárias, o coletivo tinha autonomia sobre a definição de regras, estratégias e condutas, sustentando a singularidade das decisões e a força do trabalho em conjunto. Lourau (2014) e Pereira (2007) consideram a autogestão, no âmbito da Análise Institucional, a capacidade do grupo de defender sua autonomia, alinhar igualdade de direito e desejo na produção de uma experiência única, prazerosa e que não esteja submetida a um "grande chefe". Grupos guiados pela autogestão defendem a liberdade de ser e de decidir, lutando pela autonomia, não tendo, inclusive, medo da autoanálise e de suas consequências para o coletivo e para cada um individualmente.

Entre a potência para a autogestão e a proximidade com as políticas públicas institucionalizadas, o grupo mantém-se margeando ora entre a possibilidade de institucionalizar-se, ora entre as forças nômades desvinculadas da hierarquia das organizações.

Lourau (2014) problematizou o processo de institucionalização levando em consideração dois campos distintos, *instituído* e *instituinte*, que se encontram dialeticamente promovendo o que chamamos de instituição. Se a instituição é a forma abstrata, a organização e o estabelecimento são a materialização das formas relacionais legitimadas pelo termo instituição. Lourau (2014) analisa as instituições como estando em constante transformação e reformulação, delineando-se no jogo das negações do particular e do singular, sendo que cada momento se fundamenta na negação, na superação e na conservação do precedente. A instituição só vai existir no conflito que se dá no campo de forças entre estes dois processos – instituído e instituinte –, revelando tanto situações de rigidez, quanto conflitos em que prevalece a existência do novo. Nessa movimentação conflitiva por si, surgem processos de institucionalização rígidos ou maleáveis, dialógicos ou opostos que perpetuam a existência de uma determinada instituição.

Enquanto o instituído defende o estabelecido, pois mascara as contradições para assegurar a harmonia, justifica e legitima a existência de um determinado sistema social e reproduz relações sociais dominantes quando propaga que as instituições são necessárias e legítimas, o instituinte nega o instituído, busca sempre o novo e a mutação (Lourau, 2014). O processo ocorre entre três campos de força: o da universalidade, força que se dirige para a estabilização, supremacia do instituído; o da particularidade, força que se dirige para a mutação, uma vez que possui condições para aflorar o instituinte; e o da singularidade, que é a institucionalização propriamente dita cujo produto, localizado em um substrato físico, traz uma organização funcional concreta. Nesse último, há a presença do instituído e do instituinte.

As forças do novo e da manutenção do estabelecido, que compõem um processo de institucionalização de uma determinada experiência, aparecem com nitidez no cotidiano da Rede MG. A força do instituinte se apresenta no afeto militante advindo dos percursos de vida e história de pertencimentos daquelas que ali estão. A força do instituído se dá tanto na forte presença do judiciário, quanto a partir do horizonte rígido colocado pelos documentos, sejam aqueles relativos às políticas de enfrentamento à violência contra as mulheres ou aqueles produzidos pelo próprio grupo, que definem regras e estratégias de convívio e de tomadas de decisão. Lógica discursiva que tanto enrijece a atuação, quanto busca garantir sua continuidade.

No diálogo entre instituinte e instituído, as experiências intersubjetivas, que também constroem um espaço educativo de troca, dão-se tanto ao defenderem as causas feministas, de se constituírem como mulheres feministas, como ao manterem discussões pautadas em normativas e legislações recentes sobre o enfrentamento da violência contra as mulheres. Esse diálogo confere à Rede MG lugar de vanguarda e referência para vários municípios mineiros constituírem suas próprias redes de enfrentamento.

O cotidiano dos encontros acontece num misto de euforia militante e rigidez institucional. Mulheres representantes do sistema de justiça e segurança pública (juizados especiais, defensoria pública e polícias) dão um tom de resolutividade, organização e rigidez às discussões, apontando, a partir da letra da lei, vários caminhos possíveis quando, por exemplo, surgem dúvidas e desafios no acompanhamento de casos. Estas mulheres também são militantes feministas, como declaram com regularidade nas reuniões, tornando o vínculo com o grupo um misto de afeto e compromisso com o trabalho público e coletivo.

A presença da militância e a incidência do discurso institucionalizado vindo, sobretudo, das participantes do sistema de justiça, cria um ambiente de convívio singular para a Rede MG. O grupo apoia-se, principalmente, na potência do afeto militante para continuar a insistir em uma causa árdua e desgastante, com poucos retornos do poder público no que tange à construção de iniciativas de maior resolutividade para o enfrentamento da violência. No entanto, lutam também pela institucionalização das propostas como forma de preservar e dar continuidade às políticas públicas. Neste cruzamento entre a rigidez e a capacidade de se reinventar com autonomia, como as dinâmicas relacionais que sustentam os movimentos sociais, as participantes encontram alianças e discursos que incidem sobre a institucionalização das políticas em vários momentos, além de manter um vínculo entre elas que constrói uma historicidade peculiar para o coletivo.

Em nossa interpretação, o coletivo perde sua potência autogestionária ao ceder aos encantos do poder judiciário como lugar de resolutividade dos casos de violência, da proteção das mulheres e da garantia de existência do grupo, já que, como elas mesmas disseram em momentos distintos da pesquisa, o poder judiciário dá "legitimidade" à Rede MG. Relativizam, inclusive, a importância das políticas públicas de educação e daquelas voltadas para a autonomia financeira da mulher, bem como não discutem a atuação do setor saúde no enfrentamento da violência contra às mulheres. Recuam, assim, de sua autonomia quando fazem coro com a sociedade na manutenção do poder reservado ao sistema de justiça.

No entanto, é essa capacidade de bailar das políticas setoriais e sua rigidez para a fluidez e horizonte de liberdade dos movimentos sociais que mantém a rede atuante e coesa. Além disso, o grupo aposta na necessidade de criação e manutenção de políticas públicas para mulheres em situação de violência. Fora do embate institucional, da sua burocracia e de seus desafios, sabem que o enfrentamento da violência não se concretiza da forma e no ritmo que o país necessita.

A vida coletiva que não se curva à política da morte

Ao iniciarmos a pesquisa, participamos de uma plenária, convocada pela Comissão de Direitos das Mulheres da ALMG, sobre o orçamento do estado destinado às políticas para mulheres e, em especial, à política de enfrentamento da violência. Pressionada pela Comissão, na figura de sua presidenta, a deputada Marília Campos, do Partido dos Trabalhadores, pelos movimentos sociais e diversas feministas presentes, a representante do Executivo afirmou que o orçamento previsto para 2020, no que se referia ao enfrentamento da violência contra as mulheres, não incluía ampliação e criação de serviços e programas, apenas a manutenção do que já existia, situação de escassez de recursos que já acontecia em anos anteriores, conforme relatado em entrevistas realizadas posteriormente.

Antes do evento na ALMG, usuárias, representantes de serviços e militantes já haviam protestado contra o fechamento do Centro Risoleta Neves de Atendimento (CERNA). Um dos primeiros CRM do país, o CERNA é o único serviço que atende este público a nível estadual, acolhendo mulheres não só de Belo Horizonte, como de cidades com pouca ou nenhuma capacidade de acolhimento dessa demanda. Além disso, ele também é referência na construção e aplicação de metodologias de trabalho em todo o estado, devido ao seu tempo de existência, à competência técnica da equipe e ao alcance do trabalho. Na época, não fechou as portas e ainda hoje constitui um serviço público em risco, mas defendido e vigiado, sobretudo, pelas usuárias.

Esse pano de fundo político institucional de precarização do atendimento às mulheres em situação de violência em Minas Gerais parece promover, ou avivar, uma militância aguerrida por parte das participantes da Rede MG. Durante nossa pesquisa, dois eventos marcaram a rotina do coletivo: os casos de feminicídio em Minas Gerais; e o início da pandemia de Covid-19 que, até o encerramento da construção desse artigo, levava ao óbito uma média de mil pessoas por dia no país. O distanciamento social e a restrição de circulação, como medidas de prevenção da pandemia, pressionaram as instituições a construírem alternativas de atenção diferenciadas e ágeis. A Rede MG aderiu com fôlego a necessidade de pressionar a construção de respostas, mudando e adequando pautas de forma que respondessem às emergências do período.

Apesar das adversidades e dos desafios, era possível perceber como os limites colocados pelo estado para a promoção das políticas públicas e os efeitos da pandemia pareciam garantir um movimento contrário ao de desânimo nas participantes, mas uma motivação, advinda, sobretudo, da força grupal, que sustentava ideias para atuação do grupo e a sua própria coesão. Foi frequente ouvirmos que as reuniões *on-line* tinham um número significativo de participantes como há muito tempo não se via. Além disso, as pautas e as interações revelavam disposição para assumirem tarefas complexas como negociar com o judiciário novas formas de atuação que contemplassem um atendimento mais adequado e eficiente para as mulheres.

Essa disposição não é incomum entre trabalhadores/as sociais envolvidos/as nas políticas voltadas para grupos vulneráveis (Santos, 2019). Diante da precarização das políticas públicas, especialmente em momentos históricos em que as forças políticas partidárias estão voltadas para o esvaziamento das ações do estado e para o fortalecimento do sistema neoliberal, cabe aos trabalhadores sociais investirem ainda mais forças, mesmo com condições precárias de trabalho diante da complexidade técnica do ofício.

O coletivo se mantém a partir de uma mistura de forças. A natureza da ação militante traz em si a exigência de um sujeito que possa lutar em conjunto e encontrar determinadas balizas para a expressão da sua ação. Uma definição clássica para a ação militante seria "[...] Porque na origem da militância, há uma profunda indignação, um agudo sentimento de injustiça diante do considerável aumento das desigualdades e da pobreza, tanto nacional como internacionalmente"

(LADSOUS, 1995, tradução nossa)[7]. A presença de sentimentos comuns e compartilhados favorece um determinado encontro e sua manutenção.

Nicourd (2009) aponta que o engajamento, termo que também pode ser utilizado para compreender a militância, não pode ser concebido apenas como lógicas individuais, mas, principalmente, como atividades coletivas que dão corpo a este compromisso. Nesse sentido, as militantes encontrariam no coletivo a disposição e um sentido para continuarem perseguindo o ideal, coletivizando afetos e lutas comuns. A Rede MG parece produzir, portanto, um engajamento que não está alinhado com a institucionalidade e com o ritmo da política pública, resultantes dos investimentos dos governos. Pelo contrário, sua condição de existência e motivação parece se alimentar mais das forças internas de produção de vida do próprio grupo, do que de decisões e investimentos advindos do cenário político.

A interação e a disposição de manter a coesão e o trabalho coletivo no enfrentamento à violência contra as mulheres presentes na Rede MG desafiam, na nossa interpretação, a tendência de uma necropolítica que ocupa a forma da política pós-moderna (MBEMBE, 2019). Nesse sentido, uma oposição às formas contemporâneas de controle da força do estado que tem na morte uma forma de economia política, submetendo pessoas ao *status* de mortos-vivos tamanho o risco e a negligência a que estão submetidos. Tecnologias de poder que, para sustentar o racismo estrutural e a desigualdade social, agem de forma articulada para "relegar o colonizado a uma terceira zona, entre o estatuto de sujeito e objeto" (MBEMBE, 2019, p. 39).

De um lado, um exemplo extremo da necropolítica é o nazismo e suas consequências em termos de terror para o povo judeu e o mundo. De outro lado, em um cenário mais atual, a necropolítica está nas formas de gestão das políticas públicas. Especificamente, no caso da política de enfrentamento à violência contra as mulheres, observamos desmontes progressivos desde a perda de *status* de ministério da Secretaria de Políticas para Mulheres (SPM), em decorrência do golpe contra a presidenta Dilma Rousseff. Desmontes que continuam a acontecer no presente e

[7] "Car à l'origine du militantisme, il y a une profonde indignation, un sentiment aigu d'unjustice face à l'accroissement considérable des inégalités et de la pauvrete, tant à l'échelle nationale qu'internationale."

que, a partir da restrição progressiva de orçamentos destinados a grupos vulneráveis, impactam outros setores, a exemplo da política de Assistência Social. Conselhos participativos e deliberativos, organizações da sociedade civil e outras frentes de resistência à política partidária, ideológica e neoliberal têm sido progressivamente enfraquecidos, num movimento progressivo de extinção.

Nesse cenário, a Rede MG é uma experiência coletiva que produz, concretamente, condições de defesa das políticas de direitos humanos das mulheres. Um campo novo que produz a conciliação necessária para que forças instituídas e instituintes possam convergir, criando um lugar de diálogo para o trabalho a partir do apoio mútuo.

Considerações finais

As mulheres que integram a Rede MG atuam dentro dos processos de institucionalização, mas ganham força na capacidade militante de promover afetos e pertencimento diante das opressões. A intersetorialidade produzida nesse contexto relacional não se submete às formalidades da burocratização dos documentos, condição que poderia, inclusive, extingui-la. Nesse caso, o trabalho integrado e cooperativo está enlaçado em uma produção de subjetividades e de processos educativos que se alimentam de uma solidariedade orgânica, viva e desperta.

Fonte de fomento

Inova Fiocruz/Fundação Oswaldo Cruz

Referências

BRASIL. Lei nº 11.340 de 7 de agosto de 2006. Cria Mecanismos para coibir a violência doméstica e familiar contra a mulher. *Diário Oficial da União*. Poder Executivo, Brasília DF, 8 de ago de 2006a, p. 1. Disponível em: <http://www.planalto.gov.br/ccivil_03/_Ato2004-2006/2006/Lei/L11340.htm>. Acesso em: 15 ago. 2019.

BRASIL. Lei nº 12.845 de 1 de agosto de 2013. Dispõe sobre o atendimento obrigatório e integral de pessoas em situação de violência sexual. *Diário Oficial da União*. Poder Executivo, Brasília DF, 2 de ago de 2013a, p. 1. Disponível em: <https://pesquisa.in.gov.br/imprensa/jsp/visualiza/index.jsp?jornal=1&data=02/08/2013&pagina=1>. Acesso em: 9 set. 2020.

BRASIL. Presidência da República. Secretaria de Políticas para as Mulheres. *Norma Técnica de Uniformização. Centros de Referência de Atendimento à Mulher em Situação de Violência*. Brasília: SPM/PR, 2006b.

BRASIL. Presidência da República. Secretaria de Políticas para as Mulheres. Secretaria Nacional de Enfrentamento à Violência contra as Mulheres. *Pacto Nacional pelo Enfrentamento à Violência contra as Mulheres*. Brasília: SPM/PR, 2011a.

BRASIL. Presidência da República. Secretaria de Políticas para as Mulheres. Secretaria Nacional de Enfrentamento à Violência contra as Mulheres. *Política Nacional de Enfrentamento à Violência contra as Mulheres*. Brasília: SPM/PR, 2011b.

BRASIL. Presidência da República. Secretaria de Políticas para as Mulheres. Secretaria Nacional de Enfrentamento à Violência contra as Mulheres. *Rede de Enfrentamento à Violência contra as Mulheres*. Brasília: SPM/PR, 2011c.

BRONZO, Carla. Intersetorialidade, vulnerabilidade e desigualdade: quando a integração é necessária para a proteção social ser suficiente. In: ROMAGNOLI, Roberta Carvalho (Org.). *A intersetorialidade e seus desafios*. Curitiba: Editora CRV, 2018.

LADSOUS, Jacques. Militantisme. In: BARREYRE, Jean-Yves et al. (Org.). *Nouveau dictionnaire critique d'action sociale*. Paris: Bayard, 1995.

LEOCÁDIO, E.; LIBARDONI, M. *O desafio de construir redes de atenção às mulheres em situação de violência*. Brasília: Agende, 2006.

LOURAU, René. *A análise institucional*. 3ed. Petrópolis: Vozes, 2014.

MBEMBE, Achille. *Necropolítica*. São Paulo: N-1 Edições, 2019.

NICOURD, Sandrine. Introduction: Pourquoi s'interesser au travail militant? In: ________. (Org.). *Le travail militant*. Rennes: Presses Universitaires de Rennes, 2009.

PASINATO, Wânia. Atendimento às mulheres em situação de violência em Belo Horizonte. In: LEOCÁDIO, E.; LIBARDONI, M. (Org.). *O desafio de construir redes de atenção às mulheres em situação de violência*. Brasília: Agende, 2006.

PASINATO, Wânia. *Acesso à Justiça e violência contra a mulher em Belo Horizonte*. São Paulo: Annablume; Fapesp, 2012.

PEREIRA, William Cesar Castilho. Movimento Institucionalista: principais abordagens. *Estudos e Pesquisas em Psicologia*, vol. 7, n. 1, p. 06-16, 2007.

SANTOS, Ana Pereira dos. *O inimigo sempre volta: a implicação dos trabalhadores com a política de Assistência Social brasileira*. Curitiba: CRV, 2021.

UDE, Walter. Redes Sociais: possibilidade metodológica para uma prática inclusiva. In: CARVALHO, A.; SALLES, F.; GUIMARÃES, M.; UDE, W. (org.). *Políticas Públicas*. Belo Horizonte: Editora UFMG, 2003.

Oficinas em Direitos Humanos: reflexões sobre fazer grupos com adolescentes

Eduardo Francisco de Oliveira[1]

Introdução

A relevância do debate sobre os direitos humanos e a formação para a cidadania no Brasil vem se ampliando a partir da Nova República, com a Constituição Federal de 1988, que define o Brasil como um país cujos fundamentos são a cidadania, a dignidade da pessoa humana, os valores sociais do trabalho e o pluralismo político (Brasil, 2006a).

Certamente, outros documentos e iniciativas, em nível nacional e internacional, foram importantes para esse debate, com especial atenção à Declaração Universal de Direitos Humanos, de 1948, do qual o Brasil é signatário, e documentos posteriores que vieram reafirmar e consagrar o compromisso instituído na declaração anterior, concedendo maior eficácia e proteção aos direitos humanos, tais como a Declaração de Viena (ONU, 1993) e o Plano Nacional de Educação em Direitos Humanos (Brasil, 2006a).

No entanto, apesar das conquistas alcançadas com grande participação dos movimentos sociais para a efetivação do Estado Democrático de Direito e pelo acesso à cidadania, na realidade brasileira ainda existe um grande distanciamento entre o discurso e a realidade dos direitos humanos. Assim, apesar da premissa de que os direitos humanos são

[1] Psicólogo especialista em Educação, diversidade e cidadania. Mestre em Gestão e educação na saúde. *E-mail*: eduardooliveiraweb@gmail.com

universais, indivisíveis e interdependentes, vemos que, no Brasil, a universalidade, a indivisibilidade e a interdependência dos direitos humanos ainda se colocam mais como teoria do que prática (Afonso; Rodrigues; Oliveira, 2018).

O processo de desconstrução dessa realidade e construção de uma nova sociedade requer o exercício da cidadania, ou seja, a participação de cidadãos conscientes de seus direitos e deveres frente à sociedade, visando o combate à discriminação, bem como à transformação social no sentido da promoção da igualdade entre as pessoas (Brasil, 2006a).

O cidadão pode ser pensado como o sujeito ao qual a Constituição reconhece direitos e garantias individuais, nos planos político, social, econômico e cultural – com o pleno exercício da cidadania. Entretanto, nem a Declaração Universal de Direitos Humanos (1948) e nem a Constituição Federal (1988), por si sós, não são suficientes para consolidar direitos, pois a letra da lei não garante a sua aplicação e nem estabelece sozinha os vínculos necessários para que os sujeitos se impliquem nos processos de cidadania por meio da participação ativa, consciente e crítica.

Nessa direção, o objetivo deste artigo é relatar e refletir uma experiência de intervenção psicossocial em direitos humanos com adolescentes em situação de vulnerabilidade social.

Juventude e participação política: processo em permanente construção

A análise da perspectiva dos jovens sobre a participação política, os direitos humanos e a cidadania têm se tornado objeto recorrente das pesquisas em contraposição a tendências pessimistas, ressaltando, muitas vezes, estereótipos construídos na prática social. Ao contrário do que acredita o senso comum, a pesquisa científica vem mostrando que a juventude não é um grupo social homogêneo e monolítico (Castro, 2008).

Pelo contrário, a participação política dos jovens não se faz no vazio cultural e histórico, mas em sociedades que carregam as marcas singulares de sua história e as dificuldades específicas de seu presente, que podem influenciar nos sentidos e significados com que a juventude compõe a sua visão de mundo (Castro, 2008).

Para Gonh (2018), a onda dos Movimentos Sociais iniciada no século passado ampliou-se, e hoje, as questões sociais adentraram as escolas como demanda coletiva da juventude, fomentando a necessidade de participação e discussão de temáticas relativas a gênero, etnia, segurança pública, paz, direitos humanos. Mesquita (et al., 2016) ressalta que a política não se limita à sua formalidade, aos grupos e aos espaços constituintes do jogo político, mas também, constitui uma forma de ver o mundo, de se relacionar. É um posicionamento frente à vida e, portanto, é impossível dela não participar.

Nesse cenário, novas categorias e referenciais de análise são indicadas para o reconhecimento e entendimento das atuais formas de participação, sendo a formação de jovens no contexto das instituições, apontada como caminho prioritário para análise da participação, do diálogo entre as gerações e da ressignificação do espaço político (Afonso; Rodrigues; Oliveira, 2018).

Direitos humanos, cidadania e educação: uma relação de mútua sustentação

A concepção dos direitos humanos vem se transformando em sua relação com a sociedade, resultado de um processo histórico e dinâmico de conquistas e consolidação de espaços emancipatórios. Defini-los, porém, não é uma tarefa simples, eles abrangem uma pluralidade de significados, sentidos e interpretações filosóficas, jurídicas e políticas (Medeiros, 2006).

Contudo, o discurso dos direitos humanos compõe, na atualidade, argumentos que protegem, promovem e buscam reparações aos direitos de pessoas e grupos humanos. Sustentam, também, a ideia de liberdade, igualdade e fraternidade entre os povos, refletem, a todo tempo, histórias de ação, mediante processos que abrem e consolidam espaços de luta pela dignidade humana (Lima, 2017).

Os direitos humanos são, portanto, valores que remontam ao âmbito da ética, sendo assim, têm por essência a pessoa humana (Medeiros, 2006). Fundamenta-se em um escopo de possibilidades, de um horizonte político, ético e filosófico para a compreensão e construção histórica do que é dignidade humana, e de como ela é expressa pelos sujeitos (Schiefer, 2004; Afonso; Abade, 2013).

Os direitos humanos ganham materialidade por meio dos direitos de cidadania, que são aqueles assegurados pela Constituição Federal de 1988, e pelos demais preceitos de ordenamento jurídicos vigentes. Dentro dessa preposição, o Estado tem a obrigação legal de promover os direitos e as liberdades fundamentais, não se limitando à sua jurisdição reservada.

O reconhecimento constitucional desses direitos legitima que aqueles que se sintam impossibilitados ao acesso, à liberdade e à igualdade reivindiquem a sua garantia. Esse aspecto é importante em nosso país, visto que uma grande parte das minorias sociais encontram os mais diversos obstáculos a uma vida digna e, consequentemente, a outros direitos fundamentais e de cidadania (Afonso; Abade, 2013).

Nessa perspectiva, a Educação em Direitos Humanos deve levar em conta o cenário histórico e político de transformações da sociedade, deve se preocupar igualmente com os direitos humanos e com os direitos de cidadania, abordando direitos conquistados, mas também, as desigualdades sociais (Brasil, 2006a).

Procedimentos metodológicos

A Oficina de Intervenção Psicossocial, conforme trabalhada por Afonso (2006), é herdeira do Grupo Operativo, de Pichon-Rivière (2005). Ela pode ser definida como:

> "[...] um trabalho estruturado com grupos, independentemente do número de encontros, sendo focalizado em torno de uma questão central que o grupo se propõe a elaborar, dentro ou fora de um contexto institucional. A elaboração que se busca na Oficina não se restringe a uma reflexão racional, mas envolve os sujeitos de maneira integral, suas formas de pensar, sentir e agir" (Afonso, 2006, p. 67).

O termo *oficina* revela o seu caráter operativo, onde é desenvolvido um trabalho com as demandas, as identidades sociais, as relações e os processos do grupo. Para Pichon-Rivière (2005), a técnica operativa do grupo está centrada, de forma explícita, em uma tarefa externa que pode ser a aprendizagem, por exemplo, interatuando para isto em uma rede de papéis, com o estabelecimento de vínculos entre si. A tarefa depende, portanto, do campo operativo do grupo, de sua percepção, de sua interação, de sua linguagem. Já a tarefa interna inclui todas as formas de elaboração das relações no e do grupo para que este consiga realizar a sua tarefa externa, isto é, o seu trabalho (Pichon-Rivière, 2005).

Na prática grupal, um membro serve de suporte para processos psíquicos de outros membros e do grupo como um todo. Com isso, o trabalho com o grupo visa integrar duas dimensões: a verticalidade, que se refere à história de cada participante, e a horizontalidade, que se refere ao campo grupal, consciente e inconsciente, que vai sendo modificado pela ação e interação dos membros (Pichon-Rivière, 2005).

Desse modo, a oficina diferencia-se dos grupos estritamente terapêuticos ou educativos, adotando uma perspectiva: psicossocial, clínica e educativo-reflexiva (Afonso, 2006). Essa perspectiva recobre, de maneira dialética a capacidade de sentir, pensar e agir do grupo. Ou seja, a capacidade de subjetivar, objetivar e transformar-se a si mesmo e ao mundo em sua volta.

Os dados coletados nas Oficinas foram submetidos à análise do conteúdo de Bardin (2010). Estes foram organizados em torno de três polos cronológicos, e são eles:

a) **Pré-análise** – organização propriamente dita: formulação de hipóteses e elaboração de materiais que fundamentem a interpretação.
b) **Exploração do material** – codificação, decomposição e enumeração a partir das unidades de registro, transformando dados brutos da pesquisa em centros de compreensão do texto.
c) **Tratamento dos resultados** – categorização, inferência e interpretação.

Os procedimentos metodológicos descritos foram desenvolvidos pelo papel de coordenador do grupo, responsável pela execução da tarefa externa e interna e pelo papel assistente, educador parceiro responsável pelo registro escrito e em áudio de cada etapa grupal.

Análise, discussão e desenvolvimento da oficina

Contextualização

O presente estudo foi desenvolvido com treze adolescentes, entre 14 a 17 anos, assistidos por um projeto social localizado em um bairro periférico da cidade de Belo Horizonte/MG, no ano de 2019. Foram realizados três encontros em formato de Oficina Psicossocial denominado *Oficinas em direitos humanos*, com duração média de 1h30m cada.

Cada encontro foi organizado em três fases que se referem a uma estrutura de organização, são eles: pré-tarefa, tarefa e projeto. O estabelecimento destas apresenta-se como uma sucessão evolutiva para situar-se diante de cada situação que envolva modificações no sujeito ao longo do processo grupal, por tanto, cada fase nos mostra uma configuração do pensar, sentir e agir do sujeito cuja integração é necessária no processo de aprendizagem (Pichon-Rivière, 2005).

Primeiro encontro – Oficinas em direitos humanos

A intervenção inicial com o grupo teve como principal objetivo promover o contato inicial dos coordenadores da Oficina com os participantes, gerar um sentimento de afiliação/pertencimento, favorecer a construção do vínculo necessário para o desenvolvimento da proposta de trabalho com o grupo e escuta da demanda grupal.

Iniciou-se a intervenção solicitando que cada participante se apresentasse dizendo o nome, a idade e a sua relação com o projeto social. Em seguida, os coordenadores se apresentaram e expuseram a proposta de trabalho para o grupo – a construção de um espaço democrático para o diálogo sobre os direitos humanos, sendo esta bem aceita pelos participantes.

A permanência dos adolescentes no projeto social varia de 2 a 4 anos de participação contínua, o que indica que o mesmo tem significativa relevância para os jovens e para a comunidade, uma vez que o grupo apresenta baixa rotatividade e seu público demonstra sentimento de pertença, vínculo e interesse nas atividades desenvolvidas pela equipe de educadores sociais.

> [...] aqui é uma oportunidade muito boa pro nosso futuro. Talvez se a gente não estivesse aqui, estaríamos na rua nos drogando, roubando... É o que rola aqui na quebrada (Participante "B").

Após as apresentações, deu-se início ao trabalho com o grupo. Para esse primeiro momento, a coordenação utilizou uma técnica de contação de história – *A jovem e a sorte.*

O conto narra a história de uma adolescente que não percebe as oportunidades que lhe aparecem ao longo do seu caminho pela vida. Ela não vê esperança nos estudos e não acredita nas possibilidades do futuro. Muito queixosa e pessimista, a jovem apresenta-se individualista e rancorosa, colocando a culpa de sua infelicidade e fracassos nos outros.

Ao escolher este conto, planejou-se trabalhar de forma lúdica algo real da vida em sociedade, tendo como objetivo, propiciar maior identificação dos adolescentes com a temática. Dessa forma, por meio das produções do grupo, foi possível fazer uma análise das perspectivas dos adolescentes sobre suas vivências no presente e no futuro.

Após o conto, sentados em círculo, iniciou-se a discussão. Os participantes foram questionados sobre sua percepção da história: se há associações do que foi narrado com a realidade vivida, sobre as atitudes da personagem, sobre o que poderia ter sido feito diante daquela da situação, entre outras questões, a qual o grupo pôde discutir, elaborar e refletir.

As discussões em grupo apontaram para questões pertinentes ao protagonismo – disposição para a ação construtiva, a importância de ser sujeito ativo da própria vida e da própria felicidade, de reconhecer as oportunidades e criar possibilidades, a valorização do projeto de vida e do reconhecimento do outro na construção de sua singularidade, enquanto sujeito movido por desejos e senso crítico.

> Eu acho que tá na escola é importante. Lá eu consigo pensar mais no meu futuro (Participante "F").
>
> A gente espera encontrar a felicidade no fim do túnel, e não é certo. A gente deve construir um pouco todos os dias. A gente deve olhar para trás, por que é através das nossas experiências que podemos ser alguém na vida (Participante "A").
>
> Só que aqui é favela e "neguim vacilão" não tem vez [...] tem que correr dobrado (Participante "D").

As falas individuais junto às manifestações do grupo favoreceram reflexões sobre as variadas formas dos participantes moverem suas escolhas dentro das perspectivas da cidadania; de construir respostas que viabilizem outras formas de entender a vida e seus desafios; de desconstrução de preconceitos e estereótipos e também de discutir os valores admitidos pela cultura.

Cada membro chega ao grupo com sua história pessoal, isto é, com sua verticalidade. Ainda que adolescentes de um mesmo contexto social, apresentam histórias de vida diversas. Entretanto, à medida que vai se constituindo a rede vincular no grupo, seus membros partilham objetivos e necessidade comuns, compartilham de uma demanda coletiva, assim criam uma nova história, uma identidade própria do grupo.

A condução da atividade propiciou um espaço de escuta, debate e reflexão entre os participantes, visando a sensibilização para uma consciência cidadã mais crítica. Buscou favorecer a boa convivência em grupo – o sujeito modificando-se a si mesmo para modificar o meio, no intuito de propagar este valor no âmbito micro (grupo) para o macrossocial (sociedade).

Ao final do encontro, os adolescentes foram orientados a escrever em um pedaço de papel os temas que gostariam que fossem discutidos nos próximos encontros da Oficina. Estes foram depositados anonimamente em uma caixa denominada *Caixinha democrática*, tornando-se então, material de estudo e demanda do grupo para as discussões seguintes. As temáticas sugeridas foram: *bullying*, primeiro emprego, sexualidade, amizade, namoro, relação familiar, amizade, drogas, violência, machismo, preconceito.

Segundo encontro – Oficinas em direitos humanos

Conforme demanda do grupo, no segundo encontro foi trabalhado, de forma articulada, a filosofia dos direitos humanos, questões relacionadas ao gênero, às diferenças humanas e ao preconceito.

A atividade do dia foi iniciada com a técnica dinamizadora *Percepção do outro*. Em duplas, os participantes foram orientados a ficar um de frente para o outro, em fila horizontal. A eles foi solicitado se observarem minuciosamente e, em seguida, a ficarem de costas um para o outro. O pedido, em seguida, foi para que as duplas alterassem alguma coisa em si (objetos, cabelo, roupa, etc.) e voltassem a ficar de frente, um para o outro.

Então, eles foram questionados: "*O que foi mudado no seu parceiro?*". Essa técnica foi utilizada para resgatar a discussão do 1º encontro com os adolescentes e dar início a uma nova reflexão junto ao grupo. Pontuou-se, então, como às vezes, por causa da correria do dia a dia, não nos percebemos e, muito menos, percebemos a riqueza dos detalhes nas coisas, nas pessoas e nas oportunidades que nos cercam, e não notamos como esse comportamento pode impactar nossas relações.

Na sequência, para fomentar a discussão e prepará-los para a discussão do dia, foi apresentado um curta-metragem chamado *Acorda Raimundo... Acorda!*. O curta retrata as diferenças de gênero cuja inversão de papéis de homem e mulher (marido e esposa), hipoteticamente, as mulheres assumem postura ditas como masculinas e os homens assumem posturas ditas como femininas na sociedade contemporânea.

Após a exibição do vídeo, abriu-se então, a roda para discussão em grupo, em que os participantes puderam se expressar. O intuito da escolha do curta-metragem foi o de pensar, discutir e refletir, juntamente aos participantes, os papéis de gênero e a validação social "de ser homem" e "de ser mulher" na sociedade, e como estes são historicamente construídos e influenciados diretamente pela cultura vigente, bem como ampliar conhecimentos acerca das questões de gênero, favorecendo a conscientização para equidade entre homens e mulheres na perspectiva dos direitos humanos.

Na percepção dos participantes, a mulher vem conquistando mais espaço e respeito na sociedade, conforme explicitado:

> *Hoje a mulher tá até na política, teve presidente mulher já, a Dilma (Participante "L").*
>
> *A mulher pode trabalhar, antes não podia (Participante "J").*

Também foi dito que *"[...] hoje em dia, ainda existe machismo"* – Participante "A". Nesse momento, foi pontuado que as conquistas de equidade de gênero se devem à participação e à pressão popular exercida em sociedade às diversas formas de preconceito e discriminação à mulher, como a luta dos movimentos sociais, por exemplo.

No entanto, frisou-se que os pequenos grupos, como as Oficinas em direitos humanos, também são fundamentais no processo de desconstrução das diferenças de gênero. Uma vez que há um espaço, aqui e agora, para discutir e refletir criticamente sobre os valores impostos pela sociedade, sendo também, um multiplicador de ideias.

Discutiu-se também, a influência da mídia na naturalização dos papéis de gênero sobre o que é esperado do homem e da mulher na sociedade, e como inconscientemente reproduzimos essas atitudes e esses valores em nosso cotidiano. Nesse momento, um dos alunos da Oficina pontuou: "*Todo mundo tem que parar para pensar nisso, né?* "– Participante "J". Essa fala teve grande reação sobre o grupo, todos ficaram calados por alguns instantes, acredita-se que os sujeitos se sentiram implicados nesta realidade, responsabilizados pelo processo de transformação social, trazendo à tona seu lugar enquanto cidadão de direitos e deveres.

No momento seguinte, foi feita uma interface do tema gênero e trabalho. Logo, o grupo expôs as conquistas das mulheres em relação ao mercado de trabalho, como podemos observar na seguinte fala: "*Hoje vemos as mulheres fazendo serviço que só homem fazia*" – Participante "E". No entanto, também foi falado que a mulher acaba assumindo mais funções que os homens, os participantes citaram exemplos relacionados especialmente ao cuidado com os filhos: *Só que elas* [as mulheres] *fazem mais coisas agora* – Participante "B". Ou seja, na percepção de grande parte dos participantes do grupo, a mulher além de trabalhar, continua assumindo sozinha, por vezes, as tarefas domésticas e a educação dos filhos, historicamente ditas como femininas.

Para finalizar o encontro, fizemos uma intervenção ponderando que as diferenças vão sempre existir, não só de gênero, mas culturais, de religião, etc. E que a desconstrução dessa lógica excludente se faz em nosso cotidiano ao longo do tempo, e que, por isso, é importante discutirmos e refletirmos sobre as diversas temáticas sociais que nos cercam. Assim, as pessoas são diferentes porque nascem e são criadas em famílias e contextos diferentes, porém, em termos de direitos e deveres somos todos iguais.

Terceiro encontro – Oficinas em direitos humanos

A intervenção foi iniciada com a técnica dinamizadora: nome, palma e pulo. Orientados a formar uma roda, em que a ordem seria em sentido horário, os participantes teriam de dizer seu nome, o próximo bater uma palma e o outro dar um pulo e assim sucessivamente. Essa atividade requer atenção concentrada, rapidez e boa coordenação motora. À medida que os participantes erravam, eram eliminados. Este foi um momento bastante descontraído para o grupo, com muita risada.

Em seguida, foi apresentada ao grupo a proposta de trabalho do dia: a discussão e reflexão sobre os direitos humanos, *bullying* e preconceito.

Utilizou-se o *Jogo da Igualdade e das Diferenças* (disponível em www.recimam.org) como recurso pedagógico para o desenvolvimento da proposta de intervenção. Este busca trabalhar de forma lúdica diferentes casos que envolvem *bullying* e violações de direitos no ambiente escolar, em que os jogadores devem debater e estudar os casos em questão e, então, propor soluções pautadas em uma cultura de paz e respeito aos direitos humanos.

Foram explicadas as regras do jogo. O grupo se dividiu em duas equipes por ordem numérica (1, 2, 1, 2, etc.). Nesse momento, observou-se que esta divisão gerou algum desconforto no grupo, pois alunos de maior afinidade foram divididos, logo ficaram em equipes diferentes ao habitual. No entanto, houve boa interação entre as equipes no desenvolver das atividades.

Iniciou-se o Jogo. "M – equipe 1" e "W – equipe 2" foram eleitos como os porta-vozes dos grupos, "I" e "V" (ambos educadores sociais do projeto) seriam os juízes, responsáveis pela avaliação das respostas às possíveis saídas diante dos casos de *bullying*, preconceito e discriminação apresentados pelas equipes.

Discussão de casos

1º Caso

> Mateus tem 10 anos de idade, e sofre *bullying* na escola devido a sua raça. Ele é negro e os colegas de sala o chamam de "macaco", situação essa que causa um grande desconforto em Mateus. A agressão já vem acontecendo há alguns meses, e ele nunca conversou sobre o assunto com seus pais, autoridades da escola ou professores. Seus pais estão desconfiados que há algo

> errado com seu filho, já que ele sempre inventa "desculpas" para não ir à aula, como dores de barriga, cabeça e indisposições, e inclusive já pediu para mudar de escola. A partir disso, seus pais procuraram a escola onde Mateus estuda para conversar com uma de suas professoras, Ana Pereira, que leciona português. Ela disse não ter conhecimento da situação e, no entanto, alertou aos pais que ele está disperso e não participa das aulas.

Após trabalhar o caso juntamente com os participantes, abriu-se espaço para a discussão em grupo. Então, foram questionados sobre as possíveis saídas para as situações de *bullying* explicitas no caso apresentado.

Os participantes citaram como possíveis saídas: conversar com autoridades escolares – direção, coordenação e professores para intervenção com punições escolares; pedido de ajuda aos pais para lidar com a situação; conversa com os agressores a fim de cessar o *bullying*, como podemos perceber na seguinte fala dos participantes, porta-vozes do grupo:

> Se o menino sofrer preconceito e partir pra violência, vai ter que sair batendo em todo mundo. Tem que tentar outro jeito de resolver [a situação] (Participante "E").
>
> [...] importante conversar, acho que é melhor! (Participante "J").
>
> Na maioria das vezes, os professores não sabem que o aluno tá sofrendo *bullying* (Participante "R").
>
> Mudar de escola não resolve. É um absurdo (Participante "A").

Ao longo das discussões, os coordenadores do grupo e juízes do jogo (educadores sociais do projeto) interviram falando da importância do posicionamento da vítima perante as agressões e da busca por uma solução para as diversas formas de *bullying*, preconceito e discriminação. Abordou-se a importância de que autoridades da escola, pais e amigos estejam cientes do acontecimento, a fim de que juntos possam pensar em possíveis saídas, pois se calar diante do *bullying* não é uma boa solução, porque é preciso falar sobre esses acontecimentos.

Também foi frisado a importância do desenvolvimento de oficinas pedagógicas, de oficinas psicossociais e de campanhas de conscientização sobre a temática no ambiente escolar e de como estas podem facilitar a discussão e propiciar reflexões acerca do *bullying*.

Em seguida, discutimos um novo caso:

2º Caso

> Raul, de 13 anos de idade, vem sofrendo agressões verbais e físicas na escola onde estuda. Tal fato acontece, por quatro garotos mais velhos que o ameaçam e o agridem todos os dias durante o recreio. Por apresentar comportamentos afeminados, ele é alvo dos alunos agressores.

A escolha de um caso relacionado à homossexualidade partiu da demanda de um dos educadores sociais. Esta também foi identificada pelos coordenadores em intervenção anterior, quando se discutiu gênero. Percebeu-se a necessidade de trabalhar especialmente com o foco direcionado ao sujeito gay. Foi o caso em que os alunos apresentaram mais dúvidas durante a intervenção.

No início da discussão foram apresentados pontos de vista distorcidos, porém erroneamente sustentados nas discussões sociais sobre a homossexualidade. Como sendo uma escolha (consciente e objetiva) do sujeito frente sua orientação sexual, como tendo "dupla personalidade", uma feminina ou masculina, conforme pode ser analisado em uma das falas – *"Na cabeça dele, ele tem dois sexos"* Participante "C". Também foi falado que todo homossexual apresenta comportamento afeminado e gostos ditos como femininos: *"O gay só curte coisas de mulheres, é só rosa e boneca"* – Participante "D".

Mas na medida em que fluía a discussão, com a intervenção do coordenador, juízes e dos próprios participantes essas percepções foram sendo desconstruídas, dando lugar a novas reflexões e pontos de vista sobre a temática, como podemos observar nas seguintes falas:

> Eu acho seguinte, quem nunca conversou com um gay? Gay não significa que não é humano" (Participante "A").
>
> [...] tenho quatro amigos gay. É de boa pra mim. (Participante "D").
>
> Depois que um gay conversou comigo, comecei a pensar que eles também são gente de bem. Não vou deixar de ser homem por ter amigos gay's. (Participante "B").

> [...] já era essa teoria que todo gay se veste de mulher e que toda lésbica se veste de homem. (Participante "H").

Nesse sentido, percebe-se que os preconceitos têm sua sustentação em bases vivenciais e irracionais amparadas na desinformação, na ignorância, no moralismo, ou seja, na naturalização dos processos sociais (Spink, 1993). Tais determinações, por estarem inseridas num contexto sócio-histórico, podem, no entendimento dos pesquisadores, até explicar atitudes de discriminação, mas nunca as justificar.

Dessa forma, é na relação com o outro e com o contexto em que nos encontramos que fundamentamos nossa visão de mundo e, então, os transmitimos. Nossas relações são permeadas pelas representações sociais que fazemos dos sujeitos, e é por meio dessas representações, de estruturas simbólicas do pensamento, que os sujeitos compreendem e constituem a realidade, sendo também por elas constituído (Spink, 1993).

Assim, representar é preparar-se para a ação, no terreno psíquico e físico. Por isso, estas são forças poderosas, capazes de transformar os sujeitos e suas realidades. As representações sociais permitem as pessoas compartilharem um universo implícito de conceitos e ideias, consideradas corretas e mutuamente aceitas, logo permitem conservar inalteradas posturas distorcidas ideologicamente à diversidade humana (Spink, 1993). Daí nota-se a importância e a relevância de discussão e reflexão sobre os direitos humanos, à inclusão social e à diversidade nos diversos espaços educacionais.

Como esse foi o último encontro de trabalho com o grupo, fizemos uma breve contextualização da história dos direitos humanos associada a todos os encontros da Oficina. Como forma de fechamento da intervenção, os participantes foram convidados a dizer o que mais os marcaram na discussão, dizer sobre os pontos mais interessantes de todo o processo grupal e o que eles levarão do espaço da Oficina para a sua vida.

Considerações finais

Após a experiência da Oficina, foi possível observar a importância da atuação de profissionais com engajamento social em instituições de ensino e projetos sociais no intuito de promover espaços e momentos de reflexão juntamente aos participantes. Debater temas relevantes à sociedade pode auxiliá-los a construir novos conceitos de acordo com a própria vivência, valores e crenças. Sugere-se que essa construção tenha como base conhecimentos pautados nos direitos humanos, na cidadania, na inclusão social e na diversidade humana.

Sentidos dicotômicos prevaleceram nas falas dos adolescentes, evidenciando a construção do sujeito à sua cultura, linguagem e ao mundo familiar enquanto território das significações e dos espaços de constituição subjetiva. Ao buscar analisar o processo de construção e manutenção da diversidade humana, nota-se que há espaço para a contemplação de possíveis caminhos a serem trilhados em busca da transformação e da equidade social, caminhos estes que os profissionais da educação devem almejar trilhar em resposta ao seu compromisso ético-político com a sociedade e com os sujeitos sócio históricos.

Acredita-se que a educação em direitos humanos deve fomentar práticas participativas e dialógicas, coerente a nossa realidade social, num clima de respeito mútuo e visar não só a aquisição de conhecimentos teóricos, mas o desenvolvimento de atitudes e a construção de valores conducentes à aplicação universal e quotidiana dos direitos humanos. A educação em direitos humanos é, portanto, uma educação sobre os direitos, mas também para os direitos humanos.

Práticas grupais que não descartem as vivências e experiências dos sujeitos e que se disponham a construir novas formas de intersubjetividade e interação social podem contribuir para a reflexão contínua e crítica do sujeito sobre os processos sociais que o cercam. Logo, é fundamental uma educação que prepare para o convívio e o respeito entre os diferentes sujeitos e grupos que compõem a sociedade. É preciso repensar, reconstruir e ressignificar os processos educativos buscando abrir espaço para os questionamentos, para as desconstruções e para as transformações sociais e subjetivas.

Referências

AFONSO, M. L. M.; ABADE, F. L. *Jogos para pensar*: educação em direitos humanos e formação para a cidadania. Belo Horizonte: Autêntica, 2013.

AFONSO, Maria Lúcia M. et al. *Oficinas em Dinâmica de Grupo:* um método de intervenção psicossocial. São Paulo: Casa do Psicólogo, 2006.

AFONSO, Maria Lúcia Miranda; RODRIGUES, Maximiliano; OLIVEIRA, Eduardo Francisco de. *Juventude universitária e direitos de cidadania*: sentidos atribuídos à diversidade sexual. Cad. Pesqui., São Paulo, v. 48, n. 169, p. 948-972, set. 2018.

BAPTISTA, Myrian Veras. *Algumas reflexões sobre o sistema de garantia de direitos*. Serv.Soc., São Paulo, n. 109, mar. 2012.

BARDIN, Laurence. *Análise de conteúdo*. São Paulo: Edições 70, 2010, p. 229.

BOGHOSSIAN, Cynthia Ozon; MINAYO, Maria Cecília de Souza. Revisão sistemática sobre juventude e participação nos últimos 10 anos. *Saúde soc. [online]*, 2009, vol. 18, n. 3, p. 411-423.

BRASIL. Comitê Nacional de Educação em Direitos Humanos. *Plano Nacional de Educação em Direitos Humanos*. Brasília: Secretaria Especial dos Direitos Revista Educação e Cultura Contemporânea, v. 12 n. 27 196/ Presidência da República, Ministério da Educação, Ministério da Justiça, UNESCO, 2006a.

CANDAU, Vera. Educação em direitos humanos: uma proposta de trabalho. In: ZENAIDE, Maria de Nazaré. (Org.). *Oficinas aprendendo e ensinando direitos humanos*. João Pessoa: JB, e Soc. Da Unipar. Umuarama. v. 9, n. 2, p. 325-354, 2006.

CARVALHO, José Murilo de. *Cidadania no Brasil – o longo caminho*. 7 ed. Rio de Janeiro. Ed. Civilização Brasileira, 2005.

CASTRO, Lúcia Rabello de. Participação política e juventude: do mal-estar à responsabilização frente ao destino comum. *Rev. Sociol. Polit. [online]*, 2008, vol. 16, n. 30, pp. 253-268. ISSN 0104-4478.

CECCHIN, A. J. Ações afirmativas: inclusão social das minorias. *Rev. Ciên. Jur. e Soc. da Unipar*. Umuarama. v. 9, n. 2, p. 325-354, 2006.

CHAUI, Marilena. Direitos humanos e educação. In: *Congresso sobre Direitos Humanos* – Brasília, 8/2006.

FRIAS, Lincoln; LOPES, Nairo. Considerações sobre o conceito de dignidade humana. *Rev. direito GV*, São Paulo, v. 11, n. 2, p. 649-670, Dec. 2015.

GOHN, Maria da Glória. Jovens na política na atualidade – uma nova cultura de participação. *Cad. CRH*, Salvador, v. 31, n. 82, p. 117-133, Apr. 2018.

LIMA, Andréa Moreira. *Os direitos humanos LGBT entre o universal e o particular.* Belo Horizonte: Relicário, 2017.

MEDEIROS, M. A. *Direitos humanos*: uma paixão refletida. Belo Horizonte: Rede de Cidadania Mateus Afonso Medeiros (RECIMAM), 2006.

MESQUITA, Marcos Ribeiro et al. Juventudes e participação: compreensão de política, valores e práticas sociais. *Psicol. Soc.*, Belo Horizonte, v. 28, n. 2, p. 288-297, Aug. 2016.

NETTO, Carvalho; Menelick. A Hermenêutica Constitucional e os Desafios Postos aos Direitos Fundamentais. In: SAMPAIO, J. A.L (Org.). *Jurisdição Constitucional e Direitos Fundamentais.* Belo Horizonte: Del Rey, 2003. p. 141- 163.

PICHON-RIVIÈRE, E. *O Processo Grupal.* 7 ed. São Paulo: Martins Fontes, 2005.

PIOVESAN, F. *Ações afirmativas da perspectiva dos direitos humanos.* Cadernos de pesquisa, n. 1, 2005, v.35 p. 43-52.

SCHIEFER, U. *Sobre os direitos fundamentais da pessoa humana*, 2004. Disponível em <https://; https://www.revistapersona.com.ar/Persona28/28Schiefer.htm />. Acesso em: 10 set. 2020

SILVA, Aida Maria Monteiro; TAVARES, Celma. Direitos humanos na educação básica: qual o significado? In: *Política e fundamentos da educação em direitos humanos.* São Paulo: Cortez, 2010. p. 41-63.

SPINK, Mary Jane P. O conceito de representação social na abordagem psicossocial. *Cad. Saúde Pública,* Rio de Janeiro, v. 9, n. 3, p. 300-308, Sept. 1993. Available from <http://www.scielo.br/scielo.php?script=sci_arttext&pid=S0102-311X1993000300017&lng=en&nrm=iso>. Access on: 28 Oct. 2020. https://doi.org/10.1590/S0102-311X1993000300017.

Mediação de Conflitos como instrumento efetivo de respeito à diversidade e à inclusão social

Silvana Cordeiro Felipetto[1]
Adolfo Braga Neto[2]

Introdução

De maneira geral, o presente artigo oferece breve estudo propedêutico sobre a Mediação de Conflitos como forma de resolução dos conflitos naturalmente existentes em inúmeros contextos, em especial aqueles relacionados à diversidade marcadamente, em tempos da pós-modernidade.

Com uma metodologia sem receita pré-determinada e baseada no diálogo, a Mediação de Conflitos pressupõe a inclusão de todos em qualquer circunstância, a partir de suas livres vontades manifestadas expressamente ao aceitar o convite a dela participar. Além disso, proporciona a seus participantes a oportunidade de se descobrirem sujeitos de direito dotados de suas respectivas dignidades, uma vez que é um procedimento voluntário que oferece às pessoas a oportunidade de melhor decidir ou buscar a solução que atenda a todos os envolvidos.

1 Advogada. Co-Fundadora do Instituto de Mediação Alleanza. Mediadora Judicial inscrita no Conselho Nacional de Justiça e Tribunal de Justiça de Minas Gerais. Mediadora Privada pertencente à Fundação Getúlio Vargas. Menção Honrosa pelo Programa Erasmus+ da União Europeia em 2017 e 2018/2019. . *E-mail:* felipetto.medadv@gmail.com /

2 Advogado Colaborativo, Mediador, Árbitro, Facilitador de Diálogos, Instrutor CNJ e Presidente do Conselho de Administração do Instituto de Mediação e Arbitragem do Brasil. Pós-graduado em Direitos Difusos e Coletivos - Ministério Público do Estado de São Paulo. Mestre em Direito Civil pela PUC-SP. *E-mail:* adolfobraga@uol.com.br

Com base nos elementos acima, o presente artigo visa tratar da Mediação como instrumento acessível a todo e qualquer cidadão envolvido em conflito, dentre os quais o elemento da diversidade estará direta ou indiretamente em causa. Ao mesmo tempo, buscará apresentar como sua forma de administrar os conflitos implica na inclusão social.

Inclusão social e diversidade

De modo simples, pode-se afirmar que a diversidade caracteriza-se pela reunião daquilo que é diferente em vários aspectos. Pode ser percebida, também, como os mais distintos elementos, características, tipos e pluralidade dentro de um contexto. Constitui-se, na verdade, uma palavra polissêmica que inclui inúmeros elementos, dentre eles pode-se destacar as distintas culturas, etnias, linguagem, religiões, biologia, sexo, etc.

A palavra advém do latim *diversĭtas, diversĭtātis*, compreendendo tanto a ideia de pluralidade quanto de diferir ou mudar. É importante notar, por outro lado, que com o sufixo *idade* marca um fato ou mesmo uma constatação, que nos tempos da contemporaneidade cada vez mais está presente, o que faz com que o homem dos tempos atuais tenha o dever de repensar matizes para melhor adequar a inclusão social aos elementos diferenciadores.

Para melhor compreender a diversidade, vale lembrar que é necessária a compreensão da relação entre unidade e diversidade. Todos os seres humanos têm algo de idêntico geneticamente, anatomicamente ou fisiologicamente. Todos os seres humanos riem, choram, sorriem. Mas essa unidade se manifesta sempre por uma diferença. Cada indivíduo é diferente por seu caráter, seu rosto, seus desejos e sua cultura. Cada cultura é singular e particular e o que diferencia a humanidade do mundo animal é a cultura, seus conhecimentos, sua linguagem, o que é aprendido. Por isso, afirma ser "apropriado conceber a unidade que assegure e favoreça a diversidade, a diversidade que se inscreve na unidade" (Morin, 2002, p. 123).

A diversidade, que traz em si a qualidade daquilo que é diferente podendo ser, também, compreendida a partir do conceito de heterogeneidade, como o elemento que faz a diferenciação entre pessoas, culturas, etc. Para compreender como se estrutura uma sociedade necessária, faz-se perpassar pela definição de consciência, ao qual determina o papel que cada indivíduo terá coletivamente.

> A consciência pode ser definida como emoção, na medida em que ela existe antes de tudo, no campo da afeição ou dos afetos. Mais do que uma função comportamental ou intelectual, a consciência é algo que sentimos e, não algo que possamos fazer ou que pensamos fazer. Mostrar apreço por condutas louváveis, ser bondoso ou educado, ter um comportamento exemplar ou cauteloso, nem de longe pode ser definido como consciência. (Silva, 2010, p. 31).

Esses exemplos são caracterizados por comportamentos socialmente aceitos, porém difere daquilo que convencionou como consciência genuína.

O que se busca em termos de comportamento baseado na consciência genuína, com sentimentos de empatia e entendimento em relação à dor do outro, mostrando-se o resgate de valores garantidores de um maior laço social, fundamental à união e à existência de uma vida social mais justa em que a diversidade possa transitar livremente pela ampla inclusão entre os indivíduos.

Por isso, enfatiza-se que "o estabelecimento de um ambiente dialógico favorecedor do processo de emergência do sujeito é um fator que promove a convivência" (Almeida, 2019, p. 83) e a convivência da diversidade pela inclusão. Para tanto, é necessária a existência de espaços nos quais os discursos plurais possam se manifestar aberta e claramente. A Mediação parece ser este espaço por constituir a inclusão e a disponibilidade a todos aqueles que desejam utilizá-la.

Nesse contexto, a consciência gera movimentos de extrema grandeza pela paz e leva milhares de pessoas a protestarem contra a violência, impulsionam o sacrifício voluntário de pessoas que lutam em prol da humanidade. A consciência entendida como emoção leva as pessoas a atos altruístas em respeito à diversidade.

Em outras palavras, a Mediação vem para ressignificar os conflitos e resgatar valores integradores de laços sociais. É nesse contexto, em que o comportamento ativo e reflexivo possibilita a transformação dos conflitos, afastando o sentimento restritivo de direitos àquele que é diverso.

Enfim, nos pequenos ou nos grandes gestos, a consciência genuína – e somente ela – é capaz de mudar o mundo para melhor (Silva, 2010, p. 37).

A Mediação em breves palavras

A palavra mediação tem sua origem do latim *medius, médium*, que significa no meio. Muito embora o instituto pareça recente, na verdade, tem longo legado em culturas diferentes.

"Na antiga China, Confúcio a incentivava, chamando a atenção das pessoas para o ambiente de antagonismo do litígio que as deixava irritadas" (Moore, 1998, p. 31). O referido autor sublinha que em quase todas as culturas se reconhece a existência da mediação, daí ser identificada como instituto milenar. Ao mesmo tempo, é possível constatar diversos de seus elementos nos pensadores incluídos no presente texto, os quais, com breves referências escritas destacam a importância do diálogo na superação de disputas e bem apontam para a vertente inclusiva que a atividade reveste já que o seu centro são as pessoas (Dias, 2010, p. 53).

A Mediação pode ser compreendida como "um mecanismo não adversarial em que um terceiro imparcial, o qual não tem poder sobre as partes, ajuda-as para que, em forma cooperativa, encontrem o ponto de harmonia do conflito" (Calmon, Petrônio, 2006, p. 57), por intermédio do diálogo por ele estimulado. Em outras palavras, a mediação como um processo de solução de conflitos constitui-se num "sistema formado por seres humanos que têm a possibilidade de se comunicar" em um espaço onde a vontade de todos é o elemento basilar (Muniz, 2013, p. 43). Por isso, dentre os elementos essenciais da Mediação de Conflitos, a autonomia da vontade, essência inclusiva e respeitosa das pessoas e como tal de suas diferenças possui grande protagonismo, talvez o mais relevante, pois tal caráter constitui-se na grande mola propulsora da atividade.

Só existirá a Mediação se as pessoas efetivamente quiserem dela fazer parte e, para tanto, é fundamental que conheçam seus objetivos, seu dinamismo, bem como seu alcance e limitações. Da mesma maneira, esse elemento permite às pessoas, ao longo do processo, administrar o conflito conforme suas vontades com base em aspectos por elas mesmas definidas, buscando resgatar o respeito às individualidades e à liberdade de todos, sempre a partir de seus limites e perspectivas pessoais, com base em suas visões individuais únicas.

A partir disto, "promove-se o respeito mútuo às diferenças e o reconhecimento das limitações próprias e das perspectivas pessoais diferentes ou mesmo opostas" (Braga Neto, 2017, p. 90), o que pode proporcionar a integração das visões individuais, que poderá ser terreno fértil para a responsabilidade que pavimentará de maneira robusta a possibilidade da construção de soluções.

Ainda sobre o princípio de autonomia da vontade, oportuno seria lembrar e considerá-lo como princípio supremo da moralidade, definindo como uma propriedade que passa a ser lei para ela mesma. Para ele, este princípio significa "não escolher senão de modo a que as máximas da escolha estejam incluídas simultaneamente, no querer mesmo como lei universal" e como tal passa a ser o único princípio da moral (Kant, 2007, p. 85). Nesse sentido, a Mediação assim a referenda, pois só existirá se os participantes efetivamente quiserem dela fazer parte e, para tanto, é fundamental que conheçam seus objetivos, seu dinamismo, bem como seu alcance e limitações, a fim de que possam deliberar se desejam efetivamente dela fazer uso.

Da mesma maneira, esse princípio permite às mesmas, ao longo do processo, administrar o conflito conforme as suas vontades com base em aspectos por elas mesmas definidas, e da mesma maneira encerrá-lo se assim o desejarem.

A Mediação se baseia na premissa de que o conflito ocorrido faz parte do passado. Não há como modificá-lo, mas ele pode ser enfrentado e transformado. E esse é o momento em que as pessoas percebem que estão vivenciando "uma oportunidade única de falar e escutar sobre a inter-relação entre elas existente" (Folger e Bush, 2005, p. 32).

> O olhar para o conflito como oportunidade da emergência de subjetividade é permitir o surgimento de novas possibilidades de resolução de conflitos, não por uma decisão imposta por um terceiro neutro, mas pela descoberta de uma decisão comum que satisfaz a todas as pessoas envolvidas no conflito, lhes oferecendo um sentido compartilhado de existência.

A Mediação, desde o primeiro momento da preparação, a pré-mediação, assim como ao longo de todo o processo, busca resgatar o respeito às individualidades de todos, sempre a partir de seus limites e perspectivas pessoais, com base em suas visões individuais únicas.

> A Mediação é uma forma de tomar decisões de modo cooperativo, permitindo o desenvolvimento dos processos de comunicação

> abertos para além das estruturas hierárquicas. A maneira pela qual as pessoas resolvem disputas tem um impacto sobre o modelo como a sociedade e suas instituições são governadas. Não é uma atividade reservada para os Estados e diplomatas, mas uma arte, um artesanato, que pode ser aprendido e praticado por indivíduos com uma aptidão em inteligência emocional. Diante disso, a Mediação exige, cada vez mais, uma integração e envolvimento de pesquisadores puramente acadêmicos, políticos e mediadores práticos (Machado, 2018).

"A Mediação é um processo que recupera a sensibilidade, ainda que leve ao crescimento interior na transformação dos conflitos" (Warat, 2004, p. 65). A partir disto, seguindo as palavras do referido autor, promove-se o respeito mútuo às diferenças e o reconhecimento das limitações próprias e das perspectivas pessoais diferentes ou mesmo opostas, o que pode proporcionar a integração das visões individuais, que poderá ser terreno fértil para a responsabilidade, a qual pavimentará, de maneira robusta, a possibilidade da construção de soluções.

A Mediação não tem fórmulas rígidas e sua realização é baseada na flexibilidade. Nesse sentido, pode ser realizada em uma única reunião ou em quantas os participantes desejarem. O processo de Mediação, aqui entendido como a intervenção do mediador a partir de sua escolha e da aceitação do encargo, consiste em momentos em que o diálogo se desenvolve de maneira única na interação entre os participantes. Não visa pura e simplesmente o acordo, mas sim, construir soluções a partir de mudanças ou movimentos pessoais dos participantes em direção ao seu fortalecimento e ao reconhecimento mútuo.

Os participantes da Mediação têm total controle sobre o processo e, como qualquer Justiça, têm limitações quanto ao seu emprego, muito embora, legalmente falando, esteja limitada a direitos disponíveis. Com base em aspectos materiais, a mediação efetivamente não encontra limitação, pois pode fazer uso dela em todos os tipos de controvérsias. Há limitações, contudo, no que diz respeito às pessoas que dela fazem uso. Uma delas é a própria disposição em cooperar durante o processo. Outras limitações

> Seriam aquelas ligadas às condições físicas pessoais de cada um dos participantes no processo, que deverão estar aptos a refletir

> sobre temas de interesse e livres de fatores emocionais que os impeçam de fazê-lo. Limitações decorrentes de fatores psicológicos impedem as pessoas de refletir adequadamente e, com isso, torna-se difícil para elas colaborar e se responsabilizar por tudo que for tratado na mediação (Braga Neto, 2017, p. 97).

E com isso atender a liberdade, a igualdade, a busca da felicidade e todos os demais elementos identificados pelos autores mencionados anteriormente.

Além disso, como método de transformação de conflitos, pode ser usada, por exemplo, em questões que envolvam:

- Laços afetivos ou familiares entre as pessoas, divórcio, revisão de pensão, guarda de filhos, adoção, conflitos entre pais e filhos ou entre amigos, etc.
- Relações dentro de empresas ou entre empresas, bem como entre empresas e organizações, instituições ou mesmo corporações.
- Conflitos na área civil, como locação, relações condominiais, dissolução de sociedades empresariais ou não, inventários e partilhas, perdas e danos.
- Divergências no âmbito comercial, como contratos em geral, títulos de crédito, fretes, seguros, etc.
- Relações trabalhistas, no que se refere aos aspectos legais, como nos casos de dissídios coletivos e dissídios individuais.
- Meio ambiente, incluindo conflitos com órgãos de fiscalização, pessoas jurídicas e físicas e órgãos públicos.
- Relações na comunidade, desde problemas de vizinhança, passando por familiares e entre vizinhos, até conflitos coletivos.
- Conflitos na escola, que poderá fazer uso do instrumento a partir de um plano em que se implementa a cultura da paz.
- Conflitos na área penal, como brigas em família, de vizinhos, etc.

Inúmeros outros conflitos também poderiam fazer parte dessa lista. Dentre eles os conflitos no contexto da engenharia, ao explicar que "a Mediação nos assuntos de engenharia é uma ferramenta que permite a compreensão de cada ocorrência de forma ampla e equânime, adicionando mais e mais informações aos atores envolvidos, para que possam formar suas conclusões" (Rosa e Issa, 2019, p. 74). Essas referências são apresentadas apenas para proporcionar uma visão mais ilustrativa sobre o alcance da Mediação "na verdade, todas as demandas admitem a mediação, seja qual for o objeto ou o contexto" (Cahali, 2018, p. 107).

Nota-se claramente que a Mediação tem como eixo de referência as pessoas, isto é, os participantes a partir de suas individualidades em toda a sua amplitude e complexidade constituem-se o centro do processo. Nesse sentido, pressupõe o atendimento no patamar máximo da inclusão social por intermédio do diálogo, bem como diversidade inerente a cada ser humano, uma vez que os inclui com toda a sua soberania. Por isso, a seguir serão apresentados breves comentários sobre três áreas de sua utilização, em que tais características são mais visíveis, o que não significa que inexistam em outras áreas.

Mediação familiar

Os conflitos e as disputas na família são inúmeras e variam em distintos graus de intensidade. São, na verdade, frutos da evolução dos diversos níveis relacionais nela existentes. "Deveriam ser considerados como naturais em qualquer vínculo familiar, porém pelo fato abalarem as estruturas internas pessoais de seus integrantes são vistos de maneira negativa" (Braga Neto, 2018, p. 135), o que acaba por dificultar sua transformação.

A fim de melhor compreender a Mediação no contexto familiar, há que entender claramente como se dá a intervenção de um terceiro independente, imparcial e alheio ao conflito, que irá proporcionar um momento de "diálogo baseado na cooperação e no respeito e oferecer a reflexão baseada em paradigmas distintos da culpa ou do certo em detrimento do errado, assim como a quem assiste o direito ou a razão" (Parkinson, 2008, p. 184).

Na verdade, é uma lógica binária baseada no bem e no mal, a Mediação busca que os participantes ampliem suas visões para a conscientização de suas respectivas responsabilidades. Responsabilidade não somente pela situação geradora do conflito, mas também por tudo aquilo que está sendo objeto da Mediação, além de, evidentemente, tudo a que irão assumir como compromisso no futuro. Nesse sentido, parte-se sempre da "premissa de que o conflito não somente é decorrente da estrutura relacional existente, mas, sobretudo de eventuais expectativas pessoais não atendidas de cada um dos envolvidos" (Braga Neto, 2018, p. 137).

Estes conceitos trazem no seu bojo a redefinição de que "a família constituída pelo pai, pela mãe e pelos filhos não acaba com o nascimento do conflito que levou ao divórcio. Pelo contrário, é a construção de outro laço parental, baseado no respeito pela individualidade e limitações pessoais" (Parkinson, 2008, p. 132). Em outros casos em que inexiste a filiação, a mediação poderá cooperar para que o relacionamento findo de um casal seja realizado de forma mais pacífica, corroborando nas tratativas para sua conclusão de forma mais equilibrada e equânime para ambos os envolvidos no conflito. Ao mesmo tempo, permite que questões entre irmãos, primos, tios, sobrinhos podem ser muito bem solucionadas ou ao menos transformadas se são levadas à Mediação, pois proporcionam aos que dela utilizam soluções inovadoras e criativas ao mesmo tempo em que resgatam os laços de harmonia nelas existentes.

> Vale lembrar, ainda, que Mediação Familiar não se confunde com terapia ou aconselhamento, pois o papel do mediador, apesar de ser facilmente confundido com o do psicólogo ou do conselheiro, é distinto, já que não há um diagnóstico seguido de tratamento terapêutico e muito menos um parecer apoiado no ideal de sugestões para o relacionamento familiar (Sampaio e Braga Neto, 2007, p. 110).

Mediação escolar

Educar é incluir, e nesta perspectiva a inclusão social se traduz em respostas efetivas que a comunidade escolar deve apresentar ante a diversidade no ambiente escolar. Atualmente, o que se espera mundialmente como tendência não é só a elaboração de políticas públicas inclusivas, mas a aplicação destas normas dentro do ambiente escolar.

Para que isto seja efetivo, abandona-se a concepção do paradigma de educação como mera transmissão de conhecimento ao aluno e, sim, na capacidade dos profissionais de compreender a autonomia dos sujeitos e identificar os conflitos relacionados à diversidade, que se apresentam em sala de aula, atuando prontamente com respostas e exemplos de como melhor conviver com as diferenças.

A Mediação de Conflitos no contexto escolar se traduz como um caminho na busca da resolução de conflitos e, ao mesmo tempo, na atuação preventiva a ele. Assim, a Mediação deve ser uma ferramenta que promove o diálogo, o respeito à diversidade e a promoção da paz.

No mundo plural da atualidade, o aperfeiçoamento do profissional da área da educação deve ser realizado constantemente no sentido de obter conhecimento de como gerenciar estes conflitos. Nortear a gestão de conflitos, por meio do modelo preventivo, desde a primeira infância, com a formação de mediadores mirins, com técnicas de mediação ou modelos pedagógicos aplicados na primeira fase de aprendizado, é uma excelente maneira de compreender a perspectiva do outro e assim implementar a inclusão social.

Por esta razão, a instrumentalização da Mediação de Conflitos, cujo objetivo é a efetivação da educação inclusiva, deve ser aplicada na formação e no aperfeiçoamento destes educadores. Além disto, devemos estimular o autoconhecimento dos educandos para a coexistência com estas diversas subjetividades, as quais se apresentam por meio de convicções e atitudes positivas, uma vez que a mediação não deve ser compreendida somente como a solução dos conflitos, mas também na sua atuação preventiva.

Neste sentido, podemos exemplificar as bases do modelo do país escandinavo, a Dinamarca, que ensinam a empatia como ferramenta obrigatória não só no contexto escolar como na educação familiar, e assim, contribui sobremaneira em ser o país entre os três mais felizes em nível global.

A escritora americana Jéssica Alexander conduziu uma pesquisa de campo para entender como os dinamarqueses ensinam empatia para as crianças e para os adolescentes:

> Os dinamarqueses dão muito espaço ao jogo livre das crianças, que ensina habilidades de empatia e negociação. Muitos estudos

> mostram que quando você explica algo a alguém – um problema de matemática, por exemplo – você não apenas aprende. O assunto fica muito melhor memorizando do que você faria sozinho. Da mesma forma que também constrói nossas habilidades de empatia que ficam mais fortalecidas. Isso porque é preciso ter cuidado com a forma como a outra pessoa recebe a informação. E ter que se colocar no lugar deles para entender como a aprendizagem funciona.

Quando o conhecimento de respeito à singularidade, de compreensão, a partir do ambiente em que o indivíduo está inserido, do seu histórico familiar e dos seus padrões sociais, são transmitidos aos educandos, a comunidade como um todo se beneficia, pois esta construção de conhecimentos que a educação constitui, pautada na busca de novos saberes para ressignificar novos valores, os quais ultrapassam os limites da escola, influenciam sobremaneira a convivência em sociedade.

Assim, a Mediação de Conflitos no ambiente escolar permite a convivência com grupos de alunos com deficiência, diversidade de gênero, raça, valores, religião, permitindo a integração social entre os diversos. Ao mesmo tempo, a mediação atua na prevenção de casos de violência, assunto tão temido no seio da comunidade escolar. Exemplo disso é o *bullying*, tão presente no âmbito escolar, e que provoca um sentimento de insegurança, além de trazer a ideia de desavença, transtorno e dor, vez que leva um ser humano a repudiar aquilo que é diverso, em vez de resolver as questões de forma pacífica e inclusiva. A Mediação trabalha no entendimento, no estudo, para melhor compreender esse fenômeno que deve ser principalmente identificado e prevenido, bem como coibido e reprimido no âmbito escolar.

É neste ambiente que o mediador de conflitos instrumentaliza as técnicas de imparcialidade, empatia, empoderamento dos educandos com o objetivo de preservar as relações, facilitar o diálogo e restaurar a comunicação entre os diversos "atores" da comunidade escolar.

A Universidade de Princeton, nos Estados Unidos, apresentou uma pesquisa, sem identificação de seus pesquisadores, em que afirmavam que pessoas "intimidadas" com as mudanças da sociedade tendem a se adaptar à diversidade social com tempo e a escola tem este papel fundamental na ressignificação dos diversos pontos de vistas com consequente beneficiamento destes indivíduos com esta aceitação (REVISTA GALILEU, 2019).

A educação de uma sociedade em que a inclusão é efetiva pressupõe compreender a complexa realidade da sala de aula, capacitar os profissionais que se sentem, muitas vezes, despreparados para realizar a gestão de conflitos, que revelam a fragilidade diante do convívio com a "diferença".

Os educadores, embora estejam desempenhando bem suas atribuições de levar o direito de ter acesso à informação e ao conhecimento aos educandos, ainda assim, se apresentam obstáculos que impedem de realizarmos um trabalho coerente com a nossa prática pedagógica. O receio ao diferente e à incerteza quanto ao aprendizado impossibilitam o avanço de práticas de aprendizagens relevantes.

É preciso exercitar a capacidade de conviver com as diferenças além de transmitir o conhecimento que liberta.

Mediação comunitária

"A Mediação Comunitária promove a busca de respostas imediatas e satisfatórias para os conflitos comunitários e contribui na criação de espaços de diálogo em que as pessoas percebem suas diferenças" (SAMPAIO e BRAGA NETO, 2007, p. 119) e constroem de maneira participativa e dinâmica de seus respectivos papéis na comunidade. Permitem também estabelecer canais facilitadores para a articulação política, institucional e social. Ao mesmo tempo, convida a todos para uma reflexão responsável sobre a diversidade das temáticas da realidade atual e constitui em um desafio para a própria comunidade no sentido de preservar a sociedade pluralista, equitativa e integradora.

A Mediação Comunitária pode ser utilizada em conflitos existentes dentro de uma comunidade, como relações entre vizinhos de uma área urbana ou campestre. Além disso, pode auxiliar nas soluções de conflitos coletivos, como exemplo um grupo de vizinhos de uma empresa que, por não ter espaço, seus funcionários acabam por atrapalhar o trânsito da região. Pode também ser utilizada em questões culturais que envolvem temas como etnia, minorias, imigração e exclusão social (NATÓ; QUEREJAZU e CARBAJAL, 2005, p. 15).

Assim, em apertada síntese, pode-se afirmar que a "Mediação Comunitária **é a introdução da** Mediação em uma determinada comunidade, oferecendo processos dialógicos" (Dias, 2010, p. 53), a todo e qualquer conflito entre pessoas que vivem ou convivem em uma determinada comunidade, independentemente de classe social, credo, raça ou cor. Com tudo isto, ela também promove a inclusão social, com a promoção do respeito à diversidade.

Considerações finais

A prática da Mediação vem ao encontro dos elementos inclusão, diversidade e equidade como conclui com as áreas familiar, escolar, comunitária. Além disso, impende lembrar que, muito embora a Mediação tenha os conflitos como seu ponto de partida, o sustentáculo são as pessoas, não importando sua raça, cor de pele, crença, cultura, etc. Por isso, seu foco de ação visa a atender todas estas diferenças e privilegiá-las a partir de suas próprias perspectivas pessoais.

Tendo como pressuposto uma sociedade heterogênea, na medida em que se faz a diferenciação entre pessoas e suas mais variadas culturas, pluralista cujo significado traz o reconhecimento da diversidade, a Mediação de Conflitos, com a característica integradora da diversidade de gêneros, raças, religiões a inclusão social, deve ser o elemento integrador que se manifesta por meio de atitudes que revelam maior tolerância àquilo que pode ser desigual.

É chegado o momento em que o respeito à diversidade deve refletir em práticas que visem à inclusão social e, para isso, o discurso deve ser praticado à luz da "arte do diálogo". Os conflitos relacionados aos laços de família, às relações de trabalho, à escola, à comunidade e a todos os demais não mencionados, não importando o contexto em que se instalem, devem ser revistos por meio das quebras de paradigmas, padrões e protótipos de pensamentos que marginalizam e hostilizam minorias para criarmos um ambiente em que o sentimento maior de pertencimento ocorra efetivamente dentro da complexa estrutura social.

Referências

BRAGA NETO, Adolfo. *Mediação – uma experiência brasileira.* 2 ed. São Paulo: CLA, 2017.

BRAGA NETO, Adolfo. *Mediação Familiar – a experi6encia da 3ª Vara de Família do Fórum do Tatuapé*. São Paulo: CLA, 2018.

CAHALI, Francisco José. *Curso de Arbitragem – Mediação – Conciliação – Tribunal Multiportas*. São Paulo: Revista dos Tribunais, 2018.

CALMON, Petrônio. *Fundamentos da Mediação e da Conciliação*. Rio de Janeiro: Forense, 2007.

DIAS, Maria Tereza Fonseca. *Mediação, Cidadania e Emancipação Social*. Belo Horizonte: Fórum, 2010.

DURKHEIM, Émile. *De la division del trabajo social*. Uruguay: Shapire Editor, 1967.

FOLGER, Joseph Patrick; BUSH, Robert A. Baruch. *The Promise of Mediation – The Transformative Approach to Conflict*. Nova Iorque: Jossey--Bass, 2005.

KANT, Immanuel. *Fundamentação da Metafísica dos Costumes*. Tradução de Paulo Quintela. Lisboa: Edições 70, 2007.

LAGRASTA, Valéria Ferioli. *Mediação Judicial – Análise da realidade brasileira [...]*. Rio de Janeiro: Forense, 2013.

MARQUES, Semadar. *Empatia? Na Dinamarca eles estão aprendendo na escola*. Disponível em: <https://semadarmarques.com.br/empatia/>. Acesso em: 16 nov. 2020.

MOORE, Christopher W. *O Processo de Mediação*. Porto Alegre: Artmed, 1998.

MORIN, Edgar. *Os Sete Saberes necessários à Educação do Futuro*. São Paulo: Cortez, 2005.

MUNIZ, Mirian Blanco. *Uma outra verdade na Mediação – Um romance que retrata a força da comunicação na construção do nosso futuro*. São Paulo: Dash, 2013.

NATÓ, Alejandro Marcelo; QUEREJAZU, María Gabriela Rodriguez; CARBAJAL, Liliana María. *Mediaciön Cominitária [...]*. Hermosillo: Centro Internacional de Estudios sobre Democracia y Paz Social, 2005.

PARKINSON, Lisa. *Mediação Familiar*. Lisboa: Agora Comunicação, 2008.

ROSA, Beatriz Vidigal Xavier da Silveira; ISSA, Ricardo. Mediação empresarial e engenharia. BRAGA NETO, Adolfo (Org.). *Mediação Empresarial – experiências brasileiras*. São Paulo: CLA, 2019.

REVISTA GALILEU. *Pessoas se adaptam à diversidade social com o tempo, indica pesquisa*. Disponível em: <https://revistagalileu.globo.com/Sociedade/

noticia/2019/06/pessoas-se-adaptam-diversidade-social-com-o-tempo--indica-pesquisa.html>. Acesso em: 30 ago. 2020.

SAMPAIO, Lia Regina Castaldi; BRAGA NETO, Adolfo. *O que é Mediação de Conflitos*. São Paulo: Brasiliense, 2007.

SCHWERZ CAHALI, Cláudia Elisabete. *O Gerenciamento de Processos Judiciais – em busca da efetividade da prestação jurisdicional*. Brasília: Gazeta Jurídica, 2013.

SILVA, Ana Beatriz Barbosa. *Mentes perigosas – O psicopata mora ao lado*. Rio de Janeiro: Principium, 2010.

TIRYAKIAN, Edward A. O trabalho em Èmile Durkheim. In: MERCURE, D.; SPURK, J. (Orgs.). *O trabalho na história do pensamento ocidental*. Petrópolis (RJ): Vozes, 2005, p. 215-234.

WARAT, Luis Alberto. *Surfando na Pororoca – O ofício do mediador*. Florianópolis: Boiteux, 2004.

POSFÁCIO

A materialização efetiva de uma política educativa que caucione a igualdade de oportunidades e promova o sucesso educativo de todos e de cada um, independentemente da sua condição social, saúde, ideologia política, crença, raça, identificação ou gênero sexual, entre outros, é largamente espelhada e debatida ao longo desta obra, a qual prima pela suma importância, no que concerne aos direitos socioeducativos e à inclusão social dos indivíduos.

O reconhecimento de uma escola e de uma sociedade inclusivas implica a criação de díades de cooperação alicerçadas nos recursos da comunidade, nas quais as equipes de saúde escolar, as prefeituras, as sedes e as políticas governamentais desempenham um papel importante no acesso a um ensino inclusivo, centrado no desenvolvimento físico e psicossocial, do pleno potencial de cada aluno. Deixa-se, assim, de lado o modelo médico de análise, centrado na problemática, no comprometimento do indivíduo, para passar a uma visão holística e integradora que reforça o direito de cada um dos alunos a uma educação consentânea com as suas potencialidades, expectativas e necessidades, por meio de um conjunto de respostas planeadas no âmbito de um projeto educativo comum e plural que proporcione a todos a participação e o sentido de pertença, em verdadeiras condições de equidade. Também o uso e recurso a uma gestão contextualizada e flexível do currículo, que potencie a possibilidade de romper com o modo de ensino simultâneo, abrindo a possibilidade a práticas educativas que ocorram em espaços que promovam a cooperação entre os alunos, sua autonomia e participação nas decisões cotidianas, deverá se opor a uma gestão burocrática, assimétrica e estereotipada, em muito condicionadora do desenvolvimento do potencial de cada sujeito. A motivação para a aprendizagem, a diversificação de estratégias e a diferenciação pedagógica passam a ser entendidas como pressupostos estruturantes de uma ação didática que tem em conta todos os alunos na relação com as tarefas de aprendizagem, as quais poderão ser diferentes quanto às suas finalidades e aos seus conteúdos, ao tempo, ao modo de realização, aos recursos, às condições e aos apoios que são disponibilizados.

É de acordo com estes pressupostos que as escolas e os governos são desafiados a configurar projetos educacionais inclusivos e, por isso, culturalmente mais amplos e significativos. Considera-se, deste modo, que uma educação, uma escola e uma sociedade inclusivas asseverem a agregação de variáveis como a ética, relativa aos valores e princípios, visando ao combate às atitudes discriminatórias e à criação de uma sociedade mais justa; à implementação de medidas de política educativa que recorram a uma abordagem integral de todo o sistema educativo e a um plano de ação partilhado entre os vários atores, abrangendo práticas educativas de qualidade, com respeito pela diversidade, dando oportunidade a todos os alunos de desenvolverem o seu máximo potencial. Isto significa que as especificidades cognitivas, culturais e experienciais dos alunos deverão ser entendidas como condição necessária, mas não suficiente, para configurar uma escola que se afirme como inclusiva, pois, uma escola culturalmente significativa constrói-se em função de outros pressupostos curriculares e pedagógicos.

É importante, também, referir que as necessidades de saúde especiais, resultantes de problemas de saúde física e mental, que tenham impacto na funcionalidade e que produzam limitações acentuadas em qualquer órgão ou sistema, que impliquem irregularidade na frequência escolar e possam comprometer o processo de aprendizagem, não devem ser, de todo, impeditivas da aposta na inclusão escolar e social do indivíduo. É solicitado às escolas que disponham de estratégias e dinâmicas que preparem os jovens para a sua transição e inclusão na vida pós-escolar, nomeadamente, por meio de ações de orientação escolar e vocacional, sempre em articulação com a comunidade local. Aqui, não só as questões intelectuais, sociais, emocionais, ou outras, são de extrema relevância, pois deverão atender não só às expectativas das famílias, mas também, aos interesses e às potencialidades dos indivíduos assentes, o mais possível, em percepções realistas e projetos de vida, bem como, no mapeamento de recursos locais e no desenvolvimento de parcerias.

Neste contexto, todos os intervenientes no processo educativo, bem como a comunidade, em geral, têm um papel que deve ser, casuisticamente, esclarecido e dinamizado, ou seja, ao longo do processo de ensino e de aprendizagem é imprescindível a mobilização de medidas educativas que permitam e facilitem as adaptações curriculares necessárias a um envolvimento mais motivador e significativo na vida de cada indivíduo. A escola deve proporcionar, precocemente, ao aluno, todo o apoio que lhe permita uma tomada de decisão sustentada e informada sobre as opções a seguir na sua vida pós-escolar, com base nas suas expectativas pessoais de construção de um projeto de vida em sociedade, com adequada inserção profissional, social e familiar, ou seja, dar-lhe a conhecer possibilidades diversas, orientar-se pelo "planeamento-baseado-na-pessoa", seguindo os princípios da educabilidade universal, da equidade, da inclusão, da flexibilidade e da autodeterminação e envolvimento do jovem, assim como pelos modelos de qualidade de vida, norteados por oito domínios: desenvolvimento pessoal, autodeterminação, relações interpessoais, participação, direitos, bem-estar emocional, bem-estar físico e bem-estar material. Com efeito, trata-se de um planeamento que coloca a tônica na própria pessoa e na sua visão de futuro, com enfoque no desenho de um projeto de vida, ponto de partida para a organização de meios e recursos necessários para alcançar essa visão, pelo que importa ativar todos os meios da educação, da saúde e da inclusão social para responder à diversidade de necessidades dos alunos. Contudo, a atual situação pandêmica, advinda da SARS-COV2, veio perigar e aumentar as assimetrias socioeconômicas e culturais no acesso ao processo de ensino-aprendizagem, não obstante o empenho e a boa vontade dos docentes e das famílias, no sentido de facilitar o possível acesso às redes e modalidades sociais.

Finalmente, e chegando a uma conclusão, importa referir que esta obra espelha mais do que um desígnio, um caminho que deverá ser percorrido conjuntamente em prol dos alunos, das crianças, dos adolescentes ou dos jovens adultos, de modo que não deixemos "morrer o sonho" de vivermos numa comunidade mais justa, equilibrada, equitativa que, na verdadeira acepção da palavra, seja, ou contribua para uma verdadeira Sociedade Inclusiva! A convicção é de que juntos fazemos mais e melhor na proteção dos direitos de cada um, na aceitação da diferença, na promoção de atitudes de respeito e no reconhecimento do valor e do mérito pessoal dos indivíduos, espelho do futuro promissor de uma sociedade, faz-nos ainda acreditar em um Mundo melhor!

Tal como diz o poeta António Gedeão: "*Eles não sabem, nem sonham, que o sonho comanda a vida. Que sempre que o homem sonha, o mundo pula e avança, como bola colorida entre as mãos de uma criança.*"

Donalda Baeta

Universidade do Algarve, Portugal

Construindo ideias
e conectando mentes

Este livro foi composto com tipografia Bembo Std
e impresso em papel Pólen Soft 80g.
na Promove Artes Gráficas em julho de 2022.